高等院校“十四五”会计专业系列教材

U0892151

统计学

（第三版）

主　编　谢梦珍　詹锦华
副主编　杨会全　王尚坤　陈　倩

微信扫码 查看更多资源

南京大学出版社

内容简介

本教材主要面向非统计专业的学生，旨在培养和提高学生“三方面的能力”（即发现问题的能力、分析和解决问题的能力以及阐述问题的能力）。从2014年第一版开始，本编写组成员不断根据高校教学改革的要求、学生的学习需求、团队积累的教学经验及教材使用者的建议等对教材进行修订和完善。

本教材的内容按照统计工作的先后步骤进行安排。所有内容安排成十一个章节，其中第一章为绪论，对统计的基本知识进行概述；第二章为统计调查，介绍了调查的方式、调查问卷的设计以及统计调查方案的设计等；第三章为统计数据的整理，介绍了统计数据的整理过程：数据的审核、排序、统计分组、形成次数分布；第四章、第五章为综合指标的应用，包括总量指标、相对数指标、集中趋势指标和离中趋势指标；第六章为概率论基础，是统计分析的基础；第七章～第十章介绍的是统计的分析方法，包括抽样推断、相关与回归分析、时间序列分析和统计指数分析，这四章是统计应用的重点，同时也是学习的难点。第十一章介绍了国民经济核算体系与主要统计指标。

图书在版编目(CIP)数据

统计学 / 谢梦珍，詹锦华主编. -- 3版. -- 南京 ：南京大学出版社，2023.8
ISBN 978-7-305-27187-8

Ⅰ. ①统… Ⅱ. ①谢… ②詹… Ⅲ. ①统计学—高等学校—教材 Ⅳ. ①C8

中国国家版本馆CIP数据核字(2023)第133297号

出版发行　南京大学出版社
社　　址　南京市汉口路22号　　　　邮　编　210093
出 版 人　王文军

书　　名　统计学
主　　编　谢梦珍　詹锦华
责任编辑　武　坦　　　　编辑热线　025-83592315

照　　排　南京南琳图文制作有限公司
印　　刷　南京京新印刷有限公司
开　　本　787×1092　1/16　印张19.5　字数474千
版　　次　2023年8月第3版　2023年8月第1次印刷
ISBN 978-7-305-27187-8
定　　价　49.80元

网址：http://www.njupco.com
官方微博：http://weibo.com/njupco
微信服务号：njuyuexue
销售咨询热线：(025) 83594756

---

* 版权所有，侵权必究
* 凡购买南大版图书，如有印装质量问题，请与所购图书销售部门联系调换

前言

统计学是一门有关数据的科学，通过收集、整理和分析数据，为人们认识客观世界和客观总体提供方法和依据，也在很多行业和领域为帮助人们认识和解决实际问题提供工具。统计学的实际应用已经渗透到40多个领域，不仅在物理、化学等自然科学领域广泛应用，而且在政治、经济、文化、历史等社会实践和学科发展中都有着深入的应用。尤其在当今大数据时代，统计学越来越受到人们的重视。

统计学课程是教育部指定的经济管理类专业的八门核心课程之一，也是经济管理类专业学生的必修课程。本教材主要面向非统计专业的学生，旨在培养和提高学生"三方面的能力"(即发现问题的能力、分析和解决问题的能力以及阐述问题的能力)。从2014年第一版开始，本编写组成员不断根据高校教学改革的要求、学生的学习需求、团队积累的教学经验及教材使用者的建议等对教材进行修订和完善。

《统计学》(第三版)教材具有如下特点：

第一，本教材重视案例教学，通过借鉴和更新大量客观的统计数据、统计实际工作的案例，为学生认识和理解统计实际工作提供了基础，能让学生切实体会到统计在实际中的应用。同时，统计学的研究对象是客观存在的社会经济现象的数量方面和数量关系，学统计不可避免地要和数字打交道，而数字给大多数人的感觉是比较乏味的，因此将计算公式与实际案例有机结合，能改变学生对统计枯燥的数据应用的印象，能有效提高学生的学习兴趣。

第二，本教材的内容安排符合统计实际工作的基本步骤，从统计调查开始(第二章内容)，经过统计数据的整理(第三章～第五章内容)，最后进行统计分析(第七章～第十章内容)。另外，第一章绪论主要介绍统计学的基本概念、性质、研究对象和研究方法，第六章概率论基础是为后面的统计分析提供理论基础，第十一章国民经济核算体系与主要统计指标主要介绍反映宏观经济基本情况的统计指标。按照此顺序安排教学内容，思路清晰，条理性强。

第三，教材每章都突出了"教学目的与要求"及"教学重点与难点"。这可以引导学生在学习每章内容之前，先了解该章的学习目的和要求是什么，哪些是重点和难点，做到有针对性地学习。

第四，本教材根据高校教学改革要求，在教学内容中融入了思政元素。主要通过两种方式体现，一是在每章开始，除了"学习目的与要求"及"重点与难点"两个模块，还新增了

“课程思政”模块，将与该章内容相关的思政内容体现出来；二是在每章内容后面的“本章案例”中，或在内容或在要求中融入了思政元素。

第五，本教材重视知识点的实际应用。每章都安排了适量的，覆盖该章重点和难点的习题。学生在理解和掌握所学知识点的基础上，通过这些不同题型习题的练习，学生能加强对相应知识点的理解、记忆和实际应用。

本教材由谢梦珍、詹锦华担任主编；由杨会全、王尚坤、陈倩担任副主编。其中陈倩编写了第一章，詹锦华编写了第二章、第六章和第七章，谢梦珍编写了第三章、第四章和第五章，王尚坤编写了第八章，杨会全编写了第九章、第十章、第十一章。全书最后由谢梦珍负责统稿。

本教材学习、吸收了相关统计学教材、著作的内容，引用了国家统计局和各地方统计局官网的数据资料，以及统计微讯上的相关文章。在此，对这些教材、著作、数据资料和文章的作者致以深深地感谢！

本教材得到了广大统计学教师和同学们的喜爱和支持，也提出了宝贵的意见。在此，表示衷心的感谢！你们的支持是我们编写组不断前进的最大动力。谢谢你们！

编　者

2023 年 7 月

目　录

第一章　绪　论

【教学目的与要求】 本章是本教材的基础内容。通过本章的学习,要求理解统计和统计学的定义;了解统计和统计学的发展以及演变;了解几大理论学派的代表、观点及其贡献;了解统计学的性质、研究对象和研究方法;理解并掌握统计的基本概念,即统计总体和总体单位、样本和样本单位、标志和标志表现、统计指标和统计指标体系。

【教学重点与难点】 统计的定义;统计学的性质、研究对象和研究方法;统计的基本概念,即统计总体和总体单位、样本和样本单位、标志和标志表现、统计指标和统计指标体系。

【课程思政】 统计为人们认识客观世界和客观事物提供工具,统计工作成果为决策提供依据,所以我们做统计工作必须实事求是,需要有精益求精的工匠精神和科学严谨的工作作风。

第一节　统计和统计学

一、统计的概念

统计的英文为 statistics,其语源最早出自中世纪拉丁语的 status(各种现象的状态和状况),由这一词根组成的意大利语 state,表示国家的概念及关于国家结构和国情这方面知识的总称。

最早把"统计"一词作为学科名称使用的人是 18 世纪德国哥丁根大学政治学教授阿亨瓦尔。他把国势学称为 statistik,即统计学。在英国,早在 17 世纪就出现了用数字来说明社会的科学,但使用的是另一个完全不同的名称——"政治算术"(political arithmetic)。直到 18 世纪末,英语 statistics 才作为德语 statistik 的译文传入英国,即用数字表示事实。

统计被认为是人们认识客观世界总体现象数量特征、数量关系和数量变动规律的一种调查研究方法。这种方法是对总体现象数量方面进行收集、整理和分析研究的总称,是人们认识客观世界的一种最有效的工具。

随着社会经济和统计学自身的发展,统计的含义已经起了变化。人们日常生活中所说的统计包括三个方面的含义,即统计工作、统计资料和统计学。

统计工作就是统计实践活动,是收集、整理和分析统计数据的活动。例如,某企业要决定是否扩大某新产品的生产规模,所开展的收集该产品消费者的消费意向、对该品牌的认可程度、市场同类型产品的市场情况等数据信息,并对这些数据信息按照要求进行整理和分析,为决策提供依据的过程就是统计工作。

统计资料是统计实践活动过程中所取得的各项数据资料的总称。其表现形式既可以是数据资料,也可以是与研究对象相关联的文字资料以及图表资料。

统计学是在统计实践活动中所积累的理论和方法的知识体系,是关于认识客观现象总体数量特征和数量关系的科学。

统计的三种含义之间的关系是,统计工作是人们的统计实践活动,是基础和前提;统计资料是统计工作的结果,统计工作与统计资料是工作过程与工作成果的关系;统计学是统计工作经验的总结与概括,统计学与统计工作之间是统计理论与统计实践的关系。

二、统计的产生与发展

(一) 统计活动的产生和发展

统计是伴随国家的产生、统治者管理国家的需要而产生的。最早的统计可以追溯到原始社会末期,人类简单的计数活动孕育着统计的萌芽。随着社会生产力的发展,人类社会到了奴隶社会以后,奴隶制国家组织的人口、财富和军事统计得到了长足的发展,统计被认为是维护阶级统治、兴邦安国的重要手段。例如,欧洲的古希腊、古罗马时代,开始了人口数和居民财产的统计工作。封建社会的统计并没有超出这个范围,只是规模有了进一步的发展。无论中国还是国外,所进行的是有关人口、军队、世袭领地和财产等的统计,都是一些原始的登记和简单的汇总计算。

统计的广泛发展是在资本主义社会。从 16 世纪开始,欧洲各国经济进入了工场手工业时代,工业、商业、交通运输业、通信业等行业得到了迅速的发展,各部门都要求提供更多的统计资料。因此,统计活动开始从一般的人口、税赋、军事领域扩展到社会经济活动的各个领域。到了 18 世纪,随着现代机器大工业的发展,生产的社会化分工日益精细,部门之间的依存度明显提高,经济统计形成了工业、农业、商业、交通、邮电、海关、银行、保险等专业分支。从 19 世纪初开始,各资本主义国家在政府中纷纷设立统计机构,把统计机构从政府机构中独立出来,并制定了有关统计工作的法律法规,从法律上界定了统计机构以及统计工作在政府工作中的地位。20 世纪 30 年代,各国普遍采用了随机抽样方法,这些方法不但解决了统计描述方面的问题,而且在利用样本数据进行统计推断以及进行统计分析和预测方面展现出蓬勃的生命力。另外,近些年来,电子计算技术在统计工作中的广泛应用,大大提高了统计数据的效率和准确性,也为统计信息的储存、更新、检索、加工、反馈以及进行统计分析和预测创造了条件。

(二) 统计学的产生和发展

一般认为,人类的统计实践上升到理论并予以总结和概括成为一门系统的科学——统计学,开始于 1660 年前后,距今只有 300 多年的历史。其发展主要可分为以下三个阶段。

第一阶段:古典统计学时期

古典统计学时期是指 17 世纪中叶至 18 世纪中叶统计学的初创时期。这个时期的主要代表学派是政治算术学派和国势学派。

1. 政治算术学派

政治算术学派产生于英国，其主要代表人物是英国的威廉·配第(W. Patty)和约翰·格朗特(J. Graunt)。

威廉·配第于1676年出版了《政治算术》一书，以一系列分析和大量计算手段清晰地描述了英格兰、荷兰、法兰西和爱尔兰等地的经济、军事、政治等方面的情况，为英国称霸世界提供了各种有说服力的实证分析资料。

威廉·配第用"数字、重量和尺度"研究现象的方法为统计学的产生奠定了基础。自配第之后的200年间，以用数量方法研究社会经济问题为基本特征的"政治算术"模式成为统计学发展的主流。它的出版标志着统计学的诞生。马克思对威廉·配第和他的《政治算术》评价很高，他说，"配第创造'政治算术'，是'政治经济学之父'，在某种程度上也可以说是统计学的创始人"。

英国人约翰·格朗特根据伦敦市发表的人口自然变动公报，通过大量观察的方法，对人口的出生和死亡率做了许多分类、计算和研究，发现了人口与社会现象中重要的数量规律性。他于1662年出版了《关于死亡表的自然观察与政治观察》。在研究中，格朗特不但探索了人口变化和发展的一般数量规律，而且对伦敦市总人口数量做出了较科学的估计。

2. 国势学派

国势学派产生于17世纪封建制的德国，其主要代表人物是海尔曼·康令(H. Gonring)和高特弗里德·阿亨瓦尔(G. Achenwall)。从1660年开始，康令在西尔姆斯特大学以"国势学"为题讲述一门课程，内容是各个国家的显著事项，方法则是文字叙述。阿亨瓦尔是国势学的主要继承人和最有名的代表人物。他在1749年出版的《近代欧洲各国国势学论》中，首次使用了统计学(statistik)，并对统计学的性质做了解释。他认为统计学是关于各国基本制度的学问，其研究对象是一个国家显著事项的整体，即指一个国家的领土、人口、财政、军事、政治和法律制度等，用这些来说明和比较国家的形势。因为主要采用文字叙述的方式，因此国势学派又称为记述学派。

第二阶段:近代统计学时期

近代统计学时期是指18世纪末到19世纪末统计学的重大发展时期，其主要代表学派有数理统计学派和社会经济统计学派。

1. 数理统计学派

数理统计学派产生于19世纪中叶，创始人是比利时学者阿道夫·凯特勒(A. Quetelet)。凯特勒根据大数定律的原理提出了大量观察法，利用统计观察资料计算和研究社会现象和自然现象的数量规律性，并用于预测未来的情况。他在统计理论上的主要贡献是把概率论引进了统计学，并且认为统计学就是数理统计学。

2. 社会统计学派

社会统计学派产生于19世纪末期，首创者是德国人克尼斯(Kniex)，主要代表人物有梅尔、恩格尔。他们认为统计学的研究对象是社会现象，研究方法是大量观察法，并认为统计学是一门实质性的社会科学。

第三阶段:现代统计学时期

现代统计学时期是指从20世纪初至今的统计学新的发展时期。

大工业的发展对产品质量检验问题提出了新的要求,因为既费时、费钱,又费人力,加之有些产品质量的检验要做破坏性检验,因此对大量产品进行全部检验是不可行的。1907年,戈塞特(W. S. Gosset)创立了小样本代替大样本理论,利用t统计量就可以从大量的产品中只抽取较小的样本完成对全部产品质量的检验和推断。费雪(R. A. Fisher)又对小样本理论进一步研究,给出了F统计量、最大似然估计、方差分析等方法和思想,标志着现代统计学的开端。1930年,尼曼(J. Neyman)与小皮尔逊(E. S. Pearson)共同对假设检验理论做了系统的研究,创立了“尼曼-皮尔逊”理论,同时尼曼又创立了区间估计理论。美国统计学家瓦尔德把统计学中的估计和假设理论予以归纳,创立了“决策理论”。这些研究和发现大大充实了现代统计学的内容。

20世纪50年代以来,统计的理论、方法和应用进入了一个全面发展的新阶段。一方面,受计算机科学、信息论、混沌理论、人工智能等现代科学技术的影响,统计学新的研究领域层出不穷;另一方面,统计方法的应用领域也不断扩展,几乎所有的科学研究都离不开统计方法。《统计百科全书》第13卷列举了包括精算、农业、动物学、人类学、考古学、审计学、晶体学、人口学、牙医学、生态学、经济计量学、教育学等在内的40多个运用统计的领域。

第二节 统计学的性质、研究对象和研究方法

一、统计学的性质

统计学究竟是属于方法论科学,还是属于实质性科学?这个问题在理论界至今没有一个统一的明确说法。我们认为,统计工作研究的是大量社会经济现象的数量方面以及社会经济现象与自然技术因素相互影响的数量变化。统计学研究的则是社会经济统计活动的规律和方法,因此统计学属于认识社会经济总体现象数量方面的方法论科学,或者说是对一定社会经济总体现象的定量认识方法论。从研究领域来讲,它属于社会科学;从研究对总体现象数量方面的认识方法来讲,它属于认识方法论科学。

二、统计学的研究对象

统计学是一门研究大量社会经济现象总体数量方面的方法论科学,因此,统计学的研究对象就是大量社会经济现象总体的数量方面,包括社会经济现象总体的数量表现、现象总体之间的数量关系,以及质量互变的数量界限及其规律性。

这里所说的数量方面主要是指社会经济现象总体的规模、水平、结构、速度、比例关系、差别程度、普遍程度、普及程度、发展速度、平均规模和水平、平均发展速度等。例如,对我国人口状况进行研究,需要知道人口的规模有多大,人口的性别结构、年龄结构、受教育程度结构等,人口的数量有什么变化,劳动力就业的情况,人民的生活状况,人口的平均

寿命有什么变化，等等。

统计学的研究对象具有以下几个方面的特征。

（一）数量性

统计学研究对象总体的数量特征既包括数量表现，也包括数量关系。数量表现主要为研究对象总体的数量状态、规模和水平，数量关系主要表现为数量结构、比例、程度、强度与速度。例如，我们要了解和评价一个企业的综合竞争力，不仅要知道该企业的注册资金、资产总量以及净资产、年产量水平、工人人数，还要了解该企业各产品的产量结构、市场占有率、销售年增长率以及单位产品的盈利率等，通过多个指标才能做出综合评价。

（二）总体性

总体性是指研究对象总体的数量方面而不是个体的数量方面。统计是为总体服务的，是通过对许多性质相同的个别现象所组成的总体进行大量观察和综合分析，来反映现象总体的数量特征，并揭示社会经济现象的一般状况。

统计学研究对象的总体性特点，是由社会经济现象的特点和统计学的研究目的来决定的。由于个别现象所处的时间、地点和条件不同，因而表现出明显的偶然性和不确定性，难以反映和说明社会经济现象总体的本质和规律。只有以社会经济现象总体作为研究对象，才能消除偶然性因素的影响，防止“只见树木，不见森林”的片面性，从而正确揭示出社会经济现象总体的本质和规律性。当然，要认识社会经济现象总体的数量特征，必须从构成总体的个体的表现入手，从若干个体归纳总体。

例如，要研究中国城镇居民的消费水平，就需要把全国各省、市、自治区的所有城镇居民组成一个总体来统计，不论是哪一个地区、哪一个民族，也不论是高收入还是低收入，只要是城镇居民都要包括在内。这样就可以消除经济发达程度、地理环境、民族特征、收入高低等方面的差异，反映出中国城镇居民消费水平的一般情况。

（三）具体性

统计学研究的是社会经济现象总体的具体数量方面，而不是抽象的数量关系，这是统计区别于数学的重要特征。由于社会经济现象中的事物都是具体的，都是在一定的时间、地点和条件下发生的，所以其量的表现就必然带有特定的具体条件。缺乏具体的时间、地点和条件，就无法描述社会经济现象总体的数量特征及其运行规律。

例如，某个班级的“统计学”课程期末平均成绩为 80 分，这个 80 分对应着这个班级、“统计学”课程、期末考试成绩等条件，缺乏其中的任意一个条件都不能准确描述 80 分的经济意义。

（四）社会性

社会科学研究的是社会经济问题，自然科学研究的是自然现象。统计学研究的则是社会经济现象的数量方面，反映的是人们生产、经营、生活的条件、过程和结果，这一点与自然科学截然不同。除了研究对象不同以外，社会科学由于认识主体所站立场、所持观点、所用方法的不同，会得出差别很大甚至完全不同的结论。

统计学研究的社会经济现象与各利益相关者密切关联。其定量研究是以定性分析为前提的，而定性分析使统计学在客观上就有了社会关系的内涵。所以，统计学在研究社会经济现象时，就必须注意正确处理好这些涉及人与人之间关系的社会矛盾。

（五）变异性

统计研究对象的变异性是指构成统计研究对象总体各单位的标志特征由于复杂的随机因素而有不同的表现。某一总体中各单位除了必须具有某一共同标志表现作为它们形成同一总体的客观依据以外，还必须要在所要研究的标志上存在变异的表现。否则，就没有必要进行统计分析研究了。这是一种客观事实，也是统计研究的前提。例如，全国在校大学生这个研究对象的每个个体，除了在“成分”上共同表现为“大学在读”外，其他的（如姓名、性别、年龄、身高、体重、所学专业、所在院校、籍贯、出生年月、家庭地址、联系电话等）都是不同的。

三、统计学的研究方法

统计学是一门方法论科学，其基本方法包括大量观察法、统计分组法、综合指标法和归纳推断法。

（一）大量观察法

大量观察法是指从社会经济现象的总体出发，对其全部单位或足够多数单位进行数量观察的统计方法。

大量观察法是社会经济统计研究的一种基本方法。由于社会经济现象的发展是在诸多因素错综复杂的作用下形成的，因此，总体内的各个单位由于各自的具体条件不同，既受到共同起作用的因素的支配，也受到某些特殊、偶然或暂时因素的影响，使得它们的数量变化带有一定程度的偶然性和随机性。因此，统计时不能任意抽取个别或少数单位进行观察，而要调查研究总体的足够多数单位，消除偶然性，才能揭示社会现象总体的数量特征和规律性。例如，为了研究在校大学生的消费水平和消费结构，就要观察足够多的在校大学生的消费情况，如每月的消费总额、消费项目及具体的消费金额等，才能得出正确的、符合实际的结论。

统计研究应建立在对被研究对象的社会经济分析的基础之上，即要先确定调查对象的范围，然后运用大量观察法进行各种形式的统计调查。但是，要注意的是，统计研究在防止任意抽选个别单位进行观察的同时，并不排斥从现象联系中选择典型单位进行调查。因此，社会经济统计要把大量观察和典型调查相结合应用。

（二）统计分组法

统计分组法是根据统计研究目的和所研究现象总体的特点，按照一定的标志，把所研究的现象总体划分为两个或两个以上组成部分（或类别）的统计研究方法。

统计分组的首要任务在于，划分复杂的社会经济现象的不同类型。借助于类型分组，可以确定研究对象的同质总体，并划分总体的不同组（类型），从而运用统计指标揭示现象总体在某一特征方面的数量结构及其变化情况、现象发展的特征和规律性，以及总体所有单位各种标志之间的相互依存关系。统计分组要事先对研究对象的特征和发展规律进行理论分析，才能做出具体的分组分析。正确选择分组标志是进行科学分组的关键。

统计分组法在统计工作过程中具有重要意义，贯穿于整个统计工作全过程。统计调查离不开分组，在对统计资料的加工整理过程中，统计分组更是关键，统计指标和指标体系又是统计分析的基本工具，在统计分析中综合指标的应用更是建立在统计分组的基础之上。

（三）综合指标法

综合指标法是指在对社会经济现象总体进行大量观察的基础上，对大量观察所获得的大量原始数据资料进行整理汇总，从具体数量方面对现象总体的规模及特征进行概括和分析的方法。在统计实践中，广泛应用总量指标、相对数指标、集中趋势指标等综合指标，分别从静态和动态上综合反映和分析现象总体的规模、水平、结构、比例和依存关系等数量特征和数量关系。

在大量观察和统计分组的基础上计算的综合指标，基本排除了总体中个别偶然因素的影响，能反映出普遍的、决定性条件的作用结果。

（四）归纳推断法

在统计中，归纳法是指我们所要认识和判断的是统计总体，但实际观察的单位通常是部分单位或有限单位，这就要求通过综合大量或部分的总体单位资料，对总体的数量特征做出判断或归纳。推断法是指通过对各单位的调查研究，根据各单位的数量特征，从部分到总体，从具体事物到抽象概括，从而推断总体数量特征的方法。归纳推断法是现代统计学的基本方法，在统计研究中得到了极为广泛的应用，它既可以用于对总体参数的估计，也可以用作对总体某些分布特征的假设检验。

第三节 统计学的基本概念

在统计学的应用中，我们通常要用到很多的概念和方法。本节只介绍统计学的几个基本的、常用的概念。

一、统计总体和总体单位

（一）统计总体

统计总体是指客观存在的、至少在某一相同性质基础上结合起来的许多个别事物（单位）组成的整体，简称总体。总体是统计研究的具体对象。例如，要研究全国在校大学生的每月消费情况，那么全国所有的在校大学生就构成了一个统计总体，统计设计、统计资料搜集、统计整理和统计分析则都要围绕这一对象来进行。再如，要研究我国的人口状况，则全国人口就构成了一个统计总体，从设计普查方案、普查登记、资料汇总到最后公布普查数据等，也都要围绕这一对象来进行。

总体可以分为有限总体和无限总体。总体所包含的单位数是有限的，称为有限总体，如人口数、企业数、班级数等。总体所包含的单位数是无限的，称为无限总体，如流水线上连续生产的某种产品、大海里的鱼资源等。对有限总体可以进行全面调查，也可以进行非全面调查。但对无限总体只能抽取一部分单位进行非全面调查，据此推断总体。

统计总体必须具备以下特点。

1. 同质性

构成统计总体的各个总体单位必须在某一方面具有相同的特征或性质，这是各个总体单位构成一个统计总体的先决条件。例如，全部工业企业之所以能构成一个统计总体，是因为各个企业的经济职能相同，都是从事工业生产活动的单位，某一农业生产企业就不能归入该总体中。

2. 差异性

构成统计总体的各个总体单位虽然在某一方面具有相同的特征或性质，但在很多其他方面的特征或性质则必然是具有差异的。上例中，构成全部工业企业的各企业的经济职能相同，但各企业的规模、职工人数、生产的产品、注册资金、市场占有率等都是不同的。正因为总体单位具有差异性，世界才显得多姿多彩。

3. 大量性

大量性是指统计总体是由许多总体单位组成的，只有一个单位的总体是不存在的。当然，研究目的不同，统计总体就不一样，统计总体中所包含的总体单位的数量也就不同，一个统计总体究竟包含多少总体单位，最终取决于统计研究的目的。

4. 客观性

统计总体和总体单位都必须是客观存在的实体，这是由统计学的研究对象和性质所决定的。某一班级全班同学、全国所有工业企业、全国某年应届毕业生、全国人口等都是客观存在的，所以是统计总体。收入、利润、销售量、成本等是抽象的概念，不能形成统计总体。

（二）总体单位

构成总体的单位就是总体单位。例如，某一班级全班同学是一个统计总体，则该班每一个同学就是构成该总体的总体单位。全国所有工业企业是一个统计总体，则每一个工业企业就是构成该总体的总体单位。

统计总体与总体单位具有相对性，随着研究任务的改变而改变。有些单位可以是统计总体也可以是总体单位。例如，要了解全国工业企业的生产和销售情况，那么全部工业企业是总体，各个工业企业是总体单位。而如果要了解某个工业企业职工的工资收入情况，则该工业企业就成了总体，每位职工就是总体单位了。

二、样本和样本单位

（一）样本

总体包含的观察单位通常是大量的甚至是无限的。在实际工作中，一般不可能或没必要对每个观察单位逐一进行研究，只需从中抽取一部分观察单位加以实际观察或调查研究，根据对这一部分观察单位的观察结果，再去推断和估计总体情况。这部分观察单位就叫作总体的样本。例如，从全国某年所有应届毕业生中抽出 1 000 人进行就业情况调查，这 1 000 人就是一个样本。

样本具有以下特点：

(1) 样本的单位必须取自同一总体的内部，不能取自不同的总体。

(2) 从一个总体中可以抽取若干个样本。

(3) 样本是用来代表总体的。

(4) 从总体中抽取样本进行调查的目的是为了对总体的数量特征进行推断。

(二) 样本单位

构成样本的单位称为样本单位。上例中从全国某年所有应届毕业生中抽出 1 000 人进行就业情况调查，1 000 人中的每一个人都是样本单位。

三、标志和变量

(一) 标志及其表现

标志是说明总体单位特征的名称。从不同角度考察，每个总体单位可以有许多特征。例如，每个职工有姓名、性别、年龄、民族、工种、工龄、身高、职务等特征。这些都是职工的标志。每个企业有所有制性质、所在行业、职工人数、生产水平、规模大小等标志。

标志表现是标志特征在各单位的具体体现。例如，某职工的性别是“女”、年龄为“32 岁”、民族为“汉族”，这里“女”“32 岁”“汉族”就是性别、年龄、民族的具体体现，即标志表现。

标志按变异情况可分为不变标志和可变标志。当一个标志在同一总体中各个单位的具体表现都相同时，这个标志称为不变标志；当一个标志在同一总体中各个单位的具体表现有可能不同时，这个标志称为可变标志或变异标志。例如，中国人口普查规定：“人口普查的对象是具有中华人民共和国国籍并在中华人民共和国境内常住的人。”按照这一规定，在作为调查对象的人口总体中，国籍和在国境内居住是不变标志，而性别、年龄、民族、职业等则是可变标志。不变标志是构成统计总体的基础，因为至少必须有一个不变标志将各总体单位联结在一起，才能使它们具有同质性，从而构成一个总体。可变标志是统计研究的主要内容，因为如果标志在各总体单位之间的表现都相同，那就没有进行统计分析研究的必要了。

标志按其性质可以分为品质标志和数量标志。品质标志表示事物的质的特性，只能用文字描述，如职工的性别、民族、工种等。数量标志表示事物的量的特性，可以用数值表示，如职工的年龄、工资、工龄等。品质标志主要用于分组，将性质不相同的总体单位划分开来，便于计算各组的总体单位数，计算结构和比例相对数指标。数量标志既可用于分组，也可用于计算标志总量以及其他各种质量指标。

(二) 变量及其取值

可变的数量标志和所有的统计指标称为变量。变量所取的具体数值称为变量值。变量值是变量的具体表现，也是可变数量标志或统计指标的不同取值。例如，在一个企业中，各职工在年龄这个数量标志上的表现是不一样的，有的是 20 多岁，有的是 30 多岁，有的是 40 多岁，也有的是 50 多岁，所以年龄在此是变量。

变量按其取值是否连续，可分为离散型变量和连续型变量。离散型变量的变量值只能表现为整数，如工人数、工厂数和机器台数等。而连续型变量的变量值是连续不断的，在相邻的两值之间可无限分割，表现为无穷小数，如粮食产量、身高、体重、总产值、资金、利润等。

变量按其所受因素影响的不同，可分为确定性变量和随机性变量。确定性变量是指能事先确定下来的变量，如中奖人数等。而随机性变量是由各种因素引起的，数值随机生成，有多种可能性，事先无法确定，如中奖号码等。

四、统计指标和统计指标体系

（一）统计指标

1. 统计指标的概念

统计指标是反映和说明客观存在的统计总体某一数量特征的概念名称及其具体数值的统一体。一个完整的统计指标由指标名称和指标数值两大部分组成。例如，2010年年末，全国总人口（指标名称）134 100万人（指标数值）。但实际工作中，有时也将一个单独的指标名称理解为统计指标，如人口总数、企业年销售总量、总产出、国内生产总值等都可以叫作统计指标。

2. 统计指标的特点

（1）数量性。统计指标反映客观存在的总体的数量特征，所以统计指标都是用数值来表现的。数量特征是统计指标存在的形式，没有数量特征的统计指标是不存在的。

（2）综合性。综合性是指统计指标既可以是总体所包含单位的综合，也可以是所包含单位标志表现的合计，是许多个体现象数量综合的结果。统计指标的形成都必须经过从个体到总体的过程，它是通过个别单位数量差异的抽象化来体现总体综合数量的特点的。

（3）具体性。统计指标不是抽象的概念和数字，而一定是具体的社会经济现象数量特征的反映，是在质的基础上的量的集合。这一点使社会经济统计与数理统计、数学有区别。

（4）客观性。统计指标说明的是客观存在的、已经发生的事实，它反映了社会经济现象在具体时间、地点和条件下的数量变化。这一点和计划指标有区别。

3. 统计指标的种类及表现形式

按反映总体内容的不同，统计指标可分为数量指标和质量指标。数量指标是反映总体范围、总体规模和总体水平的统计指标，也称为外延指标。其表现形式一般为绝对数，如A市民营企业总数、投资总额、固定资产总值、总销售收入等。质量指标是反映总体内部结构、比例以及相互数量关系或发展变化的指标，也称为内涵指标，一般表现为相对数或平均数等，如该市民营企业生产效率、流通费用率、市场占有率、销售收入的平均增长率等。

按反映社会经济的功能不同，统计指标可分为描述指标、评价指标和预警指标。描述指标是反映社会经济现象的现实状况、变化过程和运行结果的统计指标，如反映生产经营条件的物质技术设备、职工人数、生产总值、总销售收入、利润总额等。评价指标是用于考核、评估、比较社会经济活动质量及其效果的统计指标，如设备利用率、资金周转率、职工劳动效率等。预警指标是对社会经济活动过程中的关键点进行监测，通过与正常值的比较而发出警示的统计指标，如宏观经济中的通货膨胀率、失业率、物价指数、社会积累率等，微观经济中的资金利用率、成本利润率、工资利润率等。

4. 统计指标与标志的关系

统计指标与标志既有明显区别，又有密切联系。其主要区别在于，首先，指标和标志反映的对象不同。标志是反映总体单位属性的，一般不具有综合性；指标是反映总体的综合数量特征的，具有综合性。其次，统计指标可分为数量指标和质量指标，它们都是可以用数值来表示的；标志可以分为数量标志和品质标志，数量标志可以用数值表示，而品质标志只能用文字表示。

统计指标和标志之间也存在密切的联系。首先，统计指标数值是由各单位的标志值汇总得到的。数量标志可以综合为数量指标和质量指标，品质标志可以对它的标志表现所对应的单位数目加总形成统计指标。其次，随着统计研究的目的不同，指标和标志之间可以互相转化。

（二）统计指标体系

1. 统计指标体系的概念

社会经济现象是一个个复杂的总体，各类现象之间存在相互依存、相互影响的关系。一个统计指标往往只能反映复杂现象总体某一方面的特征，要了解客观现象在各个方面的特征及其发展变化的全过程，仅靠单个统计指标是不可行的，必须要建立和运用统计指标体系。

所谓统计指标体系，就是指若干个反映社会经济现象数量特征的相对独立又相互联系的统计指标所构成的整体。例如，某一工业企业把产品产量、单位产品原材料消耗量、原材料单价等统计指标联系起来就构成了一个统计指标体系。这便于人们全面、准确地评价该企业的生产成本耗用情况。

2. 统计指标体系的表现形式

由于社会经济现象之间内在联系的不同特点，统计指标体系的表现形式有三种。一是通过和的形式表现出来。例如，在四部门经济中，按支出法核算，国内生产总值＝消费＋投资＋政府购买＋净出口；期初库存量＋本期购进量＝本期销售量＋期末库存量。二是通过积的形式表现出来。例如，商品销售额＝商品销售量×商品销售价格，等等。三是因素关系的表现形式，这些指标之间不存在或没必要采用数学运算形式来反映它们之间的联系，指标之间是一种相互补充的因素关系。例如，把反映工业企业再生产的各因素（人、财、物）及过程（供、产、销）的一系列指标集合起来，就形成了工业企业生产经营统计指标体系。

3. 统计指标体系的种类

根据社会经济现象相互联系的多样性和人们认识问题的多视角性，反映现象总体的统计指标体系可以从不同的角度划分为不同的种类。

统计指标体系按其反映内容的不同，可分为社会统计指标体系、经济统计指标体系和科学技术统计指标体系。它们分别从社会、国民经济运行和科学技术发展三个方面反映一定时期、一定范围内社会、国民经济和科技发展的总体状况。

统计指标体系按其考核的范围不同,可分为宏观统计指标体系、中观统计指标体系和微观统计指标体系。宏观统计指标体系反映整个社会、经济和科技情况;中观统计指标体系反映各个地区和各个部门、行业的社会、经济和科技情况;微观统计指标体系反映各企、事业单位的生产经营或工作运行情况。

统计指标体系按其作用不同,可分为描述性统计指标体系、评价性统计指标体系和决策性统计指标体系。描述性统计指标体系主要是反映社会经济现象的现状、运行过程和结果;评价性统计指标体系主要是比较、判断社会经济现象的运行过程、结果是否正常;决策性统计指标体系是为了保证社会、经济、科技等方面有序、协调地发展。

本章小结

本章是本教材的基础知识部分,主要阐述了三个方面的内容,即统计和统计学,统计学的性质、研究对象和研究方法,以及统计学的基本概念。在学习本章内容的过程中,需要着重掌握以下知识点。

一、统计和统计学

统计包括三个方面的含义,即统计工作、统计资料和统计学。统计工作就是统计实践活动,是收集、整理和分析统计数据的活动。统计资料是统计实践活动过程中所取得的各项数据资料的总称。统计学是在统计实践活动中所积累的理论和方法的知识体系,是关于认识客观现象总体数量特征和数量关系的科学。

统计的三种含义之间的关系是,统计工作是人们的统计实践活动,是基础和前提;统计资料是统计工作的结果,统计工作与统计资料是工作过程与工作成果的关系;统计学是统计工作经验的总结与概括,统计学与统计工作之间是统计理论与统计实践的关系。

统计学的产生和发展分为三个阶段,即古典统计学时期(主要代表学派是政治算术学派和国势学派)、近代统计学时期(主要代表学派有数理统计学派和社会统计学派)和现代统计学时期(主要代表人物有戈塞特、费雪、尼曼、小皮尔逊、瓦尔德等)。

二、统计学的性质、研究对象和研究方法

统计学从研究领域来讲,它属于社会科学;从研究对总体现象数量方面的认识方法来讲,它属于认识方法论科学。统计学的研究对象就是大量社会经济现象总体的数量方面。统计学的基本方法包括大量观察法、统计分组法、综合指标法和归纳推断法。

三、统计学的基本概念

这里所列出的统计学的基本概念主要有统计总体和总体单位、样本和样本单位、标志和变量、统计指标和统计指标体系四组。

统计总体是指客观存在的、至少在某一相同性质基础上结合起来的许多个别事物(单位)组成的整体,简称总体。构成总体的单位就是总体单位。

根据研究目的从总体中抽取出来用以代表总体的若干单位的整体称为样本。构成样本的单位称为样本单位。

标志是说明总体单位特征的名称。可变的数量标志和所有的统计指标称为变量。

统计指标是反映和说明客观存在的统计总体某一数量特征的概念名称及其具体数值

的统一体。

统计指标体系就是指若干个反映社会经济现象数量特征的相对独立又相互联系的统计指标所构成的整体。

本章习题

一、名词解释

统计 统计总体 总体单位 样本 样本单位 标志 变量 统计指标 统计指标体系

二、单项选择题

1. 某市进行工业企业未安装设备普查，总体单位是（ ）。

A. 工业企业全部未安装设备　　B. 工业企业每一台未安装设备

C. 每个工业企业的未安装设备　　D. 每一个工业企业

2. 工业企业的设备台数、产品产值是（ ）。

A. 连续型变量　　B. 离散型变量

C. 前者是连续型变量　　D. 前者是离散型变量

3. 对某地区工业企业的职工情况进行研究，统计总体是（ ）。

A. 每个工业企业　　B. 该地区全部工业企业

C. 每个工业企业的全部职工　　D. 该地区全部工业企业的全部职工

4. 在全国人口普查中，（ ）。

A. 男性是品质标志　　B. 人的年龄是不变的数量标志

C. 人口的平均寿命是数量标志　　D. 某家庭的人口数是统计指标

5. 指标是说明总体特征的，标志是说明总体单位特征的，所以（ ）。

A. 标志和指标之间的关系是固定不变的

B. 标志和指标之间的关系是可以变化的

C. 标志和指标都是可以用数值表示的

D. 只有指标才可以用数值表示

6. 统计指标按所反映的数量特点不同，可以分为数量指标和质量指标两种。其中，数量指标的表现形式是（ ）。

A. 绝对数　　B. 相对数　　C. 平均数　　D. 小数

7. 数理统计学派的代表人物是（ ）。

A. 阿道夫·凯特勒　　B. 梅尔

C. 威廉·配第　　D. 恰多克

8. 总体有 3 个人，其工资分别为 645 元、655 元和 665 元。其平均工资 655 元是（ ）。

A. 指标值　　B. 标志值　　C. 变异度　　D. 变量

9. 某批产品的合格率是（ ）。

A. 数量指标　　B. 质量指标　　C. 数量标志　　D. 品质标志

10. 属于数量指标的是(　　)。

A. 粮食总产量　　B. 粮食平均亩产量

C. 人均粮食生产量　　D. 人均粮食消费量

三、判断题(正确的打"√",错误的打"×")

1. "统计"一词包含统计工作、统计资料、统计学这三种含义。(　　)

2. 社会经济统计的研究对象是社会经济现象总体的各个方面。(　　)

3. 总体是指标的承担者,标志是依附于单位的。(　　)

4. 离散变量的数值包括整数和小数。(　　)

5. 3个同学的成绩不同,因此存在3个变量。(　　)

6. 总体单位总量和总体标志总量是固定不变的,不能互相变换。(　　)

7. 如果改变研究目的,原来的统计总体成为总体单位后,则相对应的统计指标也就变成了数量标志。(　　)

8. 张三同学的期末考试总成绩476分是统计指标。(　　)

四、简答题

1. 什么是统计总体,统计总体有哪些基本特征?

2. 试举例说明统计总体和总体单位之间的关系。

3. 统计学的性质及研究对象是什么,它有哪些研究方法?

4. 标志和统计指标有哪些区别与联系?

本章案例

案例资料一

中华人民共和国2021年国民经济和社会发展统计公报[1](综合部分)

国家统计局

2022年2月28日

2021年是党和国家历史上具有里程碑意义的一年。在以习近平同志为核心的党中央坚强领导下,各地区各部门坚持以习近平新时代中国特色社会主义思想为指导,全面贯彻党的十九大和十九届历次全会精神,弘扬伟大建党精神,按照党中央、国务院决策部署,坚持稳中求进工作总基调,完整、准确、全面贯彻新发展理念,加快构建新发展格局,全面深化改革开放,坚持创新驱动发展,推动高质量发展。我们隆重庆祝中国共产党成立一百周年,实现第一个百年奋斗目标,开启向第二个百年奋斗目标进军新征程,沉着应对百年变局和世纪疫情,构建新发展格局迈出新步伐,高质量发展取得新成效,实现了"十四五"良好开局。我国经济发展和疫情防控保持全球领先地位,国家战略科技力量加快壮大,产业链韧性得到提升,改革开放向纵深推进,民生保障有力有效,生态文明建设持续推进。这些成绩的取得,是以习近平同志为核心的党中央坚强领导的结果,是全党全国各族人民勠力同心、艰苦奋斗的结果。

一、综合

初步核算，全年国内生产总值[2]1 143 670 亿元，比上年增长 8.1%，两年平均增长[3]5.1%（见图 1）。其中，第一产业增加值 83 086 亿元，比上年增长 7.1%；第二产业增加值 450 904 亿元，增长 8.2%；第三产业增加值 609 680 亿元，增长 8.2%。第一产业增加值占国内生产总值比重为 7.3%，第二产业增加值比重为 39.4%，第三产业增加值比重为 53.3%（见图 2）。全年最终消费支出拉动国内生产总值增长 5.3 个百分点，资本形成总额拉动国内生产总值增长 1.1 个百分点，货物和服务净出口拉动国内生产总值增长 1.7 个百分点。全年人均国内生产总值 80 976 元，比上年增长 8.0%。国民总收入[4]1 133 518 亿元，比上年增长 7.9%。全员劳动生产率[5]为 146 380 元/人，比上年提高 8.7%（见图 3）。

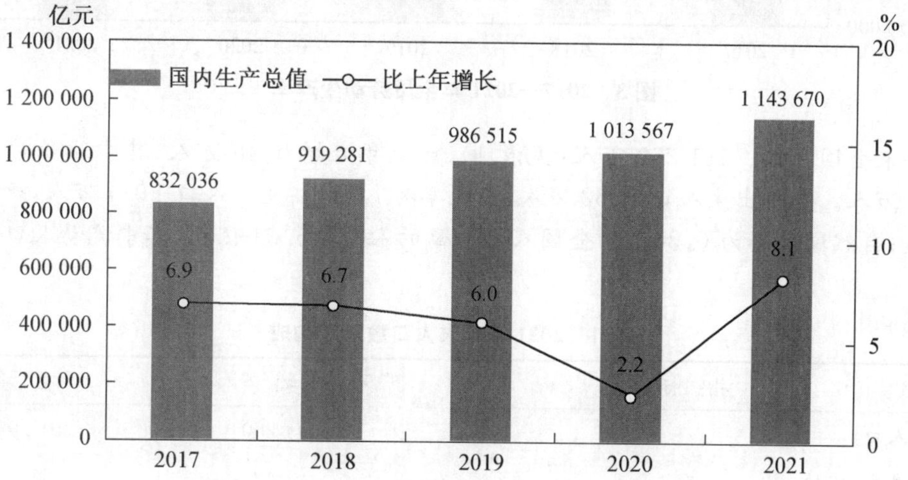

图 1　2017—2021 年国内生产总值及其增长速度

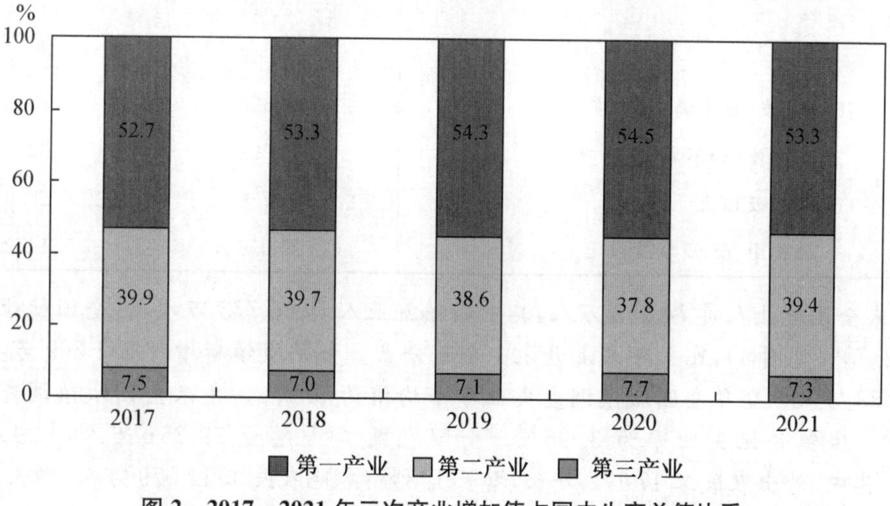

图 2　2017—2021 年三次产业增加值占国内生产总值比重

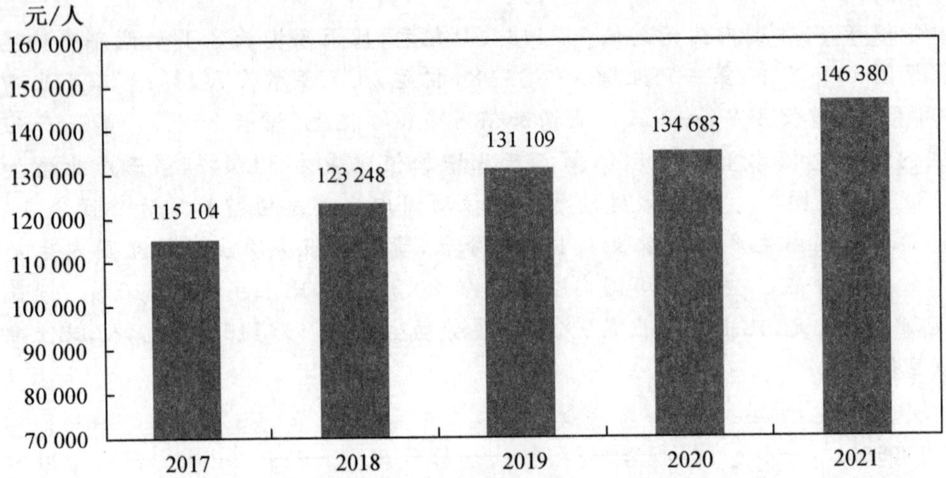

图 3　2017—2021 年全员劳动生产率[6]

年末全国人口[7]141 260 万人(见表 1),比上年末增加 48 万人,其中城镇常住人口 91 425 万人。全年出生人口 1 062 万人,出生率为 7.52‰;死亡人口 1 014 万人,死亡率为 7.18‰;自然增长率为 0.34‰。全国人户分离的人口[8]5.04 亿人,其中流动人口[9]3.85 亿人。

表 1　2021 年年末人口数及其构成

指　标	年末数/万人	比重/%
全国人口	141 260	100.0
其中:城镇	91 425	64.7
乡村	49 835	35.3
其中:男性	72 311	51.2
女性	68 949	48.8
其中:0～15 岁(含不满 16 周岁)[10]	26 302	18.6
16～59 岁(含不满 60 周岁)	88 222	62.5
60 周岁及以上	26 736	18.9
其中:65 周岁及以上	20 056	14.2

年末全国就业人员 74 652 万人,其中城镇就业人员 46 773 万人,占全国就业人员比重为 62.7%(见图 4),比上年末上升 1.1 个百分点。全年城镇新增就业 1 269 万人,比上年多增 83 万人。全年全国城镇调查失业率平均值为 5.1%。年末全国城镇调查失业率为 5.1%,城镇登记失业率为 3.96%。全国农民工[11]总量 29 251 万人,比上年增长 2.4%。其中,外出农民工 17 172 万人,增长 1.3%;本地农民工 12 079 万人,增长 4.1%。

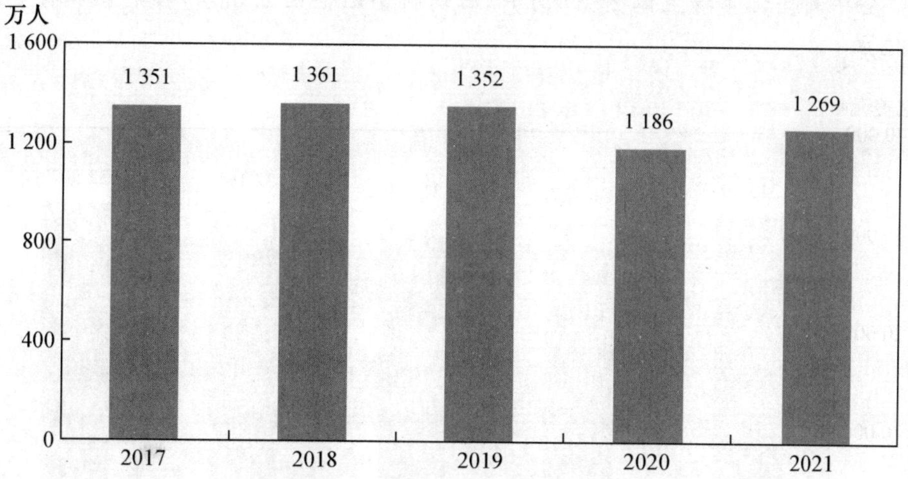

图 4 2017—2021 年城镇新增就业人数

全年居民消费价格比上年上涨 0.9%(见表 2)。工业生产者出厂价格上涨 8.1%。工业生产者购进价格上涨 11.0%。农产品生产者价格[12]下降 2.2%。12 月份,70 个大中城市中,新建商品住宅销售价格同比上涨的城市个数为 53 个,下降的为 17 个;二手住宅销售价格同比上涨的城市个数为 43 个,持平的为 1 个,下降的为 26 个。

表 2 2021 年居民消费价格比上年涨跌幅度

单位:%

指 标	全 国	城市	农村
居民消费价格	0.9	1.0	0.7
其中:食品烟酒	−0.3	0.0	−1.2
衣 着	0.3	0.3	0.0
居 住[13]	0.8	0.8	1.1
生活用品及服务	0.4	0.4	0.4
交通通信	4.1	4.2	3.9
教育文化娱乐	1.9	2.0	1.7
医疗保健	0.4	0.3	0.7
其他用品及服务	−1.3	−1.4	−1.2

年末国家外汇储备 32 502 亿美元,比上年末增加 336 亿美元(见图 5)。全年人民币平均汇率为 1 美元兑 6.451 5 元人民币,比上年升值 6.9%。

新产业新业态新模式加速成长。全年规模以上工业中,高技术制造业[14]增加值比上年增长 18.2%,占规模以上工业增加值的比重为 15.1%;装备制造业[15]增加值增长 12.9%,占规模以上工业增加值的比重为 32.4%。全年规模以上服务业[16]中,战略性新兴服务业[17]企业营业收入比上年增长 16.0%。全年高技术产业投资[18]比上年增长 17.1%。全年新能源汽车产量 367.7 万辆,比上年增长 152.5%;集成电路产量 3 594.3 亿块,增长 37.5%。全年网上零售额[19] 130 884 亿元,按可比口径计算,比上年增长

14.1%。全年新登记市场主体2 887万户，日均新登记企业2.5万户，年末市场主体总数达1.5亿户。

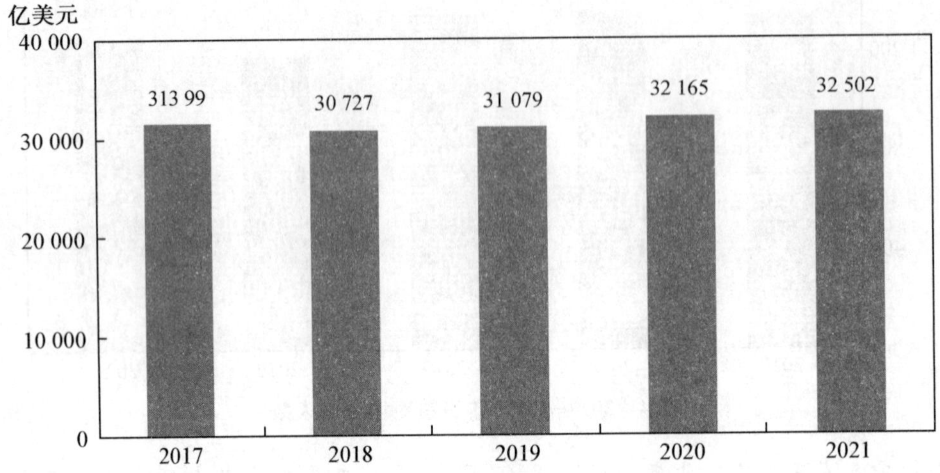

图5 2017—2021年年末国家外汇储备

城乡区域协调发展扎实推进。年末全国常住人口城镇化率为64.72%，比上年末提高0.83个百分点(见图6)。分区域看[20]，全年东部地区生产总值592 202亿元，比上年增长8.1%；中部地区生产总值250 132亿元，增长8.7%；西部地区生产总值239 710亿元，增长7.4%；东北地区生产总值55 699亿元，增长6.1%。全年京津冀地区生产总值96 356亿元，比上年增长7.3%；长江经济带地区生产总值530 228亿元，增长8.7%；长江三角洲地区生产总值276 054亿元，增长8.4%。粤港澳大湾区建设、黄河流域生态保护和高质量发展等区域重大战略深入实施。

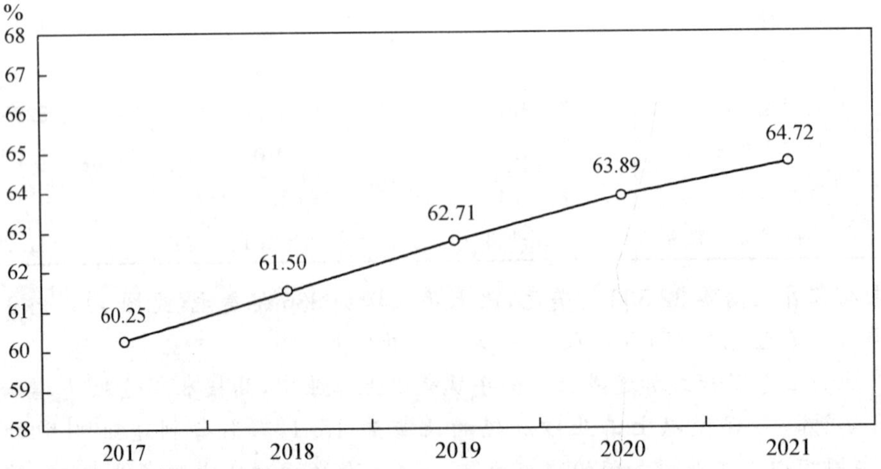

图6 2017—2021年年末常住人口城镇化率[21]

生态环境保护取得新成效。全年全国万元国内生产总值能耗[22]比上年下降2.7%。在监测的339个地级及以上城市中，全年空气质量达标的城市占64.3%，未达标的城市占 35.7%；细颗粒物($PM_{2.5}$)年平均浓度 30 微克/立方米，比上年下降 9.1%。3 641 个国家地表水考核断面中，全年水质优良（Ⅰ～Ⅲ类）断面比例为 84.9%，Ⅳ类断面比例为 11.8%，Ⅴ类断面比例为 2.2%，劣Ⅴ类断面比例为 1.2%。

注释：

[1] 本公报中数据均为初步统计数。各项统计数据均未包括香港特别行政区、澳门特别行政区和台湾省。部分数据因四舍五入的原因，存在总计与分项合计不等的情况。

[2] 国内生产总值、三次产业及相关行业增加值、地区生产总值、人均国内生产总值和国民总收入绝对数按现价计算，增长速度按不变价格计算。

[3] 两年平均增速是指以 2019 年同期数为基数，采用几何平均的方法计算的增速。

[4] 国民总收入，原称国民生产总值，是指一个国家或地区所有常住单位在一定时期内所获得的初次分配收入总额，等于国内生产总值加上来自国外的初次分配收入净额。

[5] 全员劳动生产率为国内生产总值（按 2020 年价格计算）与全部就业人员的比率，根据第七次全国人口普查结果对历史数据进行了修订。

[6] 见注释[5]。

[7] 全国人口是指我国大陆 31 个省、自治区、直辖市和现役军人的人口，不包括居住在 31 个省、自治区、直辖市的港澳台居民和外籍人员。

[8] 人户分离的人口是指居住地与户口登记地所在的乡镇街道不一致且离开户口登记地半年及以上的人口。

[9] 流动人口是指人户分离人口中扣除市辖区内人户分离的人口。市辖区内人户分离的人口是指一个直辖市或地级市所辖区内和区与区之间，居住地和户口登记地不在同一乡镇街道的人口。

[10] 2021 年年末，0～14 岁（含不满 15 周岁）人口为 24 678 万人，15～59 岁（含不满 60 周岁）人口为 89 846 万人。

[11] 年度农民工数量包括年内在本乡镇以外从业 6 个月及以上的外出农民工和在本乡镇内从事非农产业 6 个月及以上的本地农民工。

[12] 农产品生产者价格是指农产品生产者直接出售其产品时的价格。

[13] 居住类价格包括租赁房房租、住房保养维修及管理、水电燃料等价格。

[14] 高技术制造业包括医药制造业，航空、航天器及设备制造业，电子及通信设备制造业，计算机及办公设备制造业，医疗仪器设备及仪器仪表制造业，信息化学品制造业。

[15] 装备制造业包括金属制品业，通用设备制造业，专用设备制造业，汽车制造业，铁路、船舶、航空航天和其他运输设备制造业，电气机械和器材制造业，计算机、通信和其他电子设备制造业，仪器仪表制造业。

[16] 规模以上服务业统计范围包括年营业收入 2 000 万元及以上的交通运输、仓储和邮政业，信息传输、软件和信息技术服务业，水利、环境和公共设施管理业，卫生行业法人单位；年营业收入 1 000 万元及以上的房地产业（不含房地产开发经营），租赁和商务服务业，科学研究和技术服务业，教育行业法人单位；以及年营业收入 500 万元及以上的居民服务、修理和其他服务业，文化、体育和娱乐业，社会工作行业法人单位。

[17] 战略性新兴服务业包括新一代信息技术产业、高端装备制造产业、新材料产业、

生物产业、新能源汽车产业、新能源产业、节能环保产业和数字创意产业等八大产业中的服务业相关行业，以及新技术与创新创业等相关服务业。2021年战略性新兴服务业企业营业收入增速按可比口径计算。

[18] 高技术产业投资包括医药制造、航空航天器及设备制造等六大类高技术制造业投资和信息服务、电子商务服务等九大类高技术服务业投资。

[19] 网上零售额是指通过公共网络交易平台(主要从事实物商品交易的网上平台，包括自建网站和第三方平台)实现的商品和服务零售额。

[20] 东部地区是指北京、天津、河北、上海、江苏、浙江、福建、山东、广东和海南10省(市)；中部地区是指山西、安徽、江西、河南、湖北和湖南6省；西部地区是指内蒙古、广西、重庆、四川、贵州、云南、西藏、陕西、甘肃、青海、宁夏和新疆12省(区、市)；东北地区是指辽宁、吉林和黑龙江3省。

[21] 根据第七次全国人口普查结果，对2017—2019年年末常住人口城镇化率数据进行了修订。

[22] 万元国内生产总值能耗按2020年价格计算。

(资料来源：国家统计局网站)

要求：通过以上我国2021年国民经济和社会发展统计公报综合部分内容，了解我国国民经济和社会发展的具体特征，并思考这些数据资料如何获取？如何整理？

案例资料二

几个统计应用经典案例

近两年，“大数据”这个词越来越为大众所熟悉，“大数据”一直是以高冷的形象出现在大众面前，面对大数据，相信许多人都一头雾水。下面我们通过几个经典案例，让大家实打实触摸一把“大数据”。你会发现它其实就在身边，而且也是很有趣的。

1. 啤酒与尿布

全球零售业巨头沃尔玛在对消费者购物行为分析时发现，男性顾客在购买婴儿尿片时，常常会顺便搭配几瓶啤酒来犒劳自己，于是尝试推出了将啤酒和尿布摆在一起的促销手段。没想到这个举措居然使尿布和啤酒的销量都大幅增加了。如今，“啤酒＋尿布”的数据分析成果早已成了大数据技术应用的经典案例，被人津津乐道。

2. 数据新闻让英国撤军

2010年10月23日《卫报》利用维基解密的数据做了一篇“数据新闻”。将伊拉克战争中所有的人员伤亡情况均标注于地图之上。地图上一个红点便代表一次死伤事件，鼠标点击红点后弹出的窗口则有详细的说明：伤亡人数、时间，造成伤亡的具体原因。密布的红点多达39万个，显得格外触目惊心。一经刊出立即引起朝野震动，推动英国最终做出撤出驻伊拉克军队的决定。

3. QQ圈子把前女友推荐给未婚妻

2012年3月腾讯推出QQ圈子，按共同好友的连锁反应摊开用户的人际关系网，把用户的前女友推荐给未婚妻，把同学、同事、朋友圈子分门别类，利用大数据处理能力给人带来“震撼”。

4. “魔镜”预知石油市场走向

如果你对“魔镜”还停留在“魔镜魔镜，告诉我谁是世界上最美的女人”，那你就真的落伍了。“魔镜”不仅仅是童话中王后的宝贝，而且是真实世界中的一款神器。其实，“魔镜”是苏州国云数据科技公司的一款很牛的大数据可视化产品，而且是国内首款。

现在，“魔镜”通过数据的整合分析可视化，不仅可以得出谁是世界上最美的女人，还能通过价量关系得出市场的走向。在不久前，“魔镜”帮助中石化等企业分析数据，将数据可视化，使企业科学地判断、决策，节约了成本，合理配置了资源，从而提高了收益。

5. Google 成功预测冬季流感

2009 年，Google 通过分析 5 000 万条美国人最频繁检索的词汇，将之和美国疾病中心在 2003 年到 2008 年间季节性流感传播时期的数据进行比较，并建立一个特定的数学模型。最终 Google 成功预测了 2009 年冬季流感的传播甚至可以具体到特定的地区。

6. 大数据与乔布斯癌症治疗

乔布斯是世界上第一个对自身所有 DNA 和肿瘤 DNA 进行排序的人。为此，他支付了高达几十万美元的费用。他得到的不是样本，而是包括整个基因的数据文档。医生对所有基因按需下药，这种方式最终帮助乔布斯延长了好几年的生命。

7. 奥巴马大选连任成功

2012 年 11 月奥巴马大选连任成功的胜利果实也被归功于大数据，因为他的竞选团队进行了大规模与深入的数据挖掘。时代杂志更是断言，依靠直觉与经验进行决策的优势急剧下降，在政治领域，大数据的时代已经到来。各路媒体、论坛、专家铺天盖地的宣传让人们对大数据时代的来临兴奋不已，无数公司和创业者都纷纷加入了这个狂欢队伍。

8. 微软大数据成功预测奥斯卡 21 项大奖

2013 年，微软纽约研究院的经济学家大卫·罗斯柴尔德(David Rothschild)利用大数据成功预测 24 个奥斯卡奖项中的 19 个，成为人们津津乐道的话题。今年罗斯柴尔德再接再厉，成功预测第 86 届奥斯卡金像奖颁奖典礼 24 个奖项中的 21 个，继续向人们展示现代科技的神奇魔力。

思考：你有没有感觉到大数据和统计给我们的生活和工作带来了非常大的便利？请思考具体表现在哪些方面？

第二章　统计调查

【教学目的与要求】 本章是统计工作第一阶段的知识内容，是其他工作阶段的基础和前提。通过本章的学习，理解统计调查的概念和要求，明确统计调查的各种分类；掌握设计统计调查方案的步骤及其方法；理解并掌握常见的几种统计调查方法及特点，并了解它们的应用领域；掌握调查问卷设计的基本技术，能设计比较简单的调查问卷；掌握统计调查的组织形式、特点及适用场合。

【教学重点与难点】 各种统计调查方式的特征及区别；调查问卷的设计；统计调查方案的设计；统计调查质量的控制。

【课程思政】 毛泽东同志在文章《反对本本主义》中提出"没有调查，没有发言权"的著名论断，指出了调查的重要性。社会主义核心价值观内容之一"诚信"要求做人做事要诚实信用。统计调查工作任务繁重，难度较大，需要调查人员通过分工合作和良好的沟通，以科学的方法和专业的态度，精益求精的工匠精神，尊重实际，获取真实的数据资料。

第一节　统计调查的种类和意义

一、统计调查的概念

统计调查也称统计数据的搜集，是按照统计任务的要求，运用科学的调查方法，有目的、有组织地向客观实际搜集各种原始资料的过程。在现实生活中，我们可能接触过各种形式、不同目的和不同内容的统计调查。例如，企业对新产品市场需求的调查，企业对竞争对手产品市场占有率的调查，企业对消费者可接受产品价格的市场调查，等等。

二、统计调查的种类

（一）按调查对象所包括的范围分类

按调查对象所包括的范围不同，可分为全面调查和非全面调查。

1. 全面调查

全面调查是对调查对象的全部单位进行调查，其目的是要取得总体的全面、系统、完整的总量资料，如普查和全面统计报表。全面调查要耗费大量的人力、物力、财力和时间。

2. 非全面调查

非全面调查是对调查对象的一部分单位进行调查。其目的是取得部分单位的数量资料，如重点调查、典型调查、抽样调查和非全面统计报表等。

全面调查和非全面调查是以调查对象所包括的单位范围不同来区分的，而不是以最后取得的结果是否反映总体特征的全面资料而言的。

(二) 按登记资料的时间是否连续分类

按登记资料的时间是否连续，可分为一次性调查与经常性调查。

1. 一次性调查

一次性调查是对调查对象在一定时间点上的状态进行登记，是不连续的调查。其主要目的是获得事物在某一时间点上的水平和状况的资料。例如，调查人口总数、资金占用数量、工业企业数、商业网点的数量等。

一次性调查又分为定期调查和不定期调查两种。定期调查是每隔一段固定时期进行一次调查；不定期调查是时间间隔不完全相等，而且间隔很久才调查一次。

2. 经常性调查

经常性调查是随着调查对象在时间上的发展变化及其变化的情况进行连续不断的登记。其主要目的是获得事物全部发展过程及其结果的统计资料。例如，调查工业产品产量、燃料和原材料消耗量、商品流转额、投资总额等。

(三) 按调查的组织方式分类

按调查的组织方式不同，可分为统计报表和专门调查。

1. 统计报表

统计报表是按照国家有关法规的统一规定自上而下统一布置，自下而上逐级汇总上报的一种调查方式。

2. 专门调查

专门调查是为了某一特定目的而专门组织的统计调查，包括普查、抽样调查、重点调查、典型调查等。

三、统计调查的意义

统计调查是统计实践工作的第一个阶段。统计调查担负着提供基础资料的任务，是决定整个统计工作质量的重要环节，又是统计整理和统计分析的前提。即统计实践工作首先是进行统计调查，在统计调查的基础上进行统计整理，最后对统计整理的数据资料进行统计分析。缺乏统计调查这一环节，其他的后续工作都是没法进行的。

统计调查所涉及的资料有两种，一种是直接向调查对象搜集未加工整理的，反映调查对象个体的，尚待汇总整理，需要由个体过渡到总体的统计资料，称为原始资料，又称为初级资料；另一种是已经加工、整理过的次级资料，也称为第二手资料。统计调查一般指的是对原始资料的搜集，并对其进行加工整理汇总，使其成为从个体特征过渡到总体特征的资料，但有时也包括对次级资料的搜集。

第二节 统计调查方式

一、普查

(一) 普查的概念

普查是指为特定目的而专门组织的一次性全面调查。它是对统计总体的全部单位进行调查以搜集统计资料的工作,一般属于对一定时点的社会经济现象总量的调查,但也可以调查某些时期现象的总量,乃至调查一些并非总量的指标。例如,人口普查就是对全国人口一一进行调查登记,规定某个特定时点(某年某月某日某时)作为全国统一的统计时点,以反映有关人口的自然和社会的各类特征。

(二) 普查的特点

(1) 普查通常是一次性的或周期性的。

普查通常涉及面广且调查单位多,需要耗费大量的人力、物力和财力,所以需要间隔较长的时间。例如,我国的人口普查从 1953 年至 2020 年共进行了 7 次。而且,我国的普查已经规范化和制度化,即每逢末尾数字为“0”的年份进行人口普查。每逢末尾数字为“3”和“8”的年份进行经济普查,农业普查在我国每十年进行一次。第一次全国农业普查现场登记工作在 1997 年进行,第二次全国农业普查现场登记工作从 2007 年 1 月 1 日开始,第三次全国农业普查现场登记工作从 2017 年 1 月 1 日开始。

(2) 需要规定统一的标准时点,以避免调查数据的重复或遗漏。

普查的标准时点是指对被调查对象进行登记时所依据的统一时点。调查资料必须反映调查对象在这一时点上的状况。例如,我国已经进行的前四次人口普查标准时点都规定在普查当年的 7 月 1 日零时(即 6 月 30 日 24 时),从第五次开始,人口普查标准时点都规定在普查当年的 11 月 1 日零时。我国第三次农业普查标准时点为 2016 年 12 月 31 日 24 时,凡是年末资料,均以普查时点数据为准。普查时期为 2016 年 1 月 1 日至 12 月 31 日,凡是年度资料,均以普查时期全年数据为准。我国经济普查标准时点是普查年份的 12 月 31 日。

(3) 规定统一的普查期限。

要求普查范围内各调查单位或调查点尽可能同时进行登记,并在统一规定的普查期限内完成,在方法和步调上保持一致,以保证资料的准确性和时效性。

(4) 规定普查的项目和指标。

普查时必须按照统一规定的项目和指标进行登记,不准任意改变或增减,以免影响资料的汇总和综合,降低资料质量。同一种普查,每次调查的项目和指标应力求一致,以便于进行历次调查资料的对比分析和观察社会经济现象的发展变化情况。

(5) 普查的数据一般比较准确,规范化程度也较高,能掌握大量、详细、全面的统计资料,因此它可以为抽样调查或其他调查提供基本依据。

(6) 普查的使用范围比较窄,只能调查一些最基本及特定的现象。

(三) 普查的组织方式

普查的组织方式有两种,一种是建立专门的普查机构,配备大量的普查人员,对调查单位进行直接的登记,如人口普查等。另一种是利用调查单位的原始记录和核算资料,发放调查表,由调查单位填报,如物资库存的普查等。这种方式比前一种方式简便,适用于内容比较单一、涉及范围较小的情况,特别是为了满足某种紧迫需要而进行的"快速普查",就可以采用这种方式。它由登记单位将填报的表格越过中间一些环节直接报送到最高一级机构集中汇总。

二、抽样调查

(一) 抽样调查的概念

抽样调查是指从研究对象的总体中随机抽取一部分单位作为样本进行调查,并根据样本调查结果推断总体相应数量特征的一种非全面调查。它是实际中应用得最广泛的一种调查方式。

(二) 抽样调查的特点

1. 经济性

由于抽样调查只需调查总体中的部分单位,调查工作量小,因此可以节省大量的人力、物力、财力和时间。

2. 时效性强

抽样调查只对部分单位进行调查,调查面窄、工作量小,调查的准备时间、调查时间和数据处理时间都可以大大缩短,因此可以迅速、及时地获取所需要的信息,同时提高数据的有效性。例如,企业对某产品的市场需求状况进行调查,只需抽取部分消费者进行调查就可以大体了解消费者对该产品的偏好程度、消费意愿、需求状况等情况。

3. 适应面广

抽样调查既能调查全面调查能够调查的现象,也能调查全面调查所不能调查的现象。例如,流水线上所生产产品的质量检验等。另外,相对于全面调查,抽样调查的内容和指标可以更详细,能获得更全面、更深入的数据信息。所以,抽样调查适用于各个领域、各种问题的调查。

4. 准确性高

抽样调查由于调查工作量小,调查各环节的工作可以做得很细致,从而能保证调查结果的准确度。但是,抽样调查是通过样本的调查结果推断总体的相应数量特征,从而不可避免地存在抽样误差,但这种误差是可以事先计算和加以控制的。

(三) 抽样调查的组织形式

常用的抽样调查组织形式有五种,分别是简单随机抽样、类型抽样(分层抽样)、等距抽样(机械抽样)、整群抽样、多阶段抽样等,具体解释见第七章。

三、重点调查

(一) 重点调查的概念

重点调查是指在调查对象中选择一部分重点单位进行的非全面调查。这些重点单位虽然数量不多,但它们的标志总量在总体标志总量中却占据了绝大部分,在总体中具有举足轻重的作用。因此,当调查的任务只要求掌握事物的基本状况与基本的发展趋势,而不要求掌握全面的准确资料,而且在总体中确实存在重点单位时,进行重点调查是比较适宜的。例如,要了解全国钢铁企业的生产状况,可以选择产量较大的少数几个企业,如首钢、武钢、鞍钢、宝钢等,对这些重点单位进行调查,就能对全国钢铁行业生产的基本情况进行大致了解。值得注意的是,重点调查的单位可以是一些企业、行业,也可以是一些地区、城市。

(二) 重点调查的特点

1. 投入少、调查速度快

重点调查是一种非全面调查,只需对少量的重点单位进行调查即可,因此可以节省大量的人力、物力、财力和时间,节约投入成本。同时,它还能快速获取调查资料。

2. 结果比较准确

总体中的重点单位是数量较少,但相应数量标志值占总体数量标志总值比重很大的单位。正因为这些少数单位的标志值很大,这些单位对总体的基本情况才具有代表性。并且这些单位一般统计基础工作较好,管理水平较高,容易取得可靠的原始资料,调查效果好,所以,调查结果能反映总体的基本情况。

(三) 重点调查的组织方式

重点调查的组织方式有两种,一种是专门组织的一次性调查;另一种是利用定期统计报表经常性地对一些重点单位搜集资料。

(四) 重点单位的选择

重点单位的选择是重点调查的首要工作。选取重点单位,第一要根据调查任务的要求和调查对象的基本情况确定要选取的重点单位及其数量。一般来讲,要求重点单位尽可能少,而其标志值在总体标志总量中所占的比重应尽可能大,以保证有足够的代表性。第二要注意选取那些管理比较健全、业务能力较强、统计工作基础较好的单位作为重点单位。

四、典型调查

(一) 典型调查的概念

典型调查是指根据调查的目的与要求,在对被调查对象进行全面分析的基础上,有意识地选择若干具有典型意义或代表性的单位进行的调查,是一种非全面的专门调查。

(二) 典型调查的特点

1. 节约成本,调查速度快

典型调查也是一种非全面调查,只需对典型单位进行调查即可。因此,它具备非全面调查的共同特点，可以节省大量的人力、物力、财力和时间，节约调查费用，同时也能快速获取调查资料。

2. 典型单位的选择取决于调查者的主观判断

典型调查是选择具有代表性的调查单位进行调查，要求调查者对现象总体进行全面分析，根据调查目的去发现能反映总体一般水平、具有代表性的单位。所以典型单位的选择取决于调查者的主观判断和主观认识。

3. 与其他调查方式结合起来使用

典型调查由于受“调查者有意识地选出若干具有代表性单位”的限制，在很大程度上受人们主观认识的影响。因此，它必须同其他调查方式结合起来使用，才能避免出现主观片面性。

(三) 典型调查的组织方式

典型调查可以通过两种组织方式进行：一种是对个别典型单位进行调查研究，即“解剖麻雀”式的调查。这种组织方式适合总体单位间差异较小的情况。另一种是在对总体各单位进行分类的基础上，在各类中选择一部分典型单位进行调查，即“划类选典”式的调查。在总体单位比较多、各单位发展条件和发展程度又相差较大时，就需要将总体单位按某种与研究任务有关的标志划分成若干组，以缩小组内各单位的差异，然后再从各个组中分别选出典型单位。

五、统计报表

(一) 统计报表的概念

统计报表是指根据国家有关法规的规定，按统一规定的表格样式、统一的指标项目、统一的报送程序和报表时间，自上而下统一布置，自下而上逐级汇总提供数据资料的一种调查方式。统计报表是我国搜集数据的一种重要方式。在我国几十年的政府统计工作中，已经形成了一套较完善的统计报表制度，并且这套制度已经成为国家和地方部门统计数据重要来源的保证。

(二) 统计报表的特点

1. 统一性

统一性是统计报表的基本特点。它具体表现为，一方面，统计报表的内容和报送的时间是由国家强制规定的，以保证调查资料的统一性；另一方面，统计报表的指标含义、计算方法及口径是全国统一的。

2. 资料来源于基层单位的原始记录

统计报表由各基层单位的原始记录逐级汇总上报，建立在基层单位的各种原始记录的基础上。通过这些原始记录或汇总资料，各级领导部门能获得管辖范围内的报表资料，及时了解本地区、本部门的经济和社会发展情况，并且可以积累资料，进行动态对比分析。

（三）统计报表的种类

1. 按调查单位分类

按调查范围的不同，统计报表可分为全面统计报表和非全面统计报表。

全面统计报表要求调查对象中的每一个单位都要填报。非全面统计报表只要求调查对象中的一部分单位填报。

2. 按填报单位分类

按填报单位的不同，统计报表可分为基层统计报表和综合统计报表。

基层统计报表是由基层企、事业单位填报的报表。综合统计报表是由各主管部门根据基层报表逐级汇总填报的报表。综合统计报表主要用于搜集全面的基本情况，常为重点调查等非全面调查所采用。

3. 按报送周期长短分类

按报送周期长短的不同，统计报表可分为日报、周报、旬报、月报、季报、半年报和年报。

报送周期短的，要求资料上报迅速，填报的项目比较少，如日报、旬报。日报和旬报又称为进度报表，主要用来反映生产和工作的进展情况。报送周期长的，内容要求全面一些，如年报。年报主要用来全面总结全年经济活动的成果，检查国民经济计划的年度执行情况，反映当年中央政府的方针、政策和计划的贯彻执行情况，具有年末总结的性质，内容要求更全面和详尽。而月报、季报和半年报主要用来掌握国民经济发展的基本情况，检查各月、季、半年的生产工作情况。

4. 按报表内容和实施范围分类

按报表内容和实施范围不同，分为国家统计报表、部门统计报表和地方统计报表。

国家统计报表即国民经济基本统计报表，由国家统计部门统一制发，用以搜集全国性的经济和社会基本情况，包括农业、工业、基建、物资、商业、外贸、劳动工资、财政等方面最基本的统计资料。部门统计报表是为了适应各部门业务管理需要而制定的专业技术报表。地方统计报表则是针对本地区特点而补充制定的地区性统计报表，是为本地区的计划和管理服务的。

第三节 调查问卷的设计

调查问卷又称调查表或询问表，是以问题的形式系统地收集调查内容的一种方式。调查问卷可以是表格式、卡片式或簿记式。设计调查问卷是询问调查的关键。完美的调查问卷必须具备两个功能，一是将问题准确传达给被询问者；二是使被询问者乐于回答。要完成这两个功能，设计调查问卷时应当遵循一定的原则和程序，并注意一些设计中常见的问题。

一、调查问卷设计的原则

(一) 有明确的主题

根据调查主题从实际出发拟题，问题要目的明确、重点突出，没有可有可无的问题。

(二) 结构合理，逻辑性强

问题的排列应有一定的逻辑顺序，符合应答者的思维程序。一般是先易后难、先简后繁、先具体后抽象。

(三) 通俗易懂

调查问卷应使被调查者一目了然，并愿意如实回答。调查问卷中的语气要亲切，符合被调查者的理解能力和认识能力，避免使用专业术语。对敏感性问题应采取一定的技巧进行调查，使调查问卷具有合理性和可答性，避免主观性和暗示性，以免答案失真。

(四) 控制调查问卷的长度

回答调查问卷的时间一般控制在 20 分钟左右，调查问卷中既不要浪费一个问句，也不要遗漏一个问句。

(五) 便于资料的校验、整理和统计

调查实践工作是统计整理和统计分析的前提和基础。因此，好的调查问卷内容既要方便对所调查的信息资料进行检查核对，以判别其正确性和实用性，也要便于对调查结果进行整理和统计分析。

二、调查问卷设计的程序

(一) 明确调查目的和调查内容

调查问卷设计的第一步就是要明确调查目的和调查内容，也就是规定设计问卷所需要的信息。

(二) 搜集资料

设计不是简单的凭空想象，要想把调查问卷设计得完美，调查者还需要了解更多的东西。调查问卷的设计需要一定的经验和智慧，它缺乏理论支撑，因为没有什么科学的原则来保证得到一份最佳的或理想的调查问卷，所以与其说调查问卷设计是一门科学，还不如说是一门艺术。虽然它也有一些规则可以遵循以避免错误，但好的调查问卷设计主要来自熟练的调查人员的创造性。

搜集资料的目的主要有三个：一是帮助调查者加深对所调查问题的认识；二是为调查问题的设计提供丰富的素材；三是形成对目标总体的清楚概念。在搜集资料时对个别调查对象进行访问，可以帮助调查者了解被调查者的经历、习惯、文化水平等。

(三) 确定调查方法

不同类型的调查方法需要不同的问卷设计。在访问调查中，被调查者可以看到问题并可以与调查人员面对面地交谈，因此可以设计较长的、复杂的和各种类型的问题。在电

话调查中，被调查者可以与调查人员交谈，但是看不到问卷，这就决定了只能问一些短的和比较简单的问题。访问调查和电话调查的问卷要以对话的风格来设计。邮寄调查是由被调查者独自填写的，被调查者与调查者没有直接的交流，因此问题也应简单些并要给出详细的提示语。在计算机辅助访问中，可以实现较复杂的跳答和随机化安排问题，以减小由于顺序造成的偏差。

(四) 设计内容

调查方法确定后，接下来就要设计调查问卷的每个具体问题，包括要问什么、如何问以及能否全面和切中要害。在设计每个具体问题的过程中，我们应该反问自己：① 这个问题有必要吗？② 是需要问多个问题还是只需要问一个问题就行了？

实际操作中，我们设计内容的第一个原则是确定某个问题的必要性；第二个原则是必须肯定这个问题对所获取信息的充分性。有时候，为了明确地获取所需的信息，需要同时询问几个问题。例如，大多数关于商品、节目等的选择方面的"为什么"问题都涉及三个方面的内容：① "不好看，但舒适性还可以"；② "不舒适，但好看"；③ "既不好看，也不舒适"。此处为了获取所需的信息，还应该询问两个不同的问题：① "您认为××品牌服装好看吗？"② "您认为××品牌服装穿着舒适吗？"

在确定每个问题的内容时，调查者不应假设被调查者能够对所有的问题都提供准确或合理的答案，也不应假设被调查者一定会愿意回答每一个知晓的问题。对于被调查者"不能回答"或"不愿回答"的问答题，调查者应该想办法避免这些情况的发生。

鼓励被调查者提供他们不愿提供信息的方法有以下几种：① 敏感的问题放在问卷的最后。随着问卷问题的回答，被调查者的戒备心理已大大减弱，愿意提供信息。② 给问题加上一个"序言"，说明有关问题（尤其是敏感性问题）的背景和共性，以克服被调查者担心自己行为不符合社会规范的心理。③ 利用"第三者"技术来提问答题，即从旁人的角度涉入问题。

(五) 决定结构

一般来说，调查问卷的问题有两种类型，即开放性问题和封闭性问题。

1. 开放性问题

开放性问题又称为无结构的问题，这种问题不提供具体选择答案而由被调查者用他们自己的语言自由回答。例如："您对我国目前的国有企业体制改革有何看法？"

开放性问题可以让被调查者充分地表达自己的看法和观点，并且比较深入，有时还可获得调查者始料未及的答案。但是它也有缺点，即搜集到的资料中无用信息较多，难以统计分析，访问调查时调查人员的记录直接影响到调查结果，并且由于回答费事，可能遭到拒答。

2. 封闭性问题

封闭性问题又称为有结构的问题，它规定了一组可供选择的答案和固定的回答格式。例如，"您选择购买住房时考虑的主要因素是什么？① 价格；② 面积；③ 交通情况；④ 周边环境；⑤ 设计；⑥ 施工质量；⑦ 其他____________（请注明）"。

封闭性问题的优点包括以下几个方面：答案是标准化的，对答案进行编码和分析都比较容易；回答者易于作答，有利于提高问卷的回收率；问题的含义比较清楚。因为所提供的答案有助于理解题意，这样就可以避免被调查者由于不理解题意而拒绝回答。

封闭性问题也存在一些缺点，即被调查者对题目未能正确理解的，难以觉察出来；可能产生"顺序偏差"或"位置偏差"，即被调查者选择答案可能与该答案的排列位置有关。研究表明，对于陈述性答案，被调查者趋向于选第一个或最后一个答案，特别是第一个答案。

三、调查问卷的结构

调查问卷一般由三大部分组成，即卷首语、正文和结尾。

(一) 卷首语

调查问卷的卷首语或开场白是致被调查者的信或问候语。其内容一般包括下列几个方面：① 称呼、问候，如"××先生、女士：您好"。② 调查人员自我说明调查的主办单位和个人的身份。③ 简要地说明调查的内容、目的和填写方法。④ 说明作答的意义或重要性。⑤ 说明所需时间。⑥ 保证作答对被调查者无负面作用，并替其保守秘密。⑦ 表示真诚的感谢或说明将赠送小礼品。

(二) 正文

调查问卷的正文实际上也包含三个内容：① 向被调查者了解最一般的问题。这些问题应该是适用于所有的被调查者，并且是能很快、很容易回答的问题。在这一部分不应有任何难答的或敏感的问题，以免吓坏被调查者。② 主要的内容，包括涉及调查主题的实质和细节的大量问题。这一部分的结构组织安排要符合逻辑性，并且对被调查者来说应是有意义的。③ 敏感性或复杂的问题，以及测量被调查者的态度或特性的问题。另外，它还包括人口基本状况、经济状况，等等。

(三) 结尾

调查问卷的结尾一般可以加上1～2道开放式题目，给被调查者一个自由发表意见的机会。然后，对被调查者的合作表示感谢。在问卷的最后，一般应附上一个"调查情况记录"。这个记录一般包括以下方面：① 调查人员(访问员)的姓名、编号。② 被调查者的姓名、地址、电话号码等。③ 调查问卷编号。④ 访问时间。⑤ 其他，如设计分组等。

四、调查问卷设计应注意的问题

(一) 调查问卷的开场白

调查问卷的开场白必须慎重对待，语气应该是亲切、诚恳而礼貌的，简明扼要，切忌啰唆。措辞应精心切磋，做到言简意明、亲切诚恳，使被调查者自愿与之合作，认真填好调查问卷。调查问卷的开头是十分重要的。大量的实践表明，几乎所有拒绝合作的人都是在开始接触的前几秒钟内就表示不愿参与的。如果潜在的调查对象在听取介绍调查来意的一开始就表示愿意参与的话，那么绝大部分都会合作，而且一旦开始回答，就几乎都会继续并完成，除非在非常特殊的情况下才会中止。

(二) 问题的字眼(语言)

由于不同的字眼会对被调查者产生不同的影响,因此往往看起来差不多相同的问题,会因所用字眼的不同,而使被调查者有不同的反应,做出不同的回答。故对于问题所用的字眼必须小心,以免影响答案的准确性。一般来说,在设计问题时应留意以下两个原则:

第一个原则是要避免一般性问题。如果问题的本来目的是获取某种特定资料,但由于问题过于一般化,使被调查者所提供的答案资料无多大意义。例如,某酒店想了解旅客对该酒店房租与服务是否满意,因而做以下询问:“你对本酒店是否感到满意?”这样的问题显然有欠具体。既然所需资料牵涉到房租与服务两个问题,就应分别询问,以免混乱。例如,“你对本酒店的房租是否满意?”“你对本酒店的服务是否满意?”第二个原则是调查问卷的语言要口语化,符合人们交谈的习惯,避免书面化和文人腔调。

(三) 问题的选择及顺序

通常调查问卷的开头几个问题可采用开放式问题,旨在使被调查者多多讲话,多发表意见,使被调查者感到十分自在,不受拘束,能充分发挥自己的见解。随着被调查话题的增多,被调查者与调查者之间的陌生距离自然会缩短。不过要留意,最初安排的开放式问题必须较易回答,不可具有高敏感性,如困窘性问题。否则,一开始就被拒绝回答的话,以后的问题就难以继续了。因此,问题应是容易回答且具有趣味性的,旨在提高被调查者的兴趣。核心问题往往置于问卷中间部分,分类性问题如收入、职业、年龄等通常置于问卷之末。

调查问卷中问题的顺序一般按下列规则排列:

(1) 容易回答的问题放前面,较难回答的问题放稍后,困窘性问题放后面,个人资料的事实性问题放卷尾。

(2) 封闭式问题放前面,自由式问题放后面。由于自由式问题往往需要时间来考虑答案和组织语言,放在前面会引起应答者的厌烦情绪。

(3) 要注意问题的逻辑顺序,应按时间顺序、类别顺序等合理排列。

第四节 统计调查方案的设计

统计调查是一项复杂且细致的工作,需要投入大量的人力、物力和财力。为了保证调查任务的顺利完成,需要事先制订详细的调查计划,以便有步骤、有组织地实施调查工作。统计调查方案是统计调查前所制订的实施计划,是全部调查过程的指导性文件,是调查工作有计划、有组织、有系统进行的保证。统计调查方案应确定的内容有以下几个方面。

一、确定调查目的和调查任务

在调查方案中首先应明确本次调查的目的、任务和意义。确定调查目的与任务就是明确“为什么要进行调查”,以及“调查要解决什么样的问题”。调查目的决定着具体的调查对象、调查内容和方法。新中国成立后,我国共进行了七次人口普查,每次调查的目的都不一样，相应的调查项目也不一样。例如，第七次全国人口普查的目的是：全面查清中国人口数量、结构、分布、城乡住房等方面情况，为完善人口发展战略和政策体系，促进人口长期均衡发展，科学制定国民经济和社会发展规划，推动经济高质量发展，开启全面建设社会主义现代化国家新征程，向第二个百年奋斗目标进军，提供科学准确的统计信息支持。

二、确定调查对象和调查单位

确定调查对象和调查单位就是要明确“向谁调查”，由谁提供所需的数据。调查对象是我们需要进行研究的总体范围，是根据调查目的所确定的研究事物的全体，统计总体这一概念在统计调查阶段称为调查对象。例如，2020 年我国第七次全国人口普查规定：“人口普查的对象是普查标准时点在中华人民共和国境内的自然人以及在中华人民共和国境外但未定居的中国公民，不包括在中华人民共和国境内短期停留的境外人员。”再如对某地区小学生的基本情况进行普查，则调查对象是该地区各小学的全部学生。

调查单位是构成调查对象的个体单位，是需要进行登记的标志（项目）的承担者。说明谁来提供资料的问题。例如，人口普查中在中华人民共和国（不包括香港、澳门和台湾地区）境内居住的每个自然人就是调查单位；对某地区小学生的基本情况进行普查，则调查单位是该地区各小学的每一位学生。

填报单位也称报告单位，是负责向上级汇报调查内容、提交统计资料的单位。填报单位一般是指在行政上、经济上具有一定独立性的单位，而调查单位可以是个人、企事业单位、也可以是物。两者有时一致，有时不一致。例如，在工业企业普查中，每个工业企业既是调查单位又是填报单位；在某市工业企业设备调查中，该市工业企业每一台设备是调查单位，而该市每个工业企业是填报单位；对某地区所有百货商店工作人员基本情况进行全面调查，调查对象是该地区所有百货商店的全体工作人员，调查单位是每一位工作人员，填报单位是各百货商店。

三、确定调查项目，拟定调查表

确定调查项目，拟定调查表是明确“调查什么”的问题。调查项目是调查的具体内容，既可以是调查单位的数量特征，也可以是调查单位的某种属性或品质特征。例如，在第七次全国人口普查中，对每个自然人的调查内容包括姓名、居民身份证号码、性别、年龄、民族、受教育程度、行业、职业、迁移流动、婚姻生育、死亡、住房情况等，其中既包括每个自然人的数量特征，也包括每个自然人的属性特征。

在调查过程中，将调查项目以表格的形式体现出来，就形成了调查表。调查表是用于登记调查数据的一种表格。调查表一般有两种形式：单一表和一览表。单一表是在一份表上只登记一个调查单位，如果调查项目较多，一份表格可以由几张表组成。单一表的优点是可以容纳较多的标志，显示详细的内容。一览表是可以在每份表上登记若干调查单位。一览表的优点是表式较为简单，便于合计和核对数据。另外，每个调查单位的共同事项，只需登记一次，可以节省人力和时间。但一览表一般容纳的项目较为简单。统计调查中采用哪种表式，由调查目的和调查任务决定。调查表一般由表头、表体和表脚三部分组成。表头是指调查表的名称,用来说明调查表的内容;表体是指调查表的主要部分,包括调查的具体内容;表脚又称表外附加,通常包括调查者或填报人的签名、调查日期、填表说明等,其主要目的是明确责任,一旦发现问题,便于查寻。

四、确定调查时间和调查期限

调查时间是调查资料所属的时间(时期或时点)。如果所调查的是时期现象,就要明确规定资料所反映的调查对象从什么时间开始至什么时间结束。例如,调查某工业企业2021年年产量,那么调查时间是从2021年1月1日至2021年12月31日。如果所调查的是时点现象,就要规定统一的标准时点。例如,我国2020年第七次人口普查的标准时间是11月1日零时,2020年11月1日零点便是第七次人口普查的调查时间。

调查期限是指进行调查工作的时间,包括搜集资料和报送资料的整个工作所需要的时间。我国第四次经济普查标准时点为2018年12月31日,普查时期资料为2018年年度资料。2017年是第四次全国经济普查的筹备阶段,主要是研究普查的总体方案和开展专项试点;2018年是普查的准备阶段,主要是组建各级普查机构,开展宣传动员,制订和部署普查方案,完成人员选调与培训等;2019年是普查登记、数据审核处理和普查结果发布阶段;2020年为普查资料出版和利用普查结果开展课题研究阶段。

五、调查方案的其他内容

除了前面所列出的确定调查目的和调查任务、确定调查对象和调查单位、确定调查项目及拟定调查表、确定调查时间和调查期限,统计调查方案还应该明确所要采用的调查方法。明确在实际调查中是进行全面调查还是非全面调查。如果是非全面调查,应该明确采用重点调查、抽样调查还是典型调查。如果是抽样调查,还应该明确抽样框、具体的抽样方法以及数据的推断方法等。另外,统计调查方案还应该明确调查组织和实施的具体细则,包括调查人员的选择、组织和培训;调查表格、问卷的印刷;必备工具的准备;调查经费来源和开支预算等。

第五节　统计调查质量的控制

一、统计调查质量的要求

统计工作是为管理决策提供依据和基础的,决策是否正确、方案是否可行,统计所提供的数据资料是决定性因素之一。为保证统计工作任务的完成,在进行统计调查时,必须坚持实事求是的原则,同时要深入实际,全面了解情况,以取得准确、及时、完整的统计调查资料。具体来说,它有以下四个要求。

(一) 准确性

准确性是指统计调查的资料要符合客观实际情况,准确可靠。统计调查结果应该是客观实际的真实反映,是决策的依据,统计资料必须真实地反映客观实际。如果统计资料不真实,信息不准确,必然会导致宏观决策出现失误,国民经济核算工作、统计咨询工作和监督工作就不可能做得好。

(二)及时性

及时性是指统计调查要在规定的时间内尽快提供数据资料,及时完成各项调查资料的上报任务,保证统计数据的时效性,满足领导决策的需要。

(三)完整性

完整性即全面性,是指要在规定时间内将调查资料毫无遗漏地搜集起来。调查单位不重复、不遗漏,所列调查项目的资料搜集齐全。

(四)经济性

经济性是指以尽量少的投入获得所要求的统计资料。也就是说,统计调查也要讲究经济效益。

以上要求中,准确性是基础,要在准确中求及时、求完整和求效益。

二、统计调查误差

(一)统计调查误差的概念

在统计调查工作中,总会因为各种各样的原因而使得调查结果的统计数据与调查总体实际数值之间存在差距,这种差距我们称为统计调查误差。例如,对某市的工业增加值进行调查的结果为 34 亿元,而该市工业增加值实际为 33 亿元,那么,统计调查误差就是 1 亿元。

(二)统计调查误差的来源

统计调查误差的来源有两种,分别是登记性误差和代表性误差。登记性误差是由于调查者或被调查者的人为原因所造成的误差。调查者造成的登记性误差有调查方案中有关的规定或解释不明确导致填报错误、抄录错误、汇总错误等;被调查者造成的登记性误差有因人为因素干扰造成的有意虚报或瞒报调查数据。不管是全面调查还是非全面调查都会产生登记性误差。从理论上讲,登记性误差是可以避免的。

代表性误差是指以部分单位代表总体所形成的总体推断值与总体实际值的差异。这种误差只有非全面调查才有,全面调查不存在。非全面调查由于只对调查现象总体中的一部分单位进行观察,并用这部分单位汇总的指标来估计总体的指标,而这部分单位不能完全反映总体的性质,它同总体的实际指标会有一定差别,这就发生了代表性误差。代表性误差通常是无法消除的,但可以事先控制和计算。

(三)统计调查误差的控制

统计调查质量的高低直接影响统计分析结论的客观性和真实性。为了取得准确的统计资料,预防可能发生的统计调查误差或把它缩小到最低限度,应该采取以下措施。

(1)要正确制定统计调查方案。

这包括明确调查目的、调查对象和调查单位、调查项目的具体含义和计算方法,选定合理的调查方法等,以使调查人员或填报人员有一个统一的依据。

(2) 要切实抓好调查方案的实施工作。

这包括对统计人员的业务培训，提高统计人员的素质；搞好统计基础工作及计量工作，建立健全原始记录、统计台账和内部报表等各项制度，使统计资料的来源准确可靠；对调查资料加强审核，发现差错及时纠正。

(3) 为了防止弄虚作假所产生的登记性误差，应从建立健全统计法制入手。

教育统计人员严格执行《统计法》，坚持原则，同一切弄虚作假的行为做斗争，维护统计数字的真实性。

(4) 在调查前应从多方面加以研究，并广泛征求有关各方面的意见，减少代表性误差。

使选出的调查单位具有较高的代表性；抽样调查应严格遵守随机原则；保证足够的样本容量，选择适当的抽样调查方式及方法，以控制误差的范围。

本章小结

本章介绍了统计调查的相关内容，主要包括五个方面，即统计调查的种类和意义，统计调查方式，调查问卷的设计，统计调查方案的设计，以及统计调查质量的控制。在学习本章内容的过程中，需要着重掌握以下知识点。

一、统计调查的种类和意义

统计调查按调查对象所包括的范围不同，可分为全面调查和非全面调查；按登记资料的时间是否连续，可分为一次性调查与经常性调查；按调查的组织方式不同，可分为统计报表和专门调查。

统计调查是统计实践工作的第一个阶段。统计调查担负着提供基础资料的任务，是决定整个统计工作质量的重要环节，又是统计整理和统计分析的前提。

二、统计调查方式

统计调查有五种方式，即普查、抽样调查、重点调查、典型调查和统计报表。其中，普查是全面调查，抽样调查、重点调查和典型调查是非全面调查，统计报表既可以是全面调查也可以是非全面调查。

三、调查问卷的设计

调查问卷的设计有五个方面的原则，即有明确的主题，结构合理、逻辑性强，通俗易懂，控制问卷的长度，便于资料的校验、整理和统计。

调查问卷的设计程序有五个步骤，即明确调查的目的和内容，搜集资料，确定调查方法，设计内容，决定结构。

调查问卷一般由三大部分组成，即卷首语（开场白）、正文和结尾。

调查问卷的设计应注意问卷的开场白、问题的字眼（语言）、问题的选择及顺序等问题。

四、统计调查方案的设计

统计调查方案包括五个方面的内容，即确定调查目的和调查任务，确定调查对象和调查单位，确定调查项目及拟定调查表，确定调查时间和调查期限，以及调查方案的其他内容。

五、统计调查质量的控制

统计调查质量的要求有准确性、及时性、完整性和经济性。统计调查误差的来源有两种，分别是登记性误差和代表性误差。

正确制定统计调查方案；切实抓好调查方案的实施工作；建立健全统计法制，教育统计人员严格执行统计法，坚持原则；选择具有较高代表性的单位；抽样调查严格遵守随机原则；保证足够的样本容量；选择适当的抽样调查方式及方法等，可以减少统计调查误差或控制统计调查误差的范围。

本章习题

一、名词解释

统计调查　普查　抽样调查　重点调查　典型调查　统计报表　统计调查误差　登记性误差　代表性误差

二、单项选择题

1. 调查期限是指(　　)。

A. 调查资料所属的时间　　B. 进行调查工作的期限

C. 调查工作登记的时间　　D. 调查资料的报送时间

2. 下列调查中，调查单位与填报单位一致的是(　　)。

A. 企业设备调查　　B. 人口普查

C. 农村耕畜调查　　D. 工业企业现状调查

3. 调查项目(　　)。

A. 是依附于调查单位的基本标志　　B. 与填报单位是一致的

C. 与调查单位是一致的　　D. 是依附于调查对象的基本指标

4. 某市拟对占全市储蓄额 4/5 的几个大储蓄所进行调查，以了解全市储蓄的一般情况，这种调查方式是(　　)。

A. 普查　　B. 典型调查　　C. 抽样调查　　D. 重点调查

5. 对汽车轮胎的使用寿命进行调查，这种调查方式是(　　)。

A. 抽样调查　　B. 重点调查　　C. 典型调查　　D. 普查

6. 重点调查中的重点单位是指(　　)。

A. 这些单位在全部单位中处于举足轻重的地位

B. 这些单位占全部单位数的绝大比重

C. 这些单位的标志总量占总体标志总量的绝大比重，且单位数量比较少

D. 这些单位是重点部门或企业

7. 某市工业企业 2013 年生产经营成果年报的呈报时间规定在 2014 年 1 月 31 日，则调查期限为(　　)。

A. 1 日　　B. 1 个月　　C. 1 年　　D. 1 年零 1 个月

8. 抽样调查和重点调查都是非全面调查，两者的根本区别在于(　　)。

A. 灵活程度不同 B. 组织方式不同

C. 作用不同 D. 选取单位的方式不同

9. 人口普查规定统一的标准时点是为了( )。

A. 避免登记的重复和遗漏 B. 确定调查的范围

C. 确定调查的单位 D. 登记的方便

10. 调查项目通常以表的形式表示,称作调查表,一般可分为( )。

A. 单一表和复合表 B. 单一表和一览表

C. 简单表和复合表 D. 简单表和一览表

三、判断题(正确的打"√",错误的打"×")

1. 我国第六次全国人口普查的总体单位和填报单位都是每一个人。 ( )
2. 单一表是指只用来登记一个调查项目的表格。 ( )
3. 调查期限是指进行调查工作的时限,即调查时间。 ( )
4. 全面调查既适用于时期现象,也适用于时间点现象。 ( )
5. 经常性调查都是定期调查,一次性调查都是不定期调查。 ( )
6. 调查单位就是报告单位。 ( )
7. 统计调查资料是否准确、及时、完整,影响统计工作质量的高低。 ( )
8. 一般来说,调查项目较多时宜使用一览表;调查项目较少时宜使用单一表。 ( )

四、简答题

1. 重点调查、典型调查与抽样调查这三种非全面调查各自的特点是什么?
2. 调查对象、调查单位和填报单位有什么区别?
3. 一个完整的统计调查方案应包括哪些主要内容?
4. 统计调查有哪些质量要求?
5. 什么是统计调查误差,它有哪些误差来源,如何控制统计调查误差?

本章案例

案例资料一

2021 年粮食生产数据及其获取

2021 年全国粮食播种面积 11 763 万公顷,比上年增加 86 万公顷。其中,稻谷 2 992 万公顷,减少 15 万公顷;小麦 2 357 万公顷,增加 19 万公顷;玉米 4 332 万公顷,增加 206 万公顷。

2021 年全国粮食产量 68 285 万吨,比上年增加 1 336 万吨,增产 2.0%。其中,夏粮产量 14 596 万吨,增产 2.2%;早稻产量 2 802 万吨,增产 2.7%;秋粮产量 50 888 万吨,增产 1.9%。全年谷物产量 63 276 万吨,比上年增产 2.6%。其中,稻谷产量 21 284 万吨,增产 0.5%;小麦产量 13 695 万吨,增产 2.0%;玉米产量 27 255 万吨,增产 4.6%。

这些数据是如何获取的呢?

1. 调查范围

粮食单位面积产量抽样调查在国家调查县(市)抽取的面积调查地块中进行,全国共抽取5 000多个样本村、近3万个自然地块,每个自然地块中再按照要求抽选3~5个10平方尺的小样方,通过对样方内粮食作物进行实割实测,推算得出全省某粮食作物平均单产水平。

2. 数据采集汇总

粮食产量统计调查采取主要品种抽样调查、小品种典型调查或全面统计相结合的方法统计。

抽样调查的主要粮食品种有稻谷、小麦和玉米等,通过以省为总体抽选具有代表性的村和地块开展调查。粮食产量抽样调查由播种面积和单位面积产量抽样调查组成。播种面积调查利用遥感影像、采取空间抽样技术抽选调查样本,在调查时点上对样本地块内所有农作物进行清查,推算主要粮食作物的播种面积。单位面积产量调查通过采用实割实测的方法,推算各主要粮食品种的单位面积产量。播种面积与单位面积产量相乘得到总产量。

(资料来源:统计微讯,2021-12-06)

要求:通过以上资料了解我国粮食生产数据的具体特征及其获取。体会实际统计数据获取的过程。

案例资料二

××大学应届本科毕业生就业情况的调查问卷

亲爱的同学:你好!

我们是××大学的一个统计学学习小组,正在进行一项关于我校应届本科毕业生就业情况的问卷调查。希望通过这一调查了解我校应届本科毕业生的就业情况,为学校的就业指导工作提供参考,请根据自己的实际情况回答每一个问题。你的所有信息都会保密,请放心填写。

谢谢你的理解和合作!

1. 你的性别(　　)。

A. 男性　　B. 女性

2. 你的专业是(请注明　　　　　)。

3. 你的毕业去向是(　　)。

A. 就业　　B. 读研

C. 出国　　D. 其他(请注明　　　　)

4. 在求职过程中,你优先考虑的因素是(　　)。(可选一项或两项)

A. 地域　　B. 单位性质　　C. 家庭期望

D. 薪酬与福利　　E. 个人发展机会

5. 你优先考虑的就业单位类型是(　　)。(限选一项)

A. 政府机关　　B. 国有企业　　C. 三资企业

D. 民营企业　　E. 其他(请注明　　　　)

6. 你能接受的月薪起点是(　　)。

A. 3 000 元以下　　B. 3 000～4 000 元

C. 4 000～5 000 元　　D. 5 000 元以上

7. 在求职过程中困扰你的问题是(　　)。(可选一项或多项)

A. 个人能力不足　　B. 学校就业指导不够(包括就业信息不足)

C. 求职方法技巧欠缺　　D. 缺乏社会关系

E. 用人单位选拔不公正　　F. 其他

8. 你在求职过程中遇到的与自身能力相关的主要问题是(　　)。(可选一项或多项)

A. 专业能力　　B. 自我表达能力　　C. 外语能力

D. 人际交往能力　　E. 环境适应能力

9. 你的求职现状是(　　)。

A. 已签约　　B. 已有意向但还没有签约(转到第 10 题)

C. 还没有签约意向(转到第 10 题)

10. 你已签约的就业地区是(　　)省(市)。

11. 你已签约的就业单位是(　　)。

A. 政府机关　　B. 国有企业　　C. 三资企业

D. 民营企业　　E. 其他(请注明　　　　)

12. 所找的工作与所学专业的关联程度是(　　)。

A. 专业对口　　B. 有一定关联　　C. 几乎没有联系

13. 你认为解决就业问题的有效方法是(　　)。(可选一项或两项)

A. 调整个人心态,降低择业标准

B. 学校与社会提供更好的就业指导和服务

C. 在大学期间重视自身能力的全面培养

D. 政府相关政策的支持 E. 其他

14. 你认为最有效的求职途径是(　　)。(可选一项或多项)

A. 通过家庭和个人社会关系、托熟人

B. 通过学校提供信息和推荐

C. 人才招聘会和人才市场

D. 人才招聘网络

E. 其他

15. 你认为以下证书对于找工作的影响程度是(请在您认为合适的空格内打"√")。

证书种类	很重要	重要	一般	不重要	很不重要
计算机等级证书					
外语六级证书					
辅修专业证书					
从业资格证书					
省部级以上获奖证书					
其他(请注明)					

16. 就个人知识结构与职业需求来看，你认为改革学校教育包括改革课程体系对改善大学生就业状况有帮助吗？（　　）。

A. 非常有帮助　　　　B. 比较有帮助

C. 不太有帮助　　　　D. 没有帮助

要求：根据所学知识，对以上调查问卷内容提出修改意见。

案例资料三

人口抽样调查VS人口普查

人口抽样调查和人口普查有什么区别呢？

一、调查范围不同

人口普查是全面调查，对每个人都要进行调查。人口抽样调查是在全国抽取一定规模的住户，作为样本，进行调查，再根据住户样本推断全国总体情况。

二、调查频率不同

人口普查在尾数逢“0”的年份开展人口普查，每10年才开展一次。人口普查虽然能够全面反映人口总量、结构等信息，但是普查每10年才开展一次，需要在非普查的年份开展抽样调查，来及时、准确掌握人口的发展变化情况。为此，我国建立了在尾数逢“0”的年份开展普查、其余年份每年开展抽样调查的调查制度。

三、调查内容不同

人口抽样调查和人口普查的登记内容均包括姓名、性别、居民身份号码、出生年月、受教育程度等基础信息。二者对调查所获得的个人信息，各级调查机构及调查员将依法严格保密。

人口普查的指标更稳定，除了每个人都填的短表外，还会抽取10%的住户进行长表登记，调查更为详细的项目。

人口抽样调查的指标较为灵活，会根据社会热点和需要及时调整内容。

四、发挥的作用不同

人口普查是为了全面摸清人口的基础信息。

人口抽样调查侧重于及时监测人口的发展变化。

（资料来源：统计微讯，2021－11－04）

要求：通过以上资料，了解人口抽样调查和人口普查的区别。

第三章　统计数据的整理

【教学目的与要求】 本章是统计工作第二阶段的知识内容。通过本章的学习，要求了解统计数据整理的概念和意义；理解并掌握统计分组的作用和关键；掌握统计分组和频数分布的基本知识、统计资料汇总的方法和技巧；了解统计表的结构和种类。

【教学重点与难点】 统计数据整理的程序内容；数据的预处理；统计分组的种类，统计分组的关键及分组原则；分配数列的编制；统计表的结构和种类；统计图的绘制。

【课程思政】 统计数据整理是一件烦琐的工作，但是，操作缺乏目的及“走捷径”会使得整理工作事倍功半，整理结果与实际数值存在很大偏差，所以我们需要以科学、专业的精神和严谨的态度对待整理工作。

第一节　统计数据整理概述

一、统计数据整理的概念、原则和内容

（一）统计数据整理的概念

统计数据整理是指根据统计研究的任务，对统计调查阶段所搜集到的大量原始资料进行加工汇总，使其系统化、条理化、科学化，以得出反映事物总体综合数量特征的资料的工作过程。在统计实践工作中，通过各种渠道所搜集的统计数据是零散和无序的，不能满足数据使用者的需要。通过对统计数据的整理，人们容易认识和理解客观总体。

统计数据整理是统计工作的第二阶段。它通常是对统计调查所搜集到的原始资料进行整理。不过，在统计实践中，对某些已经加工的综合统计资料的再整理，也属于统计整理。

（二）统计数据整理的原则

1. 目的性原则

统计数据整理必须有明确的目的。统计目的不同，整理的结果也不一样。如果不按照明确的目的整理统计数据，整理工作是徒劳的。

2. 联系性原则

统计整理过程中要遵循联系性原则，使得整理的结果便于分析指标之间的相互数量联系，分析事物之间的关联性。

3. 简明性原则

统计整理过程中要注意整理的结果简单明了，符合使用者的需求。

（三）统计数据整理的内容

统计数据整理的全过程包括对统计资料的审核、分组、汇总和显示等环节，并且需要按照一定的步骤进行：

(1) 对搜集到的资料进行全面审核，确保统计资料准确无误，符合统计研究目的的要求。

(2) 根据研究目的和统计分析的需要，选择需要整理的标志，并进行划类分组。统计分组是统计整理的重要内容和统计分析的基础，只有正确地分组才能整理出有科学价值的综合指标，并借助于这些指标来揭示现象的本质与规律。

(3) 在分组的基础上，将各项资料进行汇总，得出反映各组和总体数量特征的各种指标。

(4) 统计资料的显示，即通过编制统计表和绘制统计图，将整理出的资料简捷明了、系统有序地显示出来。

(5) 对统计数据进行分门别类的系统积累。

二、统计数据整理的意义和作用

（一）统计数据整理便于人们认识客观总体

虽然通过统计调查可以取得客观总体的第一手资料，但这种资料只能反映总体各单位的具体情况，不能说明总体的情况。要认识客观总体的特征和内在规律，还需要对这些资料进行加工整理，使之系统化、条理化，以便通过综合指标对总体做出概括性的说明。

（二）统计整理是统计实践工作的中间环节，起着承前启后的作用

统计整理既是统计调查的继续，又是统计分析的基础。统计调查所搜集到的资料，只有通过科学的审核、分类、汇总等整理工作，才能使人们在认识社会的过程中，实现由个别到全体、由特殊到一般、由现象到本质、由感性到理性的转化，才能从整体上反映出事物的数量特征。否则，统计调查所得的资料即使再丰富、再完备，其作用也发挥不出来，统计调查就将徒劳无益，统计分析也将无法进行。

（三）统计整理是积累历史资料的必要手段

统计实践工作中经常要对事物进行动态分析，这就需要有长期积累的历史资料。而根据积累资料的要求，对已有的统计资料进行筛选，以及按历史的口径对现有的统计资料进行重新调整、分类和汇总，都必须通过统计整理工作来完成。

三、数据的预处理

数据的预处理是统计数据整理的第一步，是在对数据进行分类或分组之前所做的必要处理，包括数据的审核与筛选、订正、排序等。

（一）数据的审核与筛选

对统计数据进行整理，首先要对数据进行审核，以保证数据的质量，为进一步整理与分析打下基础。通过不同渠道取得的统计数据，其审核内容和方法有所不同。不同类型

的统计数据在审核内容和方法上也有所差异。

对于通过直接调查所取得的原始数据，应主要从完整性和准确性两个方面去审核。完整性审核主要是检查应调查的单位或个体是否有遗漏，所有的调查项目或指标是否填写齐全等。准确性审核主要包括两个方面，一是检查数据资料是否真实地反映了客观实际情况，内容是否符合实际；二是检查数据是否有错误，计算是否正确等。审核数据准确性的方法有逻辑检查和计算检查两种。逻辑检查主要是从定性角度审核数据是否符合逻辑，内容是否合理，各项目或数字之间有无相互矛盾的现象。例如，中学文化程度的人所填的职业是大学教师，对于这种违背逻辑的项目应予以纠正。逻辑检查主要用于对定类数据和定序数据的审核。计算检查是检查调查表中的各项数据在计算结果和计算方法上有无错误。例如，各组数字之和是否等于相应的合计数，各结构比例之和是否等于1或100%，出现在不同表格上的同一指标数值是否相同，等等。计算检查主要用于对定距数据和定比数据的审核。

对于通过其他渠道取得的第二手数据，除了对其完整性和准确性进行审核外，还应着重审核数据的适用性和时效性。第二手数据可以来自多种渠道，有些数据可能是为特定目的通过专门调查而取得的，或者是已经按特定目的的需要做了加工整理。对于使用者来说，首先应弄清楚数据的来源、数据的计算口径以及有关的背景材料，以便确定这些数据是否符合分析研究的需要，是否需要重新加工整理等，不能盲目生搬硬套。此外，还要对数据的时效性进行审核，有些时效性较强的问题，如果所取得的数据过于滞后就失去了研究的意义。一般来说，应尽可能使用最新的统计数据。数据经过审核后，确认适合实际需要，才有必要做进一步的加工整理。

对审核过程中发现的错误应尽可能予以纠正。调查结束后，当数据中发现的错误不能予以纠正，或者有些数据不符合调查的要求而又无法弥补时，就需要对数据进行筛选。数据筛选包括两个方面内容，一是将某些不符合要求的数据或有明显错误的数据予以剔除；二是将符合某种特定条件的数据筛选出来，对不符合特定条件的数据予以剔除。数据的筛选在市场调查中是十分重要的。

（二）数据的订正

通过上述审核，如果发现有缺报、漏报和错报等情况，应及时催报、补报和更正。对于不正确的地方，应分别以下不同情况做出处理：

（1）对于可以肯定的一般错误，应及时代为更正，并通知原报送单位。

（2）对于可疑的数据或无法代为更正的错误，应要求原单位复查更正。

（3）如果所发现的差错在其他单位也可能发生，应将错误情况通报所有单位，以免发生类似错误。

（4）对于严重的错误，应发还原报送单位，并要求重新填报及查明发生错误的原因，若属于违法行为，则应依法严肃处理。

（三）数据的排序

数据的排序是指按一定顺序对数据进行排列，方便研究者通过浏览数据发现一些明显的特征或趋势，并找到解决问题的线索。除此之外，数据的排序还有助于对数据进行检查纠错，为重新归类或分组等提供依据。在某些场合，排序本身就是分析的目的之一。例如，美国的《财富》杂志每年都要排出世界500强企业，通过这一信息，企业经营者不仅可以了解自己企业在全世界所处的地位，清楚自己的实力，还可以了解到竞争对手的状况，为有效制定企业的发展规划和战略目标提供参考。

对于不同的数据，排序的方法是有差异的。如果是定类数据中的字母型数据，通常按照升序或降序排序，但习惯上升序使用得更普遍些，因为升序与字母的自然排列相同；如果是汉字型数据，排序方式既可以按汉字的首位拼音字母排列（这与字母型数据的排序完全一样），也可按笔画排序（其中也有笔画多少的升序、降序之分）。如果是定距数据或定比数据，排序的方式只有两种，即按照数值的大小递增或递减。设一组数据按数值从小到大分别为 $X_1, X_2, \cdots, X_N$，递增排序后可表示为 $X_1 < X_2 < \cdots < X_N$；递减排序可表示为 $X_N > X_{N-1} > \cdots > X_1$。排序后的数据也称为顺序统计量，无论是品质数据还是数值型数据，排序均可借助于计算机完成。

第二节　统计分组

一、统计分组的概念和作用

在对数据进行预处理后就可以开始统计整理的第二个步骤——统计分组。统计分组是根据客观现象的特点及统计研究的目的和任务，按照一定的标志把总体划分为若干性质不同的组或类型，使组和组之间的差异尽可能大，同组内的差异尽可能小。

统计分组的作用表现在以下三个方面。

（一）划分现象的类型

社会经济现象千差万别、多种多样，其在发展变化过程中所表现出来的特征也是不同的。通过统计分组，就可以对不同类型的现象的特征做比较和研究，揭示它的发展变化规律。例如，人口统计中把人口总体按职业分组，社会统计中把人口按经济收入、受教育程度等划分为不同的阶层等，这些都有着重要的意义。

（二）揭示现象的内部结构

同一总体内，总体单位间是存在差异的。按某种标志将总体划分为若干不同的部分，就可以反映总体的内部构成情况，揭示不同构成部分之间的差异。例如，将居民户按年收入分组，可以观察居民贫富差距，以及富裕、贫穷户分别所占的比重；将人口按文化程度分组后，通过计算文盲半文盲、小学、初中、高中、大学及大学以上文化人口的比重指标，就可以反映社会人口的文化程度构成情况。可以这样说，没有分组，就无法观察总体的内部结构。

（三）分析现象之间的依存关系

一切社会经济现象，彼此间都是相互联系、相互依存的。一种现象的表现既是其他有关社会现象相互作用的结果，同时又对其他现象产生影响。现象之间的这种关系可以通过分组反映出来。例如，将播种面积按施肥量分组，观察粮食产量与施肥量之间的关系；

将居民户按所处的位置分组，观察居民的居住位置与富裕程度的关系。总之，在现象之间的相互关系的分析中，统计分组有着重要作用。

二、统计分组的种类

统计分组的种类可以按照不同的分类标的而有所不同。

（一）品质标志分组和数量标志分组

用来划分组的标志既可以是用文字来描述，反映事物属性的品质标志，也可以是用数值来表示，反映事物数量特征的数量标志。因此，统计分组按照分组标志的具体表现形式可以分为品质标志分组和数量标志分组。

分组标志用文字来描述，反映事物属性的分组称为品质标志分组。例如，人口普查中对人口按姓名、性别、出生年月、所从事职业、民族、文化程度、婚姻状况等标志分组；企业按所在行业、所有制类型、规模大小等标志分组。

分组标志用数值来表示，反映事物数量特征的分组称为数量标志分组。例如，企业职工按年龄、工龄、工资、日产量等标志分组；学生按照身高、体重等标志分组。

（二）简单分组、复合分组和平行分组体系

根据采用分组标志的多少以及分组标志之间的关系，统计分组可以分为简单分组、复合分组和平行分组体系。

简单分组是对被研究现象总体各单位只按一个标志进行分组，如人口按性别分组、工业企业按所有制分组，等等。

复合分组是对总体各单位选择两个或两个以上标志层叠起来进行分组。例如，将车间的生产工人先按“性别”分为男职工和女职工两组，再在每组中按“工龄”分为 10 年以下、10～20 年以及 20 年以上 3 个组。再如，将学生先按“性别”分为男生和女生两组，再在每组中按“政治面貌”分为共青团员和共产党员两组。以上分组如图 3 - 1 所示。

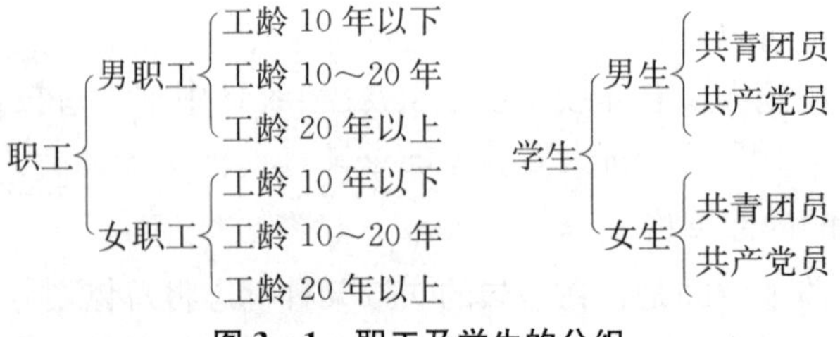

图 3 - 1 职工及学生的分组

采用复合分组后，每组的总体单位在两个或两个以上标志上的表现是相同或相近的。这样能更深刻地反映总体的内部结构，更细致地分析问题。但是，随着分组标志的增加，组数将成倍增加，反而使总体结构更复杂。因此，复合分组的分组标志不宜太多。

平行分组体系是按照两个或两个以上分组标志对总体各单位进行平行分组，从不同侧面分别说明总体单位的特征。例如，对一个班级的每个学生按“性别”分组、按“年龄”分组、按“成绩”分组等，但任何一个标志的分组不是建立在其他标志分组的基础之上。其分组情况如图 3 - 2 所示。

学生：男生、女生　　学生：19 岁、20 岁、21 岁　　学生：60 分以下、60～70 分、70～80 分、80 分以上

图 3－2　学生不同的分组

三、统计分组的关键

(一) 分组标志的选择

分组标志的选择是统计分组的关键。选择正确的分组标志可以将总体各单位按照该标志进行具体组的划分，得到总体各单位在各组的分布情况，从而实现统计目的。选择分组标志时，必须考虑三个方面的因素，第一，要根据所研究问题的目的来选择；第二，要选择最能反映被研究现象本质特征的标志来作为分组标志；第三，要结合现象所处的具体历史条件或经济条件来选择。

(二) 确定分组界限

在统计分组中，除了正确选择分组标志，还要合理确定分组界限。

对于不同类型的分组，分组界限的确定是有区别的。以下分别从品质标志分组和数量标志分组来确定分组界限。

1. 品质标志分组

分组界限的确定需要看总体单位分组标志表现的具体情况。如果总体单位在标志值上的具体表现是唯一的，那么分组界限区分很容易。例如，人口按性别、籍贯、政治面貌等标志分组。如果总体单位在标志值上的具体表现是不唯一的，同时存在多种标志表现，在实践统计工作中，我们可以按照国家有关部门制定的标准分类目录以及各种分组界限的详细规定执行。

2. 数量标志分组

数量标志分组按值的表现形式分为单变量分组和组距式分组两种。其中，分组标志值是一个确定数值的分组称为单变量分组。单变量分组的分组界限的区分很明显。例如，大一某班学生按“年龄”分组，可分为 17 岁、18 岁和 19 岁 3 组。分组标志值是变量的一定变动范围的分组称为组距式分组。由于组距式分组主要应用于连续型变量和变动范围较大的离散型变量，相邻组的界限是重合的，为了明确区分组限，我们编制的规则是“包下不包上”，即每组的界限包括该组的下限但不包括该组的上限。

四、统计分组应遵循的原则

(一) 穷尽性原则

穷尽性原则就是要使总体内的每一个单位都能无一例外地划归到各自所属的组。例如，如果把人口的文化程度分为小学毕业、中学毕业、大学毕业、硕士及以上 4 组，那么那些非小学毕业或是文盲和半文盲的人就无所归属了。这就违反了穷尽性原则，应将第一

组改为小学毕业及以下。

(二) 互斥性原则

互斥性原则是指总体分组后,每个组的范围应该互不相容、互相排斥。即每个总体单位在特定的分组标志下只能归于某一类别,而不能同时或可能同时出现在几个类别中。

第三节　分配数列

一、分配数列的概念和种类

(一) 分配数列的概念

在统计分组的基础上,将总体的所有单位按组归类整理,并按一定顺序排列,形成总体中各个单位在各组间的分布,称为次数分布或分配数列。构成分配数列的要素有两个,即分组标志序列(或分组)和与各组对应的分布次数。

在分配数列中,分布在各组的个体单位数叫作次数或频数。各组次数占总次数的比重叫频率。

(二) 分配数列的种类

分配数列按照分组标志的不同可以分为品质分配数列和变量分配数列。

1. 品质分配数列

品质分配数列(简称品质数列)是将总体各单位按照品质标志分组形成的分配数列。品质分配数列由各组名称和次数组成,各组次数可以用绝对数表示,即频数或次数;也可以用相对数表示,即频率。表 3-1 即为一个品质分配数列。

表 3-1　2020 年我国大陆人口的性别分布

性　别	人数/人	比率/%
男性	723 339 956	51.24
女性	688 438 768	48.76
合　计	1 411 778 724	100.00
各组名称	次数或频数	频率(比重)

资料来源:国家统计局网站

2. 变量分配数列

变量分配数列(简称变量数列)是将总体各单位按照数量标志分组形成的分配数列。变量分配数列按照分组标志值是单一的变量值还是变量的一定变动范围,可以分为单项数列和组距数列。

(1) 单项数列。以一个变量值作为一个组的分组标志值所编制的变量数列称为单项数列。每个变量值构成一个组,各组按顺序排列。它一般在总体各单位的数量标志值不多、变量值的变动范围不大、变量呈离散型的条件下采用。表 3-2 即为一个单项数列。

表 3－2　2021 级会计一班学生的年龄分布情况

年龄/岁	人数/人	比率/%
18	2	4
19	18	36
20	26	52
21	4	8
合　计	50	100

(2) 组距数列。用变量值变动的一定范围(或距离)代表一个组而编制的变量数列称为组距数列。每个组由若干个变量值形成的区间表示。一般地,对于连续型变量或者是离散型变量,在变量值变动幅度较大、总体单位数又多的情况下采用组距数列。表 3－3 为一个组距数列。

表 3－3　2021 级会计一班"统计学"课程期末成绩分组表

成绩/分	人数/人	频率/%
60 以下	2	4
60～70	6	12
70～80	22	44
80～90	16	32
90 以上	4	8
合　计	50	100

二、累计频数和累计频率

将变量数列各组的频数或频率逐组累计相加即得到对应组的累计频数或累计频率。它表明总体各单位在某一标志值的某一水平上总共包含的总频数或总频率。累计的方法有两种,一种是向上累计(包括向上累计频数、向上累计频率),即将各组的频数或频率由变量值小的组向变量值大的组进行累计,它表明对应组上限以下的总频数或总频率;另一种是向下累计(包括向下累计频数、向下累计频率),即将各组的频数或频率由变量值大的组向变量值小的组进行累计,它表明对应组下限以上的总频数或总频率。根据表 3－3 中的数据计算的向上累计频数和向上累计频率如表 3－4 所示。

表 3－4　2021 级会计一班"统计学"课程期末成绩分组表

成绩/分	人数/人	频率/%	向上累计频数/人	向上累计频率/%
60 以下	2	4	2	4
60～70	6	12	8	16
70～80	22	44	30	60
80～90	16	32	46	92
90 以上	4	8	50	100
合　计	50	100	—	—

三、组距数列中的相关概念

(一) 组数、组限、组距

1. 组数

组数是指总体各单位按照某个数量标志分为多少组。如表 3-2 中,50 个学生按"年龄"分为 4 个组,那么组数就是 4;表 3-3 中,50 个学生按照"成绩"分为 5 个组,那么组数就是 5。

2. 组限

组限是指各组的数量界限,即数列中每个组两端表示各组界限的变量值。它分为上限和下限。每个组较小的组限称为下限,较大的组限称为上限。如表 3-3 中,第二组是 60～70 分,那么下限是 60,上限是 70。若一个组的上、下限都齐全,这样的组称为闭口组。例如,表3-3中的第二、第三、第四组。有上限缺下限或有下限缺上限的组称为开口组。有上限缺下限,一般表示为"××以下";有下限缺上限,一般表示为"××以上"。如表 3-3 中的第一组和第五组都是开口组。

组距式分组确定组限要遵守两个基本原则。如果分组标志值是连续型变量,相邻组的上、下限只能重叠,每一组的上限同时是下一组的下限。为了遵守互斥原则,每组组限确定是"包括下限不包括上限"。如果分组标志值是离散型变量,相邻组的上、下限可以不重叠,也可以按照"包括下限不包括上限"的原则写成重叠式组限。

3. 组距

组距是指每组所包含变量值的变动范围,实际上组距就是每组上限、下限之间的距离,即组距=上限-下限。在组距数列中,各组组距可以是相等的,也可以是不相等的。

(二) 组中值

组中值是组距数列中各组所有变量值的代表值,实际上就是各组上限与下限之间的中点值。其计算公式为:

(1) 闭口组。

$$\text{组中值}=\frac{\text{上限}+\text{下限}}{2} \tag{3-1}$$

(2) 缺下限的开口组。

$$\text{组中值}=\text{上限}-\frac{\text{邻组组距}}{2} \tag{3-2}$$

(3) 缺上限的开口组。

$$\text{组中值}=\text{下限}+\frac{\text{邻组组距}}{2} \tag{3-3}$$

注:式(3-2)和式(3-3)均将相邻组的组距作为此组的组距。

例如,某商场各营业柜台 2023 年 1 月按所完成的销售额分为以下各组,各组组中值的计算如下(单位:万元):

10 以下　　缺下限的开口组:组中值=10-10÷2=5

10～20　　闭口组:组中值=(10+20)÷2=15

20～30　　闭口组:组中值=(20+30)÷2=25

30～40　　闭口组:组中值=(30+40)÷2=35

40～70　　闭口组:组中值=(40+70)÷2=55

70 以上　　缺上限的开口组:组中值=70+30÷2=85

实际上,开口组的组中值是按照相邻组的组距推算的,推算时假设该开口组的组距与相邻组的组距相同。例如,假设第一组的组距与第二组的组距相同,都是 10,那么,这一组的假定下限为 10－10=0,这样组中值为(0+10)÷2=5。同样,假定最后一组的组距与相邻组的组距相同,都是 30,那么这一组的假定上限为 70+30=100,这样,组中值为(70+100)÷2=85。

(三) 等距数列与异距数列

1. 等距数列

每个组的组距都相等的组距数列称为等距数列。等距数列适用于标志值的变动比较均匀的情况,也适用于现象性质差异的变动比较均匀的情况。等距数列有两个优点:第一,由于各组的组距相等,各组次数分布不受组距大小的影响,因而能直接比较各组次数的多少,便于反映总体单位的分布情况。第二,便于计算,尤其便于利用简捷法计算平均数、标准差等指标。所以,在一般情况下,应尽量采用等距分组来编制分布数列。

2. 异距数列

组距不完全相等的组距数列称为异距数列。异距数列适用于标志值的变动不均匀和现象性质差异的变动不均匀的情况。

如果总体各单位的变量值急剧地增长或下降,且变动幅度很大时,应采用异距分组来编制数列。如当前个体经营者的纯收入、农民的年收入额等。另外还有一些社会经济现象,其性质的变化不是由变量值均匀变动而引起的。例如,在全国人口普查中,为研究人口总体在人生各发展阶段的分布,就需要按照人在一生中自然的和社会的分组规律采用异距分组,编制异距数列。可以进行这样分组,即 0～14 岁、15～59 岁、60 及以上。这样,各组的组距虽然不相等,但能说明人口在人生的不同发展阶段的分布。

异距数列各组次数的多少受组距大小的影响,不能直接准确反映实际的分布特征,各组次数也不能直接进行比较,为了消除组距不等的影响,必须计算次数密度或频数密度。其计算公式为:

$$\text{次数密度}=\frac{\text{某组的次数}}{\text{相应组的组距}} \tag{3-4}$$

$$\text{频数密度}=\frac{\text{某组的频数}}{\text{相应组的组距}} \tag{3-5}$$

四、分配数列的编制

(一) 确定分配数列的形式

编制分配数列的第一步是要确定分配数列的形式,即根据总体各单位分组标志的表现形式来确定是编制品质数列还是变量数列，如果是变量数列，还要确定是单项数列还是组距数列。

其中，品质数列和单项数列的编制非常简单，只要找出每组分组标志值，将总体各单位划分到相应组并汇总各组单位数就可以形成相应的分配数列。

(二) 组距数列的编制

根据以下数据编制组距数列。

例如，某部门 30 名职工的月工资如下(单位：元)：

2 130	2 180	2 208	2 240	2 270	2 300	2 335	2 365	2 378	2 390	2 395
2 430	2 470	2 500	2 520	2 350	2 575	2 600	2 635	2 660	2 695	2 740
2 765	2 790	2 840	2 875	2 900	2 965	3 050	3 100			

1. 计算全距

全距是指一组变量值中最大值与最小值之差，用 R 表示。

此例中，R＝最大变量值－最小变量值＝3 100－2 130＝970。

2. 确定组数

在组距数列中，组数的多少对于反映现象的分布特征具有十分重要的意义。组数过多，显得十分烦琐，无法反映现象的分布特征；组数过少，显得太粗略，无法反映现象的内部结构。一般确定 5～15 组比较适宜，也可以参照史德杰斯经验公式确定组数。其计算公式为：

$$n=1+3.322\lg N \tag{3-6}$$

式中，n 表示组数；N 表示变量值个数或总体单位数。

根据上述资料计算可得：

$n=1+3.322\lg 30=5.9$(组) (调整为 6 组)

3. 确定组距

组距、组数和全距存在以下关系：

$$i=\frac{R}{n} \tag{3-7}$$

$i=\dfrac{R}{n}=\dfrac{970}{6}\approx 161.7$ (调整为 200)

应该注意的是，调整组距必须满足 $in\geqslant R$ 这一条件。

4. 确定组限

组限的确定既可以从最小组开始，也可以从最大组开始。如果从最小组开始，首先要确定最小组的下限，确定最小组的下限需要注意其数值要小于最小变量值。然后根据“组距＝上限－下限”的关系，以及最小组的下限和组距得出该组的上限。此组上限可以作为相邻组的下限，以此类推，得出所有组的组限。如果从最大组开始，首先要确定最大组的上限，确定最大组的上限需要注意其数值要大于最大变量值。然后根据“组距＝上限－下限”的关系，以及最大组的上限和组距得出该组的下限。此组下限可以作为相邻组的上限，以此类推，得出所有组的组限。

此例题中，可以确定各组组限，并将各变量值划分到各组并汇总得到组距数列，如表3－5所示。

表3－5　某部门30名职工的月工资分布情况

按月工资分组/元	人数/人	比率/%
2 100～2 300	5	16.7
2 300～2 500	8	26.7
2 500～2 700	8	26.7
2 700～2 900	5	16.7
2 900～3 100	3	10.0
3 100以上	1	3.2
合　计	30	100

另外，应将所有总体单位按照组距数列中的各个组限和总体单位具体数值划分到各组，并将每组的总体单位数进行汇总以得到组距数列。

第四节　统计表和统计图

一、统计表

（一）统计表的概念和作用

统计表是统计用数字说话的一种最常用的形式。将搜集到的数字资料进行汇总整理后，得出一些系统化的统计资料，将其按一定顺序填列在一定的表格内，这个表格就是统计表。统计表有以下几个方面的作用：

（1）能使大量的统计资料系统化、条理化，因而能更清晰地表述统计资料的内容。

（2）利用统计表便于比较各项目（指标）之间的关系，也便于计算。

（3）采用统计表表述统计资料显得紧凑、简明、醒目，使人一目了然。

（4）利用统计表易于检查数字的完整性和正确性。

统计表既是统计调查整理的工具，也是统计分析研究的工具。广义的统计表包括统计工作各个阶段中所用的一切表格，如调查表、整理表、分析表等，它们都是用来提供统计资料的重要工具。

（二）统计表的结构

统计表的形式多种多样，根据使用者的要求和统计数据本身的特点，可以绘制形式多样的统计表。从形式上看，统计表一般由四个主要部分组成，即表头、行标题、列标题和数字资料，必要时可以在统计表的下方加上表外附加。表头应放在表的上方，它所说明的是统计表的主要内容，是表的名称。行标题和列标题通常安排在统计表的第一列和第一行，它们所表示的主要是所研究问题的类别名称和指标名称，通常也被称为类。如果是时间序列数据，行标题和列标题也可以是时间，当数据较多时，通常将时间放在行标题的位置。

每一个行标题和列标题交叉于具体的数字资料。表外附加通常放在统计表的下方，主要包括资料来源、指标的注释和必要的说明等内容。

从内容上看，统计表由主词和宾词两个部分构成。主词是统计表所要说明的总体，它可以是各个总体单位的名称，也可以是总体各个分组的名称。其形式上表现为行标题。宾词是说明总体的指标名称和指标数值的。其形式上表现为列标题和数字资料。其基本结构如表 3－6 所示。

表 3－6　2020 年我国人口年龄结构资料

	按年龄分组	2010 年人口数/人	所占百分比/%	
行标题	0～14 岁	253 383 938	17.95	数字资料
	15～59 岁	894 376 020	63.35	
	60 岁及以上	264 018 766	18.70	
	主词	宾	词	

资料来源：国家统计局网站。

（三）统计表的种类

统计表按主词加工方法不同可分为简单表、分组表和复合表三种。

1. 简单表

表的主词未经任何分组的统计表称为简单表。简单表的主词一般按时间顺序排列，或按总体各单位名称排列。通常是对调查来的原始资料初步整理所采用的形式。表 3－7 即为按总体各单位名称排列的简单表。

表 3－7　2021 年春节假期全国各省区市旅游收入排行榜（前五名）

名　次	省区市	旅游总收入/亿元	接待游客总人数/万人次
1	四川	285.53	4 365.87
2	江苏	238.85	3 514.41
3	广东	204.8	3 964.3
4	河南	147.59	3 400.68
5	江西	144.76	2 539.06

资料来源：巴拉排行榜。

2. 分组表

表的主词按照某一标志进行分组的统计表称为分组表。利用分组表可以揭示不同类型现象的特征，说明现象内部的结构，分析现象之间的相互关系等。表 3－8 即为分组表。

表 3－8　2021 年某公司所属两个分厂自行车合格品数量表

厂　别	合格品数量/辆
一分厂	50 000
二分厂	70 000
合　计	120 000

3. 复合表

表的主词按照两个或两个以上标志进行复合分组的统计表称为复合表。复合表能更深刻、更详细地反映客观现象，但使用复合表应恰如其分，并不是分组越细越好。这是因为复合表中多进行一次分组，组数将成倍增加，分组太细反而不利于研究现象的特征。

（四）统计表的设计要求

由于使用者的目的以及统计数据的特点不同，统计表的设计在形式和结构上会有较大差异，但设计的基本要求则是一致的。从总体上看，统计表的设计应符合科学、实用、简练和美观的要求。具体来说，设计统计表时要注意以下几点：

（1）要合理安排统计表的结构，如行标题、列标题、数字资料的位置应安排合理。当然，由于强调的问题不同，行标题和列标题可以互换，但应使统计表的横、竖长度比例适当，避免出现过高或过长的表格形式。

（2）表头一般应包括表号、总标题和表中数据的单位等内容。总标题应简明确切地概括出统计表的内容，一般需要表明统计数据的时间、地点以及类型。

（3）如果表中的全部数据都是同一计量单位，可放在表的右上角标明，若各指标的计量单位不同，则应放在每个指标后或单列出一列标明。

（4）表中的上、下两条线一般用粗线，中间的其他线要用细线，这样使人看起来清楚、醒目。通常情况下，统计表的左、右两边不封口，列标题之间一般用竖线隔开，而行标题之间通常不必用横线隔开。总之，表中应尽量少用横、竖线。表中的数据一般是右对齐，有小数点时应以小数点对齐，而且小数点的位数应统一。对于没有数字的表格单元，一般用“—”表示，已经填好的统计表不应出现空白单元格。

（5）在使用统计表时，必要时可在表的下方加上注释，特别要注意注明资料来源，以表示对他人劳动成果的尊重，方便读者查阅使用。

二、统计图

根据统计数据，用几何图形、事物形象或地图等绘制的各种图形叫统计图。与统计表一样，统计图也是反映和说明总体特征分布的一种形式。与统计表相比，统计图更直观、生动、形象和易懂。但是，它在所反映数据的全面性和准确性方面，又明显不如统计表。可以将两者结合起来，让使用者既能直观了解统计数据的分布情况又能得到准确的数据信息。

（一）直方图和条形图

1. 直方图

直方图是用矩形的宽度和高度来表示频数分布的图形。在平面直角坐标中，横轴表示数据分组，纵轴表示频数或频率，这样，各组与相应的频数就形成了一个个矩形，即直方图。例如，根据表 3－9 中的数据可以画出相应的直方图（见图 3－3）。

表 3-9　某商场 50 名销售员某日销售额分组表

按日销售额分组/元	频数/人	频率/%
1 050～1 100	3	6
1 100～1 150	5	10
1 150～1 200	8	16
1 200～1250	14	28
1 250～1 300	10	20
1 300～1 350	6	12
1 350～1 400	4	8
合　计	50	100

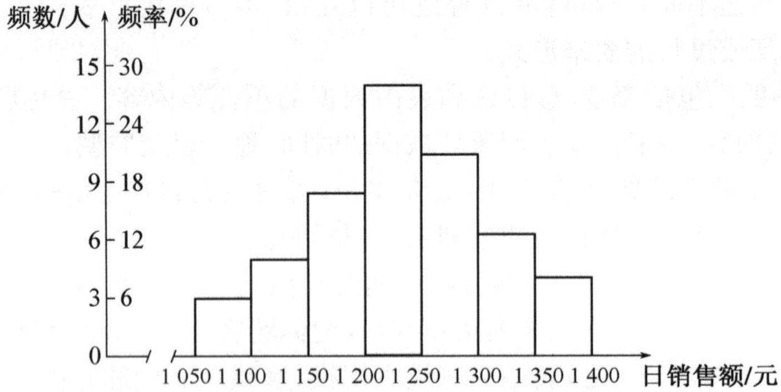

图 3-3　某商场 50 名销售员某日销售额的直方图

根据图 3-3 可以直观地看出某商场 50 名销售员某日销售额及人数的分布状况。

对于等距分组的数据，可以用矩形的高度直接表示频数的分布。如果是不等距分组的数据，用矩形的高度来表示各组频数的分布就不再合适了。这时，可以用矩形的面积来表示各组的频数分布，或根据频数密度来绘制直方图，从而准确地表示各组数据分布的特征。实际上，无论是等距分组数据还是不等距分组数据，用矩形的面积或频数密度来表示各组的频数分布都更为合适，因为这样可使直方图下的总面积等于 1。例如，在等距分组中，矩形的高度与各组的频数成比例，如果取矩形的宽度（各组组距）为一个单位，高度表示比例（即频率），则直方图下的总面积等于 1。在直方图中，实际上是用矩形的面积来表示各组的频数分布。

2. 条形图

用一个单位长度（如 1 厘米）表示一定的数量，根据数量的多少，画成长、短相应成比例的直条，并按一定顺序排列起来，这样的统计图称为条形统计图。条形统计图可以清楚地表明各种数量的多少，是统计图资料分析中最常用的图形。它按照排列方式的不同，可分为纵式条形图和横式条形图；按照分析作用的不同，又可分为条形比较图和条形结构图。图 3-4 即是横式条形图。

通过以上直方图与条形图可以看出，条形图是用条形的长度（横置时）表示各类别频数的多少，其宽度（表示类别）是固定的；直方图是用面积表示各组频数的多少，矩形的高度表示每一组的频数或百分比，宽度则表示各组的组距，因此其高度与宽度均有意义。此外，由于分组数据具有连续性，直方图的各矩形通常是连续排列，而条形图则是分开排列；另外，直方图一般是纵式，条形图可以是纵式也可以是横式。

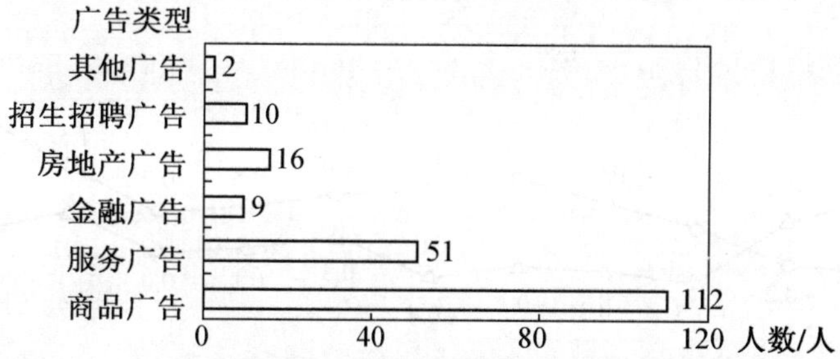

图 3－4　某城市居民关注不同类型广告人数分布的条形图

（二）折线图和线图

1. 折线图

折线图是在直方图的基础上，把各直方顶部的中点（即组中值）用线段连接起来所形成的统计图。需要注意的是，折线图的两个终点要与横轴相交，具体的做法是将第一个矩形顶部中点通过竖边中点（即该组频数一半的位置）连接到横轴，将最后一个矩形顶部中点与其竖边中点连接到横轴。这样才会使折线图下所围成的面积与直方图的面积相等，从而使二者所表示的频数分布一致。例如，在图 3－3 的基础上所绘制的折线图如图 3－5 所示。

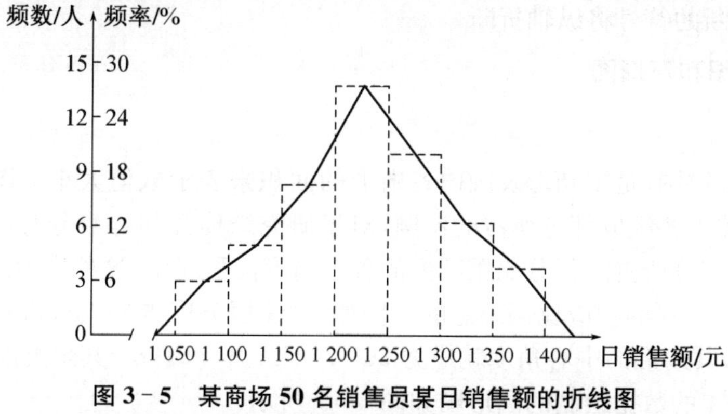

图 3－5　某商场 50 名销售员某日销售额的折线图

折线图既可用于反映频数以及频率的分布情况，也可用于反映累计频数和累计频率的分布情况。与条形统计图相比，折线统计图不仅可以表示数量的多少，而且可以反映同一事物在不同时间里发展变化的情况。

2. 线图

线图是在平面坐标上用折线表现数量变化特征和规律的统计图。线图主要用于显示时间序列数据，以反映事物发展变化的规律和趋势。例如，图 3－6 即为我国 2021 年居民消费价格月度涨跌幅度的线图。

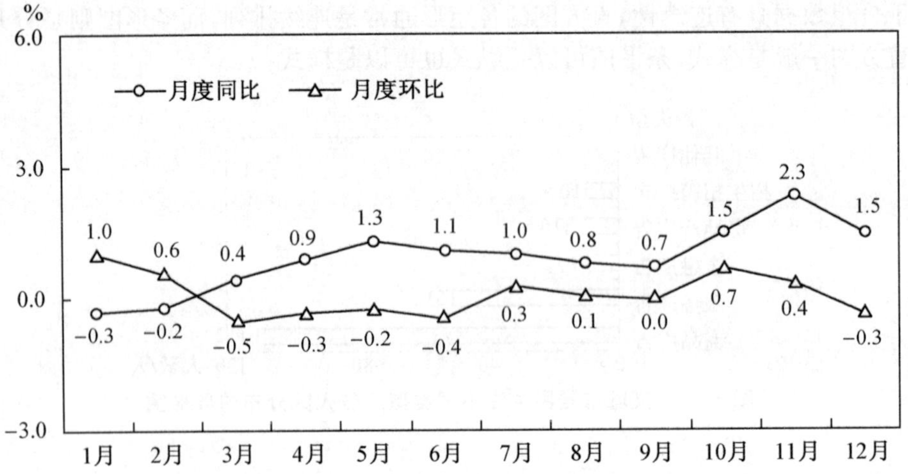

图 3-6　我国 2021 年居民消费价格月度涨跌幅度的线图

资料来源:国家统计局网站。

绘制线图时应注意以下几点:

(1) 时间一般绘在横轴,指标数据绘在纵轴。

(2) 图形的长宽比例要适当,一般应绘成横轴略大于纵轴的长方形,其长、宽比例大致为 10∶7。图形过扁或过于瘦高,不仅不美观而且会给人造成视觉上的错觉,不便于对数据变化的理解。

(3) 一般情况下,纵轴数据下端应从 0 开始,以便于比较。数据与 0 之间的间距过大,可以采取折断的符号将纵轴折断。

(三) 圆形图和环形图

1. 圆形图

圆形图也称饼图,是用圆形及圆内各扇形的面积来表示数值大小的图形。圆形图主要用于表示总体中各组成部分所占的比例,对于研究结构性问题十分有用。在绘制圆形图时,总体中各部分所占的百分比用圆内的各个扇形面积表示,这些扇形的中心角度是按各部分百分比占 360°的相应比例确定的。例如,关注服务广告的人数占总人数的百分比为 25.5%,那么其扇形的中心角度就应为 360°×25.5%=91.8°;其余类推。

根据图 3-4 的数据绘制的圆形图如图 3-7 所示。

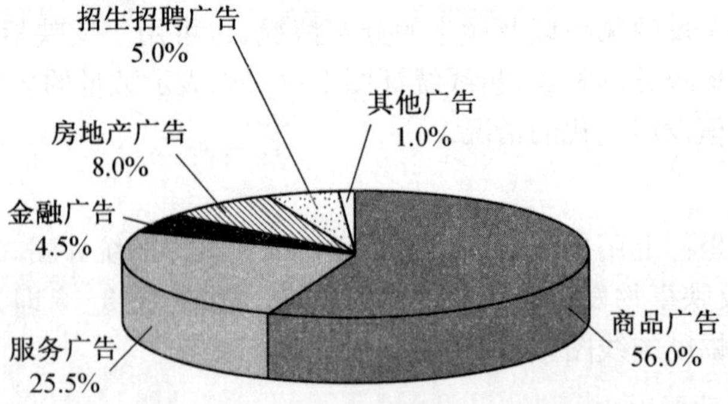

图 3-7　某城市居民关注不同类型广告人数构成的圆形图

2. 环形图

环形图与圆形图既类似又有区别。环形图中间有一个“空洞”，总体中的每一部分数据用环中的一段表示。圆形图只能显示一个总体各部分所占的比例，而环形图则可以同时绘制多个总体的数据系列，每一个总体的数据系列为一个环。因此，环形图可以显示多个总体各部分所占的相应比例，从而有利于进行比较研究。图 3-8 即为环形图。

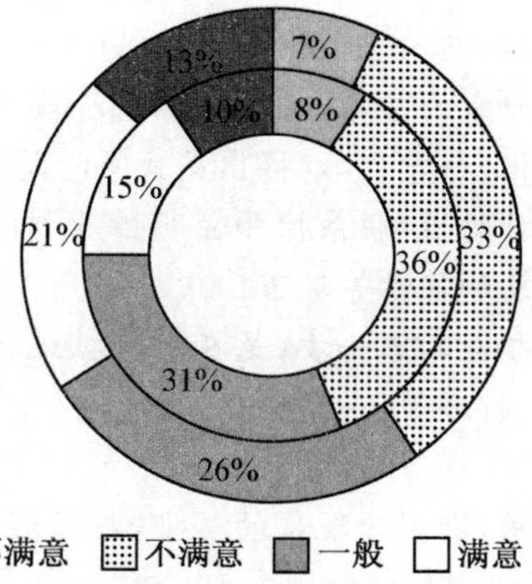

图 3-8　两个城市家庭对住房状况评价的环形图

(四) 茎叶统计图

茎叶图又称枝叶图，是按照一定的间隔将数组中每个变化的数一一列出来，像一条枝上抽出的叶子一样，所以人们形象地叫它茎叶图。茎叶图是将数组中的数按位数进行比较，将数的大小基本不变或变化不大的位作为一个主干(茎)，将变化大的位作为分枝(叶)列在主干的后面，这样就可以清楚地看到每个主干后面的几个数，每个数具体是多少。通过茎叶图可以看出数据的分布形状及数据的离散状况。例如，分布是否对称，数据是否集中，是否极端值，等等。

茎叶图是一个与直方图相类似的特殊工具，但又与直方图不同，茎叶图保留了原始资料的资讯，直方图则失去了原始资料的讯息。将茎叶图的茎和叶逆时针方向旋转 90 度，实际上就是一个直方图，可以从中统计出次数，计算出各数据段的频率或百分比，从而可以看出其分布是否与正态分布或单峰偏态分布逼近。图 3-9 即为茎叶图。

树茎	树叶	
10	7 8 8	3
11	0 2 2 3 4 5 7 7 7 8 8 8 9	13
12	0 0 1 2 2 2 2 3 3 3 3 4 4 4 5 5 6 6 7 7 7 8 8 9	24
13	0 1 3 8 8 9 3 4 4 5 7 9	10

图 3-9　某车间工人某日加工零件数的茎叶图

本章小结

本章阐述了统计数据整理及其显示的相关内容,主要包括四个方面,即统计数据整理概述、统计分组、分配数列、统计表与统计图。在学习本章内容的过程中,需要着重掌握以下知识点。

一、统计数据整理概述

统计数据整理是根据统计研究的任务,对统计调查阶段所搜集到的大量原始资料进行加工汇总,使其系统化、条理化、科学化,以得出反映事物总体综合数量特征的资料的工作过程。统计数据整理要遵循目的性、联系性和简明性原则。统计数据整理的全过程包括对统计资料的审核、分组、汇总和显示等环节。

数据的预处理是统计数据整理的第一步,是在对数据进行分类或分组之前所做的必要处理,包括数据的审核、订正、排序等。

二、统计分组

统计分组有三个方面的作用,即划分现象的类型,揭示现象的内部结构,分析现象之间的依存关系。

统计分组按照分组标志的具体表现形式不同,可以分为品质标志分组和数量标志分组;根据采用分组标志的多少以及分组标志之间的关系,可以分为简单分组、复合分组和平行分组体系。

统计分组的关键是分组标志的选择和确定分组界限。

统计分组应遵循的原则有穷尽性原则和互斥性原则。

三、分配数列

分配数列按照分组标志的不同,可以分为品质分配数列和变量分配数列。

累计频数(或累计频率)按累计的方向不同,可分为向上累计频数(或累计频率)、向下累计频数(或累计频率)。

组距式分配数列的编制有六步,计算全距,确定组数,确定组距,确定组限,将所有总体单位按照组距数列中的各个组限和总体单位具体数值划分到各组,以及汇总各组的总体单位数。

四、统计表与统计图

统计表从形式上看,一般由四个主要部分组成,即表头、行标题、列标题和数字资料,必要时可以在统计表的下方加上表外附加。从内容上看,统计表由主词和宾词两个部分构成。

统计表按主词加工方法不同可分为简单表、分组表和复合表三种。统计表的设计应符合科学、实用、简练和美观的要求。

统计图有直方图和条形图、折线图和线图、圆形图和环形图以及茎叶统计图。

本章习题

一、名词解释

统计数据整理　数据的预处理　统计分组　分配数列　组距数列　单项数列　组距　组限　组中值　统计表

二、单项选择题

1. 统计分组的关键问题是(　　)。
   A. 做好统计资料的整理工作　B. 正确地选择分组标志与划分各组界限
   C. 注意统计资料的准确性和科学性　D. 应抓住事物的本质与规律
2. 区分简单分组和复合分组的根据是(　　)。
   A. 分组对象的复杂程度　B. 分组数目的多少
   C. 采用分组标志的多少　D. 分组方法的难易程度
3. 有一个学生的考试成绩为70分,这个变量值应归入(　　)。
   A. 60～70分　B. 70～80分
   C. 60～70分或70～80分都可以　D. 60～70分或70～80分都不可以
4. 划分连续型变量的组限时,相邻两组的组限(　　)。
   A. 必须是重叠的　B. 必须是间断的
   C. 既可以是重叠的,又可以是间断的　D. 以上都不是
5. 某一离散型的统计资料,变量值少、变化幅度小,适合进行(　　)。
   A. 单变量分组　B. 组距式分组
   C. 相邻的组限重叠式分组　D. 异距式分组
6. 某连续型变量数列,其末组为500以上,其邻近组的组中值为480,则末组的组中值为(　　)。
   A. 520　B. 510　C. 530　D. 540
7. 按某一标志分组的结果,表现出(　　)。
   A. 组内同质性和组间差异性　B. 组内差异性和组间差异性
   C. 组内同质性和组间同质性　D. 组内差异性和组间同质性
8. 将统计表分为总标题、横行标题、纵栏标题和数字资料四个部分是(　　)。
   A. 从形式上看　B. 从内容上看　C. 从作用上看　D. 从性质上看
9. 次数分布和次数密度分布相同的是(　　)。
   A. 变量数列　B. 组距数列　C. 等距数列　D. 异距数列
10. 统计分组技术根据统计研究的目的,按照一个或几个分组标志(　　)。
    A. 将总体划分成性质相同的若干部分
    B. 将总体划分成性质不同的若干部分
    C. 将总体划分成数量相同的若干部分
    D. 将总体划分成数量不同的若干部分

三、判断题（正确的打“√”，错误的打“×”）

1. 穷尽性原则和互斥性原则是统计分组必须遵循的两条基本原则。（　　）
2. 在全距一定时，组数的多少和组距的大小成反比。（　　）
3. 简单表是指主词经过简单分组的统计表。（　　）
4. 编制组距数列的过程中，确定组限时，最小组的下限要小于总体中的最小变量值，最大组的上限要大于总体中的最大变量值。（　　）
5. 离散型变量可以进行单项式分组或组距式分组，而连续型变量只能进行组距式分组。（　　）
6. 统计分组的关键在于选择组距和组数。（　　）
7. 直方图常用来描绘变量分配数列的累积次数分布。（　　）
8. 变量分配数列的各组频率之和必须等于 1。（　　）
9. 统计表是表达统计数据整理结果的唯一形式。（　　）
10. 年代都是以数字表示的，所以按年代排序属于按数量标志分组。（　　）

四、简答题

1. 什么是统计数据整理？统计数据整理要遵循哪些基本原则？它的主要内容有哪些？
2. 数据的预处理包括哪些内容？如何进行数据的订正？数据如何排序？
3. 什么是统计分组？统计分组的作用有哪些？
4. 统计分组的关键是什么？它应该遵循哪些原则？
5. 什么是分配数列？分配数列有哪些种类？
6. 简述统计表的概念、作用及设计要求。
7. 现实生活中，常用的统计图有哪些？它们分别适用于什么统计资料？

五、实务题

某班同学的身高如下（单位：厘米）：

162　172　154　164　174　181　156　167　172　164　173　165　157　168
159　176　168　175　164　159　169　160　179　167　171　173　167　158
164　178　162　172　155　165　163　174　178　162　166　173　159　162
167　175　173　168　170

请按照该班学生身高编制一个组距数列。

本章案例

案例资料一

2021 年中国共产党党内统计公报

中共中央组织部

截至 2021 年 12 月 31 日，中国共产党党员总数为 9 671.2 万名，比 2020 年底净增 343.4 万名，增幅为 3.7%。中国共产党现有基层组织 493.6 万个，比 2020 年年底净增

11.7 万个,增幅为 2.4%。其中,基层党委 27.8 万个,总支部 31.6 万个,支部 434.2 万个。

一、党员队伍情况

党员的性别、民族和学历。女党员 2 843.1 万名,占党员总数的 29.4%。少数民族党员 728.5 万名,占 7.5%。大专及以上学历党员 5 146.1 万名,占 53.2%。党员的年龄。30 岁及以下党员 1 262.4 万名,31 至 35 岁党员 1 153.5 万名,36 至 40 岁党员 978.0 万名,41 至 45 岁党员 877.5 万名,46 至 50 岁党员 936.4 万名,51 至 55 岁党员 877.6 万名,56 至 60 岁党员 864.8 万名,61 岁及以上党员 2 721.0 万名。党员的入党时间。新中国成立前入党的有 11.9 万名,新中国成立后至党的十一届三中全会前入党的有 1 417.5 万名,党的十一届三中全会后至党的十八大前入党的有 6 082.5 万名,党的十八大以来入党的有 2 159.4 万名。党员的职业。工人(工勤技能人员)659.4 万名,农牧渔民 2 592.3 万名,企事业单位、社会组织专业技术人员 1 548.7 万名,企事业单位、社会组织管理人员 1 094.8 万名,党政机关工作人员 780.5 万名,学生 305.2 万名,其他职业人员 748.2 万名,离退休人员 1942.1 万名。

二、发展党员情况

2021 年共发展党员 438.3 万名,比上年增加 195.6 万名。发展党员的性别、民族、年龄和学历。发展女党员 204.2 万名,占 46.6%。发展少数民族党员 40.0 万名,占 9.1%。发展 35 岁及以下党员 354.0 万名,占 80.8%。发展具有大专及以上学历的党员 211.5 万名,占 48.3%。发展党员的职业。工人(工勤技能人员)28.0 万名,农牧渔民 68.7 万名,企事业单位、社会组织专业技术人员 65.5 万名,企事业单位、社会组织管理人员 46.8 万名,党政机关工作人员 23.2 万名,学生 176.5 万名,其他职业人员 29.4 万名。在生产、工作一线发展党员 231.1 万名。

三、党内表彰情况

在庆祝建党 100 周年之际,党中央授予马毛姐等 29 名同志“七一勋章”,表彰全国优秀共产党员 400 名、全国优秀党务工作者 300 名、全国先进基层党组织 499 个。向 729.3 万名符合条件的老党员颁发“光荣在党 50 年”纪念章。2021 年全国各级党组织共表彰优秀共产党员 153.1 万名、优秀党务工作者 55.5 万名、先进基层党组织 44.4 万个。

四、申请入党情况

截至 2021 年年底,全国入党申请人 2 062.5 万名,入党积极分子 1 009.1 万名。

五、党组织情况

党的地方委员会,全国共有党的各级地方委员会 3 198 个。其中,省(区、市)委 31 个,市(州)委 397 个,县(市、区、旗)委 2 770 个。城市街道、乡镇、社区(居委会)、行政村党组织。全国 9 034 个城市街道、29 649 个乡镇、114 065 个社区(居委会)、491 129 个行政村已建立党组织,覆盖率均超过 99.9%。机关、事业单位、企业和社会组织党组织。全国共有机关基层党组织 74.5 万个,事业单位基层党组织 94.9 万个,企业基层党组织 153.2 万个,社会组织基层党组织 17.1 万个,基本实现应建尽建。(注:本公报部分合计数或相对数由于单位取舍不同而产生的计算误差均未作机械调整。)

(资料来源:共产党员网,2022 - 06 - 29)

要求:通过以上 2021 年中国共产党党内统计公报资料,了解中国共产党的基本情况,找出通过哪些特征,了解应用了哪些指标。

案例资料二

第三次全国国土调查主要数据公报

(2021 年 8 月 25 日)

国务院第三次全国国土调查领导小组办公室

自然资源部

国家统计局

2018 年 9 月,国务院统一部署开展第三次全国国土调查(以下简称"三调"),以 2019 年 12 月 31 日为标准时点汇总数据。"三调"全面采用优于 1 米分辨率的卫星遥感影像制作调查底图,广泛应用移动互联网、云计算、无人机等新技术,创新运用"互联网+调查"机制,全流程严格实行质量管控,历时 3 年,21.9 万调查人员先后参与,汇集了 2.95 亿个调查图表数据,全面查清了全国国土利用状况。现将全国主要地类数据公布如下。

(一) 耕地 12 786.19 万公顷(191 792.79 万亩)

其中,水田 3 139.20 万公顷(47 087.97 万亩),占 24.55%;水浇地 3 211.48 万公顷(48 172.21 万亩),占 25.12%;旱地 6 435.51 万公顷(96 532.61 万亩),占 50.33%。64%的耕地分布在秦岭—淮河以北。黑龙江、内蒙古、河南、吉林、新疆等 5 个省份耕地面积较大,占全国耕地的 40%。

位于一年三熟制地区的耕地 1 882.91 万公顷(28 243.68 万亩),占全国耕地的 14.73%;位于一年两熟制地区的耕地 4 782.66 万公顷(71 739.85 万亩),占 37.40%;位于一年一熟制地区的耕地 6 120.62 万公顷(91 809.26 万亩),占 47.87%。

位于年降水量 800 毫米以上(含 800 毫米)地区的耕地 4 469.44 万公顷(67 041.62 万亩),占全国耕地的 34.96%;位于年降水量 400~800 毫米(含 400 毫米)地区的耕地 6 295.98 万公顷(94 439.64 万亩),占 49.24%;位于年降水量 200~400 毫米(含 200 毫米)地区的耕地 1 280.45 万公顷(19 206.74 万亩),占 10.01%;位于年降水量 200 毫米以下地区的耕地 740.32 万公顷(11 104.79 万亩),占 5.79%。

位于 2 度以下坡度(含 2 度)的耕地 7 919.03 万公顷(118 785.43 万亩),占全国耕地的 61.93%;位于 2~6 度坡度(含 6 度)的耕地 1 959.32 万公顷(29 389.75 万亩),占 15.32%;位于 6~15 度坡度(含 15 度)的耕地 1 712.64 万公顷(25 689.59 万亩),占 13.40%;位于 15~25 度坡度(含 25 度)的耕地 772.68 万公顷(11 590.18 万亩),占 6.04%;位于 25 度以上坡度的耕地 422.52 万公顷(6 337.83 万亩),占 3.31%。

(二) 园地 2 017.16 万公顷(30 257.33 万亩)

其中,果园 1 303.13 万公顷(19 546.88 万亩),占 64.60%;茶园 168.47 万公顷(2 527.05 万亩),占 8.35%;橡胶园 151.43 万公顷(2 271.48 万亩),占 7.51%;其他园地 394.13 万公顷(5 911.93 万亩),占 19.54%。园地主要分布在秦岭—淮河以南地区,占全国园地的 66%。

（三）林地 28 412.59 万公顷（426 188.82 万亩）

其中，乔木林地 19 735.16 万公顷（296 027.43 万亩），占 69.46%；竹林地 701.97 万公顷（10 529.53 万亩），占 2.47%；灌木林地 5 862.61 万公顷（87 939.19 万亩），占 20.63%；其他林地 2 112.84 万公顷（31 692.67 万亩），占 7.44%。87%的林地分布在年降水量 400 毫米（含 400 毫米）以上地区。四川、云南、内蒙古、黑龙江等 4 个省份林地面积较大，占全国林地的 34%。

（四）草地 26 453.01 万公顷（396 795.21 万亩）

其中，天然牧草地 21 317.21 万公顷（319 758.21 万亩），占 80.59%；人工牧草地 58.06 万公顷（870.97 万亩），占 0.22%；其他草地 5 077.74 万公顷（76 166.03 万亩），占 19.19%。草地主要分布在西藏、内蒙古、新疆、青海、甘肃、四川等 6 个省份，占全国草地的 94%。

（五）湿地 2 346.93 万公顷（35 203.99 万亩）

湿地是"三调"新增的一级地类，包括 7 个二级地类。其中，红树林地 2.71 万公顷（40.60 万亩），占 0.12%；森林沼泽 220.78 万公顷（3 311.75 万亩），占 9.41%；灌丛沼泽 75.51 万公顷（1 132.62 万亩），占 3.22%；沼泽草地 1 114.41 万公顷（16 716.22 万亩），占 47.48%；沿海滩涂 151.23 万公顷（2 268.50 万亩），占 6.44%；内陆滩涂 588.61 万公顷（8 829.16 万亩），占 25.08%；沼泽地 193.68 万公顷（2 905.15 万亩），占 8.25%。湿地主要分布在青海、西藏、内蒙古、黑龙江、新疆、四川、甘肃等 7 个省份，占全国湿地的 88%。

（六）城镇村及工矿用地 3 530.64 万公顷（52 959.53 万亩）

其中，城市用地 522.19 万公顷（7 832.78 万亩），占 14.79%；建制镇用地 512.93 万公顷（7 693.96 万亩），占 14.53%；村庄用地 2 193.56 万公顷（32 903.45 万亩），占 62.13%；采矿用地 244.24 万公顷（3 663.66 万亩），占 6.92%；风景名胜及特殊用地 57.71 万公顷（865.68 万亩），占 1.63%。

（七）交通运输用地 955.31 万公顷（14 329.61 万亩）

其中，铁路用地 56.68 万公顷（850.16 万亩），占 5.93%；轨道交通用地 1.77 万公顷（26.52 万亩），占 0.18%；公路用地 402.96 万公顷（6 044.47 万亩），占 42.18%；农村道路 476.50 万公顷（7 147.56 万亩），占 49.88%；机场用地 9.63 万公顷（144.41 万亩），占 1.01%；港口码头用地 7.04 万公顷（105.64 万亩），占 0.74%；管道运输用地 0.72 万公顷（10.85 万亩），占 0.08%。

（八）水域及水利设施用地 3 628.79 万公顷（54 431.78 万亩）

其中，河流水面 880.78 万公顷（13 211.75 万亩），占 24.27%；湖泊水面 846.48 万公顷（12 697.16 万亩），占 23.33%；水库水面 336.84 万公顷（5 052.55 万亩），占 9.28%；坑塘水面 641.86 万公顷（9 627.86 万亩），占 17.69%；沟渠 351.75 万公顷（5 276.27 万亩），占 9.69%；水工建筑用地 80.21 万公顷（1 203.19 万亩），占 2.21%；冰川及常年积雪 490.87 万公顷（7 362.99 万亩），占 13.53%。西藏、新疆、青海、江苏等 4 个省份水域面积较大，占全国水域的 45%。

"三调"是一次重大国情国力调查，也是党和国家机构改革后统一开展的自然资源基础调查。"三调"数据成果全面客观反映了我国国土利用状况，也反映出耕地保护、生态建设、节约集约用地方面存在的问题，必须采取有针对性的措施加以改进。要坚持最严格的耕地保护制度，压实地方各级党委和政府耕地保护责任，实行党政同责。要坚决遏制耕地“非农化”、严格管控“非粮化”，从严控制耕地转为其他农用地。从严查处各类违法违规占用耕地或改变耕地用途行为。规范完善耕地占补平衡。确保完成国家规划确定的耕地保有量和永久基本农田保护目标任务。要坚持系统观念，加强顶层规划，因地制宜，统筹生态建设。要坚持节约集约，合理确定新增建设用地规模，提高土地开发利用效率。继续推动城乡存量建设用地开发利用，完善政府引导市场参与的城镇低效用地再开发政策体系。强化土地使用标准和节约集约用地评价，大力推广节地模式。

“三调”成果是国家制定经济社会发展重大战略规划、重要政策举措的基本依据。要加强“三调”成果共享应用，将“三调”成果作为国土空间规划和各类相关专项规划的统一基数、统一底图，推进国家治理体系和治理能力现代化。

（资料来源：国家统计局网站）

要求：通过以上第三次全国国土调查主要数据公报资料，了解我国国土资源的基本情况。

第四章　总量指标和相对数指标

【教学目的与要求】 本章是关于综合指标中总量指标和相对数指标的相关内容。通过本章的学习,要求了解总量指标的概念、种类、计量单位、统计方法和作用;理解和掌握相对数指标中计划完成相对数、结构相对数、比例相对数、比较相对数、强度相对数和动态相对数的计算方法及应用。

【教学重点与难点】 总量指标的种类、计量单位;计划完成相对数的种类、计算方法及应用;结构相对数、比例相对数的计算及相互联系;比较相对数、强度相对数、动态相对数的计算及应用;正确运用相对数指标的原则。

【课程思政】 通过我国经济发展的总量指标感受到改革开放以来党和国家取得的伟大成就,通过相对数指标认识到我国发展的薄弱环节和努力的方向,也提升自己的担当和责任意识。

第一节　总量指标

一、总量指标的概念

总量指标是用来反映社会经济现象在一定时间、空间条件下的总规模、总水平或总成果的统计指标。总量指标又称绝对数指标,是一种最基本的统计指标。例如,第七次全国人口普查结果显示,全国人口共 141 178 万人,其中,男性人口为 72 334 万人,女性人口为 68 844 万人;0～14 岁人口为 25 338 万人,15～59 岁人口为 89 438 万人,60 岁及以上人口为 26 402 万人;居住在城镇的人口为 90 199 万人,居住在乡村的人口为 50 979 万人。2020 年,我国全年国内生产总值 1 015 986 亿元,其中,第一产业增加值 77 754 亿元,第二产业增加值 384 255 亿元,第三产业增加值 553 977 亿元。这些都是总量指标,都是利用绝对数说明我国 2020 年全国人口的总体规模及国民经济发展总体水平。

二、总量指标的种类

(一) 按反映总体内容的不同分类

按反映总体内容的不同分为总体单位总量和总体标志总量。

1. 总体单位总量

总体单位总量是指一个统计总体中所包含的总体单位个数的总量指标,表示总体本身规模的大小。对于一个确定的统计总体,其总体单位总量是唯一确定的。例如,研究我国的人口状况时,统计总体是全国所有公民,总体单位是每一位公民,我国的人口数即总体单位的个数，是总体单位总量。再如，研究某公司生产的 1 000 件产品的合格率，统计总体是这 1 000 件产品，总体单位是其中的每件产品，产品的数量是 1 000 件，这里的 1 000 就是总体单位总量。

2. 总体标志总量

总体标志总量是指一个统计总体中各单位某一数量标志值的总和。对于一个确定的总体，可以根据标志的不同计算不同的标志总量。例如，将某工业企业的在职职工作为总体，职工的月工资总额是总体标志总量，职工的月产量总量也是总体标志总量。

某一总量指标是总体单位总量还是总体标志总量不是完全确定的，而是随着统计总体的改变而改变的。例如，研究某市工业企业的基本状况，统计总体是该市所有工业企业，总体单位是每家工业企业，则工业企业的数量是总体单位总量，而全部工业企业职工人数是总体标志总量。如果研究的是全市工业企业职工的基本生活状况，则全部工业企业职工人数是总体单位总量，职工工资总额是总体标志总量。这两个例子中，随着研究目的的不同，全部工业企业职工人数可以是总体单位总量，也可以是总体标志总量。

(二) 按其反映总体时间状况的不同分类

按其反映总体时间状况的不同，分为时期指标和时点指标。

1. 时期指标

时期指标是反映社会经济现象在一段时间内发展变化结果的总量指标。例如，我国 2021 年实现国内生产总值 1 143 670 亿元，是指在 2021 年这一年的时间内，我国经济中所生产出的全部最终产品和劳务的市场价值总和。再如产品的产量、商品销售额、工资总额、社会零售商品销售额等都是时期指标。时期指标具有如下特点：

(1) 具有可相加性。时间上相邻的各短期指标相加能够得到相应更长时期的总量指标。例如，某企业 1 月、2 月、3 月的月产量相加可以得到该企业一季度的产量。

(2) 指标数值的大小与对应时期的长短直接相关。一般来讲，时期越长，指标数值就越大。很显然，一个季度的产量要多于一个月的产量。

(3) 指标数值必须连续登记。时期指标数值的大小取决于整个时期内所有时间上的发展状况，只有连续登记的时期指标才会准确。

2. 时点指标

时点指标是反映社会经济现象在某一时刻或某一时点上的数量状况的总量指标。例如，我国第七次全国人口普查结果显示，全国人口共 141 178 万人，其中，男性人口为 72 334 万人，女性人口为 68 844 万人；0～14 岁人口为 25 338 万人，15～59 岁人口为 89 438 万人，60 岁及以上人口为 26 402 万人；居住在城镇的人口为 90 199 万人，居住在乡村的人口为 50 979 万人。这些数据都对应于标准时点 2020 年 11 月 1 日零时。再如商店数量、商品库存额、外汇储备额等也都是时点指标。时点指标具有如下特点：

(1) 不具有可相加性。不同时点上的两个时点指标数值相加不具有实际意义。

(2) 指标数值的大小与登记时间的间隔长短无关。时点指标仅仅反映社会经济现象在某一具体时点上的数量，间隔时间的长短不对指标数值的大小产生影响。

(3) 指标数值是不连续登记的。时点指标没有必要进行连续登记,或不可能连续登记。例如,没必要也不可能连续登记一个国家的人口总数。

三、总量指标的计量单位

总量指标都有名数,即都有计量单位。根据总量指标所反映现象的性质不同,其计量单位一般有实物单位、价值单位和劳动单位三种。

(一) 实物单位

实物单位是指根据事物的自然属性和特点所采用的自然单位、度量衡单位、复合单位、标准实物单位和双重单位。其中,自然单位是按照被研究现象的自然状况来度量其数量的一种计量单位,如“台”“辆”“艘”“人”等;度量衡单位是按照统一的度量衡制度的规定来度量其数量的一种计量单位,如“千克”“吨”“米”“立方米”等;复合单位是将两种计量单位结合在一起以乘积的形式表示事物的数量,如货物周转量用“吨千米”来表示,发电量以“千瓦时”表示,等等;标准实物单位是按照统一折算标准来度量被研究现象数量的一种计量单位,如将各种不同发热量的能源统一折合成“29.3 千焦/千克”的标准煤单位计算其总量;双重单位是用两种或两种以上的单位结合起来进行计量,如起重机的计量单位是“台/吨”,货轮用“艘/马力/吨位”计量。

实物单位的最大特点是可直接反映产品的使用价值或现象的具体内容,因而能够具体地表明事物的规模和水平。但是,其相应指标的综合性能比较差,不同的实物,其性质不同,计量单位也不同,从而无法进行汇总,因此不能用来反映现象的总规模和总成果。

(二) 价值单位

价值单位也叫货币单位,是以货币作为价值尺度来衡量社会财产和劳动成果的单位。例如,国内生产总值、城乡居民储蓄额、外汇收入、财政收入等都必须用货币单位来计量,常见的货币单位有美元、人民币元、欧元等。用货币单位计量的总量指标叫作价值指标。价值指标具有最广泛的综合性和概括能力,可以表示现象的总规模和总水平,在国民经济管理中起着重要的作用。但是,由于它脱离了物质内容,比较抽象,有时甚至不能正确反映实际情况。

(三) 劳动单位

劳动单位是指用劳动时间表示的计量单位,又称工作量单位,它也是一种复合单位。例如,工时、工日等。一个工人做 1 小时的工,称 1 个工时,8 个工时等于 1 个工日。

四、总量指标的统计方法

常用的总量指标的统计方法有两种,即直接计算法和间接推算法。

(一) 直接计算法

直接计算法是指通过对研究对象用直接的计数、点数和测量等方法,登记各单位的具体数值并加以汇总,以便得到总量指标的方法。例如,统计报表或普查中的总量资料、企业职工人数、产品产量、住房面积等基本上都是用直接计算法计算出来的。

(二) 间接推算法

间接推算法是指采用社会经济现象之间的平衡关系、因果关系、比例关系或利用非全面调查资料推算总量指标的方法。例如,利用农作物的亩产量和播种面积推算该农作物的总产量;利用样本资料推算消费者对某产品的消费意愿;利用平衡关系推算某种商品的库存量等。

五、总量指标的作用

总量指标在统计分析及国民经济和社会管理过程中应用广泛,具有重要的作用。

(一) 总量指标是人们认识客观社会经济现象的起点

人们要想了解一个国家或一个地区的国民经济和社会发展状况,首先就要准确地掌握客观现象在一定时间、地点条件下的发展规模或水平,然后才能更深入地认识社会。例如,为了科学地指导国民经济和社会的协调发展,就必须通过总量指标正确地反映社会主义再生产的基本条件和国民经济各部门的工作成果,即反映中国土地面积、人口和劳动资源、自然资源、国民财富、钢产量、工业总产值、粮食产量、农业总产值、国民收入总值以及教育文化等方面的发展状况。

(二) 总量指标是实行社会经济管理的依据之一

一个国家或地区为了更有效地指导经济建设,保持国民经济协调发展,就必须要了解和分析各部门之间的经济关系。它虽然可以用相对数或平均数来反映,但归根结底还是需要掌握各部门在各个不同时间的总量指标。

(三) 总量指标是计算相对数指标和集中趋势指标的基础

总量指标是统计整理汇总后首先得到的能说明具体社会经济总量的综合性数字,是最基本的统计指标。相对数指标和集中趋势指标一般都是由两个有联系的总量指标相对比而计算出来的,它们是总量指标的派生指标。总量指标的计算是否科学、合理、准确,将会直接影响相对数指标和集中趋势指标的准确性。

第二节 相对数指标

一、相对数指标及其表现形式

分析一种社会经济现象,仅仅利用总量指标是远远不够的。为了对现象进行深入的了解,有必要分析现象之间或总体各构成部分之间的数量关系,即需要将有关指标进行对比,这就必须计算相对数指标。

相对数指标是用两个有联系的指标进行对比所得的比值来反映社会经济现象相对数量特征和数量关系的综合指标。相对数指标也称作相对数,其数值有两种表现形式,即无名数和有名数。无名数是一种抽象化的数值,是把对比的分母指标抽象成 1、10、100 或 1 000 等,用系数、倍数、成数、百分数或千分数表示。例如,甲的身高是乙的身高的 1.5

倍，即把乙的身高抽象化成1。有名数是把对比的两个指标的计量单位对比后作为相对数的计量单位，表示事物的密度、强度和普遍程度等。例如，人均粮食产量用“千克/人”表示，人口密度用“人/平方千米”表示等。

二、相对数指标的种类及计算方法

由于统计分析目的的不同，对两个相互联系的指标数值进行对比时，可以采取不同的比较标准（即对比的基础），从而形成不同的相对数指标。相对数指标一般有六种形式，即计划完成程度相对数指标、结构相对数指标、比例相对数指标、比较相对数指标、强度相对数指标和动态相对数指标。

（一）计划完成程度相对数指标

计划完成程度相对数指标是指社会经济现象在某一时期内，某类指标的实际完成数与计划任务数进行对比，以反映计划完成的程度，是用来检查、监督计划的执行情况的一种相对数指标。它一般用百分数来表示。其基本计算公式为：

$$\text{计划完成程度相对数指标}=\frac{\text{实际完成数}}{\text{计划任务数}}\times 100\% \tag{4-1}$$

计划完成程度相对数指标的经济含义根据计划任务数的表现形式有不同的评价标准。当计划任务以最高限额表示时，相对数指标数值<1表示超额完成，相对数指标数值$=1$表示刚好完成，相对数指标数值>1表示没有完成；当计划任务以最低限额表示时，相对数指标数值<1表示没有完成，相对数指标数值$=1$表示刚好完成，相对数指标数值>1表示超额完成。

计划完成程度相对数指标的分子和分母位置不能交换，而且为了进行对比，分子和分母在指标含义、计算口径、计算方法、计量单位、空间范围和时间长度等方面要一致。由于计划任务数在实际中可以表现为绝对数、相对数和平均数，因此计算计划完成程度相对数指标的方法也有差异。

1. 计划任务数为绝对数

当计划任务数为绝对数时，计划任务有短期计划和中长期计划两种情况。

(1) 短期计划任务。在短期计划任务中，又有计划期与执行期同期和计划期与执行期不同期两种情况。

第一种，计划期与执行期同期，计划完成程度相对数指标表示计划完成的结果。其计算公式为：

$$\text{计划完成程度相对数指标}=\frac{\text{计划期实际完成量}}{\text{计划期计划任务量}}\times 100\% \tag{4-2}$$

例 4-1　某企业2021年产品年计划产量10 000件，实际完成11 500件。

要求：计算产量计划完成程度相对数指标。

解：产量计划完成程度相对数指标$=\frac{11\ 500}{10\ 000}\times 100\%=115\%$

计算结果表明，该企业超额15%完成了产量计划任务，实际产量比计划产量多1 500件。

例 4-2 某企业某年劳动生产率计划达到 10 000 元/人，某种产品计划单位成本为 100 元，该企业实际劳动生产率达到 9 200 元/人，该产品实际单位成本为 90 元。

要求：分别计算劳动生产率和产品单位成本的计划完成程度相对数指标。

解：劳动生产率计划完成程度相对数指标$=\frac{9\ 200}{10\ 000}\times 100\%=92\%$

产品单位成本计划完成程度相对数指标$=\frac{90}{100}\times 100\%=90\%$

计算结果表明，该企业劳动生产率计划完成程度是 92%，即没有完成计划任务，实际比计划少了 8%。而某产品单位成本计划完成程度是 90%，即超额完成计划任务，超额了 10%。

第二种，计划期与执行期非同期，执行期包括在计划期中。计划完成程度相对数指标表示计划执行的进度。其计算公式为：

$$\text{计划完成程度相对数指标}=\frac{\text{累计至报告期止实际完成量}}{\text{计划全期计划任务量}}\times 100\% \qquad (4-3)$$

(2) 中长期计划任务。

在检查中长期计划的完成情况时，根据计划指标的规定方式不同，计算可分为水平法和累计法。

第一种，水平法。用水平法检查计划完成程度就是将计划末期（最后一年）实际达到的水平与计划规定的同期应达到的水平相比较，来确定全期是否完成计划。需要注意的是，水平法的应用是建立在计划期内各年的水平逐年增长的基础上。其计算公式为：

$$\text{计划完成程度相对数指标}=\frac{\text{中长期计划末期实际达到的水平}}{\text{中长期计划末期计划达到的水平}}\times 100\% \qquad (4-4)$$

例 4-3 某企业按五年计划规定最后一年的产量应达到 810 万件，实际执行情况如表 4-1 所示。

表 4-1 某企业五年计划实际完成情况 单位：万件

时 间	第一年	第二年	第三年	第四年				第五年			
				一季度	二季度	三季度	四季度	一季度	二季度	三季度	四季度
产量	330	450	580	180	185	195	210	220	230	240	250

要求：计算该企业产量五年计划的计划完成程度相对数指标。

解：产量计划完成程度相对数指标$=\frac{220+230+240+250}{810}=116.05\%$

计算结果表明，该企业超额 16.05%完成了产量的五年计划。

如果长期计划任务超额完成，通常要进一步计算提前期。采用水平法计算，只要在连续一年时间（即连续 12 个月，可以跨年度）内实际完成水平达到最后一年计划水平，就算完成了计划任务，余下的时间就是提前期。例 4-3 中，该企业实际从五年计划的第四年第二季度到第五年第一季度的连续一年时间内的产量刚好达到了计划期最后一年计划产量 810 万件的水平，完成了五年计划，那么第五年第二季度到第五年第四季度即三个季度的时间就是提前期。

第二种，累计法。累计法就是将整个计划期间实际完成的累计数与同期计划任务数相比较，来确定计划完成程度。其计算公式如下：

$$计划完成程度相对数指标=\frac{中长期计划期内实际累计完成量}{中长期计划期内计划任务量}\times 100\% \quad (4-5)$$

例 4-4　某地区“十三五”期间计划五年固定资产投资总额 1 900 亿元，实际各年投资情况如表 4-2 所示。

表 4-2　某地区“十三五”期间固定资产投资完成情况　　单位：亿元

时　间	第一年	第二年	第三年	第四年				第五年			
				第一季度	第二季度	第三季度	第四季度	第一季度	第二季度	第三季度	第四季度
固定资产实际投资额	330	350	380	100	105	115	120	125	135	140	145

要求：计算该地区“十三五”期间固定资产投资计划完成程度相对数指标。

解：固定资产投资计划完成程度相对数指标

$$=\frac{330+350+380+100+105+115+120+125+135+140+145}{1\,900}\times 100\%$$

$$=107.63\%$$

计算结果表明，该地区超额 7.63%完成“十三五”期间固定资产的投资计划。

长期计划任务超额完成，同样要计算提前期。采用累计法计算提前期时，只要从中长期计划期初开始至某一时间止，所累计实际完成数刚好达到计划任务数，就是完成了计划，余下的时间就是提前期。例 4-4 中，第一年至第五年第三季度末实际完成的投资总额刚好等于计划任务 1 900 亿元，第五年的第四季度就是提前完成的时间，即提前一个季度完成计划任务。

2. 计划任务数为相对数

计划任务数为相对数时，计划完成程度相对数指标的计算公式为：

$$计划完成程度相对数指标=\frac{实际完成的百分数}{计划任务的百分数}\times 100\% \quad (4-6)$$

式(4-6)中，实际完成的百分数和计划任务的百分数都是建立在原来基数的基础上，即“增长为原来的百分之多少”或“减少为原来的百分之多少”。如果百分数以增长率、降低率等形式来表示，则计划完成程度相对数指标的计算公式为：

$$计划完成程度相对数指标=\frac{1+实际增长率}{1+计划增长率}\times 100\% \quad (4-7)$$

$$计划完成程度相对数指标=\frac{1-实际降低率}{1-计划降低率}\times 100\% \quad (4-8)$$

例 4-5　某企业某产品产量计划要求增长 10%，同时该种产品单位成本计划要求下降 5%，而实际产量增长了 12%，实际单位成本下降了 8%。

要求：分别计算产量和单位成本降低的计划完成程度相对数指标。

解:产量计划完成程度相对数指标$=\frac{1+12\%}{1+10\%}\times 100\%=101.82\%$

单位成本降低计划完成程度相对数指标$=\frac{1-8\%}{1-5\%}\times 100\%=96.84\%$

计算结果表明,产量计划完成程度大于100%,说明超额完成了计划任务,超额1.82%。单位成本降低计划完成程度小于100%,说明实际成本比计划成本有所降低,也超额完成了成本降低计划任务。

3. 计划任务数为平均数

在实际管理工作中,也有很多以平均数来表示的计划任务。例如,平均工资、平均产量、平均销售额等。计划任务为平均数的计划完成程度相对数指标的计算公式为:

$$计划完成程度相对数指标=\frac{实际完成的平均数}{计划任务平均数}\times 100\% \quad (4-9)$$

例4-6 某企业拟提高员工待遇,计划员工的平均工资上涨至每月2 600元,实际员工的平均工资上涨至每月2 800元。

要求:计算平均工资上涨计划完成程度相对数指标。

解:平均工资上涨计划完成程度相对数指标$=\frac{2\ 800}{2\ 600}\times 100\%=107.69\%$

计算结果表明,该企业员工平均工资上涨计划完成程度大于100%,说明超额完成了计划任务。

(二)结构相对数指标

1. 结构相对数指标的概念及计算公式

研究社会经济现象总体时,不但要掌握其总量特征,而且要揭示总体的内部构成,即要对总体内部的结构进行数量分析,这就需要计算结构相对数指标。

结构相对数指标是指在统计分组的基础上,将各组(或部分)的单位数与总体单位总数进行对比,或以各组(或部分)的标志总量与总体的标志总量进行对比,以比值反映总体内部结构的一种相对数指标。它一般用百分数表示,计算公式为:

$$结构相对数指标=\frac{总体中某部分数值}{总体总数值}\times 100\% \quad (4-10)$$

式(4-10)中,"某部分数值"与"总体总数值"既可以是同一总体的部分与总体的单位总量,也可以是同一总体的部分与总体的标志总量。概括地说,结构相对数就是部分与全体对比所得出的比重或比率。由于对比的基础是同一总体的总数值,所以各部分(或组)所占比重之和应当等于100%或1。

例4-7 某工厂有两个生产车间,一车间和二车间的人数及月生产量如表4-3所示。

要求:分别计算出两生产车间的人数和月产量的结构相对数指标。

表 4-3 某工厂两个车间的人数及月产量资料

按车间分组	人数/人	月产量/万吨
一车间	35	580
二车间	65	920
合 计	100	1 500

解:(1) 一、二车间的人数结构相对数指标分别为:

一车间人数结构相对数指标$=\frac{35}{100}\times 100\%=35\%$

二车间人数结构相对数指标$=\frac{65}{100}\times 100\%=65\%$

(2) 一、二车间的月产量结构相对数指标分别为:

一车间月产量结构相对数指标$=\frac{580}{1500}\times 100\%=38.67\%$

二车间月产量结构相对数指标$=\frac{920}{1500}\times 100\%=61.33\%$

2. 结构相对数指标的应用

(1) 反映社会经济现象在一定时间、地点条件下的内部构成。

例如,恩格尔系数是食品支出总额占个人消费支出总额的比重,是国际上通用的衡量居民生活水平高低的一项重要指标,一般随居民家庭收入和生活水平的提高而下降。国际上常用恩格尔系数来衡量一个国家和地区人民生活水平的状况。根据联合国粮农组织提出的标准,恩格尔系数在 59%以上为贫困,50%~59%为温饱,40%~50%为小康,30%~40%为富裕,低于 30%为最富裕。改革开放以来,我国城镇和农村居民家庭恩格尔系数逐年下降,2021 年全国居民恩格尔系数为 29.8%,其中城镇为 28.6%,农村为 32.7%。说明我国农村和城镇居民家庭生活处于富裕阶段。

(2) 反映社会经济现象构成的变动规律。

例如,从表 4-4 的资料中,可以看出从 1980 年至 2020 年,我国农业人口在总人口中所占的比重呈现出平稳下降的趋势,这是伴随经济发展、工业化程度提高和社会进步而产生的必然结果。

表 4-4 我国 1980—2020 人口及农业人口所占比重

年 份	我国人口数量/万人	农业人口数量/万人	农业人口所占比重/%
1980	98 705	79 565	80.61
1985	105 851	80 757	76.29
1990	114 333	84 138	73.59
1995	121 121	85 947	70.96
2000	126 743	80 837	63.78
2005	130 756	74 544	57.01
2010	134 091	67 113	50.05

续 表

年 份	我国人口数量/万人	农业人口数量/万人	农业人口所占比重/%
2015	137 462	60 346	43.90
2020	141 177	50 979	36.11

资料来源:《2020 中国统计年鉴》。

(3) 反映所研究现象总体的质量特征以及人、财、物的利用情况。例如,文盲率、入学率、青年受高等教育人口比率等可从文化教育方面表明人口的质量;产品的合格率、优质品率、高新技术品率、商品损耗率等可表明企业的生产质量;出勤或缺勤率、设备利用率等,则可反映企业的人、财、物的利用状况。

(4) 有助于分清主次,确定工作重点。例如,在物资管理工作中,采用 ABC 分析法,其基本原理就是对影响经济活动的因素进行分析,按各种因素影响程度的大小分为 A、B、C 三类,实行分类管理。采用这种方法的依据就是根据对统计资料的分析,计算结构相对数指标,如表 4-5 所示。

表 4-5 某物资企业物资分类表

类 别	占资金的比重/%	占品种的比重/%
A	80	20
B	15	30
C	5	50
合 计	100	100

可见,首先应重点抓好 A 类物资的管理,其次要注意 B 类物资的处理,就可以控制资金的 95%,收到较好的经济效果。

(三) 比例相对数指标

1. 比例相对数指标的概念及计算公式

比例相对数指标是指将总体中某一部分数值与总体中另一部分数值进行静态对比,以比值来反映总体中各个组成部分之间的比例关系和均衡状况的一种相对数指标。其计算公式为:

$$\text{比例相对数指标}=\frac{\text{总体中某一部分数值}}{\text{总体中另一部分数值}}\times 100\% \tag{4-11}$$

比例相对数指标的数值,一般用百分数、比例、比值或连比的形式表示。例如,2020 年我国居住在城镇的人口数为 901 991 162 人,占 63.89%;居住在乡村的人口数为 509 787 562 人,占 36.11%。城镇人口数与农村人口数的比值约为 176.93%。男性人口数为 723 339 956 人,占 51.24%;女性人口数为 688 438 768 人,占 48.76%。总人口性别比(以女性为 100,男性对女性的比例)为 105.07。

2. 比例相对数指标的应用

(1) 反映客观总体在某特征方面的构成。与结构相对数指标一样,比例相对数指标也能反映客观总体在某特征方面的构成。在实际应用中,比例相对数指标与结构相对数指标可以相互转化。将一总体的各结构相对数指标进行对比，就可以得到比例相对数指标，将比例相对数各数值相加作为分母，各部分与其对比可以得到相应的结构相对数指标。例如，2020 年我国居住在城镇的人口数为 901 991 162 人，占 63.89%；居住在乡村的人口数为 509 787 562 人，占 36.11%。城镇人口数与农村人口数的比值$\frac{63.89\%}{36.11\%}$，约为 176.93%。

(2) 反映事物间的协调平衡关系。客观存在的各现象在各特征方面的构成具有一定的平衡关系。比例相对数指标可以反映现象总体各部分之间的比例关系，有助于我们认识客观事物是否符合按比例协调发展的要求，参照有关标准可以判断比例关系是否合理。在宏观经济管理中，这对于研究分析整个国民经济和社会发展是否协调均衡具有重要的意义。

(四) 比较相对数指标

1. 比较相对数指标的概念及计算公式

比较相对数指标是指将不同地区、部门或单位之间的同类指标数值做静态对比而得出的一种相对数指标。它表明同类事物在不同空间条件下的差异程度或相对状态。比较相对数指标可以用百分数、倍数和系数表示。其计算公式为：

$$\text{比较相对数指标}=\frac{\text{某地区(部门、单位)某一现象数值}}{\text{另一地区(部门、单位)同一现象数值}}\times 100\% \qquad (4-12)$$

例 4－8　两个类型相同的工业企业，甲企业某年的全员劳动生产率为 18 542 元/人·年，乙企业同年的全员劳动生产率为 21 560 元/人·年。

要求：计算两个企业的全员劳动生产率的比较相对数指标。

解：比较相对数指标$=\frac{18\,542}{21\,560}\times 100\%=86\%$

2. 比较相对数指标的应用

用来对比的两个性质相同的指标数值，其表现形式可以是绝对数指标，也可以是相对数指标或集中趋势指标。在经济管理工作中，比较相对数指标的应用很广泛。例如，在企业之间、车间之间或班组之间进行各种质量指标的对比，将各项技术经济指标与国家规定的标准条件进行对比，将企业产品的质量水平与世界先进水平进行对比，借以找差距，挖潜力，定措施，为提高企业的经营管理水平提供依据。

为了对比不同空间的特征差异，要求其计算公式中分子和分母两个指标所代表的现象必须是同性质、同类型的现象，并且指标所对应的时间必须相同。此外，比较基数的选择要根据资料的特点及研究目的而定。例 4－8 中是以乙企业的全员劳动生产率作为比较标准，计算结果说明甲企业全员劳动生产率是乙企业的 86%；如果以甲企业的全员劳动生产率作为比较标准，则表明乙企业全员劳动生产率是甲企业的 116.28%。这两种计算方法的角度不同，但都能说明问题，具体以哪个指标作为比较的基础，应根据研究目的以及哪种方法能更确切地说明问题的实质而定。

(五) 强度相对数指标

1. 强度相对数指标的概念及计算公式

强度相对数指标是指在同一地区或单位内,将两个性质不同但有一定关联的总量指标数值进行对比,以反映事物之间的相对数量关系,表明现象之间的相对强度、密度和普遍程度的一种相对数指标。其计算公式为:

$$强度相对数指标=\frac{某一总量指标数值}{另一性质不同但有关联的总量指标数值} \tag{4-13}$$

例 4-9 2020 年我国国土面积为 960 万平方公里,全国人口总数为 141 177 万人,全年国内生产总值为 1 015 986 亿元,则我国每平方公里土地的人口数及每人所分摊的国内生产总值分别为:

$$每平方公里土地的人口数=\frac{全国人口数}{我国国土面积}=\frac{1\ 411\ 770\ 000}{9\ 600\ 000}\approx 147(人/平方公里)$$

$$人均国内生产总值=\frac{国内生产总值}{全国人口数量}=\frac{10\ 159\ 860\ 000}{141\ 177}\approx 71\ 965.4(元/人)$$

例如,以铁路(公路)长度与土地面积对比,可以得出铁路(公路)密度。

这些强度相对数指标都是用来反映现象的密集程度或普遍程度的。

利用强度相对数指标来说明社会经济现象的强弱程度时,经常采用人均指标来反映一个国家的经济实力。例如,按全国人口数计算的人均钢产量、人均粮食产量等,这种强度相对数指标的数值越大,表示一个国家的经济发展程度越高,经济实力越强。

由于强度相对数指标是两个性质不同但有一定关联的总量指标数值之比,所以在多数情况下,其计量单位是由分子与分母原有单位组成的双重单位表示的,如人口密度用"人/平方公里",人均钢产量用"吨/人",等等。但有少数的强度相对数指标因其分子与分母的计量单位相同,可以用千分数或百分数表示其指标数值。例如:

$$\begin{aligned}人口自然增长率&=\frac{年内出生人口数-年内死亡人口数}{年平均人口数}\times 1\ 000‰\\&=\frac{年内人口自然增长数}{年平均人口数}\times 1\ 000‰\\&=人口出生率(‰)-人口死亡率(‰)\end{aligned}$$

有部分反映社会服务行业的负担情况或保证程度的强度相对数指标,其分子和分母可以互换位置,形成正指标和逆指标。一般来说,正指标的数值越大,说明现象的强度、密度越大;逆指标的数值越大,说明现象的强度、密度越小。例 4-9 中,147 人/平方公里是指我国每平方公里土地上分布有 147 个人,其指标数值越大,说明人口密度越大,是正指标。其逆指标为:

$$每人拥有国土面积数量=\frac{我国国土面积}{全国人口数}=\frac{9\ 600\ 000}{1\ 411\ 770\ 000}=0.006\ 8(平方公里/人)$$

2. 强度相对数指标的应用

(1) 反映和说明客观总体的经济实力或社会服务能力。强度相对数指标比总量指标更能准确地反映和说明一个国家、地区或部门的经济实力或社会服务能力。例如,2021

年,我国国内生产总值为 1 143 670 亿元,粮食产量 68 285 万吨,全社会固定资产投资额 552 884 亿元,全年货物进出口总额为 391 009 亿元人民币。这些总量指标大多排在世界前列,但是,如果按相应的强度相对数——人均国内生产总值、人均粮食产量、人均固定资产投资额、人均货物进出口额排序,则要远远落后于很多国家。但是,这个评价很符合我国作为发展中国家的基本国情。

(2) 可以进行国家之间、地区之间的比较,以确定发展不平衡和发展的差距。根据强度相对数指标数值的大小,可以对比不同国家或不同地区在该指标上的差距和发展的不平衡状态。

(3) 强度相对数指标要和平均数指标相区分。一些强度相对数指标在表现形式上带有"平均"的意义,非常容易与平均数指标混淆。例如,按人口计算的主要产品产量指标用"吨(千克)/人"表示;按全国人口分摊的每人平均国民收入用"元/人"表示,等等。但强度相对数指标与统计平均数指标有根本的区别。统计平均数指标是同一总体中的总体标志总量与总体单位总量之比,是将总体各单位的某一数量标志值加以平均;而强度相对数指标是两个性质不同但有一定联系的总量指标数值之比,表明相对数量的对比关系。

(六) 动态相对数指标

1. 动态相对数指标的概念及计算公式

动态相对数指标是指将同一现象在不同时期的两个指标数值进行动态对比而得到的一种相对数指标,反映现象随时间发展变化的方向和程度。它一般用百分数或倍数表示,也称为发展速度。其计算公式为:

$$\text{动态相对数指标}=\frac{\text{报告期水平}}{\text{基期水平}} \tag{4-14}$$

式(4-14)中,要研究的时期称为报告期,和报告期进行对比的时期称为基期。基期的选择既可以是某一固定时期,也可以是报告期的前一期。例如,2021 年我国国内生产总值为 1 143 670 亿元,2020 年为 1 015 986 亿元,2019 年为 990 865 亿元,如果将 2019 年选作基期,亦即将 2019 年的国内生产总值作为 100,则 2021 年的国内生产总值与 2019 年的国内生产总值对比,得出发展速度约为 115.42%;如果将 2020 年选作基期,亦即将 2020 年的国内生产总值作为 100,则 2021 年的国内生产总值与 2020 年的国内生产总值对比,得出发展速度约为 112.57%。两个动态相对数指标分别说明了在 2019 年和 2020 年的基础上,2021 年国内生产总值的发展速度。

发展速度减 1 得到增长速度,增长速度反映现象增长的快慢程度。上例中,2021 年国内生产总值相对 2020 年的发展速度约为 112.57%,则增长速度约为 12.57%;2021 年国内生产总值相对 2019 年的发展速度约为 115.42%,则增长速度约为 15.42%。

2. 动态相对数指标的应用

(1) 反映现象的变动方向和变动程度。动态相对数指标的值>1,说明报告期水平>基期水平,现象是增长的;动态相对数指标的值=1,说明报告期水平=基期水平,现象没有变动;动态相对数指标的值<1,说明报告期水平<基期水平,现象是减少的。而且指标值越大,说明增长的幅度越大。

(2) 反映现象的变动过程及变动规律。将不同时间的动态相对数指标按照时间的先后顺序排列起来，可以观察客观总体在时间上发展变动的过程及变动规律。

三、相对数指标的作用

(一) 加强对客观总体的认识

相对数指标通过指标数值的对比，可以表明事物的相关程度、发展程度，使人们清楚了解现象的相对水平和普遍程度，可以弥补总量指标的不足。例如，某企业去年实现利润50万元，今年目标利润为60万元，今年实际利润为55万元，则计划完成程度相对数指标为91.67%，没有完成计划任务。但今年利润与去年相比增长了10%，这是总量指标所不能说明的。

(二) 将现象的绝对差异抽象化，使原来无法直接对比的指标变为可比

不同的企业由于生产规模条件不同，直接用总产值、总销售额、利润等经济指标进行比较评价的意义不大，但如果采用一些相对数指标，如资金利润率、资金产值率等进行比较，便可对企业的生产经营成果做出合理评价。

(三) 说明总体内在的结构特征，为深入分析事物的性质提供依据

例如，计算一个地区不同经济类型的结构，可以说明该地区经济的性质。又如，计算一个地区的第一、第二、第三产业的比例，可以说明该地区社会经济的现代化程度等。

四、正确运用相对数指标的原则

上述六种相对数指标从不同的角度出发，运用不同的对比方法，对两个指标数值进行静态或动态的比较，或对总体各部分之间的关系进行数量分析，或对两个不同总体之间的联系程度和差异程度做比较，这是统计中常用的基本数量分析方法。要使相对数指标在统计分析中起到应有的作用，在计算和应用相对数指标时应该遵循以下原则。

(一) 可比性原则

相对数指标是两个相关的指标数值之比。其对比结果的正确性直接取决于两个指标数值的可比性。如果违反可比性这一基本原则，计算出来的相对数指标就会失去其实际意义，导致不正确的结论。可比性原则是指对比的指标要在指标含义、空间范围、时间长度、计量单位和计算方法等口径方面协调一致，相互适应。如果各个时期的统计数字因行政区划、组织机构、隶属关系的变更，或因统计制度方法的改变而不能直接进行对比的，就应以报告期的口径为准，调整基期的数字。许多用金额表示的价值指标，由于价格的变动，将各期的数字进行对比不能反映实际的发展变化程度，因此一般要按不变价格换算，以消除价格变动的影响。

(二) 定性分析与定量分析相结合的原则

计算相对数指标简便易行，但要想正确地计算和运用相对数，还要注重定性分析与定量分析相结合的原则。因为事物之间的对比分析必须是同类型的指标，只有通过统计分组，才能确定被研究现象的同质总体，便于同类现象之间的对比分析。这说明要在确定事

物性质的基础上，再进行数量上的比较或分析，而统计分组在一定意义上也是一种统计的定性分类或分析。即使是同一种相对数指标，在不同地区或不同时间进行比较，也必须先对现象的性质进行分析，判断是否具有可比性。同时，通过定性分析，可以确定两个指标数值的对比是否合理。例如，将不识字的人口数与全部人口数对比来计算文盲率，显然是不合理的，因为不识字的人口数包括学龄前的人数和不到接受初中文化教育年龄的人数，不能如实反映文盲人数在相应的人口数中所占的比重。通常计算文盲率的公式为：

$$文盲率=\frac{15\text{ 岁以上不识字的人口数}}{15\text{ 岁以上全部人口数}}\times 100\% \tag{4-15}$$

（三）相对数指标和总量指标结合运用的原则

绝大多数的相对数指标都是两个有关的总量指标数值之比，用抽象化的比值来表明事物之间对比关系的程度，而不能反映事物在绝对量方面的差别。一个很小的相对数指标，被它抽象的绝对数可能很大；而一个较大的相对数指标，被它抽象的绝对数可能很小。因此，在一般情况下，相对数指标离开了据以形成对比关系的总量指标，就不能深入地说明问题。关于这一点，马克思曾明确指出："如果一个工人每星期的工资是 2 先令，后来他的工资提高到 4 先令，那么工资水平就提高了 100%……所以不应当为工资水平提高的动听的百分比所迷惑。我们必须经常这样问：原来的工资数是多少？"

（四）各种相对数指标综合应用的原则

不同相对数指标的具体作用不同，因而各自能从不同的侧面来说明所研究的问题。为了全面而深入地说明现象及其发展过程的规律性，应该根据统计研究的目的，综合应用各种相对数指标。例如，为了研究工业企业的生产情况，既要利用生产的计划完成程度相对数指标，又要计算生产发展的动态相对数和强度相对数指标。又如，分析生产计划的执行情况时，有必要全面分析总产值计划、品种计划、劳动生产率计划和成本计划等的完成情况。因此，将多种相对数指标综合起来应用，可以比较、分析现象变动中的相互关系，更好地阐明现象之间的发展变化情况。

本章小结

本章阐述了统计综合指标中总量指标和相对数指标的相关内容。在学习本章内容的过程中，需要着重掌握以下知识点。

一、总量指标

总量指标是用来反映社会经济现象在一定时间、空间条件下的总规模、总水平或总成果的统计指标。它按反映总体的内容不同，可分为总体单位总量和总体标志总量；按反映总体的时间状况不同，可分为时期指标和时点指标。时期指标和时点指标的特征和区别在于三个方面，即资料的获取方式是连续性登记还是一次性登记；指标数值是否可以相加；指标数值的大小和时期的长短是否相关。

根据总量指标所反映现象的性质不同，其计量单位一般有实物单位、价值单位和劳动单位三种。常用的总量指标的统计方法有两种，即直接计算法和间接推算法。

二、相对数指标

相对数指标是指用两个有联系的指标进行对比所得的比值来反映社会经济现象相对数量特征和数量关系的综合指标。其数值有两种表现形式,即无名数和有名数。

相对数指标一般有六种形式,即计划完成程度相对数指标、结构相对数指标、比例相对数指标、比较相对数指标、强度相对数指标和动态相对数指标。

计划完成程度相对数指标是指社会经济现象在某一时期内,某类指标的实际完成数与计划任务数进行对比,以反映计划完成的程度,是用来检查、监督计划的执行情况的一种相对数指标。其应用根据计划任务的表现形式有绝对数、相对数和平均数三种情况。

结构相对数指标是指在统计分组的基础上,将各组(或部分)的单位数与总体单位总数进行对比,或以各组(或部分)的标志总量与总体的标志总量进行对比,以比值反映总体内部结构的一种相对数指标。

比例相对数指标是将总体中某一部分数值与总体中另一部分数值进行静态对比,以比值来反映总体中各个组成部分之间的比例关系和均衡状况的一种相对数指标。

比较相对数指标是指将不同地区、部门或单位之间的同类指标数值做静态对比而得出的一种相对数指标。它表明同类事物在不同空间条件下的差异程度或相对状态。

强度相对数指标是指在同一地区或单位内,将两个性质不同但有一定关联的总量指标数值进行对比,以反映事物之间的相对数量关系,表明现象之间的相对强度、密度和普遍程度的一种相对数指标。

动态相对数指标是指将同一现象在不同时期的两个指标数值进行动态对比而得到的一种相对数指标,反映现象随时间发展变化的方向和程度。

在计算和应用相对数指标时应该遵循四个方面的原则,即可比性原则、定性分析与定量分析相结合的原则、相对数指标和总量指标结合运用的原则、各种相对数指标综合应用的原则。

本章习题

一、名词解释

总量指标　总体单位总量　总体标志总量　时期指标　时点指标　相对数指标　计划完成程度相对数指标　结构相对数指标　比例相对数指标　比较相对数指标　强度相对数指标　动态相对数指标

二、单项选择题

1. 直接反映社会经济现象总体规模大小或水平的指标是(　　)。
   A. 平均指标　B. 相对数指标　C. 总量指标　D. 变异指标
2. 总量指标按其反映现象的时间状况不同,可以分为(　　)。
   A. 实物指标和价值指标　B. 数量指标和质量指标
   C. 时期指标和时点指标　D. 总体单位总量和总体标志总量
3. 某地区年末居民储蓄存款余额是(　　)。
   A. 时期指标　B. 时点指标　C. 相对数指标　D. 平均数指标

4. 下列指标中，属于时点指标的是(　　)。
   A. 国内生产总值　B. 流通费用率　C. 人均利税额　D. 商店总数
5. 相对数指标是不能直接相加的，但在特定条件下，个别指标可以相加，如(　　)。
   A. 结构相对数指标　B. 动态相对数指标
   C. 比例相对数指标　D. 强度相对数指标
6. 比较相对数指标可用于(　　)。
   A. 不同现象之间的比较　B. 某种现象在不同时间的比较
   C. 不同现象在不同单位之间的比较　D. 某种现象在不同单位之间的比较
7. 粮食产量与全国人口数对比是(　　)。
   A. 平均指标　B. 比例相对数指标
   C. 比较相对数指标　D. 强度相对数指标
8. 下列各项中，属于结构相对数指标的是(　　)。
   A. 人口自然增长率　B. 成本利润率
   C. 百元产值能源消耗量　D. 销售利润率
9. 下列各项中，属于强度相对数指标的是(　　)。
   A. 商品流转次数　B. 产品合格率
   C. 发展速度　D. 工人劳动生产率
10. 某企业某种产品成本本年计划降低 4%，实际降低 5%，则该产品成本计划(　　)。
   A. 没有完成　B. 超额完成　C. 无法判断　D. 上述都不正确

三、判断题(正确的打“√”，错误的打“×”)

1. 某地区人口密度为 260 人/平方千米，这是一个总量指标。　(　　)
2. 没有统计分组就无法计算结构相对数指标。　(　　)
3. 标志总量是总体单位标志值的总和，因此它是标志值。　(　　)
4. 相对数指标是两个有联系的指标数值之比，所以它们之间必须是同质的。(　　)
5. 如果计划完成程度相对数指标大于 100%，则肯定完成计划任务了。　(　　)
6. 我国耕地面积占世界的 7%，养活占世界总人口 22%的人口。这两个指标是结构相对数指标。　(　　)
7. 某企业员工月劳动生产率为 24 500 元/人，这是一个强度相对数指标。　(　　)
8. 水平法和累计法的选择依据是计划指标的规定方式。　(　　)
9. 相对数指标的可比性原则是指对比的两个指标在总体范围、时间长度、指标名称、计量单位、计算方法等方面要能够进行对比。　(　　)
10. 相对数指标数值的表现形式有两种，一种是有名数，另一种是无名数。　(　　)

四、简答题

1. 什么是时期指标与时点指标，它们各有哪些特点？
2. 什么是总量指标，它有哪些种类？
3. 总体单位总量和总体标志总量如何区别？
4. 如何说明计划完成程度相对数指标的经济含义？
5. 为什么要将相对数指标与总量指标结合应用？

6. 运用相对数指标时为什么必须注意分子和分母的可比性,可比性主要包括哪些方面?

7. 统计相对数指标有哪几种,其中哪些是无名数?

8. 结构相对数指标与比例相对数指标有哪些区别与联系?

五、计算题

1. 已知某公司的 3 个分公司 2021 年下半年销售额计划及计划执行情况如表 4-6 所示。

要求:计算和填写表中空格。

表 4-6 某公司的 3 个分公司 2021 年下半年销售额计划及计划执行情况

分公司	第三季度实际销售额/万元	第四季度					第四季度为上季度的/%
		实际		计划		计划完成/%	
		销售额/万元	比重/%	销售额/万元	比重/%		
甲	100			140			
乙	150	120				100	
丙	250	180		290			
合 计	500					96.67	

2. 某煤矿可采储量为 200 亿吨,计划在 5 年中开采全部储量的 0.1%,在这 5 年中该矿原煤实际开采情况如表 4-7 所示。

表 4-7 某煤矿某 5 年中实际开采情况

单位:万吨

年 份	第一年	第二年	第三年	第四年		第五年	
				上半年	下半年	上半年	下半年
实际开采量	156	230	540	279	325	470	535

要求:

(1) 计算该煤矿在 5 年中的原煤开采量计划完成程度相对数指标;

(2) 指出提前完成计划的时间。

3. 某产品按五年计划的规定,最后一年的产量应达到 45 万吨,产量的计划执行情况如表 4-8 所示。

表 4-8 某产品产量的计划执行情况

单位:万吨

时间	第一年	第二年	第三年		第四年				第五年			
			上半年	下半年	一季度	二季度	三季度	四季度	一季度	二季度	三季度	四季度
产量	30	32	17	19	10	10	11	12	12	12	13	13

要求:

(1) 计算该产品五年计划的产量计划完成程度相对数指标;

(2) 指出提前完成计划的时间。

4. 某厂生产某产品的单位成本计划在去年的基础上降低6%,实际降低了7.6%。
要求:计算产品单位成本降低计划完成程度相对数指标。

本章案例

案例资料一,同第一章“绪论”部分“案例资料一”。

要求:根据以上中华人民共和国2021年国民经济和社会发展统计公报资料,思考反映了我国国民经济和社会发展的哪些特征?哪些是总量指标?哪些是相对数指标?

案例资料二

高考大数据:全国31省高考难度排行榜!哪个才是地狱模式?

不同省份的高考难度,一直是一个争议严重的问题。每个地方的人,都会觉得自己是比较难的那一个。因为其实不管在哪里,高考都是件不容易的事情。

高考录取,本质上是一种“省内筛选”,是全国各个高校,以省(直辖市,自治区)为单位进行的竞争,而各省之间的录取难度是有所不同的。

本文,以若干个客观指标的量化比对,来评价并排序中国各省的高考难度,看一看哪些省份高考是地狱模式,哪些省份高考是简单模式。

1

高考是个什么难度级别的考试?

首先从全国总体来看,实际上,能考上大学的人,没有很多人想象的那么多。

现在参加高考的人是2000年左右出生的,每年全国出生人口大约1 900万(100%),其中,全国参加高考的人大约是920万人(48%),本科录取人数约309万人(16%),也就是说,不管你被什么本科录取了,就算是最普通的三本,也已经是6选1的突出人才。一本录取人数是114万人(6%),也就是说,不管能考上什么样的一本学校,都已经是16选1的精英了。211高校录取人数约46万人(2.4%),也就是说,全国同龄人中只有2.4%的人能考上211高校。这些高校包括东北林业大学、太原理工大学、延边大学这样的,很多人可能并没有听说过的学校,能考上这些学校的,也已经是40选1的超级精英了。985高校录取人数约15万人(0.8%),也就是说,考上985高校,实际上是战胜了99%的同龄人的。而清北录取人数约6 600人(0.03%),这两所中国TOP2的高校。万里挑三,堪称人中龙凤。如图1所示。

总体来说,虽然你可以感觉你周围很多985,211,甚至清华北大的朋友,但是这可能是幸存者偏差,高考这个考试可能比很多人想象的难得多。

2

未来高考人数会变少吗?

很多人可能会说:“中国出生人口不是变少了吗?高考人数也应该变少了吧,未来高考应该不会这么难了吧?”答案是否定的,至少到2035年之前,高考只会竞争越来越激烈。

一般人高考要到18岁,所以我们往前推18年来计算适龄人口数,以出生人口计算,

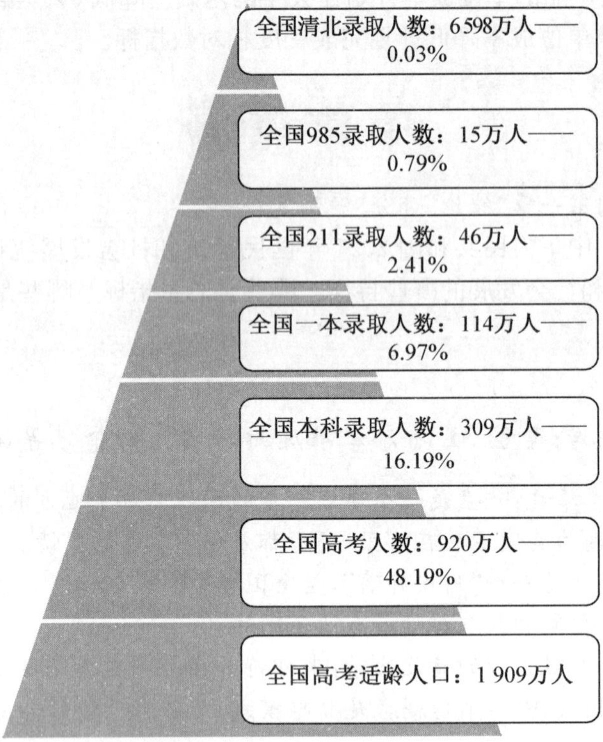

注：适龄人口是 1999 年出生人口数据，高考人数和录取人数是 2017 年数据

资料来源：统计局，各省教育厅，国金证券研究所

2024 年左右是高考适龄人口最少的一年，从 2024 年，到 2034 年，高考适龄人口都会持续增长，所谓出生人口出现下滑，是 2018 年的出生人口，那么基本上来说，需要到 2036 年，这部分出生的人口，才会参与高考，至少 2035 年之前，高考竞争都会变得越来越激烈。

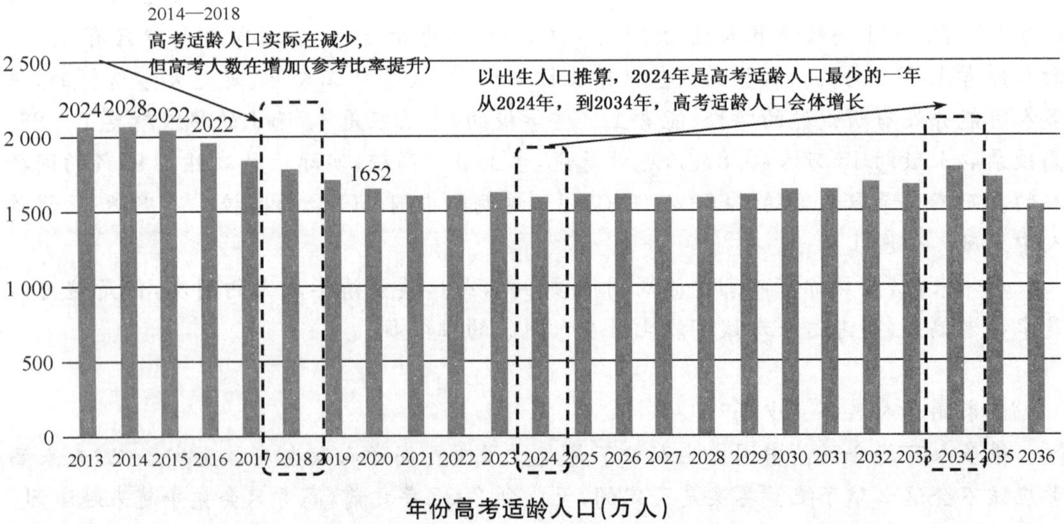

年份高考适龄人口(万人)

资料来源：统计局，各省教育厅，国金证券研究所

而另一方面，尽管 2015—2018 年高考适龄人数是在减少的，但是高考人数其实是增加了的。这体现了高考参考比例的提高，一方面也反映出中国教育这几年其实是发展了，为更多人提供了参考机会。但不管怎么说，高考的竞争烈度在 2035 年之前，都可预见的会越来越激烈。

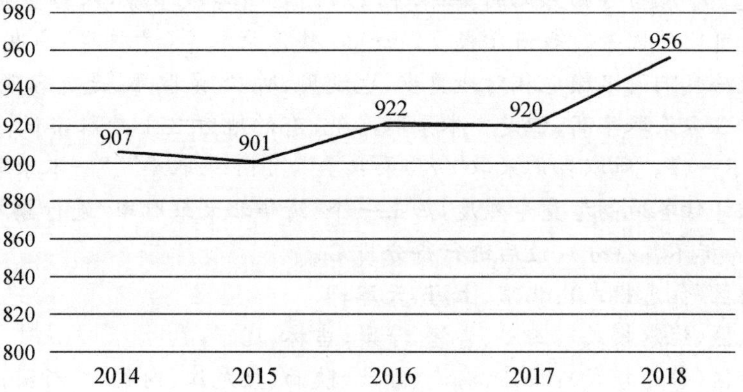

全国高考人数(万人)

资料来源：统计局，各省教育厅，国金证券研究所

3

各地高考人数差异巨大。以 2018 的数据来看，河南近 100 万名考生，广东 75 万名，山东、四川、安徽也都是 50 万+的级别，但西藏、青海、上海等地高考人数不足 5 万人。

2018 年全国各地区高考人数一览表

地区	高考人数/万人	地区	高考人数/万人
河南	98.4	甘肃	27.3
广东	75.8	重庆	25.0
四川	62.0	新疆	20.7
山东	59.2	福建	20.1
安徽	49.9	内蒙古	19.5
河北	48.6	黑龙江	19.0
湖南	45.2	辽宁	18.5
贵州	44.0	吉林	7.0
广西	40.0	宁夏	7.0
江西	38.0	北京	6.3
湖北	37.4	海南	5.9
江苏	33.2	天津	5.5
陕西	31.9	上海	5.0
浙江	30.6	青海	4.2
山西	30.5	西藏	2.5
云南	30.0		

来源：各地教育厅，国金证券研究所

但是，各地录取人数也不是完全跟着人口走的，更重要的、反映高考经济激烈程度的指标是录取率。有些地方人口数虽然不多，但是录取的也不多（如海南），所以总体来说，我们用录取率衡量，更符合实际情况一些。

4

各地高考难度评级，终于到重头戏了。

录取率是一个相当可测可比的指标，不管该地区好学校多寡，人口多寡，录取率总是一个比较客观可比的因素。我好学校少，但985整体录取率（考取率）高也行啊，我人少，但是别的学校给我们的名额也相对地更少，也没用，所以“录取率”是更客观可比的指标。

有些地方985录取率高，但是一本录取率低，有的地方211录取率低，但是一本录取率高，各地皆不一样。所以我们采取“985录取率”，“211录取率”，“一本录取率”三个指标的共同排名来评估各地高考竞争烈度，加上一个“清华北大录取率”进行额外评判（因为方差过大，这个指标不算得分），最后进行得分排名。

第1档地区（优惠模式）：北京、上海、天津；

第2档地区（优惠模式）：西藏、青海、宁夏、吉林、辽宁；

第3档地区（普通模式）：福建、海南、湖北、陕西、黑龙江、内蒙古、新疆；

第4档地区（困难模式）：重庆、浙江、湖南、江西、河北、江苏、贵州、甘肃；

第5档地区（噩梦模式）：山东、四川、云南、安徽、广西、山西；

第6档地区（地狱模式）：广东、河南。

北京、上海、天津雄踞前三，这个意料之中，但这并非直辖市的问题，同样作为直辖市的重庆只排在第16位。

西藏、青海、宁夏，紧随京津沪其后，都是高考比较友好的地区，也算是印象中的事情，而吉林、辽宁高考也很友好，这个之前印象不深。

河南位列倒数第一，堪称全国高考最不友好的地区。但是，广东排倒数第二，让人有点惊讶。确实，广东人口众多，高考人数也众多，但是本地高校并不算突出，录取程度也较低，是全国最需要补足的地区之一。

难得的是，广东这么多年，一直是处于地狱模式的高考，但是却没有人经常提。

从录取率上来说，江苏和湖北，这两个传统印象中的“高考熔炉”，其实没有那么难，也就是处于普通模式，或者困难模式。

印象流的事情很多，我们就是希望用数据量化的方式，打破印象流，构筑更量化客观的评价体系。

采取多维度“3＋1”评估模式，3即“985录取率”，“211录取率”，“一本录取率”三个录取率来计算得分，设定每个指标满分都是100分，最低分是40～45分，而处于全国平均水平时是65分，故整个分数波动范围是120～300分，全国平均水平应该是195分。加上一个“清华北大录取率”进行额外评判（因为方差过大，这个指标不算得分）。

接下来，我们来分析一下各省具体的录取率和打分数据。985录取率指该省所有高考考生中，被985高校录取的人数比例。全国平均大约是1.62％（这个是所有高考考生为分母，而不是所有高考适龄人口做分母）。新疆，湖南大致是处于全国平均水平的，评65分，天津是5.9％，上海是5.3％，北京是4.3％，远高于全国平均水平，吉林、青海也都在3％以上。而985率最低的地区，是安徽、河南等地，大约在1.1％。

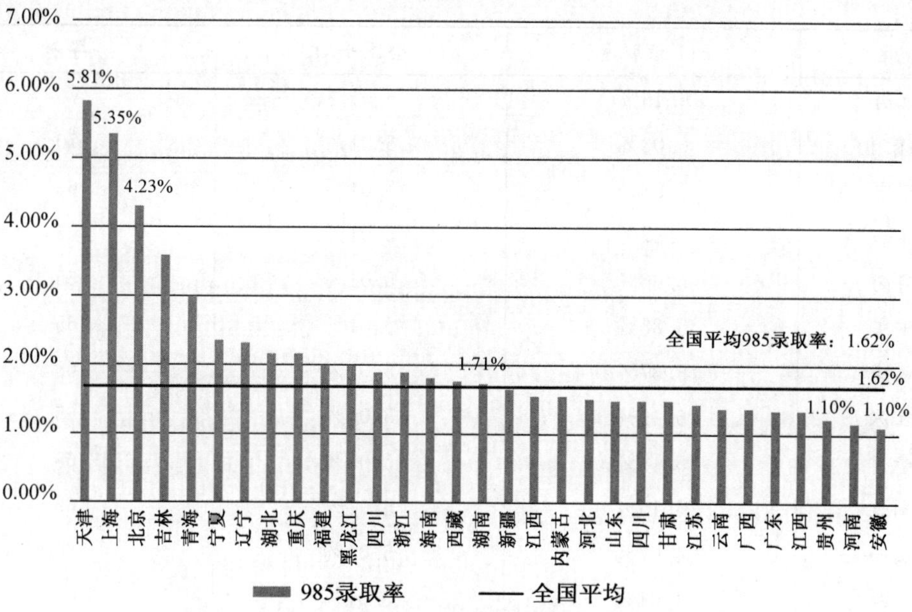

全国各省 985 高校录取率

资料来源:统计局,教育部,各省教育厅,国金证券研究所

211 录取率指该省所有高考考生中,被 211 高校录取的人数比例。全国平均大约是 5.01%。北京是 14.0%,上海是 13.58%,依然是遥遥领先,而天津不是第三,第三的是西藏,西藏的 211 录取率超高(和其高考考生本身只有 2 万多人有关)。但是西藏的 985 录取率并不那么高。天津、青海、吉林、宁夏等地区依然是非常友好,录取率较高。江苏、贵州、湖北等地,211 录取率接近全国平均水平,评 65 分。而广东位列这个榜单倒数第一,甘肃、安徽分别列倒数二、第三位,广东作为全国数一数二的人口大省,教育资源实在谈不上优秀,急需补足。

各地区 211 录取率数据表

地区	211 录取率	全国平均	得分
北京	13.99%	5.01%	100
上海	13.58%	5.01%	100
西藏	12.77%	5.01%	90
天津	12.68%	5.01%	90
青海	11.66%	5.01%	85
吉林	8.95%	5.01%	75
宁夏	8.56%	5.01%	75
新疆	7.76%	5.01%	70
黑龙江	6.67%	5.01%	70

（续表）

地区	211录取率	全国平均	得分
江西	6.46%	5.01%	70
内蒙古	6.03%	5.01%	70
辽宁	5.93%	5.01%	65
陕西	5.67%	5.01%	65
海南	5.66%	5.01%	65
重庆	5.38%	5.01%	65
福建	5.37%	5.01%	65
江苏	5.19%	5.01%	65
贵州	5.17%	5.01%	65
湖北	5.16%	5.01%	65
山西	4.67%	5.01%	60
广西	4.61%	5.01%	60
湖南	4.53%	5.01%	60
云南	4.50%	5.01%	60
山东	4.44%	5.01%	55
四川	4.44%	5.01%	55
河北	4.42%	5.01%	55
浙江	4.40%	5.01%	55
河南	4.14%	5.01%	55
安徽	4.10%	5.01%	50
甘肃	3.50%	5.01%	45
广东	2.74%	5.01%	40

资料来源：统计局，教育部，各省教育厅，国金证券研究所。

一本录取率指该省所有高考考生中，被一本高校录取的人数比例。全国平均大约是12.43%。北京一本录取率为30.5%，继续雄居全国第一，而且显著高于天津的24.1%和上海的21.8%。宁夏、福建、海南、辽宁等地都是一本录取率比较高的地区。吉林、新疆一本率接近全国平均水平，评65分。而一本率排行倒数的，包括河南、广西、山西、江西等，都是一本录取率较低的地区，这也比较符合一般印象。

最后说一个指标：清北录取率，指该省所有高考考生中，被清华北大录取的人数比例。（仅高考渠道，含自招加分，进入清北的人数，一些特殊入学方式，比如推荐、运动员、外国人等方式没有计入），清北录取率这个各省市方差过大，对比起来相对比较困难，我们不计入总分，但我们也列出数据权做参考。清北录取率这个单位不是百分比%，而是千分比‰。北京的清北录取率为9.1‰，而云南的清北录取率近0.34‰，相差二十几倍。这和清华北大本身在北京也有一定关系。上海是4.31‰，天津是2.79‰，京津沪依然是雄踞前三，而且和其他省市差距相当之大。其他清北录取率较高的地区包括辽宁、浙江、吉林、青海等。传说中西藏都是“轻轻松松上清北”，但数据显示并不是，西藏的清北录取率是低于浙江、吉林这些地区的，甚至低于江苏这个传统的“高考熔炉”。清北录取率倒数前三的是云南、贵州、广东；广东依然是排在非常后面的位置。

还有一个数据是清北录取人数，但是光看人数意义不是非常大，毕竟每个省的考生数量差距非常大。比如浙江清北录取350人，四川327人，看起来数量差不多，但是考生基础差距是很大的，四川62万考生，浙江仅30万考生，在四川上清华北大其实是更难的一件事情。

各地区清北录取率数据表

地区	清北录取率（千分比‰）	全国平均（千分比‰）	清北录取人数
北京	9.13	0.72	553
上海	4.31	0.72	220
天津	2.79	0.72	159
辽宁	1.22	0.72	254
浙江	1.2	0.72	350
吉林	1.08	0.72	155
青海	0.99	0.72	48
福建	0.99	0.72	186
宁夏	0.94	0.72	65
江苏	0.93	0.72	307
西藏	0.88	0.72	25
海南	0.86	0.72	49
湖北	0.85	0.72	308
黑龙江	0.84	0.72	157
重庆	0.83	0.72	206
湖南	0.81	0.72	333
陕西	0.76	0.72	243
新疆	0.75	0.72	138
山西	0.68	0.72	214
河北	0.61	0.72	267
四川	0.56	0.72	327
内蒙古	0.56	0.72	110
山东	0.52	0.72	301
江西	0.5	0.72	183
安徽	0.47	0.72	234

(续表)

地区	清北录取率(千分比‰)	全国平均(千分比‰)	清北录取人数
甘肃	0.47	0.72	134
河南	0.46	0.72	397
广西	0.43	0.72	156
广东	0.36	0.72	276
贵州	0.35	0.72	144
云南	0.34	0.72	99

资料来源:统计局,教育部,各省教育厅,国金证券研究所。

(资料来源:节选国金证券,吴劲草:《哪些省才是真正的高考地狱模式?——数据量化全国31省高考难度,结论可能和想象中不太一样》。)

要求:通过以上数据了解各省高考难度的差异,并找出各总量指标和相对数指标。

第五章　数据分布特征的描述

【教学目的与要求】 本章介绍的是与数据分布特征描述相关的内容,包括集中趋势指标、离中趋势指标、偏态和峰度等内容。通过本章的学习,要求了解集中趋势指标和离中趋势指标的概念及特点;理解并掌握集中趋势和离中趋势具体指标的内容、计算公式及应用;能在实践中灵活运用集中趋势和离中趋势的各种指标。

【教学重点与难点】 算术平均数、调和平均数、几何平均数、众数、中位数的计算和应用;极差、平均差、方差、标准差及标准差系数的计算和应用。

对客观总体的认识不能以偏概全,既要了解总体各单位在某特征方面的一般水平,又要了解差异程度,才能达到对客观总体的综合认识。党和政府带领全国人民通过艰苦奋斗取得了伟大成就,同时也看到了存在的问题,正努力调整以实现经济的高质量发展。我们应该全面客观评价,并认识到自己应承担的责任。

【课程思政】 实际生活中,人们一般通过三个方面来对客观总体数量特征进行认识。第一个方面是总体各单位分布的集中趋势,反映各数据向其中心值靠拢或聚集的程度;第二个方面是总体各单位分布的离中趋势,反映各数据远离其中心值的程度;第三个方面是反映总体分布形态的偏态和峰度。偏态反映数据分布不对称的方向和程度。峰度反映数据分布图形的尖峭程度或峰凸程度。集中趋势指标、离中趋势指标以及偏态和峰度分别反映了数据分布特征的不同侧面。

第一节　集中趋势指标概述

一、集中趋势指标的概念和特征

集中趋势指标是指一组数据向某一中心值靠拢的倾向。测度集中趋势指标就是寻找数据一般水平的代表值或中心值。这个代表值或中心值就是集中趋势指标。集中趋势指标能反映同一总体各单位在某一特征上的一般水平或集中趋势,通过集中趋势指标,可以了解客观总体各单位在某一特征上的一般水平。

集中趋势指标有三个特征。

第一,能反映总体各单位数量标志值的一般水平。例如,大学某一班级学生的年龄各有差异,有的是 18 岁,有的是 19 岁,有的是 20 岁,有的是 21 岁,计算其平均年龄为 19 岁,那么 19 岁就是这个班级学生年龄的一般水平。

第二,将总体各单位的数量差异抽象化。集中趋势指标是通过将同一总体各单位数量标志值进行“取长补短”而形成反映总体各单位一般水平的指标。通过集中趋势指标不能反映总体各单位的数量差异。上例中,知道该班级学生年龄的一般水平为 19 岁,但 19

岁不能反映该班每个学生的具体年龄及年龄差异。

第三,只能对同一总体或同类现象进行计算。集中趋势指标反映的是同一总体各单位在某一数量特征上的一般水平,所以只能对同一总体的各单位数量标志值或同类现象进行计算。上例中,要知道该班级学生年龄的一般水平,只能通过该班的每个学生的年龄来计算,不能将该班级以外的其他人的年龄算入。

二、集中趋势指标的种类

(一) 按计算方法分类

按照计算方法的不同,可以分为数值平均数和位置平均数。

数值平均数是将总体各单位数量标志值通过一定的数学公式计算所得到的集中趋势指标。它具体有算术平均数、调和平均数和几何平均数三种。

位置平均数是通过查找位置,将所找到的位置对应的数值作为集中趋势指标。它具体有众数和中位数两种。

(二) 按平均的是时间还是空间分类

按照平均的是时间还是空间的不同,可以分为静态平均数和动态平均数。

静态平均数所反映的是同一总体不同单位数量标志值在同一时间的一般水平。

动态平均数所反映的是同一总体在不同时间上发展变化的一般水平。它一般有平均比率、平均速度等。

三、集中趋势指标的作用

(一) 可用于同类现象在不同空间条件下的对比

例如,不同生产企业或同一生产企业不同生产车间产值的比较不能准确衡量它们生产能力的高低,因为产值的绝对量还受到企业生产规模大小的影响。但是,按照人均计算所得的人均产值可以衡量不同企业或同一企业不同车间劳动效率的高低。

(二) 可反映同一总体指标在不同时间上发展变化的一般水平

例如,根据某生产企业在某年 1 至 12 月的每月产量可以计算出该生产企业在这一年中平均每月的产量,反映其在这一年中产量发展变化的一般水平。

(三) 可作为评价事物好坏的一种数量标准或参数

一般来说,集中趋势指标位于数值的中间水平,有数值高于集中趋势指标,也有数值低于集中趋势指标。在实践中可以根据集中趋势指标衡量某一数值比一般水平更多还是更少。例如,某车间工人在某月的人均产量是 1 200 件产品,张三生产了 1 300 件产品,李四生产了 1 100 件产品,通过比较,可以得出张三的产量高于平均水平,而李四的产量低于平均水平。

(四) 可以利用现象之间的相互关系进行数量上的估算

在统计中,常常需要利用部分单位某一特征的一般水平去推断总体相应特征的一般水平,并估算出总体标志总量。例如,可以通过抽取某行业部分工人得到其产量的一般水平，推断该行业所有工人产量的一般水平，从而得到该行业的总产量。

第二节　数值平均数

数值平均数是利用计算公式对客观总体各单位的数量标志值进行计算所得到的平均数。数值平均数有算术平均数、调和平均数、几何平均数等形式。

一、算术平均数

（一）算术平均数的概念及计算公式

算术平均数是最重要、最常用的测度集中趋势的一种指标。它是总体各单位某一数量标志值的一般水平，等于总体各单位某一数量标志值的总和除以总体单位数，常用 $\bar{x}$ 表示。其计算公式为：

$$\bar{x}=\frac{\text{总体标志总量}}{\text{总体单位总量}} \tag{5-1}$$

例 5－1　某企业职工的某月工资总额为 285 000 元，该企业职工总数为 100 人。

要求：计算该企业该月职工的平均工资。

解：$\bar{x}=\frac{285\ 000}{100}=2\ 850$(元)

此例中，职工工资总额是所有职工工资的总和，是总体标志总量，职工人数是总体单位总量。用该企业该月的职工工资总额除以职工人数就得到该月职工的平均工资。

利用上述公式进行计算时，要求分子、分母必须同属于一个总体，即公式的分子是分母具有的标志值的合计数，分母是分子的承担者。

（二）算术平均数的种类

在实际工作中，就手工计算而言，由于所掌握的统计资料的不同，利用上述公式进行计算时，可分为简单算术平均数和加权算术平均数两种。

1. 简单算术平均数

简单算术平均数是将总体各单位的数量标志值简单相加得到总体标志总量，再除以总体单位总量而得到的算术平均数。它适用于总体各单位数量标志值未分组的情况。

设一组数据为 $x_1, x_1, \cdots, x_n$，则简单算术平均数的计算公式为：

$$\bar{x}=\frac{x_1+x_2+\cdots+x_n}{n}=\frac{\sum x}{n} \tag{5-2}$$

例 5－2　从 IT 行业从业人员中抽取 12 人，调查他们的年薪分别为 88 600 元、88 700 元、89 100 元、89 300 元、90 300 元、91 200 元、91 800 元、91 900 元、94 500 元、94 600 元、97 800 元、98 900 元。

要求：计算这 12 个 IT 行业从业人员的平均年薪。

解：$\overline{x}=\dfrac{88\,600+88\,700+\cdots+98\,900}{12}=92\,225$(元)

2. 加权算术平均数

加权算术平均数是先将各分组标志值乘以对应组的总体单位数并合计得到总体标志总量，再除以各组单位数的总和而得到的算术平均数。加权算术平均数适用于已分组的数列。其计算公式为：

$$\overline{x}=\frac{x_1f_1+x_2f_2+\cdots+x_nf_n}{f_1+f_2+\cdots+f_n}=\frac{\sum x_if_i}{\sum f_i} \tag{5-3}$$

式中，f 表示各组标志值出现的次数，即各组的总体单位数。

例 5-3 某生产企业某车间工人日产量的资料如表 5-1 所示。

表 5-1 某生产企业某车间工人日产量的资料

按日产量分组 x/件	工人人数 f/人	每组工人日产量 xf/件
28	3	84
30	5	150
34	8	272
38	14	532
43	10	430
51	6	306
60	4	240
合 计	50	2 014

要求：计算该车间工人的平均日产量。

解：$\overline{x}=\dfrac{2\,014}{50}=40.28$(件)

表 5-1 的资料是单变量分组的情况，可以直接将每组标志值乘以每组单位数而得到每组的标志总量。但是，当资料为组距式分组情况时，分组标志为变量的一定变动范围而不是一个确定的值，所以通常在假定每组单位在各组均匀分布的前提下，以各组的组中值代表相应组，再计算各组的标志总量。

例 5-4 某班级 50 名学生的"统计学"课程考试成绩如表 5-2 所示。

表 5-2 某班学生"统计学"课程考试成绩的资料

按成绩分组 x/分	学生人数 f/人	组中值 x/分	每组学生总成绩 xf/分
60 以下	3	55	165
60～70	10	65	650
70～80	21	75	1 575
80～90	12	85	1 020
90 以上	4	95	380
合 计	50	—	3 790

要求：计算该班学生的平均成绩。

解：该班学生的平均成绩为：$\bar{x}=\frac{3\,790}{50}=75.8$(分)

根据分组数列计算的算术平均数称为加权算术平均数。加权算术平均数的大小不仅取决于各组分组标志值的大小，还受各组分布的总体单位数即频数（f）或频率($f/\sum f$)大小的影响。如果某一组的频数或频率较大，说明该组的总体单位数较多，那么该组数据的大小对加权算术平均数的影响就大；反之则小。可见，各组频数的多少(或频率的高低)对平均的结果起着一种权衡轻重的作用，因而这一衡量变量值相对重要性的数值称为权数。这里所谓权数的大小，并不是以权数本身数值的大小而言的，而是指各组单位数占总体单位数的比重，即权数系数($f/\sum f$)。权数系数亦称为频率，是一种结构相对数。加权算术平均数的计算公式又可以表示为：

$$\bar{x}=\frac{\sum x_i f_i}{\sum f_i}=\sum x_i\cdot\frac{f_i}{\sum f_i} \tag{5-4}$$

当然，以组中值作为各组的代表值计算算术平均数，是在各组的总体单位分布均匀的假定前提下实现的。其计算结果与未分组数列的相应结果可能会有一些偏差，应用时应予以注意。在统计分析过程中，如果搜集到的是经过初步整理的次级数据资料，或数据要求不很精确的原始数据资料可用此法计算平均值。如果要求结果十分精确，那么需用原始数据的全部实际信息；如果计算量很大，可借助计算机的统计功能。

如果是计算相对数的算术平均数，则应符合所求的相对数本身的公式，将分子视为总体标志总量，分母视为总体单位总量。

例 5-5　一季度某工业公司15个工业企业产值计划完成程度相对数指标的数据资料如表5-3所示(已知条件为产值计划完成程度相对数指标和企业实际产值)。

要求：计算平均产值计划完成程度相对数指标。

表 5-3　某工业公司一季度产值计划完成程度相对数指标

产值计划完成程度相对数指标/%	组中值 x/%	企业数/个	计划产值 f/万元	实际产值 xf/万元
80～90	85	2	800	680
90～100	95	3	2 500	2 375
100～110	105	9	17 200	18 060
110～120	115	1	4 400	5 060
合　计	—	15	24 900	26 175

解：平均产值计划完成程度相对数指标为：

$$\bar{x}=\frac{26\,175}{24\,900}=105.12\%$$

计划完成程度相对数指标的计算公式是实际完成数与计划任务数之比，因此，平均计划完成程度相对数指标的计算只能是所有企业的实际完成数与其计划任务数之比，不能把各个企业的计划完成百分数简单平均。

(三) 算术平均数的性质

算术平均数在统计学中具有重要的地位,它是进行统计分析和统计推断的基础。首先,从统计思想上看,它是一组数据的中心所在,是数据误差相互抵消后的必然性结果。例如,对同一事物进行多次测量,若所得结果不一致,可能是由于测量误差所致,也可能是其他因素的偶然影响,利用算术平均数作为其代表值,则可以使误差相互抵消,反映事物必然性的数量特征。其次,它具有下面一些重要的数学性质,这些数学性质在实际工作中有着广泛的应用(如在相关性分析、方差分析及建立回归方程中),同时也体现了算术平均数的统计思想。

(1) 各变量值与其算术平均数的离差之和等于0,即:

$$\sum(x-\overline{x})=0 \quad \text{或} \quad \sum(x-\overline{x})f=0 \tag{5-5}$$

(2) 各变量值与其算术平均数的离差平方和为最小值,即:

$$\sum(x-\overline{x})^2=\text{最小值} \quad \text{或} \quad \sum(x-\overline{x})^2 f=\text{最小值} \tag{5-6}$$

二、调和平均数

(一) 调和平均数的概念及计算公式

调和平均数是数值平均数的一种,它是总体各单位数量标志值倒数的算术平均数的倒数。由于它是根据标志值的倒数计算的,所以又称倒数平均数,常用$\overline{x_H}$表示。

统计调和平均数与数学调和平均数不同。在数学中,调和平均数的定义为数值倒数的平均数的倒数。其与算术平均数是独立、自成体系的,计算结果前者恒小于等于后者。但统计加权调和平均数则与之不同,它是加权算术平均数的变形,附属于算术平均数,不能单独成立体系,且计算结果与加权算术平均数完全相等。调和平均数主要是用来解决在无法掌握总体单位数(频数)的情况下,只有每组的变量值和相应的标志总量,而需要求得平均数时所使用的一种计算方法。

由于调和平均数附属于算术平均数,因此,调和平均数的计算公式同样为:

$$\text{调和平均数}=\frac{\text{总体标志总量}}{\text{总体单位总量}} \tag{5-7}$$

(二) 调和平均数的种类

根据资料的不同,调和平均数有简单调和平均数和加权调和平均数两种。

1. 简单调和平均数

简单调和平均数适用于未分组数列,或者当各组标志总量为1或相等时的情况。其计算公式为:

$$\overline{x_H}=\frac{1}{\dfrac{\dfrac{1}{x_1}+\dfrac{1}{x_2}+\cdots+\dfrac{1}{x_n}}{n}}=\frac{n}{\sum\dfrac{1}{x}} \tag{5-8}$$

例5-6 某公司员工每小时产量及每人总产量的资料如表5-4所示。

表 5－4　某公司员工每小时产量及每人总产量

按每小时产量 x(件/小时)分组	每人总产量 m/件
10	700
20	700
25	700
30	700
35	700
合　计	3 500

要求：计算该公司员工平均每小时产量。

解： $\overline{x_H}=\dfrac{5\times700}{\left(\dfrac{1}{10}+\dfrac{1}{20}+\dfrac{1}{25}+\dfrac{1}{30}+\dfrac{1}{35}\right)\times700}=\dfrac{5}{0.1+0.05+0.04+0.03+0.03}=20$(件)

该例中，该公司员工平均每小时产量由员工总产量除以员工工作的总小时数而得到。其中，员工的每小时产量是变量，每个员工的总产量是员工每小时产量与生产时间的乘积，是标志总量。由于没有直接的每个员工的生产小时数，需要采用调和平均数，而且各组标志总量都相等，可以采用简单调和平均数。

2. 加权调和平均数

加权调和平均数是加权算术平均数的变形。它与加权算术平均数在实质上是相同的，而仅在形式上有区别，即表现为变量对称的区别、权数对称的区别和计算位置对称的区别。如果令 $xf=m$，则 $f=m/x$，其计算公式为：

$$\overline{x_H}=\frac{\sum xf}{\sum f}=\frac{\sum m}{\sum \dfrac{m}{x}} \tag{5-9}$$

加权调和平均数适用于已分组资料中只掌握每组标志总量(m)而缺少对应组单位数(f)的情况。在这种情况下不能直接采用加权算术平均数计算平均水平，而应采用加权调和平均数。

例 5－7　某工厂购进原材料三批，每批原材料的采购价格及金额的资料如表 5－5 所示。

表 5－5　某工厂采购原材料的价格及金额的资料

按批次分组	采购价格 x/(元/千克)	采购金额 m/元	采购数量 $\frac{m}{x}$/千克
第一批	35	10 000	286
第二批	40	20 000	500
第三批	45	15 000	333
合　计	—	45 000	1 119

要求：计算三批原材料的平均采购价格。

解：$\overline{x_H}=\dfrac{10\,000+20\,000+15\,000}{\dfrac{10\,000}{35}+\dfrac{20\,000}{40}+\dfrac{15\,000}{45}}\approx 40.21$(元)

(三) 调和平均数的特点

(1) 调和平均数易受极端值的影响,且受极小值的影响比受极大值的影响更大。

(2) 只要有一个变量值为 0,就不能计算调和平均数。

(3) 当组距数列有开口组时,其组中值即使按相邻组组距计算,其假定性也很大。这时,调和平均数的代表性就很不可靠。

(4) 调和平均数应用的范围较小。在实际中,往往由于缺乏总体单位数的资料而不能直接计算算术平均数,这时需用调和平均法来求得平均数。

三、几何平均数

(一) 几何平均数的概念

几何平均数也称为几何均值,是 n 个乘积的 n 次方根,常用于计算已知时间序列中每个比率或每个速度水平的平均水平,常用 $\overline{x_G}$ 表示。例如,平均发展速度、复利下的平均年利率、连续作业的车间求产品的平均合格率等。

(二) 几何平均数的种类

根据统计资料的不同,几何平均数有简单几何平均数和加权几何平均数两种。

1. 简单几何平均数

简单几何平均数适用于资料未分组的情况。假定有一组数据分别为 $x_1, x_2, x_3, \cdots, x_n$,要求相应的几何平均数,可以直接将 n 项变量连乘,然后对其连乘积开 n 次方根,所得的平均数即为简单几何平均数。其计算公式为:

$$\overline{x_G}=\sqrt[n]{x_1\cdot x_2\cdot x_3\cdot\cdots\cdot x_n}=\sqrt[n]{\prod_{i=1}^{n}x_i} \tag{5-10}$$

式中,$\overline{x_G}$ 代表几何平均数;$\prod$ 代表连乘符号。

例 5-8 某流水生产线有前后衔接的 5 道工序。某日,各工序产品的合格率分别为 95%、92%、90%、85%、80%。

要求:计算整个流水生产线产品的平均合格率。

解:$\overline{x_G}=\sqrt[5]{0.95\times 0.92\times 0.90\times 0.85\times 0.80}=\sqrt[5]{0.534\,9}=88.24\%$

2. 加权几何平均数

加权几何平均数适用于比率或速度已分组的情况。假定一组数据分成 n 组,每组的分组标志分别为 $x_1, x_2, x_3, \cdots, x_n$,对应的总体单位数分别为 $f_1, f_2, f_3, \cdots, f_n$,则加权几何平均数的计算公式为:

$$\overline{x_G}=\sqrt[\sum f]{x_1^{f_1}\cdot x_2^{f_2}\cdot x_3^{f_3}\cdot\cdots\cdot x_n^{f_n}}=\sqrt[\sum f]{\prod_{i=1}^{n}x_i^{f_i}} \tag{5-11}$$

例 5-9 某银行个人住房商业贷款 20 年年利率如表 5-6 所示。

表 5-6　个人住房商业贷款 20 年年利率

按年限分组	年利率/%
第 1 年	5
第 2～第 4 年	8
第 5～第 15 年	15
第 16～第 20 年	18
合　计	—

要求：按复利计算的个人住房商业贷款 20 年的平均年利率。

解：$\overline{x_G}-1=\sqrt[20]{1.05^1\times1.08^3\times1.15^{11}\times1.18^5}-1=114.14\%-1=14.14\%$

（三）几何平均数的特点

（1）几何平均数受极端值的影响较算术平均数小。

（2）如果变量值有负值，计算出的几何平均数就会成为负数或虚数。

（3）它仅适用于具有等比或近似等比关系的数据。

（4）几何平均数的对数是各变量值对数的算术平均数。

四、正确应用数值平均数的原则

数值平均数在现实生活中的应用非常广泛。由于数值平均数是对总体各单位的数量标志值通过计算公式得出来的，因此，各数量标志值的大小对平均数会产生影响。具体应用数值平均数时，要遵循以下原则。

（一）计算和应用数值平均数必须注意现象总体的同质性

数值平均数是通过公式计算出总体各单位数量标志值的一般水平，需要对数据进行汇总计算。如果数量标志值不属于同性质的总体，很显然不能相加，或者相加也是没意义的。例如，要计算甲企业工人的平均工资，只能通过甲企业工人的总工资对比甲企业的工人总人数得到，而不能将乙企业的工人工资或人数汇总进来。

（二）用组平均数补充说明总平均数

总平均数是总体各单位数量标志值的一个代表值，将各单位数量标志值之间的差异抽象化了。而组平均数仅仅抽象每一组数量标志值的差异，通过各组平均数可以得到总体在此特征上的基本结构，能补充说明总平均数。

（三）计算和运用数值平均数时，要注意极端数值的影响

数值平均数是通过计算公式对所有数量标志值计算出来的，各数量标志值都会对平均数产生影响。尤其是极端值（极大值或极小值）对平均数的影响更大，可能会使计算出来的平均数偏离集中趋势。

（四）用分配数列补充说明总平均数

不仅组平均数能补充说明总平均数，分配数列更能反映总体各单位数量标志值的分布结构,也能补充说明总平均数。

(五) 总平均数与典型事例相结合

典型事例是对总体具有代表性的事例,能反映和说明总体的数量特征结构。通过典型事例能弥补总平均数抽象化差异的不足。

第三节 位置平均数

位置平均数是与位置相关的平均数,是先将总体各单位的数量标志值按一定顺序排序或不进行排序,然后取某一特殊位置的标志值来反映总体各单位的一般水平,这个水平就是位置平均数。位置平均数不会受到变量数列中所有标志值的影响,但对整个总体来说仍具有直观的代表性。位置平均数有众数、中位数等形式。

一、众数

(一) 众数的概念

众数是一种位置平均数,是指总体各单位数量标志值中出现次数最多的标志值,常用M_0表示。从分布的角度来看,众数是具有明显集中趋势点的数值,一组数据分布的最高峰点所对应的数值即为众数。众数作为平均数在实际工作中有它特殊的用途。例如,要说明一个企业中工人最普遍的技术等级,只要找到哪个技术等级最多;要说明消费者需要的内衣、鞋袜、帽子等最普遍的号码,只要看哪种号码销售的量最多;要说明农贸市场上某种农副产品最普遍的成交价格,只要调查哪种价格成交的量最大,等等。因此,众数在实际中的应用是比较广泛的。

(二) 众数的确定方法

在实际工作中,根据所掌握资料的不同,众数有不同的确定方法。

1. 各数量标志值均匀分布,数列无众数

由于各数量标志值均匀分布,出现的次数基本相同,无法找到出现次数最多的标志值,也即无众数。

但是,要注意的是,没有众数并不意味着没有集中趋势,可以通过其他平均数指标确定数列的集中趋势。当然,如果数据的分布没有明显的集中趋势或最高峰点,众数也可能不存在;如果有两个最高峰点,也可以有两个众数。

只有在总体单位比较多,而且又明显地集中于某个变量值时,计算众数才有意义。

2. 未分组数列或单变量数列,众数即为出现次数最多的标志值

例 5－10 某班组 20 个工人的工龄分别为 1 年、2 年、2 年、3 年、3 年、3 年、4 年、4 年、4 年、4 年、4 年、4 年、4 年、4 年、4 年、4 年、5 年、5 年、6 年、6 年。

在这 20 个工人的工龄中，工龄为 4 年的出现的次数最多，所以 4 年为该数列的众数。

例 5－11　某百货商场某季度男皮鞋的销售情况如表 5－7 所示。

表 5－7　某商场某季度男皮鞋的销售情况

按男皮鞋号码(厘米)分组	销售量/双
24.0	12
24.5	84
25.0	118
25.5	541
26.0	320
26.5	104
27.0	52
合　计	1 231

从表 5－7 中可以看出，25.5 厘米的鞋号销售量最多，所以众数就是 25.5 厘米。用 25.5 厘米作为顾客对男皮鞋所需尺寸的集中趋势既便捷又符合实际。

3. 组距数列确定众数，先找到众数组，再计算众数

找众数组很简单，次数最多的组就是众数所在组。在众数组中再按下限公式或上限公式计算众数。计算公式分别为：

(1) 下限公式：

$$M_0=L+\frac{\Delta_1}{\Delta_1+\Delta_2}\times i \tag{5-12}$$

(2) 上限公式：

$$M_0=U-\frac{\Delta_2}{\Delta_1+\Delta_2}\times i \tag{5-13}$$

式(5－12)和式(5－13)中，L 为众数所在组的下限；U 为众数所在组上限；Δ_1 为众数所在组的次数与前一组次数之差；Δ_2 为众数所在组的次数与后一组次数之差；i 为众数所在组的组距。

例 5－12　某班学生统计学课程期末考试成绩如表 5－8 所示。

表 5－8　某班学生统计学课程期末考试成绩

按成绩(分)分组	学生人数/人
60 以下	2
60～70	14
70～80	22
80～90	11
90 以上	1
合　计	50

要求：确定该班 50 个学生成绩的众数。

解:从表 5-8 中的数据可以看出,最多的人数是 22,对应组 70～80 分即为众数组,根据下限公式或上限公式计算该班 50 个学生的成绩众数为:

$$M_0=70+\frac{22-14}{(22-14)+(22-11)}\times 10\approx 74(\text{分})$$

或者:

$$M_0=80-\frac{22-11}{(22-14)+(22-11)}\times 10\approx 74(\text{分})$$

(三) 众数的特点

(1) 对分布数列的代表性较强。众数是以它在所有标志值中所处的位置确定的总体单位数量标志值的代表值,不受分布数列的极大或极小值的影响,从而增强了众数对分布数列的代表性。

(2) 当分组数列没有任何一组的次数占多数,也即分布数列中没有明显的集中趋势,而是近似于均匀分布时,则该次数分布数列无众数。若将无众数的分布数列重新分组或各组单位数依序合并,可能会出现众数。

(3) 如果与众数组相比邻的上、下两组的次数相等,则众数组的组中值就是众数值;如果与众数组比邻的上一组的次数较多,而下一组的次数较少,则众数在众数组内会偏向该组下限;如果与众数组比邻的上一组的次数较少,而下一组的次数较多,则众数在众数组内会偏向该组上限。

(4) 缺乏敏感性。这是由于众数的计算只利用了众数组的数据信息,不像数值平均数那样利用了全部数据信息。

二、中位数

(一) 中位数的概念

中位数是将总体各单位数量标志值按大小顺序排列起来,形成一个数列,居于数列中间位置的那个数量标志值就是中位数。中位数一般用 M_e 表示。很显然,在数列中有一部分的数量标志值小于中位数,有一部分的数量标志值大于中位数。用这样一个中等水平的标志值来表示所有标志值的集中趋势,具有非常直观的代表性。中位数的作用与算术平均数相近,也是作为所研究数据的代表值。在一个等差数列或一个正态分布数列中,中位数就等于算术平均数。

在数列中出现极端变量值的情况下,用中位数作为代表值要比用算术平均数更好,因为中位数不受极端变量值的影响。如果研究目的就是为了反映中间水平,当然也应该用中位数。在统计数据的处理和分析时,可结合使用中位数。

(二) 中位数的确定方法

在实际工作中,根据所掌握资料的不同,中位数有不同的确定方法。

1. 未分组数列确定中位数

未分组数列确定中位数时,首先,需要将各数量标志值进行排序,排序既可以是由小至大，也可以是由大至小；然后找中间位置$\frac{n+1}{2}$，中间位置上对应的数量标志值即为中位数。

数列 $x_0, x_1, x_2, \cdots, x_n$ 可分为奇数项数列和偶数项数列。如果是奇数项数列，中间位置刚好为某一标志值位置，中位数即为该数量标志值 $x_{\frac{n+1}{2}}$；如果是偶数项数列，中间位置则为某两个标志值位置的正中间，中位数为相邻两个位置标志值的平均数$\frac{x_{\frac{n}{2}}+x_{\frac{n}{2}+1}}{2}$。

例 5－13　某班组 20 名工人的年龄分别为 20 岁、20 岁、21 岁、23 岁、25 岁、26 岁、27 岁、27 岁、28 岁、28 岁、28 岁、29 岁、32 岁、33 岁、35 岁、37 岁、38 岁、40 岁、41 岁、43 岁。

要求：确定该班组工人年龄的中位数。

解：$中间位置=\frac{n+1}{2}=\frac{20+1}{2}=10.5$

$M_e=\frac{28+28}{2}=28$

2. 单变量数列确定中位数

单变量数列确定中位数时，先要将各组单位数进行累计（向上累计或向下累计），再按$\frac{\sum f+1}{2}$的中间位置计算公式求出中位数所在的组。该组对应的分组标志值即为中位数。

例 5－14　承例 5－11 的资料，某百货商场某季度男皮鞋的销售情况如表 5－9 所示。

表 5－9　某商场某季度男皮鞋的销售情况

按男皮鞋号码（厘米）分组	销售量/双	向上累计数	向下累计数
24.0	12	12	1 231
24.5	84	96	1 219
25.0	118	214	1 135
25.5	541	755	1 017
26.0	320	1 075	476
26.5	104	1 179	156
27.0	52	1 231	52
合　计	1 231	—	—

要求：确定男皮鞋号码的中位数。

解：$中间位置=\frac{\sum f+1}{2}=\frac{1\,232}{2}=616$

按照中间位置 616 找对应的组，不论通过向上累计数还是通过向下累计数，都可以找到对应的组为 25.5 厘米，那么 25.5 厘米即为中位数。

3. 组距数列确定中位数

组距数列确定中位数时，有两个基本步骤。第一步，通过 $\frac{\sum f+1}{2}$ 找到中间位置及其对应的组；第二步，在对应组里按照下限公式或上限公式计算中位数。其计算公式为：

（1）下限公式：

$$M_e = L + \frac{\frac{\sum f}{2} - S_{m-1}}{f_m} \times i \tag{5-14}$$

（2）上限公式：

$$M_e = U - \frac{\frac{\sum f}{2} - S_{m+1}}{f_m} \times i \tag{5-15}$$

式(5-14)和式(5-15)中，M_e为中位数；L 为中位数所在组的下限；U 为中位数所在组的上限；f_m为中位数所在组的次数；$\sum f$ 为总次数；i 为中位数所在组的组距；S_{m-1}为中位数所在组以下的累计次数；S_{m+1}为中位数所在组以上的累计次数。

例 5-15 某企业 50 名工人日加工零件数的资料如表 5-10 所示。

表 5-10 某企业 50 名工人日加工零件数的资料

按日加工零件数(件)分组	人数/人	向上累计	向下累计
105～110	3	3	50
110～115	5	8	47
115～120	8	16	42
120～125	14	30	34
125～130	10	40	20
130～135	6	46	10
135～140	4	50	4
合 计	50	—	—

要求：确定该企业工人日加工零件数的中位数。

解：根据表 5-10 中的数据可得：

$$\text{中间位置} = \frac{\sum f+1}{2} = \frac{51}{2} = 25.5$$

不论是通过向上累计数还是向下累计数，中间位置对应的组为 120～125 个这组。

根据下限公式或上限公式计算该企业 50 名工人日加工零件数的中位数为：

$$M_e = 120 + \frac{\frac{50}{2} - 16}{14} \times 5 = 123.21(\text{件})$$

$$M_e = 125 - \frac{\frac{50}{2} - 20}{14} \times 5 = 123.21(\text{件})$$

（三）中位数的特点

（1）中位数是以它在所有数量标志值按大小顺利排列中所处的位置来确定所有单位数量标志值的代表值，不受分布数列的极大或极小值影响，从而在一定程度上提高了中位数对分布数列的代表性。

（2）有些离散型变量的单项数列，当次数分布呈偏态时，中位数的代表性会受到影响。

（3）缺乏敏感性。

三、众数、中位数和算术平均数的比较

（一）众数、中位数和算术平均数的关系

算术平均数、众数和中位数之间的关系与次数分布数列有关。在次数分布完全对称时，算术平均数、众数和中位数都是同一数值，见图 5－1。在次数分布非对称时，算术平均数、众数和中位数不再是同一数值了，而具有相对固定的关系。在尾巴拖在右边的正偏态（或右偏态）分布中，众数最小，中位数适中，算术平均数最大，见图 5－2；在尾巴拖在左边的负偏态（或左偏态）分布中，众数最大，中位数适中，算术平均数最小，见图 5－3。

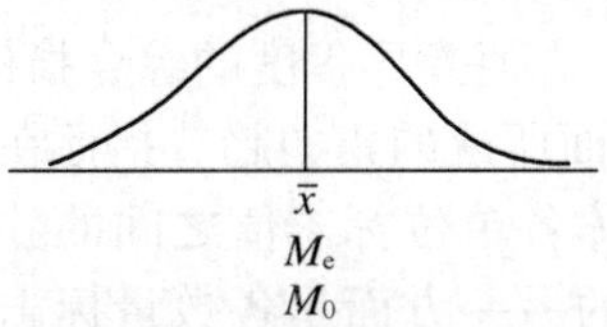

图 5－1　次数对称分布

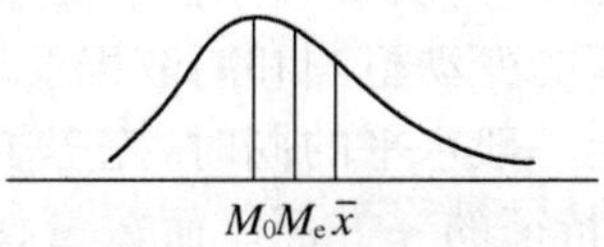

图 5－2　右偏分布

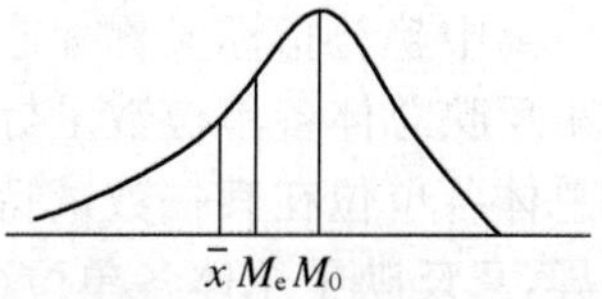

图 5－3　左偏分布

在统计实务中，可以反过来利用算术平均数、中位数和众数三者的数量关系判断次数分布的特征。此外，还可利用三者的关系进行相互估算。根据经验，在分布偏斜程度不大的情况下，不论右偏或左偏，三者存在一定的比例关系，即众数与中位数的距离约为算术平均数与中位数距离的 2 倍，用公式表示为：$M_e - M_0 = 2\times(\bar{x} - M_e)$，由此可以得到三个推导公式，即：

$$\bar{x} = \frac{3M_e - M_0}{2}$$

$$M_e = \frac{M_0 + 2\bar{x}}{3} \qquad (5-16)$$

$$M_0 = 3M_e - 2\bar{x}$$

（二）众数、中位数和算术平均数的应用

众数、中位数和算术平均数各自具有不同的特点，掌握它们之间的关系和各自的特点，有助于我们在实际应用中选择合理的测度值来描述数据的集中趋势。

众数是一种位置代表值，易理解，不受极端值的影响。任何类型的数据资料都可以计算，但主要适合于作为定类数据的集中趋势测度值，即使资料有开口组仍然能够使用众数。众数不适合进一步的代数运算。有的资料众数根本不存在，当资料中包括多个众数

时，很难对它进行比较和说明。众数的应用不如算术平均数广泛。

中位数也是一种位置代表值，不受极端值的影响。除了数值型数据，定序数据也可以计算，主要适合于作为定序数据的集中趋势测度值，而且开口组资料不影响其计算。中位数不适合于进一步代数运算。众数的应用不如算术平均数广泛。

算术平均数的含义通俗易懂、直观清晰，全部数据都要参加运算，因此它是一个可靠的具有代表性的量。任何一组数据都有一个算术平均数，而且只有一个算术平均数。用统计方法推断几个样本是否取自同一总体时，必须使用算术平均数。它具有优良的数学性质，因此适合于代数方法的演算。算术平均数是实际中应用得最广泛地集中趋势测度值，主要适合于作为定距和定比数据的集中趋势测度值，最容易受极端值的影响。对于偏态分布的数据，算术平均数的代表性较差；资料有开口组时，按相邻组组距计算的假定性很大，代表性降低。

第四节 离中趋势指标

一、离中趋势指标的概念

离中趋势指标又称标志变动度，是反映总体各单位数量标志值差异程度的综合指标，用来反映总体各单位数量标志值的变动范围和离散程度。前面所述的集中趋势指标在反映总体各单位在某一数量特征上一般水平的同时，掩盖了总体各单位标志值之间的数量差异，只反映了总体各单位数量特征的一方面。而数量特征的另一方面是各数量标志值偏离一般水平或中心值的程度，同时衡量平均数对平均数列的代表性的大小，即离中趋势指标。所以，集中趋势指标说明总体各单位数量标志值的集中趋势，而离中趋势指标则说明总体各单位数量标志值的分散程度或离中趋势。

离中趋势指标是衡量对应集中趋势指标代表性大小的尺度。一般来讲，数量标志值分布越分散，离中趋势指标值越大，则集中趋势指标的代表性越小；反之，数量标志值分布越集中，离中趋势指标值越小，则集中趋势指标的代表性越大。常用的变异指标有极差、平均差、方差、标准差和离散系数等。

二、极差

（一）极差的概念

极差也称全距，是总体各单位数量标志值的最大值与最小值之差，反映总体各单位数量标志值的变动范围，常用 R 表示。即：

$$R=\max(x)-\min(x) \tag{5-17}$$

或：

极差＝最大数量标志值－最小数量标志值

（二）极差的计算

根据资料的不同计算，有两种计算方法。

(1) 未分组数列或单变量数列计算极差，直接用最大标志值减去最小标志值。

例 5-16　有两个学习小组的“统计学”课程期末成绩分别为：

第一组：60 分、70 分、80 分、90 分、100 分。

第二组：78 分、79 分、80 分、81 分、82 分。

要求：分别计算两组的极差。

$R_1=100-60=40$(分)

$R_2=82-78=4$(分)

很明显，两个小组的“统计学”课程期末成绩平均分都是 80 分，但是第一组成绩的变动度或离中趋势远大于第二组成绩的变动度，说明第二组分数更集中或第二组平均数的代表性更大。

(2) 组距数列计算极差，只能计算极差的近似值。

其计算公式为：

$$极差=最大组的上限-最小组的下限 \tag{5-18}$$

极差是测定数量标志值变动度的一种简单方法，能说明各数量标志值变动的范围，往往受到极端值的影响，不能反映中间各变量的变动情况，因而它往往不能充分反映社会经济现象的离散程度。

在实际工作中，极差常用来检查产品质量的稳定性和进行产品质量控制。在正常生产条件下，产品质量比较稳定，极差应在一定范围内波动。若极差超过给定的范围，就说明有异常情况出现。因此，利用极差有助于及时发现问题，以便采取措施，保证产品质量。

三、平均差

(一) 平均差的概念

平均差是总体各单位数量标志值与其算术平均数离差绝对值的算术平均数，常用 $A.D$ 表示。它综合反映了总体各单位数量标志值的变动程度。平均差越大，表示标志值变动度越大，总体各单位的分布越分散；反之，则表示标志值变动度越小，总体各单位的分布越集中。

(二) 平均差的计算

根据资料的不同，平均差有简单平均差和加权平均差两种不同的计算方法。

1. 简单平均差

简单平均差适合于未分组数列计算平均差，计算公式为：

$$A.D=\frac{\sum|x-\bar{x}|}{n} \tag{5-19}$$

式中，$\bar{x}$ 为数量标志值的算术平均数；n 为数量标志值个数。数量标志值与算术平均数的离差用绝对值是因为各离差既有正数也有负数，若不取绝对值，各离差之和为 0。

例 5-17　某班组工人的年龄分别为 21 岁、24 岁、25 岁、26 岁、28 岁、30 岁、31 岁、32 岁、41 岁、42 岁。

要求：计算该班组工人的年龄平均差。

解:$\bar{x}=\dfrac{21+24+25+26+28+30+31+32+41+42}{10}=30$(岁)

$$A.D=\frac{|-9|+|-6|+|-5|+|-4|+|-2|+|0|+|1|+|2|+|11|+|12|}{10}$$

$=5.2$(岁)

2. 加权平均差

加权平均差适合于已分组数列计算平均差,计算公式为:

$$A.D=\frac{\sum|x-\bar{x}|f}{\sum f} \tag{5-20}$$

例 5-18 某班级 50 名学生的年龄资料如表 5-11 所示。

要求:计算 50 名学生年龄的平均差。

表 5-11 某班级 50 名学生的年龄资料

年龄/x	学生人数 f/人	xf	$x-\bar{x}$	$\|x-\bar{x}\|f$
18	2	36	−1.9	3.8
19	15	285	−0.9	13.5
20	21	420	0.1	2.1
21	10	210	1.1	11.0
22	2	44	2.1	4.2
合 计	50	995	—	34.6

解:根据公式列表计算,得:

$\bar{x}=\dfrac{995}{50}=19.9$(岁)

$A.D=\dfrac{34.6}{50}\approx 0.69$(岁)

例 5-19 某厂 160 名职工月工资资料如表 5-12 所示。

要求:计算 160 名工人月工资的平均差。

表 5-12 某厂工人月工资的资料

职工月工资/元	职工人数 f/人	组中值 x/元	xf	$x-\bar{x}$	$\|x-\bar{x}\|f$
2 500～2 700	15	2 600	39 000	−425	6 375
2 700～2 900	25	2 800	70 000	−225	5 625
2 900～3 100	65	3 000	195 000	−25	1 625
3 100～3 300	35	3 200	112 000	175	6 125
3 300～3 500	20	3 400	68 000	375	7 500
合 计	160	—	484 000	—	27 250

解:根据公式列表计算,得:

$\overline{x}=\frac{484\ 000}{160}=3\ 025$(元)

$A.D=\frac{27\ 250}{160}\approx 170.31$(元)

四、方差和标准差

(一) 方差和标准差的概念

方差和标准差是测度总体各单位数量标志值差异程度最重要、最常用的指标。方差是指总体各单位数量标志值与其算术平均数离差平方的算术平均数，通常以 σ^2 表示。由于方差的计量单位和量纲不便于从经济意义上进行解释，所以实际统计工作中多用方差的平方根——标准差来测度数量标志值的差异程度。标准差又称为均方差，一般用 σ 表示。

(二) 方差和标准差的计算

根据资料的不同，方差和标准差有简单和加权两种。

1. 简单方差和简单标准差

简单方差和简单标准差适合于未分组数列计算方差与标准差，计算公式为：

$$\sigma^2=\frac{\sum(x-\overline{x})^2}{n} \tag{5-21}$$

$$\sigma=\sqrt{\frac{\sum(x-\overline{x})^2}{n}} \tag{5-22}$$

例 5-20　承例 5-16 的资料。

要求：分别计算方差和标准差。

解：$\sigma^2=\frac{9^2+6^2+5^2+4^2+2^2+0^2+1^2+2^2+11^2+12^2}{10}=43.2$

$\sigma=\sqrt{43.2}\approx 6.57$(分)

2. 加权方差和加权标准差

加权方差和加权标准差适合于已分组数列计算方差和标准差，计算公式为：

$$\sigma^2=\frac{\sum(x-\overline{x})^2 f}{\sum f} \tag{5-23}$$

$$\sigma=\sqrt{\frac{\sum(x-\overline{x})^2 f}{\sum f}} \tag{5-24}$$

例 5-21　承例 5-19 的资料。

要求：计算 160 名工人月工资的方差和标准差。

表 5-13 某厂工人月工资的资料

职工月工资/元	职工人数 f/人	组中值 x/元	xf	$(x-\overline{x})^2$	$(x-\overline{x})^2 f$
2 500～2 700	15	2 600	39 000	180 625	2 709 375
2 700～2 900	25	2 800	70 000	50 625	1 265 625
2 900～3 100	65	3 000	195 000	625	40 625
3 100～3 300	35	3 200	112 000	30 625	1 071 875
3 300～3 500	20	3 400	68 000	140 625	2 812 500
合 计	160	—	484 000	403 125	7 900 000

解:根据公式列表计算,得:

$$\sigma^2 = \frac{\sum (x-\overline{x})^2 f}{\sum f} = \frac{7\ 900\ 000}{160} = 49\ 375$$

$$\sigma = \sqrt{\frac{\sum (x-\overline{x})^2 f}{\sum f}} = \sqrt{49\ 375} \approx 222.20(\text{元})$$

(三) 是非标志的标准差

是非标志是指在社会经济统计中有时把某种社会经济现象的全部总体单位分为具有某一标志的单位和不具有某一标志的单位两组。“是非标志”是一个模糊的逻辑词语,表示一个物类有或者没有某种特征,而这种特征是物质或者精神或者两者皆有的。

有些社会经济现象的特征只表现为两种性质上的差异,如全部产品分为合格品与不合格品,观众对某一电视节目表现为收看与不收看,人口的性别分为男性和女性,等等。这些只表现为“是”“否”或“有”“无”的标志称为是非标志,又称为交替标志。

是非标志的标准差就是具有某一标志的单位在总体中的成数与不具有某一标志的单位在总体中的成数乘积的平方根,也就是以这两个成数为变量的几何平均数。

设总体中包含的单位数为 N,其中,具有某种标志表现的单位数为 N_1,不具有某种标志表现的单位数为 N_2,则 $N=N_1+N_2$,两个部分单位数分别占全部总体单位数的比重(即成数)为 $P=\frac{N_1}{N}$、$Q=\frac{N_2}{N}$。具有某种标志表现的变量值用“1”表示,不具有某种标志的变量值用“0”表示,则是非标志的标准差的计算为:

$$\overline{x} = \frac{\sum xf}{\sum f} = \frac{1 \times N_1 + 0 \times N_2}{N} = \frac{N_1}{N} = P$$

$$\sigma = \sqrt{\frac{\sum (x-\overline{x})^2 f}{\sum f}} = \sqrt{Q^2 P + P^2 Q} = \sqrt{PQ}$$

表 5-14 为是非标志标准差的计算表。

表 5-14　是非标志标准差的计算表

是非标志	标志值	成　数	离　差	离差平方	离差平方加权
	x	$\frac{f}{\sum f}$	$x-\bar{x}$	$(x-\bar{x})^2$	$(x-\bar{x})^2 \frac{f}{\sum f}$
是	1	P	$1-P$	$(1-P)^2$	$(1-P)^2 P$
否	0	Q	$0-P$	$(0-P)^2$	$(0-P)^2 Q$
合　计	—	1	—	—	$Q^2 P+P^2 Q$

例 5-22　某厂日产某种零件 1 000 件，其中，合格品 900 件，不合格品 100 件。试计算该厂日产该种零件的合格率及标准差。

解：该种零件的合格率 $p=\frac{900}{1\ 000}\times 100\%=90\%$

该种零件的标准差 $\sigma=\sqrt{90\%\times(1-90\%)}=0.3$

五、离散系数

极差、平均差、标准差都是对数据的离中趋势进行绝对或平均差异测定的指标，其数值的大小一方面取决于原数量标志值本身水平的高低，也就是与数量标志值均值的大小有关。数量标志值绝对水平越高，离中趋势指标值也就越大；反之，离中趋势指标值也就越小。另一方面，它们与数量标志值的计量单位相关，采用不同计量单位计量的数量标志值，其离中趋势指标值也就不同。因此，对于平均水平不同或计量单位不同的不同总体的数量标志值，是不能直接用上述离中趋势指标值直接进行比较的。为了消除变量值水平的高低和计量单位的不同对离中趋势指标值的影响，需要计算离散系数。

离散系数通常是就标准差来计算的，因此，也称为标准差系数。它是一组数据的标准差与其相应的算术平均数之比，是测度数据离散程度的相对指标。其计算公式为：

$$V_\sigma=\frac{\sigma}{\bar{x}}\times 100\% \tag{5-25}$$

离散系数适用于对不同总体各单位数量标志值的离散程度进行比较，离散系数大，说明该组数量标志值的离散程度也大；反之，离散系数小说明该组数量标志值的离散程度也小。

例 5-23　两种不同的水稻品种，分别在 5 个田块上试种，其产量如表 5-15 所示。

表 5-15　两种水稻品种的播种面积及产量资料

品种	甲				乙			
	田块面积 f_1/亩	产量 f_1x_1 /千克	亩产 x_1 /(千克/亩)	$(x_1-\bar{x}_1)^2 f_1$	田块面积 f_2/亩	产量 f_2x_2 /千克	亩产 x_2	$(x_2-\bar{x}_2)^2 f_2$
	1.2	600	500	0	1.5	840	560	2 400
	1.1	495	450	2 750	1.4	770	550	1 260
	1.0	445	445	3 025	1.2	540	450	5 880
	0.9	540	600	9 000	1.0	520	520	0
	0.8	420	525	500	0.9	450	500	360
合计	5.0	2 500	—	15 275	6.0	3 120	—	9 900

假定甲、乙两个品种的生产条件相同，请比较哪个品种更具有稳定性。

解：由于甲、乙两个品种种植的田块面积不同，产量不同，不能直接用标准差比较，需要计算离散系数。根据公式列表计算，得：

$$\overline{x_1}=\frac{2\ 500}{5}=500(\text{千克})$$

$$\sigma_1=\sqrt{\frac{15\ 275}{5}}\approx 55.27(\text{千克})$$

$$V_{\sigma_1}=\frac{55.27}{500}\times 100\%\approx 11.05\%$$

$$\overline{x_2}=\frac{3120}{6}=520(\text{千克})$$

$$\sigma_2=\sqrt{\frac{9\ 900}{6}}\approx 40.62(\text{千克})$$

$$V_{\sigma_2}=\frac{40.6}{520}\times 100\%\approx 7.81\%$$

计算结果表明，$V_{\sigma_1}>V_{\sigma_2}$，说明甲品种的离散程度大于乙品种的离散程度，即乙品种更具有稳定性。

第五节 偏态和峰度

要想全面了解数据分布的特点，除了了解集中趋势和离中趋势这两个数据分布的重要特征外，还需要知道数据分布的形状是否对称、偏斜的程度以及分布的扁平度等，也就是要知道偏态和峰度。

一、偏态及其测定

（一）偏态的概念

偏态是指数据分布的偏斜方向和程度。偏态通常分为右偏（或正偏）与左偏（或负偏）两种。它们是以对称分布为标准相比较而言的。在对称分布的情况下，平均数、中位数与众数是合而为一的，即 $\bar{x}=M_e=M_o$。在偏态分布的情况下，平均数、中位数与众数是分离的。如果众数在左边、平均数在右边，即数据的极端值在右边，数据分布曲线向右延伸，则称为右偏。由于众数的数值较小，平均数的数值较大，平均数与众数之差为正值，所以，右偏又称正偏。如果众数在右边、平均数在左边，即数据的极端值在左边，数据分布曲线向左延伸，则称为左偏。由于众数的数值较大，平均数的数值较小，平均数与众数之差为负值，所以，左偏又称负偏。测定偏态的指标是偏态系数。

（二）偏态系数的计算

偏态系数的计算一般采用算术平均数与众数相比较的方法。

算术平均数与众数比较法，是利用算术平均数、中位数与众数之间的关系以测定偏态的一种方法。即：

$$偏态=\overline{x}-M_0 \tag{5-26}$$

可见，算术平均数与众数之间的差额愈大，偏态的绝对数愈大，表示次数分布的非对称程度愈大；反之，表示次数分布的非对称程度愈小。

偏态的绝对数往往受数据本身大小的影响，而且因其带有计量单位，不同总体的偏态绝对数往往具有不同的意义。因而，通过偏态的绝对数，不能直接对比不同总体的偏态程度。为此，需要计算偏态的相对数。偏态的相对数是偏态的绝对数与其标准差之比，称为偏态系数，用 α 表示，即：

$$\alpha=\frac{\overline{x}-M_0}{\delta}=\frac{3(\overline{x}-M_e)}{\delta} \tag{5-27}$$

依据经验，偏态系数的变动范围在 -3 与 $+3$ 之间。$\overline{x}>M_0$ 时，偏态系数为正值，属于正偏；$\overline{x}<M_0$ 时，偏态系数为负值，属于负偏。0 表示对称分配，$+3$ 表示极右偏态，-3 表示极左偏态。

二、峰度及其测定

（一）峰度的概念

峰度是指次数分布曲线顶峰的尖平程度，是次数分布的又一重要特征。在实际统计分析中，常以正态分布曲线为标准，来观察比较某一次数分布曲线的顶端尖顶或平顶以及尖平程度的大小。

根据变量值的集中与分散程度，峰度一般可表现为三种形态，即尖顶峰度、平顶峰度和标准峰度。当变量值的次数在众数周围分布得比较集中时，使次数分布曲线比正态分布曲线顶峰更为隆起尖峭，称为尖顶峰度；当变量值的次数在众数周围分布得较为分散时，使次数分布曲线较正态分布曲线更为平缓，称为平顶峰度。可见，尖顶峰度或平顶峰度都是相对正态分布曲线的标准峰度而言的。

（二）峰度的测定

峰度的测定一般是采用统计动差方法，即以四阶中心动差 V_4 为测定依据，将 V_4 除以其标准差的四次方 δ^4，以消除单位量纲的影响，便于不同次数分布曲线的峰度比较，从而得到以无名数表示的相对数，即为峰度的测定值 β。峰度的计算公式为：

$$\beta=\frac{V_4}{\delta^4}=\frac{\frac{\sum(x-\overline{x})^4}{n}}{\delta^4}=\frac{\sum(x-\overline{x})^4}{n\delta^4} \tag{5-28}$$

如果是分组资料，则上述公式应为：

$$\beta=\frac{V_4}{\delta^4}=\frac{\frac{\sum(x-\overline{x})^4 f}{\sum f}}{\delta^4}=\frac{\sum(x-\overline{x})^4 f}{\delta^4\sum f} \tag{5-29}$$

当次数分布为正态分布曲线时，$\beta=3$，以此为标准就可比较分析各种次数分布曲线的峰度。当 $\beta>3$ 时，表示分布曲线呈尖顶峰度，为尖顶曲线，说明变量值的次数较为密集地分布在众数的周围，β值越大于3，分布曲线的顶端越尖峭。当$\beta<3$时，表示分布曲线呈平顶峰度，为平顶曲线，说明变量值的次数分布比较均匀地分散在众数的两侧，β值越小于3，则分布曲线的顶峰就越平缓。一般当β值接近于1.8时，分布曲线呈水平矩形分布形态，说明各组变量值的次数相同。当β值小于1.8时，次数分布曲线趋向“U”型分布。实际统计分析中，通常将偏态和峰度结合起来运用，以判断变量分布是否接近于正态分布。

例5-24 某电脑公司电脑销售量及销售天数的数据资料如表5-16所示，计算其峰度值。

表5-16 某电脑公司电脑销售量及销售天数的数据

按销售量分组/台	组中值x/台	销售天数f/天	xf	$(x-\bar{x})f$	$(x-\bar{x})^3 f$	$(x-\bar{x})^4 f$
140～150	145	4	580	160	−256 000	10 240 000
150～160	155	9	1 395	270	−243 000	7 290 000
160～170	165	16	2 640	320	−128 000	2 560 000
170～180	175	27	4 725	270	−27 000	270 000
180～190	185	20	3 700	0	0	0
190～200	195	17	3 315	170	17 000	170 000
200～210	205	10	2 050	200	80 000	1 600 000
210～220	215	8	1 720	240	216 000	6 480 000
220～230	225	4	900	160	256 000	10 240 000
230～240	235	5	1 175	250	625 000	31 250 000
合 计	—	120	22 200	55 400	540 000	70 100 000

解：$\beta=\dfrac{70\ 100\ 000}{120\times 21.48^4}=2.744$

由于$\beta=2.744$，小于3，可见电脑销售量为轻微扁平分布。

三、偏态和峰度的用途

实际统计分析中，偏态和峰度的作用主要表现在以下两个方面：

第一，将偏态和峰度结合起来用于检查样本的分布是否属于正态分布，以便判断总体的分布。

如果样本的偏态接近于0而峰度接近于3，就可以推断总体的分布是接近于正态分布的，用样本来对总体进行测定时就可以看成是正态分布，否则就可以进行否认。

第二，利用资料之间存在的偏态关系，对算术平均数、众数、中位数进行推算。

一般情况下，只要分布不是正态的，算术平均数、众数、中位数三者之间都存在以下关系：右偏时，就有$\bar{x}>M_e>M_0$；左偏时，就有$\bar{x}<M_e<M_0$。

根据经验，在偏态适度时，不论右偏还是左偏，三者间的距离有近似的固定关系，即中位数与算术平均数的距离约等于众数与算术平均数距离的1/3。据此，可以得出以下三个关系式：

$$M_0=\bar{x}-3(\bar{x}-M_e)=3M_e-2\bar{x}$$

$$M_e=\frac{M_0+2\bar{x}}{3}$$

$$\bar{x}=\frac{3M_e-M_0}{2}$$

利用以上三个关系式就可以在已知算术平均数、众数、中位数三个数中任意两个数的条件下推算另一个数。

本章小结

本章阐述了数据分布特征的相关内容，主要包括三个方面，即集中趋势指标、离中趋势指标、偏态和峰度。在学习本章内容的过程中，需要着重掌握以下知识点。

一、集中趋势指标

集中趋势指标按照其计算方法的不同可以分为两大类，一类是数值平均数，包括算术平均数、调和平均数和几何平均数；另一类是位置平均数，包括众数和中位数。其中，加权调和平均数可以通过加权算术平均数转换而来，两者适用于不同的数据资料，加权调和平均数适用于变量值和各组标志总量已知的情况，而加权算术平均数适用于变量值和各组单位数已知的情况。几何平均数主要适用于动态数列。众数和中位数主要通过查找位置得到对应的集中趋势指标值。

二、离中趋势指标

离中趋势指标有五种，即极差、平均差、方差、标准差和离散系数。其中，极差是一个粗略反映离中趋势的指标。平均差通过绝对值符号消除离差的方向。方差和标准差通过平方消除离差的方向。极差、平均差、方差和标准差都只能对单个总体计算离中趋势，要对比不同总体离中趋势的大小以及集中趋势指标的代表性的强弱，必须通过离散系数这个指标。

三、偏态和峰度

偏态是指数据分布的偏斜方向和程度，即指统计总体当中的变量值分别落在众数(M_0)的左、右两边，呈非对称性分布。峰度是指次数分布曲线顶端的尖平程度。它通常是与正态分布相比较而言的。若分布的形状比正态分布更高更瘦，则称为尖峰分布；若比正态分布更矮更胖，则称为平峰分布。偏态和峰度是反映数据分布特征的重要方面。

本章习题

一、名词解释

集中趋势指标　数值平均数　位置平均数　离中趋势指标　极差　平均差　方差　标准差　离散系数　偏态　峰度

二、单项选择题

1. 算术平均数的基本形式是（　　）。

A. 同一总体不同部分的对比

B. 不同总体两个有联系的指标数值的对比

C. 总体部分数值与总体数值的对比

D. 总体标志总量与同一总体单位总量的对比

2. 某单位生产小组工人工资的资料如下：90 元、100 元、110 元、120 元、128 元、148 元、200 元，计算结果均值为 $\bar{x}=128$ 元，标准差为（　　）。

A. $\sigma=33$　　B. $\sigma=34$　　C. $\sigma=34.23$　　D. $\sigma=35$

3. 众数是总体中（　　）的标志值。

A. 位置居中　　B. 数值最大　　C. 出现次数较多　　D. 出现次数最多

4. 某工厂新工人的月工资为 1 400 元，工资总额为 280 000 元，老工人的月工资为 1 800 元，工资总额为 90 000 元，则平均工资为（　　）元。

A. 1 600　　B. 1 533.33　　C. 1 466.67　　D. 1 480

5. 离中趋势指标说明变量的（　　）。

A. 变动趋势　　B. 集中趋势　　C. 离中趋势　　D. 一般趋势

6. 标准差指标数值越小，则反映变量值（　　）。

A. 越分散，平均数的代表性越低　　B. 越集中，平均数的代表性越高

C. 越分散，平均数的代表性越高　　D. 越集中，平均数的代表性越低

7. 在抽样推断中应用得比较广泛的指标是（　　）。

A. 全距　　B. 平均差　　C. 标准差　　D. 标准差系数

8. 分配数列的各组变量值不变，每组次数均增加 25%，加权算术平均数的数值（　　）。

A. 增加 25%　　B. 减少 25%　　C. 不变化　　D. 无法判断

9. 计算下列资料的平均数，适合采用几何平均数的是（　　）。

A. 对某班同学的考试成绩求平均数　　B. 对一种产品的单价求平均数

C. 由相对数或平均数求其平均数　　D. 计算平均比率或平均速度

10. 一班和二班“统计学”课程平均考试成绩分别为 78.6 分和 83.3 分，成绩的标准差分别为 9.5 分和 11.9 分，可以判断（　　）。

A. 一班的平均成绩有较大的代表性　　B. 二班的平均成绩有较大的代表性

C. 两个班的平均成绩有相同代表性　　D. 无法判断

三、判断题（正确的打“√”，错误的打“×”）

1. 如果权数都相等，则加权算术平均数等于简单算术平均数。（　　）

2. 在评价两组数列的平均数的代表性时，采用标准差指标。（　　）

3. 中位数和众数都属于平均数，因此它们数值的大小受到总体内各单位标志值大小的影响。（　　）

4. 集中趋势指标的代表性大小与其离中趋势指标的大小是一致的。（　　）

5. 某地人均粮食产量为 1 000 千克，是算术平均数。（　　）

6. 全距是最大变量值与最小变量值之差，它受极端值的影响。（　　）

7. 中位数和众数是位置平均数，不受极端值的影响。（　）
8. 变量数列的分布呈右偏分布时，算术平均数的值最小。（　）
9. 如果两个数列的平均差相等，则它们的平均数的代表性也一定相同。（　）
10. 各变量值与算术平均数的离差之和为 0。（　）

四、简答题

1. 计算和应用集中趋势指标时应注意哪些问题？
2. 什么是集中趋势指标，它有哪些具体种类，它有什么作用？
3. 加权算术平均数和加权调和平均数有什么区别与联系？
4. 算术平均数与强度相对数有什么区别？
5. 在什么情况下需要用几何平均数反映被研究现象的集中趋势？
6. 简述算术平均数、中位数、众数三者之间的关系。
7. 什么是标准差系数？为什么有了标准差还要计算标准差系数？
8. 什么是是非标志？其平均数和标准差是什么？
9. 什么是离中趋势指标，它有哪些具体种类，它有什么作用？
10. 如何对任意两个总体集中趋势指标的代表性进行比较？

五、计算题

1. 某乡镇所属 30 个行政村的农户年收入资料如表 5－17 所示。
要求：计算该乡镇农户的年平均收入。

表 5－17　某乡镇所属 30 个行政村农户年收入的资料

按农户年收入分组/元	行政村数/个	各组农户占农户总数/%
5 000 以下	3	10
5 000～10 000	3	10
10 000～15 000	6	20
15 000～20 000	9	30
20 000～25 000	6	20
25 000 以上	3	10
合　计	30	100

2. 某地甲、乙两个农贸市场 3 种主要蔬菜的价格及销售额的资料如表 5－18 所示。

表 5－18　某地甲、乙两个农贸市场 3 种主要蔬菜的价格及销售额的资料

品　种	价格/(元/千克)	销售额/万元	
		甲市场	乙市场
甲	3.0	75.0	37.5
乙	2.8	72.8	44.8
丙	4.2	42.0	88.2
合　计	—	189.8	170.5

要求：计算并比较该地区哪个农贸市场蔬菜平均价格高，并说明原因。

3. 某地区抽样调查职工家庭收入的资料如表 5-19 所示。

表 5-19 某地区职工家庭收入的资料

按平均每人月收入(元)分组	职工户数/户
1 000～2 000	46
2 000～3 000	60
3 000～4 000	90
4 000～5 000	110
5 000～6 000	75
6 000～7 000	85
7 000～8 000	36
8 000～9 000	14
合 计	516

要求：

(1) 计算职工家庭平均每户月收入(用算术平均数公式)。

(2) 依下限公式计算确定中位数和众数。

(3) 简要说明其分布特征。

4. 某公司所属 3 个工厂计划完成程度相对数指标如表 5-20 所示。

表 5-20 某公司所属 3 个工厂计划完成程度相对数指标

工 厂	计划完成程度/%	实际产值/万元
A	95	1 140
B	105	13 440
C	120	2 400
合 计	—	16 980

要求：计算该公司平均计划完成程度。

5. 某工厂生产某种零件要经过 4 道工序，各道工序的合格率分别为 98%、95%、92%、90%。

要求：计算该零件的平均合格率。

6. 某厂 3 个车间一季度生产情况如下：

一车间实际产量为 180 件，完成计划 90%；二车间实际产量为 250 件，完成计划 100%；三车间实际产量为 315 件，完成计划 105%。则 3 个车间产品产量的平均计划完成程度$=\frac{90\%+100\%+105\%}{3}\approx 98.33\%$。

另外，一车间产品单位成本为 20 元/件，二车间产品单位成本为 18 元/件，三车间产品单位成本为 16 元/件。则 3 个车间平均单位成本$=\frac{20+18+16}{3}=18$ 元/件。

请问：以上平均指标的计算是否正确？如不正确请说明理由并改正。

7. 已知甲班“统计学”课程期末考试成绩如表 5－21 所示。

表 5－21　甲班“统计学”课程期末考试成绩的资料

按开始成绩(分)分组	人数/人
60 以下	4
60～70	15
70～80	30
80～90	16
90 以上	5
合　计	70

又知乙班“统计学”课程期末考试平均成绩为 78 分，标准差为 12 分。

要求：比较甲、乙两个班“统计学”课程平均考试成绩代表性的高低。

8. 某厂甲、乙两个工人班组，每班组有 10 名工人，每个班组每个工人的月产量记录如下：

甲班组：20 件、40 件、60 件、70 件、80 件、100 件、120 件、70 件、55 件、25 件。

乙班组：67 件、68 件、69 件、70 件、71 件、72 件、73 件、70 件、75 件、65 件。

要求：

(1) 计算甲、乙两个班组工人该月平均每人产量。

(2) 计算全距、平均差、标准差及标准差系数，并比较甲、乙两个班组的该月平均每人产量的代表性。

本章案例

案例资料一

第 29 届北京奥运会女子 10 米气手枪决赛成绩与稳定性

在奥运会女子 10 米气手枪比赛中，每个运动员首先进行每组 10 枪共 4 组的预赛，然后根据预赛总成绩确定进入决赛的 8 名运动员。决赛时 8 名运动员再进行 10 枪射击，再将预赛成绩加上决赛成绩确定最后的名次。在 2008 年 8 月 10 日举行的第 29 届北京奥运会女子 10 米气手枪决赛中，进入决赛的 8 名运动员的预赛成绩和最后 10 枪的决赛成绩如下表所示。

第 29 届北京奥运会女子 10 米气手枪决赛各运动员的预赛成绩和决赛成绩

姓　名	国　家	预赛成绩	决赛 10 枪成绩(环)									
纳塔利娅·帕杰林娜	俄罗斯	391	10.0	8.5	10.0	10.2	10.6	10.5	9.8	9.7	9.5	9.3
郭文珺	中国	390	10.0	10.5	10.4	10.4	10.1	10.3	9.4	10.7	10.8	9.7

续 表

姓 名	国 家	预赛成绩	决赛10枪成绩(环)									
卓格巴德拉赫·蒙赫珠勒	蒙古	387	9.3	10.0	8.7	8.3	9.2	9.5	8.5	10.7	9.2	9.2
妮诺·萨卢克瓦泽	格鲁吉亚	386	9.8	10.3	10.0	9.5	10.2	10.7	10.4	10.6	9.1	10.8
维多利亚·柴卡	白俄罗斯	384	9.3	9.4	10.4	10.1	10.2	10.5	9.2	10.5	9.8	8.6
莱万多夫斯卡·萨贡	波兰	384	8.1	10.3	9.2	9.9	9.8	10.4	9.9	9.4	10.7	9.6
亚斯娜·舍卡里奇	塞尔维亚	384	10.2	9.6	9.9	9.9	9.3	9.1	9.7	10.0	9.3	9.9
米拉·内万苏	芬兰	384	8.7	9.3	9.2	10.3	9.8	10.0	9.7	9.9	9.9	9.7

最后的比赛结果是，中国运动员郭文珺凭借决赛的稳定发挥，以总成绩 492.3 环夺得金牌，预赛排在第 1 名的俄罗斯运动员纳塔利娅·帕杰林娜以总成绩 489.1 环获得银牌，预赛排在第 4 名的格鲁吉亚运动员妮诺·萨卢克瓦泽以总成绩 487.4 环的成绩获得铜牌，而预赛排在第 3 名的蒙古运动员卓格巴德拉赫·蒙赫珠勒仅以 479.6 环的成绩名列第 8 名。

思考：此项比赛的结果是如何反映离中趋势指标的作用的？

案例资料二

医院护理人员的工作满意度调查

美国国家健康照顾协会的主要任务是了解健康照顾人力资源的短缺情况，并为未来制定发展规划。为了掌握护理人员对所从事工作的满意程度，该协会发起了一场全国性的有关医院护理人员的调查研究。调查项目包括工作满意度、收入、晋升机会等，填答方式采用打分制，从 0～100 分，分值高表示满意度高。下面是其中的一部分调查结果。

医院护理人员的工作满意度情况表

工 作	收 入	晋 升	工 作	收 入	晋 升
71	49	58	72	76	31
84	53	63	71	25	74
84	74	37	69	47	16
87	66	49	90	56	23
72	59	79	84	28	62
72	37	86	86	37	59
72	57	40	70	38	54
63	48	78	86	72	72
84	60	29	87	51	57
90	62	66	77	90	51
73	56	55	71	36	55

续　表

工　作	收　入	晋　升	工　作	收　入	晋　升
94	60	52	75	53	92
84	42	66	74	59	82
85	56	64	76	51	54
88	55	52	95	66	52
74	70	51	89	66	62
71	45	68	85	57	67
88	49	42	65	42	68
90	27	67	82	37	54
85	89	46	82	60	56
79	59	41	89	80	64
72	60	45	74	47	63
88	36	47	82	48	91
77	60	75	90	76	70
64	43	61	78	52	72

另外，按医院招募护理人员的方式，对上述资料的分组结果如下。

医院护理人员的工作满意度分组表

私人医院			退伍军人医院			大学附属医院		
工作	收入	晋升	工作	收入	晋升	工作	收入	晋升
72	59	40	71	49	58	84	53	63
90	62	66	84	74	37	87	66	49
84	42	66	72	37	86	72	59	79
85	56	64	63	48	76	88	55	52
71	45	68	84	60	29	74	70	51
88	49	42	73	56	55	85	89	46
72	60	45	94	60	52	79	59	41
88	36	47	90	27	67	49	47	16
77	60	75	72	76	37	90	56	23
64	43	61	86	37	59	77	90	51
71	25	74	86	72	72	71	36	55
84	28	62	95	66	52	75	53	92
70	38	54	65	42	68	76	51	54
87	51	57	82	37	54	89	80	64
74	59	82	82	60	56			
89	66	62	90	76	70			
85	57	67	78	52	72			
74	47	63						
82	49	91						

要求：

1. 根据给定的数据资料，指出哪些方面护理人员感到最为满意，哪些方面最不满意。有可能的话，请提出改进的措施并进行讨论。

2. 根据整理结果，分析为什么医护人员对工作满意度的意见差异那么大。

第六章　概率论基础

【教学目的与要求】 本章介绍的是有关概率论的基础知识，也是统计推断的基础。通过本章的学习，要求了解概率的定义；理解条件概率和随机变量的概念、离散型随机变量及其分布列的概念和性质；了解二项分布、泊松分布、超几何分布；理解数学期望和方差的概念；掌握离散和连续型随机变量的数学期望和方差；掌握大数定律和中心极限定理。

【教学重点与难点】 概率的定义和性质；离散型随机变量概率分布及其性质；连续型随机变量的概念；随机变量的数字特征；古典概型的求解；随机变量函数的分布；随机变量数字特征的计算。

【课程思政】 英国的逻辑学和经济学家杰文斯认为，概率论是生活真正的领路人，如果没有概率对事物的某种估计，那么我们就很难有所作为。概率论的发展史以及其在各学科领域里的应用可以激发学生的学习兴趣和热情，让我们知道自己在学什么，学完能干什么，领悟到"科学精神"，同时增强社会责任感。

第一节　事件和概率

一、引　言

先做两个简单的试验。

试验 1：一个盒子中有 10 个完全相同的白球，从中任意摸出一个。

试验 2：盒子中有 10 个完全相同的球，其中 5 个白球，5 个黑球。

对于试验 1，在球没有取出之前，我们就能确定取出的必定是白球。这种试验根据其开始时的条件可以确定其结果。而对于试验 2，在球没有取出之前，我们根据试验开始时的条件不能确定试验的结果（即取出的是白球还是黑球），也就是说一次试验的结果在试验之前是无法确定的。对于后一种试验，似乎没有什么规律可言。但是，实践告诉我们，若从盒子中反复多次取球（每次取出一球，记录其颜色后放回），那么可以观察到这样的事实，试验次数 n 相当大时，出现白球的次数 $n_{白}$ 和出现黑球的次数 $n_{黑}$ 是很接近的，其比值 $n_{白}/n$ 会逐渐稳定于 1/2，这个事实是可以理解的，因为盒子里的白球数等于黑球数，从中任意摸出一个，取得白球或黑球的机会应该是平等的。

于是，我们面对两种类型的试验。试验 1 代表的类型在试验之前就能断定其结果，这种试验所对应的现象叫作确定现象。例如，早晨，太阳从东方升起；边长为 a、b 的矩形，其面积为 ab。

过去我们所学的各门课程基本上都是用来处理和研究这类确定现象的。

试验 2 所代表的类型，它有多于一种可能的结果，但在一次试验之前会出现哪种结果，对于一次试验而言，没有规律可言。但是，大量重复这个试验，试验结果又遵循某些规律（这些规律我们称之为统计规律），这类试验叫作随机试验。其代表的现象叫作随机现象。例如，某地区的年降雨量，打靶时弹着点离靶心的距离，电话交换台单位时间内收到的用户的呼唤次数。

二、随机事件与样本空间

我们在前面已经介绍了随机试验，现在再进一步明确其含义。

一个试验如果满足下述条件，一是试验可以在相同条件下重复进行；二是试验的所有结果是明确知道的，并且不止一个；三是每次试验总是出现一个可能的结果，但在一次试验之前却不能确定会出现哪一个结果，则称这样的试验是一个随机试验，简称试验。

随机试验的每一个可能的结果称为基本事件（样本点）。它们的全体称作样本空间，用 Ω 表示。Ω 中的点（基本事件或称样本点）常用 ω 表示。

例 6-1 在前面的试验 2 中，$\omega_1=\{$取得白球$\}$，$\omega_2=\{$取得黑球$\}$，则 $\Omega=\{\omega_1,\omega_2\}$。

例 6-2 一个盒子中有 10 个完全相同的球，分别标以号码 1，2，…，10，从中任取一个球。令 $i=\{$取得的球的号码$\}$，则 $\Omega=\{1,2,3,4,5,6,7,8,9,10\}$。

在随机试验中，有时我们更加关心带有某些特征的事件是否发生。例如，在购买彩票时，是否中奖，是否摸出红球等。

在随机试验中，我们可以研究 $A=\{$球的号码为 6$\}$、$B=\{$球的号码为偶数$\}$、$C=\{$球的号码小于等于 5$\}$，这些事件是否发生。其中，A 是一个基本事件，而 B 和 C 都是由多个基本事件组成的，称为复杂事件。无论是基本事件，还是复杂事件都叫作随机事件，简称事件。习惯上用大写字母 A、B、C…表示事件。

在试验中，若出现 A 中包含的基本事件 ω，则称作 A 发生，并记作 $\omega\subset A$。Ω 表示全体基本事件，而随机事件是由具有某些特征的基本事件所组成，所以从集合论的观点看，一个随机事件不过是样本空间中的一个子集。Ω 是由所有基本事件组成的，因而在任意一次试验中，必然要出现 Ω 中的一个基本事件 ω，即 $\omega\subset\Omega$，也就是说在试验中 Ω 必然会发生。所以用 Ω 表示一个必然事件。另外，ϕ 用来表示不可能事件。

三、事件的关系与运算

(1) 如果事件 A 发生必然导致事件 B 发生，则称 B 包含 A，记作 $A\subset B$。

(2) 如果有 $A\subset B$ 和 $B\subset C$ 同时成立，则称事件 A 与事件 B 相等，记作 $A=B$。

(3) 事件 A 与事件 B 中至少有一个发生，这样的事件称作事件 A 与事件 B 的和（并），记作 $A+B$ 或 $A\cup B$。

(4) 事件 A 与事件 B 同时发生，这样的事件称作事件 A 与事件 B 的积（交），记作 $A\cap B$。

(5) 事件 A 发生而 B 不发生，这样的事件称为 A 与 B 的差，记作 $A-B$。

(6) 若事件 A、B 不能同时发生，即 $A\cap B=\phi$，则称 A 与 B 是互不相容事件（互斥事件）。

(7) 若 A 是一事件，令 $\overline{A}=\Omega-A$，则称 $\overline{A}$ 是 A 的对立事件（逆事件）。即 A 与 $\overline{A}$ 中

必有一个发生，但不会同时发生。

例 6-3　袋中有 10 个完全相同的球，分别标以 1 到 10 的号码，从中任取一球，设 A={取得球的号码是偶数}，B={取得球的号码是奇数}，C={取得球的号码小于 5}。

请判断下述运算分别表示什么事件：

(1) $A\cup B$ 必然事件（取得的球的号码是偶数或是奇数）。

(2) $A\cap B$ 不可能事件（取得的球的号码既是偶数又是奇数）。

(3) $A\cap C$ 取得的球的号码为 2 或 4。

(4) $\overline{A}\cap\overline{C}$ 取得的球的号码为 5 或 7 或 9。

(5) $\overline{B+C}$ 取得的球的号码为 6 或 8 或 10。

四、概率与频率

在试验 2 中，我们已经知道它是一个随机试验，并且样本空间 $\Omega=\{\omega_1,\omega_2\}$，其中，$\omega_1$={取得白球}、$\omega_2$={取得黑球}是基本事件。虽然在一次试验中不能肯定是 ω_1 或 ω_2 发生，但是我们可以判断在一次试验中某个事件（如 ω_1）发生的可能性是多大，由对称性很自然地可以推定在一次试验中 ω_1 出现的可能性是 0.5，因为我们已经知道盒子中白球和黑球的数量相同，都是 5 个。

（一）概率

随机事件 A 发生的可能性大小的度量（数量）称为 A 发生的概率，记作 $P(A)$。

对于一个随机事件来说，它发生的可能性大小的度量是由它自身决定的，是客观存在的，就好像是一根木棒有长度，一块土地有面积一样。概率是随机事件发生的可能性大小的度量，是随机事件自身的属性。但一个根本的问题是，如何找出一个给定的随机事件发生的可能性大小的度量——概率？

在试验 2 中，因为知道了盒子中的白球数等于黑球数，都是 5 个，才推定 $P(\omega_1)=0.5$。如果不知道盒子中的白球和黑球的数量呢？实践告诉我们，若反复多次地从盒子中取球（取后放回），随着试验次数的增大，比值 $n_{白}/n$ 会稳定在 1/2 附近。比值 $n_{白}/n$ 称为事件 ω_1 在 n 次试验中出现的频率。

（二）频率

频率在一定程度上反映了 ω_1 发生的可能性的大小。尽管每做一串（n 次）试验所得的频率可能各不相同，但只要 n 相当大，和 $P(\omega_1)$ 是会非常“靠近”的。因此，概率是可以通过频率来“测量”的，或者说频率是概率的一个近似。如前面所说的试验 2，即使事先不知道盒子中的白球数和黑球数，经过反复多次的试验后，如果频率稳定在 0.5 附近，那么就可以断定盒子中的白球数和黑球数相等，进一步得到 $P(\omega_1)=0.5$。类似的试验有很多。例如，蒲丰（Buffon）和皮尔逊（Pearson）曾分别投掷一枚质地均匀对称的硬币，其结果如表 6-1 所示。

表 6-1 蒲丰和皮尔逊投掷硬币的结果

试验者	次数/次	出现正面的次数	频 率
蒲丰	4 040	2 048	0.506 9
皮尔逊	12 700	6 019	0.501 6
皮尔逊	24 000	12 012	0.500 6

那么,如何看待频率与概率的关系呢?举例来说,给出一木棒,谁都不怀疑它自身具有"客观的"长度。长度是多少?我们可以用尺或其他手段来测量。无论尺或仪器多么精密,测得的数值肯定带有误差,而且每次测量的值可以有差异,但测得的值是稳定在木棒"真实"长度值附近的。事实上,人们也是把测得的值当作是木棒的真实长度。这个类比不仅能帮助我们去理解概率与频率之间的关系,而且还揭示了更深刻的事实,即概率与长度、面积等变量一样应具有"测度"的性质。因此,在实际应用中,当试验次数足够多时,常用事件 A 的频率来代替其概率。由频率出发所定义的 A 的概率常称为统计概率。

统计概率指出,任一事件 A 的概率 $P(A)$ 是存在的。在实际问题中,即使 $P(A)$ 不知为何值,但可取事件 A 出现的频率作为它的近似值。这是统计概率的长处。但它也有不足之处。当我们取频率为近似值时,并不能肯定试验的次数该取多少为好,因为我们没有理由认为 $N+1$ 次试验比 N 次试验所得的频率更逼近所求的概率。而且当试验次数增多时,很难保证试验的条件完全一样。例如,在掷硬币试验中,很难保证每次抛出的角度、高度等条件都是一样的。那么,有什么方法来确定事件的概率呢?

五、古典概型

对于一个事件 A,如何寻求它的概率 $P(A)$ 是概率论的一个基本课题。让我们首先讨论一类最简单的随机试验,它具有如下特征:

(1) 样本空间的元素(即基本事件或样本点)只有有限个。这里不妨设为 n 个,记作 $\omega_1,\omega_2,\cdots,\omega_n$,且两两互不相容(即 $\omega_i \cap \omega_j=\phi$)。

(2) 每个基本事件的发生是等可能的。即 $P(\omega_1)=P(\omega_2)=\cdots=P(\omega_n)=\dfrac{1}{n}$,这种等可能的数学模型曾经是概率论发展初期的主要研究对象,现在就称这种数学模型为古典概型。它在概率论中有很重要的地位。一方面,因为它比较简单,许多概念既直观又容易被理解;另一方面,它概括了许多实际问题,有很广泛的应用,如前面所说的试验 2 及掷硬币都是古典概型。

对于古典概型,样本空间为 $\Omega=\{\omega_1,\omega_2,\cdots,\omega_n\}$,对于任意一个随机事件 A,若 A 是 k 个基本事件的和,则 $P(A)=\dfrac{k}{n}$。

例 6-4 在盒子中有 10 个相同的球,分别标以号码 1,2,…,10,从中任取一个球。要求:计算此球的号码为偶数的概率。

解:令 $i=\{$所取球的号码为 $i\}$,则 $\Omega=\{1,2,3,4,5,6,7,8,9,10\}$,所以样本空间总数为 10。设 $A=\{$所取球的号码为偶数$\}$,则 $A=\{2,4,6,8,10\}$,所以 A 中含有的基本事件

数为 5。从而 $P(A)=\frac{5}{10}=\frac{1}{2}$。

古典概型具有以下三个基本性质：

(1) 非负性。对任一事件 A，有 $P(A)\geqslant 0$。

(2) 规范性。对必然事件 Ω，有 $P(\Omega)=1$。

(3) 有限可加性。若事件 $A_1,A_2,\cdots,A_n$ 两两互不相容，则 $P(A_1+A_2+\cdots+A_n)=P(A_1)+P(A_2)+\cdots+P(A_n)$。

六、条件概率与事件的独立性

(一) 条件概率

在实际问题中，除了要知道事件 A 的概率 $P(A)$ 以外，通常还要知道在某个特定事件 B 发生的条件下事件 A 发生的概率，这种在 B 发生的条件下 A 发生的概率被称为条件概率，记作 $P(A|B)$。例如，"你要能考 60 分，我就能考 100 分"，"你喝了这杯，我就把这瓶喝了"。

如果 A、B 是两个随机事件，且 $P(B)>0$，在事件 B 发生的条件下，事件 A 发生的条件概率 $P(A|B)$ 可以定义为：

$$P(A|B)=\frac{P(AB)}{P(B)} \tag{6-1}$$

由此定义可知，对于任意两个事件 A、B，若 $P(B)>0$，则 $P(AB)=P(B)P(A|B)$ 或 $P(AB)=P(A)P(B|A)$，此公式称为乘法公式。

应注意到 $P(AB)$ 与 $P(A|B)$ 之间的差别。$P(AB)$ 为 A 与 B 同时发生的概率，即 A 与 B 都已发生；而 $P(A|B)$ 表示的则是在 B 发生的条件下 A 发生的概率值。

例 6-5　在 50 件产品中，有一等品 45 件，二等品 2 件，废品 3 件。现从这 50 件产品中任意抽取一件，每件是否被抽倒是等可能的。问：

(1) 抽到废品的概率为多少？

(2) 已知抽到的是非一等品，那么是废品的概率又是多少？

解：设 $A=\{$抽到废品$\}$，$B=\{$抽到非一等品$\}$，可得：

$P(A)=3\div 50=0.06$

$P(B)=5\div 50=0.1$

$P(AB)=P(A)=3\div 50=0.06$

所以，

$P(A|B)=3\div 5=0.6$

一般地，设事件 $A_1,A_2,\cdots,A_n$ 互不相容，且 $A_1+A_2+\cdots+A_n=\Omega$，$P(A_i)\geqslant 0$，则对于任一事件 B，$P(B)=\sum\limits_{i=1}^{n}P(A_i)P(B\mid A_i)$（全概率公式）。

例 6-6　某工厂有 4 条流水线生产一种产品，该 4 条流水线的产量分别占总产量的 15%、20%、30%和 35%。这 4 条流水线的次品率依次为 5%、4%、3%和 2%。现从出厂产品中任抽取一件产品，问恰好是次品的概率是多少？

解:设 A={任抽取一件,恰好是次品},B_i={任抽取一件,恰好是第 i 条流水线生产的产品},可得:

$P(A)=0.15\times0.05+0.20\times0.04+0.30\times0.03+0.35\times0.02=3.15\%$

(二) 事件的独立性

根据乘法公式 $P(AB)=P(A)P(B|A)$ 或 $P(AB)=P(B)P(A|B)$,可以知道 $P(AB)\neq P(A)P(B)$。如果 $P(AB)=P(A)P(B)$ 的话,则应有:

$$P(B)=P(B|A) \quad 或 \quad P(A)=P(A|B) \tag{6-2}$$

那么,$P(B)=P(B|A)$ 有着什么含义呢?它表明 B 发生的概率并不依赖于 A 是否发生,即 A 与 B 无关。这就是所谓的事件的独立性的含义。

任意两个事件 A、B,若有式(6-3)成立,则称事件 A、B 是相互独立的。

$$P(AB)=P(A)P(B) \tag{6-3}$$

例 6-7 两射手彼此独立地同时射击同一目标,设甲射中(事件 A)的概率为 $P(A)=0.9$,乙射中(事件 B)的概率为 $P(B)=0.8$。

要求:计算两人各发射一弹而射中目标的概率。

解:由题意知,A、B 两个事件相互独立,则有:

$$\begin{aligned}P(A+B)&=P(A)+P(B)-P(AB)=P(A)+P(B)-P(A)P(B)\\&=0.9+0.8-0.9\times0.8=0.98\end{aligned}$$

对于 3 个事件 A、B、C,如果 $P(AB)=P(A)P(B)$、$P(AC)=P(A)P(C)$、$P(BC)=P(B)P(C)$、$P(ABC)=P(A)P(B)P(C)$ 同时成立,则称事件 A、B、C 相互独立。可以将独立的概念推广为 n 个事件独立。

七、贝努利概型

下面我们用事件的独立性来研究一类重要的概率模型。如果我们一次抛 n 枚相同的硬币,求该事件"恰好出现 k 次正面"的概率 P_n^k,可以用另一种等价的方式进行,即每次抛 1 枚,共抛 n 次。显然,这 n 次抛掷的结果是互相独立的。因而,如果把相同条件下抛掷一枚硬币看作是一次试验,就意味着 n 次试验是互相独立的。

一般地,如果试验 E 只有两个可能的结果,A 与 $\overline{A}$,并且 $P(A)=p$、$P(\overline{A})=1-p=q$ $(0<p<1)$,把 E 独立地重复 n 次的试验所构成的这个试验称作 n 重贝努利试验,有时简称贝努利试验,或称为贝努利概型。

显然,n 重贝努利试验中"事件 A 出现 k 次"这一事件的概率为:

$$P_n^k=C_n^k p^k q^{n-k} \tag{6-4}$$

例 6-8 某学校的校乒乓球队与系乒乓球队要进行对抗赛,校队的实力强于系队,当一个校队队员与一个系队队员比赛时,校队队员获胜的概率为 0.6,现在,校队与系队商量对抗赛的方式,共有 3 种方案可供选择:① 3 局 2 胜制;② 5 局 3 胜制;③ 7 局 4 胜制。问:对系队来说,哪种方案最为有利?

解:设系队获胜的人数为 ξ,则 3 种方案中系队获胜的概率分别为:

$P(\xi\geqslant2)=P(\xi=2)+P(\xi=3)=C_3^2 0.4^2 0.6+C_3^3 0.4^3\approx0.352$

$$P(\xi \geqslant 3) = P(\xi = 3) + P(\xi = 4) + P(\xi = 5) = \sum_{k=3}^{5} C_5^k 0.4^k 0.6^{5-k} = 0.317$$

$$P(\xi \geqslant 4) = \sum_{k=4}^{7} C_7^k 0.4^k 0.6^{7-k} \approx 0.290$$

显然,第一种方案对系队来说最为有利。

第二节 随机变量及其数字特征

一、离散型随机变量及其分布

(一) 概率分布

前面在讨论“在 n 重贝努利试验中事件 A 出现 k 次”的概率时,曾令 $\xi=\{n$ 重贝努利试验中事件 A 出现的次数$\}$,此时,事件“在 n 重贝努利试验中事件 A 出现 k 次”可表示为 $\xi=k$,从而有 $P_n^k=C_n^k p^k q^{n-k}$。由上面的讨论可知,ξ 会取什么值在每次试验之前是不能确定的,因为它是依赖于随机试验的结果的,也就是说它的取值是随机的。因此,人们常称这种变量为随机变量。

再如,抛掷一枚硬币可能出现正面,也可能出现反面。现在约定,若试验结果为正面,则记为 1。若试验结果为反面,则记为 0。于是 $\xi=\begin{cases}0,\text{正面}\\1,\text{反面}\end{cases}$,这也是一个随机变量。

在样本空间上,取值于 R,且只取有限个或可列个值的变量,$\xi=\xi(\omega)$ 称为一维(实值)离散型随机变量,简称离散型随机变量。

例 6-9 观察某电话总机在 $[0,t]$ 时间内收到的呼唤次数,令 $\omega_k=\{$某电话总机在 $[0,t]$ 时间内收到呼唤 k 次$\}$,则样本空间 $\Omega=\{\omega_1,\omega_2,\cdots,\omega_n,\cdots\}$。设 $\xi=\{$某电话总机在 $[0,t]$ 时间内收到的呼唤次数$\}$,则 $\xi(\omega_k)=k,k=0,1,2,\cdots$

一般地,设随机变量 ξ 取值 $a_i i=\{1,2,\cdots\}$ 且 $P(\xi=a_i)=p_i$,习惯上写成表 6-2,

表 6-2 随机变量的分布列

ξ	a_1	a_2	$\cdots$
$P(\xi)$	p_1	p_2	$\cdots$

或 $\begin{pmatrix}a_1 & a_2 & \cdots\\ p_1 & p_2 \cdots\end{pmatrix}$,称其为随机变量的分布列或分布律或分布。

根据概率的定义可知,任一随机变量的分布列都具有以下性质:

(1) $p_i \geqslant 0(i=1,2,\cdots)$;

(2) $\sum_{i=1}^{n} p_i = 1$。

反之,任意一个具有以上性质的数列都有资格作为某一个随机变量的分布列。

分布列不仅给出了 $\xi=k$ 的概率 $p(\xi=k)$,而且对于任意的事件 $a \leqslant \xi \leqslant b$ 发生的概率

均可由分布列算出。由此可知，ξ 取各种值的概率都可由它的分布列通过计算得出。因此，我们说分布列全面地描述了（离散型）随机变量的统计规律。

（二）常见的离散型随机变量

1. 二项分布

对于 n 重贝努利试验，事件 A 出现的次数 ξ 是一个随机变量，人们给其分布列起了个容易记的名字——二项分布。记为：

$$B(n,p)=C_n^k p^k q^{n-k} \tag{6-5}$$

称其为二项分布是因为 p_k 恰好是二项式 $(p+q)^n$ 的展开式中第 $k+1$ 项的系数。一个随机变量的分布列若是二项分布，也称该随机变量服从二项分布。

在二项分布中，若 $n=1$，那么 k 只能得到值 0 和 1。这时的分布列见表 6-3。

表 6-3　0～1 分布

ξ	0	1
p	p	q

这个分布称为 0～1 分布或两点分布。它是二项分布的特例。

2. 泊松(Poisson)分布

在研究某电话交换机在单位时间内收到的呼唤次数、某公共汽车站在单位时间内来该站乘车的乘客数、宇宙中单位体积内星球的个数、耕地中单位面积上杂草的数量、母鸡的年产蛋量等随机变量时，实践表明，该随机变量的统计规律近似地为：

$$p(\xi=k)=\frac{\lambda^k}{k!}e^{-\lambda}\quad (k=0,1,2,\cdots) \tag{6-6}$$

这个分布称为参数为 λ 的泊松分布，记为 $p(\lambda)$。

3. 超几何分布

二项分布主要用于计算有限总体重复抽样的概率。但是，在一些实际问题中，抽样往往不重复，如检测完某件产品后一般不放回，对一名被调查者一般不做重复访问，此时，二项分布中，成功的概率不再是常数，每次成功的概率要受上次抽样结果的影响，这时要用超几何分布。一般来说，如果产品共有 N 个，其中有 M 个次品，现从中随机取出 n 个，假定 $n\leqslant N-M$，则这 n 个产品中所含的次品数 X 是一个离散型随机变量，其概率分布为：

$$p(X=k)=\frac{C_M^k C_{N-M}^{n-k}}{C_N^n}\quad [k=0,1,2,\cdots,\min(M,n)] \tag{6-7}$$

这时 X 服从超几何分布。其中，$N-M$ 是全部产品中的合格品数；$n-k$ 是从产品中抽取的合格品数。

二、连续型随机变量及其分布

（一）随机变量及分布函数

前面我们研究了离散型随机变量，在那里随机变量只取有限个或可列个值，这当然有很大的局限性。在许多随机现象中出现的一些变量，如测量某地气温、某型号显像管的寿命等，它们的取值就可以充满某个区间或区域。如同离散型随机变量一样，这些变量的取值是随着试验结果的变化而变化的，因而在试验之前是不确定的。概率论的任务是要研究它们的统计规律，那么，对于这种一般的随机变量，如何来描述其规律呢？

在样本空间上，取值于实数域的函数 $\xi(\omega)$ 称为样本空间 Ω 上的（实值）随机变量，并称 $F(x)=p\{\xi(\omega)<x\}$ 是随机变量 $\xi(\omega)$ 的概率分布函数，简称分布函数或分布。

（二）连续型随机变量

若 $\xi(\omega)$ 是随机变量，$F(x)$ 是它的分布函数，对于任意的 x，函数 $F(x)$ 有 $F(x)=\int_{-\infty}^{x} f(x)\mathrm{d}x$，则称 $\xi(\omega)$ 为连续型随机变量，相应地 $F(x)$ 为连续型分布函数。同时，$f(x)$ 称为 $F(x)$ 的概率密度或简称密度。

连续型分布密度函数 $f(x)$ 具有以下性质：

(1) $f(x)\geqslant 0$；

(2) $\int_{-\infty}^{+\infty} f(x)\mathrm{d}x=1$。

反之，任一函数 $f(x)$ 如果同时具有以上两个性质即可成为概率密度函数并因此生成一个分布函数 $F(x)$。

(3) $p\{x_1\leqslant\xi(\omega)<x_2\}=F(x_2)-F(x_1)=\int_{x_1}^{x_2} f(x)\mathrm{d}x$。

其几何意义是 $\xi(\omega)$ 落在区间 (x_1,x_2) 中的概率恰好等于 (x_1,x_2) 上由曲线围成的曲边梯形的面积，曲线下的面积为 1。此外，对于 $p(x)$ 的连续点而言，必有 $F'(x)=f(x)$。

例 6－10　设随机变量 ξ 具有概率密度 $f(x)=\begin{cases}K\mathrm{e}^{-3x} & x>0\\ 0 & x\leqslant 0\end{cases}$。

要求：确定常数 K，并求 $p\{\xi>0.1\}$。

解： 由于 $\int_{-\infty}^{+\infty} f(x)\mathrm{d}x=1$，则 $\int_{0}^{+\infty} K\mathrm{e}^{-3x}\mathrm{d}x=1$，所以 $K=3$。于是 ξ 具有概率密度 $f(x)=\begin{cases}3\mathrm{e}^{-3x} & x>0\\ 0 & x\leqslant 0\end{cases}$，所以有 $p\{\xi>0.1\}=1-p\{\xi\leqslant 0.1\}=1-\int_{0}^{0.1} 3\mathrm{e}^{-3x}\mathrm{d}x=0.740\ 8$。

（三）常见连续型随机变量

1. 均匀分布

设连续型随机变量 ξ 在有限区间 (a,b) 内取值，且其概率密度为 $f(x)=\begin{cases}\dfrac{1}{b-a} & a<x<b\\ 0 & 其他\end{cases}$，则称 ξ 在区间 (a,b) 上服从均匀分布。

在区间 (a,b) 上服从均匀分布的随机变量具有下述意义的可能性，即它落在此区间中任意等长度的子区间内的可能性是相同的，或者说，它落在子区间内的概率只依赖于子区间的长度而与子区间的位置无关。事实上，对于任一长度为 l 的子区间 $(c,c+l)$，则有：

$$p\{c\leqslant\xi<c+l\}=\int_{c}^{c+l} f(x)\mathrm{d}x=\int_{c}^{c+l}\frac{1}{b-a}\mathrm{d}x=\frac{l}{b-a}\quad(a\leqslant c<c+l\leqslant b)\qquad(6-8)$$

例 6－11 设电阻的阻值 R 是一个随机变量，均匀分布在 900 欧姆到 1 100 欧姆之间。

要求：计算 R 的概率密度及 R 落在 950 到 1 050 之间的概率。

解：按题意，R 的概率密度：

$$f(x)=\begin{cases}\dfrac{1}{1\,100-900} & 900<x<1\,100\\ 0 & \text{其他}\end{cases}$$

故：

$$p\{950\leqslant\xi<1\,050\}=\int_{950}^{1\,050}\frac{1}{200}\mathrm{d}x=0.5$$

2. 正态分布

设连续型随机变量 X 的概率密度为 $f(x)=\dfrac{1}{\sqrt{2\pi}\sigma}\mathrm{e}^{-\frac{(x-\mu)^2}{2\sigma^2}}$，$-\infty<x<+\infty$，其中，$\mu>0$，$\sigma>0$ 为常数，则称 X 服从参数为 μ、σ 的正态分布或高斯分布，记为 $X\sim N(\mu,\sigma^2)$。

3. 指数分布

若随机变量 X 具有概率密度 $f(x)=\begin{cases}\lambda\mathrm{e}^{-\lambda x} & x\geqslant 0\\ 0 & x<0\end{cases}$，其中，$\lambda$ 为常数，则称 X 服从参数为 λ 的指数分布。

例 6－12 已知某电子管的寿命 X 服从指数分布，其概率密度为 $f(x)=\begin{cases}\dfrac{1}{1\,000}\mathrm{e}^{-\frac{1}{1\,000}x} & x\geqslant 0\\ 0 & x<0\end{cases}$。

要求：计算这种电子管能使用 1 000 小时以上的概率。

解：$P\{X\leqslant 1\,000\}=\int_{1\,000}^{+\infty}\dfrac{1}{1\,000}\mathrm{e}^{-\frac{x}{1\,000}}\mathrm{d}x=\mathrm{e}^{-1}\approx 0.368$

三、随机变量的数字特征

分布函数 $F(x)=P(X\leqslant x)$——全面描述随机变量 X 取值的统计规律。但是，在实际问题中分布函数的确定并不是一件容易的事，而且有时我们也不需要知道分布函数，只需要知道随机变量的某些数字特征就够了。例如，评价粮食产量，只关注平均产量；研究水稻品种的优劣，只关注每株平均粒数；评价某班成绩，只关注平均分数、偏离程度；评价射击水平，只关注平均命中环数、偏离程度。随机变量的数字特征有很多种，但其中最重要的有两种，一是随机变量的数学期望，即均值，反映随机变量的集中趋势；二是随机变量的方差，反映随机变量的离散程度。

（一）数学期望

1. 数学期望的概念

离散型随机变量的数学期望，即设离散型随机变量 X 的分布律为 $P\{X=x_k\}=p_k$，

$k=1,2,3\cdots$，若级数$\sum_{k=1}^{\infty}x_kp_k$绝对收敛，则称级数$\sum_{k=1}^{\infty}x_kp_k$为随机变量$X$的数学期望，记为$E(X)$，即：

$$E(X)=\sum_{k=1}^{\infty}x_kp_k \tag{6-9}$$

连续型随机变量的数学期望，即设连续型随机变量 X 的密度函数为 $f(x)$，若积分$\int_{-\infty}^{\infty}xf(x)\mathrm{d}x$ 绝对收敛，则称积分$\int_{-\infty}^{\infty}xf(x)\mathrm{d}x$ 的值为随机变量 X 的数学期望，记为$E(X)$。即：

$$E(X)=\int_{-\infty}^{\infty}xf(x)\mathrm{d}x$$

数学期望简称期望，又称为均值。

2. 数学期望的计算

其计算的关键是求出随机变量的分布律或者密度函数。

(1) 离散型。若 $X\sim P(X=x_k)=P_k$，则：

$$E(X)=\sum_{k=1}^{\infty}x_kp_k(\text{绝对收敛}) \tag{6-10}$$

(2) 连续型。若 $X\sim$密度函数 $f(x)$，则：

$$E(X)=\int_{-\infty}^{\infty}xf(x)\mathrm{d}x\ (\text{绝对收敛}) \tag{6-11}$$

例 6-13　甲、乙两个工人生产同一种产品，在相同条件下，生产 100 件产品所出的废品数分别用 X、Y 表示，它们的概率分布如表 6-4 和表 6-5 所示。

表 6-4　甲工人生产的废品数及其概率

X	0	1	2	3
P_K	0.7	0.1	0.1	0.1

表 6-5　乙工人生产的废品数及其概率

Y	0	1	2	3
P_K	0.5	0.3	0.2	0

问：这两个工人谁的技术好？

解：$E(X)=0\times0.7+1\times0.1+2\times0.1+3\times0.1=0.6$

$E(Y)=0\times0.5+1\times0.3+2\times0.2+3\times0=0.7$

甲工人生产出的废品的均值较小，因此甲的技术好。

3. 数学期望的性质

(1) 设 C 是常数，则有 $E(C)=C$。

(2) 设 X 是一个随机变量，C 是常数，则有 $E(CX)=CE(X)$。

(3) 设 X、Y 是两个随机变量，则有 $E(X+Y)=E(X)+E(Y)$。这一性质可以推广到任意有限个随机变量之和的情况。

(4) 设 X、Y 是相互独立的随机变量，则有 $E(XY)=E(X)E(Y)$。这一性质可以推广到任意有限个相互独立的随机变量之积的情况。

(二) 方差和标准差

1. *方差和标准差的概念*

设 X 是一个随机变量，若 $E\{[X-E(X)]^2\}$ 存在，则称 $E\{[X-E(X)]^2\}$ 为 X 的方差，记为 $D(X)$ 或 $\mathrm{Var}(X)$，即 $D(X)=\mathrm{Var}(X)=E\{[X-E(X)]^2\}$；并称 $\sqrt{D(X)}$ 为 X 的标准差或均方差。随机变量 X 的方差表达了 X 的取值与其均值的偏离程度。

按此定义，若 X 是离散型随机变量，分布律为 $P\{X=x_k\}=p_k, k=1,2,\cdots$，则：

$$D(X)=\sum_{K=1}^{\infty}[x_k-E(X)]^2 p_k \tag{6-12}$$

若 X 是连续型随机变量，密度函数为 $f(x)$，则：

$$D(X)=\int_{-\infty}^{+\infty}[x-E(X)]^2 f(x)\mathrm{d}x \tag{6-13}$$

方差常用下面公式计算：

$$D(X)=E(X^2)-[E(X)]^2 \tag{6-14}$$

事实上，则有：

$$\begin{aligned}D(X)&=E\{[X-E(X)]^2\}\\&=E\{X^2-2XE(X)+E^2(X)\}\\&=E(X^2)-2E(X)E(X)+E^2(X)\\&=E(X^2)-E^2(X)\end{aligned}$$

设随机变量 X 具有数学期望 $E(X)=\mu$，方差 $D(X)=\sigma^2\neq 0$，记 $X^*=\dfrac{x-\mu}{\sigma}$，则有：

$$\begin{aligned}&E(X^*)=0\\&D(X^*)=1\end{aligned} \tag{6-15}$$

其具体推算过程为：

$$E(X^*)=\frac{1}{\sigma}E(X-\mu)=\frac{1}{\sigma}[E(X)-\mu]=0$$

$$\begin{aligned}D(X^*)&=E(X^{*2})-[E(X^*)]^2=E\left[\left(\frac{X-\mu}{\sigma}\right)^2\right]\\&=\frac{1}{\sigma^2}E[(X-\mu)^2]=\frac{\sigma^2}{\sigma^2}=1\end{aligned}$$

这里，称 X^* 为 X 的标准化变量。

注意：这里的 X 不一定是正态随机变量。对于正态随机变量，结论也成立。

2. *方差的性质*

(1) 设 C 是常数，则 $D(C)=0$。

(2) 设 X 是随机变量，C 是常数，则有 $D(CX)=C^2D(X)$。

(3) 设 X、Y 是两个随机变量，则有 $D(X)+D(Y)+2E\{(X-E(X))(Y-E(Y))\}$。

特别应注意的是，若 X、Y 相互独立，则有 $D(X+Y)=D(X)+D(Y)$，这一性质可以推广到任意有限多个相互独立的随机变量之和的情况。

(4) 设 $D(X)=0$ 的充要条件是 X 以概率 1 取常数 C，即 $P\{X=C\}=1$，显然这里有 $C=E(X)$。

(三) 常见分布的期望和方差

常见分布的期望和方差如表 6-6 所示。

表 6-6　常见分布的期望和方差

	期　望	方　差
0~1 分布 $B(1,p)$	p	$p(1-p)$
二项分布 $B(n,p)$	np	$np(1-p)$
泊松分布 $P(\lambda)$	λ	λ
几何分布 $G(p)$	$\frac{1}{p}$	$\frac{1-p}{p^2}$
超几何分布 $H(n,M,N)$	$\frac{nM}{N}$	$\frac{nM}{N}\left(1-\frac{M}{N}\right)\left(\frac{N-n}{N-1}\right)$
均匀分布 $U(a,b)$	$\frac{a+b}{2}$	$\frac{(b-a)^2}{12}$
指数分布 $e(\lambda)$	$\frac{1}{\lambda}$	$\frac{1}{\lambda^2}$
正态分布 $N(\mu,\sigma^2)$	μ	σ^2
x^2 分布	n	$2n$
t 分布	0	$\frac{n}{n-2}(n>2)$

第三节　大数定律和中心极限定理

一、大数定律

人们在长期的实践中发现，事件发生的频率具有稳定性，也就是说，随着试验次数的增多，事件发生的频率将稳定于一个确定的常数。对某个随机变量 X 进行大量的重复观测，所得到的大批观测数据的算术平均值也具有稳定性，由于这类稳定性都是在对随机现象进行大量重复试验的条件下呈现出来的，因而，我们将反映这方面规律的定理统称为大数定律。

(一) 契比雪夫不等式

定理 1　设随机变量 X 的均值 $E(X)$ 及方差 $D(X)$ 存在，对于任意正数 ε，则有不等式

$$P\{|X-E(X)|\geqslant\varepsilon\}\leqslant\frac{D(X)}{\varepsilon^2} \tag{6-16}$$

或 $P\{|X-E(X)|<\varepsilon\}\geqslant 1-\frac{D(X)}{\varepsilon^2}$ 成立。

我们称该不等式为契比雪夫不等式。

从定理中可以看出，如果 $D(X)$ 越小，那么随机变量 X 取值于开区间 $(E(X)-\varepsilon, E(X)+\varepsilon)$ 中的概率就越大，这就说明方差是一个反映随机变量的概率分布对其分布中心 $E(X)$ 的集中程度的数量指标。

利用契比雪夫不等式，我们可以在随机变量 X 的分布未知的情况下估算事件 $\{|X-E(X)|<\varepsilon\}$ 的概率。

例 6-14 设随机变量 X 的数学期望 $E(X)=10$，方差 $D(X)=0.04$。

要求：估计 $P\{9.2<X<11\}$ 的大小。

解：$P\{9.2<X<11\}=P\{-0.8<X-10<1\}\geqslant P\{|X-10|<0.8\}\geqslant 1-\frac{0.04}{(0.8)^2}$

$=0.937\ 5$

因而，$P\{9.2<X<11\}$ 不会小于 0.937 5。

(二) 契比雪夫大数定律

定理 2 设相互独立的随机变量 $X_1, X_2, \cdots, X_n$ 分别具有均值 $E(X_1), E(X_2), \cdots, E(X_n)$ 及方差 $D(X_1), D(X_2), \cdots, D(X_n)$，若存在常数 C，使 $D(X_k)\leqslant C(k=1,2,\cdots)$，则对于任意正整数 ε，则有：

$$\lim_{n\to\infty}P\left\{\left|\frac{1}{n}\sum_{k=1}^{n}X_k-\frac{1}{n}\sum_{k=1}^{n}E(X_k)\right|<\varepsilon\right\}=1 \tag{6-17}$$

推论 1 设相互独立的随机变量 $X_1, X_2, \cdots, X_n, \cdots$，有相同的分布，且 $E(X_k)=\mu$，$D(X_k)\leqslant\sigma^2$，$k=1,2,\cdots$ 存在，则对于任意正整数 ε，有：

$$\lim_{n\to\infty}P\left\{\left|\frac{1}{n}\sum_{k=1}^{n}X_k-\mu\right|<\varepsilon\right\}=1 \tag{6-18}$$

定理 3 我们称之为契比雪夫大数定理，推论 1 是它的特殊情况。该推论表明，当 n 很大时，事件 $\left\{\left|\frac{1}{n}\sum_{k=1}^{n}X_k-\mu\right|<\varepsilon\right\}$ 的概率接近于 1。一般地，我们称概率接近于 1 的事件为大概率事件，而称概率接近于 0 的事件为小概率事件。在一次试验中，大概率事件几乎肯定要发生，而小概率事件几乎不可能发生，这一规律我们称之为实际推断原理。

(三) 贝努利大数定律

定理 4 设 m 是 n 次独立重复试验中事件 A 发生的次数，p 是事件 A 在每次试验中发生的概率，则对于任意正整数 ε，有：

$$\lim_{n\to\infty}P\left\{\left|\frac{m}{n}-p\right|<\varepsilon\right\}=1 \tag{6-19}$$

定理 5 我们称之为贝努利大数定律，它表明事件 A 发生的频率 m/n 依概率收敛于事件 A 的概率 p。也就是说，当 n 很大时，事件发生的频率与概率有较大偏差的可能性很小。根据实际推断原理，当试验次数很大时，就可以利用事件发生的频率来近似地代替事件的概率。

二、中心极限定理

中心极限定理是研究在适当的条件下独立随机变量的部分和 $\sum\limits_{k=1}^{n} X_k$ 的分布收敛于正态分布的问题。

定理6　设相互独立的随机变量 $X_1, X_2, \cdots, X_n, \cdots$，服从同一分布，且 $E(X_k)=\mu$，$D(X_k)=\sigma^2 \neq 0, (k=1,2,\cdots)$，则对于任意 x，随机变量 $Y_n = \dfrac{\sum\limits_{k=1}^{n} X_k - n\mu}{\sqrt{n}\sigma}$ 的分布函数 $F_n(x)$ 趋于标准正态分布函数，即有：

$$\lim_{n\to\infty} F_n(x) = \lim_{n\to\infty} P\left\{\frac{\sum\limits_{k=1}^{n} X_k - n\mu}{\sqrt{n}\sigma} \leqslant x\right\} = \int_{-\infty}^{x} \frac{1}{\sqrt{2\pi}} e^{-\frac{t^2}{2}} \mathrm{d}t \qquad (6-20)$$

该定理的证明从略。

该定理我们通常称之为林德贝格-勒维定理。

推论2　设相互独立的随机变量 $X_1, X_2, \cdots, X_n$ 服从同一分布，已知均值为 μ，方差为 $\sigma^2 > 0$。单分布函数未知，当 n 充分大时，$X = \sum\limits_{k=1}^{n} X_k$ 近似服从正态分布。

推论3　设相互独立的随机变量 $X_1, X_2, \cdots, X_n$ 服从同一分布，已知均值为 μ，方差为 $\sigma^2 > 0$. 单分布函数未知，当 n 充分大时，$\overline{X} = \dfrac{1}{n}\sum\limits_{k=1}^{n} X_k$ 近似服从正态分布 $N\left(\mu, \left(\dfrac{\sigma}{\sqrt{n}}\right)^2\right)$。

由推论3可知，无论 $X_1, X_2, \cdots, X_n$ 是什么样的分布函数，它的平均数 $\overline{X}$ 当 n 充分大时总是近似地服从正态分布。

例6-15　某单位内部有260部电话分机，每个分机有4%的时间要与外线通话，可以认为每个电话分机用不同的外线是相互独立的。问总机需备多少条外线才能95%地满足每个分机在用外线时不用等候？

解： 令 $X_K = \begin{cases} 1 & \text{第 } k \text{ 个分机要用外线} \\ 0 & \text{第 } k \text{ 个分机不要用外线} \end{cases} (k=1,2,\cdots,260)$，$X_1, X_2, \cdots, X_{260}$ 是260个相互独立的随机变量，且 $E(X_i)=0.04$，$m=X_1+X_2+\cdots+X_{260}$ 表示同时使用外线的分机数，根据题意应确定最小的 x，使 $P\{m<x\} \geqslant 95\%$ 成立。由上面定理可得：

$$P\{m < x\} = P\left\{\frac{m-260p}{\sqrt{260p(1-p)}} \leqslant \frac{x-260p}{\sqrt{260p(1-p)}}\right\} \approx \int_{-\infty}^{b} \frac{1}{\sqrt{2\pi}} e^{-\frac{t^2}{2}} \mathrm{d}t$$

查得 $\Phi(1.65)=0.950\,5>0.95$，故取 $b=1.65$，于是：

$$x=b\sqrt{260p(1-p)}+260p=1.65\times\sqrt{260\times0.04\times0.96}+260\times0.04\approx15.61$$

也就是说，至少需要16条外线才能95%地满足每个分机在用外线时不用等候。

例6-16　用机器包装味精，每袋净重为随机变量，期望值为100克，标准差为10克，一箱可内装200袋味精。

要求：计算一箱味精净重大于20 500克的概率。

解:设一箱味精净重为 X 克,箱中第 k 袋味精的净重为 X_k 克,$k=1,2,\cdots,200$。$X_1,X_2,\cdots,X_{200}$ 是 200 个相互独立的随机变量,且 $E(X_k)=100,D(X_k)=100$,$E(X)=E(X_1+X_2+\cdots+X_{200})=20\ 000,D(X)=20\ 000,\sqrt{D(X)}=100\sqrt{2}$,因而有:

$$P\{X>20\ 500\}=1-P\{X\leqslant 20\ 500\}$$

$$=1-P\left\{\frac{X-20\ 000}{100\sqrt{2}}\leqslant\frac{500}{100\sqrt{2}}\right\}$$

$$\approx 1-\Phi(3.54)=0.000\ 2$$

定理 7 (德莫佛-拉普拉斯定理,DeMovire-Laplace Theorem)设 m_A 表示 n 次独立重复试验中事件 A 发生的次数,p 是事件 A 在每次试验中发生的概率,则对于任意区间 (a,b),恒有:

$$\lim_{n\to\infty}P\left\{a<\frac{m_n-np}{\sqrt{np(1-p)}}\leqslant b\right\}=\int_a^b\frac{1}{\sqrt{2\pi}}e^{-\frac{t^2}{2}}\mathrm{d}t \qquad (6-21)$$

这两个定理表明二项分布的极限分布是正态分布。一般来说,当 n 较大时,二项分布的概率计算起来非常复杂,这时我们就可以用正态分布来近似地计算二项分布。

$$\sum_{k=n_1}^{n_2}\mathrm{C}_n^k p^k(1-p)^{n-k}=P\{n_1\leqslant m_n\leqslant n_2\}$$

$$=P\left\{\frac{n_1-np}{\sqrt{np(1-p)}}\leqslant\frac{m_n-np}{\sqrt{np(1-p)}}\leqslant\frac{n_2-np}{\sqrt{np(1-p)}}\right\}$$

$$\approx\Phi\left(\frac{n_2-np}{\sqrt{np(1-p)}}\right)-\Phi\left(\frac{n_1-np}{\sqrt{np(1-p)}}\right) \qquad (6-22)$$

例 6-17 设随机变量 X 服从 $B(100,0.8)$。

要求:计算 $P\{80\leqslant X\leqslant 100\}$。

解:$P\{80\leqslant X\leqslant 100\}\approx\Phi\left(\frac{100-80}{\sqrt{n\times 0.8\times 0.2}}\right)-\Phi\left(\frac{80-80}{\sqrt{n\times 0.8\times 0.2}}\right)$

$$=\Phi(5)-\Phi(0)=1-0.5=0.5$$

例 6-18 设电路供电网中有 10 000 盏灯,夜间每一盏灯开着的概率为 0.7。假设各灯的开关彼此独立。

要求:计算同时开着的灯数在 6 800 与 7 200 之间的概率。

假设同时开着的灯数为 X,它服从二项分布 $B(10\ 000,0.7)$,于是:

$$P\{6\ 800\leqslant X\leqslant 7\ 200\}\approx\Phi\left(\frac{7\ 200-7\ 000}{\sqrt{10\ 000\times 0.7\times 0.3}}\right)-\Phi\left(\frac{6\ 800-7\ 000}{\sqrt{10\ 000\times 0.7\times 0.3}}\right)$$

$$=2\Phi\left(\frac{200}{45.83}\right)-1=2\Phi(4.36)-1=0.999\ 99\approx 1$$

本章小结

本章是学习抽样推断前的一个基础章节,主要包括三大内容,即事件和概率、随机变量及其数字特征、大数定律和中心极限定理。在学习本章内容的过程中,需要着重掌握以下知识点。

一、事件和概率

随机试验的每一个可能的结果称为基本事件(样本点)。它们的全体称作样本空间,用Ω表示。随机事件A发生的可能性大小的度量(数量)称为A发生的概率,记作$P(A)$。

二、随机变量及其数字特征

定义在样本空间上,取值于R,且只取有限个或可列个值的变量,$\xi=\xi(\omega)$称为一维(实值)离散型随机变量,简称离散型随机变量。若$\xi(\omega)$是随机变量,$F(x)$是它的分布函数,对于任意的x,函数$F(x)$有$F(x)=\int_{-\infty}^{x}f(x)\mathrm{d}x$,则称$\xi(\omega)$为连续型随机变量,相应的$F(x)$为连续型分布函数。随机变量的数字特征有很多种,但其中最重要的有两种,一是随机变量的数学期望,即均值,反映随机变量的集中趋势;二是随机变量的方差,反映随机变量的离散程度。

三、大数定律和中心极限定理

对某个随机变量X进行大量的重复观测,所得到的大批观测数据的算术平均值也具有稳定性,由于这类稳定性都是在对随机现象进行大量重复试验的条件下呈现出来的,因而我们将反映这方面规律的定理统称为大数定律。中心极限定理是研究在适当的条件下独立随机变量的部分和$\sum_{k=1}^{n}X_k$的分布收敛于正态分布的问题。

本章习题

一、名词解释

随机事件　样本空间　概率　频率　条件概率　离散型随机变量　连续型随机变量　大数定律　中心极限定理

二、计算题

1. 一批灯泡有10只,其中3只是坏的,从中任取5只检查。

求:(1) 其中恰有2只坏灯泡的概率;(2) 至少有一只坏灯泡的概率。

2. 甲、乙两人独立射击,其命中率分别为0.6和0.5,则至少有一人击中目标的概率。

3. 连续型随机变量X的分布函数为:

$$F(x)=\begin{cases}A+Be^{-\lambda x} & x>0\\ 0 & x\leqslant 0\end{cases}(\lambda>0)$$

(1) 试确定常数A、B的值;

(2) 求概率密度$f(x)$。

4. 已知随机变量$X\sim[1,6]$上的均匀分布,求方程$t^2+Xt+1=0$有实根的概率。

5. 设X的密度函数为$f(x)=\begin{cases}4x^3 & 0\leqslant x\leqslant 1\\ 0 & 其他\end{cases}$,

(1) 求X的分布函数$F(x)$;

(2) 求常数 a，使 $P\{X>a\}=P\{X<a\}$。

6. 设 X 的概率密度为 $f(x)=\frac{A}{x^4}\quad(x\geqslant 1)$，求：(1) A；(2) $E(X)$、$D(X)$。

7. 设备零件的重量都是随机变量。它们相互独立，服从相同的分布，其期望为 0.5 千克，方差为 0.5 千克。问 5 000 只零件的总产量超过 2 510 千克的概率是多少？[$\Phi(0.2)=0.579\ 3$]

本章案例

案例资料

圆周率的计算方法及试验结果

1777 年，法国科学家布丰提出了一种计算圆周率的方法——随机投针法，即著名的布丰投针问题。这一方法的步骤是：

(1) 取一张白纸，在上面画上许多条间距为 a 的平行线。

(2) 取一根长度为 $l(l<a)$ 的针，随机地向画有平行直线的纸上掷 n 次，观察针与直线相交的次数，记为 m。

(3) 计算针与直线相交的概率。

布丰试验结果给出了针与平行线相交的概率的计算公式为 $P=2L/\pi a$（其中，L 是针的长度，a 是平行线间的距离，π 是圆周率）。

不同试验者的试验结果表

试验者	时　间	投掷次数	相交次数	圆周率估计值
Wolf	1850 年	5 000	2 532	3.159 6
Smith	1855 年	3 204	1 218.5	3.155 4
C. De Morgan	1860 年	600	382.5	3.137
Fox	1884 年	1 030	489	3.159 5
Lazzerini	1901 年	3 408	1 808	3.141 592 9
Reina	1925 年	2 520	859	3.179 5

利用这个公式可以用概率的方法得到圆周率的近似值。布丰投针实验是第一个用几何形式表达概率问题的例子，是首次使用随机实验处理确定性数学问题，为概率论的发展起到了一定的推动作用。

思考：现实生活中有哪些常见的概率事件？概率如何应用于统计分析？

第七章　抽样推断

【教学目的与要求】 本章介绍有关抽样推断的内容，抽样推断与检验是统计研究中一种重要的分析方法。通过本章的学习，要求理解抽样推断、抽样设计、统计量、总体参数、重复抽样、不重复抽样的概念；掌握简单随机抽样、类型抽样、等距抽样、整群抽样的具体操作方法；掌握抽样误差、抽样平均误差、抽样误差范围、抽样单位数的确定等概念及运算；掌握点估计，参数的区间估计的基本步骤；掌握假设检验的基本原理和应用。

【教学重点与难点】 抽样平均误差、抽样极限误差的计算；参数的点估计和区间估计的方法；必要样本单位数的确定。

【课程思政】 我国各地方调查队每年收集粮食产量数据时，通过选取样本田实割实测，要求样本框之内，不漏收一穗，样本框之外，不多割一株。告诉大家对待客观数据要有认真严谨的科学精神、实事求是的科学态度，具备动手实操各工具和软件的基本素质，认识、分析和解决客观问题的责任感和使命感。

第一节　抽样推断概述

一、抽样推断的概念、特点和作用

（一）抽样推断的概念

抽样推断是在抽样调查的基础上，利用样本的实际资料计算出样本数据，并运用概率估计方法推算出总体相应数量特征值的一种统计分析方法。

在计划经济条件下，统计为了达到对总体数量特征的认识，往往采用对总体的所有单位进行全面调查。但自从转变为市场经济以后，对统计调查亦进行了改革，由以全面调查为主的调查方法，逐步转变为提倡和推广抽样调查。这种调查方法不同于全面调查，它是通过组织抽样调查取得部分单位的实际资料，来估计和判断总体的相应数量特征，以达到对现象总体的认识。

抽样推断从其内涵来说，包括抽样调查和抽样推断两个部分。前者着重调查，后者着重推断。具体地说，抽样调查是指按照随机原则从调查对象的全部单位中抽取部分单位进行调查，以取得各项准确的数据。抽样推断是指运用数理统计原理，根据抽样调查资料，对研究对象全体的数量特征做出具有可靠程度的估计和判断，以达到对现象总体正确认识的目的。总之，抽样推断不但是一种科学的非全面的调查方法，而且是一种根据非全面调查资料推算全面情况的统计研究方法。

(二) 抽样推断的特点

1. 按照随机原则抽选调查单位是抽样推断的前提

抽样调查,这种非全面调查与其他非全面调查,如典型调查、重点调查等选择单位的方法完全不同。典型调查、重点调查均由调查者有意识地选择调查单位,因而受调查者主观因素的影响。这样取得的调查资料不能用来对总体的数量特征进行统计推断。抽样调查则是按随机原则抽选调查单位,完全排除调查者主观因素的影响。这样调查的部分单位资料可以用来推断总体的数量特征。那么,什么是随机原则呢?随机原则就是在抽选调查单位时,保证总体中每个单位都有相等的中选可能性。所以随机原则又称为同等可能性原则。这样,按随机原则抽取部分单位,就有更大的可能性使抽取出来的部分单位所构成的样本结构与调查总体结构相似,因而使样本对调查总体具有充分的代表性,抽样误差也就更小了。

还须指出,抽样推断以随机原则为前提,才能使任何一个样本变量都是随机变量。因而任何一种样本指标(或统计量)也是随机变量,抽样推断才有可能利用大数定律和中心极限定理等概率论原理来研究样本指标(统计量)与总体指标(总体参数)的关系,确定优良估计的标准,为抽样设计寻求更有效的组织形式建立科学的理论基础。

2. 运用概率估计法是抽样推断的特有估计方法

样本数据和参数之间并不存在自变量和因变量的严格对应关系,因而它不能利用一定的函数关系推算总体参数,但它却可以运用归纳推理原理,即不保证在正确的前提下一定得到正确的结论,而只肯定在正确的前提下得到的结论有一定程度的可靠性。概率估计从这一原理出发具体确定用样本指标推断总体指标的可靠程度的概率有多少。运用概率估计法是抽样推断的特有估计方法。

3. 抽样推断的误差可以事先计算并加以控制

以样本指标估计相应的总体指标,肯定会存在一定的误差。但抽样误差的范围可以事先通过有关资料加以计算,并可采取必要的组织措施来控制这一误差范围,保证抽样推断的结果达到一定的可靠程度。这是其他的估算方法所不能做到的。

(三) 抽样推断的作用

抽样推断在社会经济统计中有其独特的重要作用。

(1) 对有些不可能或不必要进行全面调查,但又需要了解其全面数量情况的社会经济现象,可以运用抽样推断实现调查的目的。例如,在工业企业生产中检验某些产品质量时,常常具有破坏性,如灯泡的寿命检验,棉纱的拉力检验等,不可能对全部产品进行检验,而必须采用抽样,以样本资料推断总体的质量状况。又如,有些现象的总体过大,单位过于分散,进行全面调查实际上是不可能的,如检验水库的鱼苗数、检验森林的木材积蓄量等,也必须采用抽样推断。还有些社会经济现象,从理论上说,可以进行全面调查,但调查范围太广、单位太大,因而没必要进行全面调查,采用抽样推断便可节省人力、费用、时间,并可提高资料的准确性。

(2) 抽样调查与全面调查同时进行,可以发挥互相补充和检查调查质量的作用。全面调查由于范围广、工作量大、参加人员多，往往容易发生登记性误差和计算误差。如果在全面调查后，随机抽取一部分单位重新调查一次，将这些单位两次调查的资料进行对照，加以比较，计算其差错率，并据此对全面资料加以修正，就可以进一步提高全面调查资料的准确性。

(3) 抽样推断可以用于工业企业生产过程的质量控制。抽样推断法可以有效地应用于对成批或大量连续生产的工业产品在生产过程中进行质量控制，检查生产过程是否正常，及时提供有关信息，便于采取措施，防止废品的发生。

(4) 利用抽样推断法还可以对某种总体的假设进行检验，判断其真伪，以做出正确的决策。例如，新工艺、新技术的改革是否能收到明显的效果，需要对未知或完全不知道的总体做出一些假设，然后利用抽样推断法，根据实验的材料对所做的假设进行检验，以做出判断。

二、抽样的几个基本概念

(一) 样本容量与样本个数

1. 样本容量

样本是从总体中抽出的部分单位的集合，这个集合的大小称为样本容量，一般用 n 表示，它表明一个样本中所包含的单位数。一般地，样本单位数大于 30 个的样本称为大样本，不超过 30 个的样本称为小样本。

2. 样本个数

样本个数又称为样本可能数目，是指从一个总体中可能抽取多少个样本。样本个数的多少与抽样方法有关。

(二) 总体参数与样本统计量

1. 总体参数

总体分布的数量特征就是总体参数，也是抽样统计推断的对象。常见的总体参数有总体的平均数指标、总体成数(比重)指标、总体分布的方差、总体标准差，等等。

2. 样本统计量

与总体参数对应的是样本统计量。常见的样本统计量有样本平均数指标、样本成数(比重)指标、样本方差、样本标准差，等等。

设$(X_1, X_2, \cdots, X_n)$是总体 X 容量为 n 的样本，若样本函数 $T=T(X_1, X_2, \cdots, X_n)$中不含任何未知参数，则称 T 为一个统计量。

例如：

$$\overline{X}=\frac{1}{n}\sum_{i=1}^{n}X_i \tag{7-1}$$

就是一个统计量，称为样本均值。

$$S^2=\frac{1}{n}\sum_{i=1}^{n}(X_i-\overline{X})^2 \tag{7-2}$$

也是统计量,称为样本方差。

(三) 重复抽样与不重复抽样

1. 重复抽样

从总体 N 个单位中抽取一个容量为 n 的样本,每次从总体抽取一个,连续抽取 n 个,每次抽出的一个单位将其结果登记后又放回,重新参加下一次抽选。

2. 不重复抽样

从总体 N 个单位中抽取一个容量为 n 的样本,每次从总体抽取一个,连续抽取 n 个,但每次抽出的一个单位将其结果登记后,不再放回以参加下一次的抽取。

重复抽样和不重复抽样的最大区别是,重复抽样的每次抽取都是独立的,即前一次抽取不影响后一次抽取,每个单位中选或不中选的机会在各次抽取中是相同的。而不重复抽样的每次抽取不是独立的,即前一次抽取会影响下一次抽取,每个单位中选或不中选的机会在各次抽取中是不相同的。

第二节 抽样的组织形式

抽样的组织形式有纯随机抽样、类型抽样、等距抽样、整群抽样、多阶段抽样和多重抽样。

一、纯随机抽样

(一) 纯随机抽样的概念

纯随机抽样也叫简单随机抽样,是指按照随机原则直接从总体 N 个单位中抽取 n 个单位作为样本,然后对样本单位进行观测,计算出样本指标,并据以推算总体相应数量指标的抽样组织形式。它是最简单、最基本的抽样组织形式,适用于均匀总体。

(二) 纯随机抽样的优点及局限性

1. 优点

纯随机抽样的优点有:① 从理论上最符合随机原则(总体中各单位被抽中的可能性完全相等;总体中各可能样本被抽中的可能性完全相等);② 是设计其他复杂抽样形式的基础;③ 是衡量其他抽样形式抽样效果的比较标准。

2. 局限性

纯随机抽样在实际应用中的局限性有:① 纯随机抽样要求对全部单位进行编码,在实践中,当 N 很大时,这是很难办到的;② 不能充分利用总体有关信息,抽样误差较大;③ 只适用于总体各单位分布比较均匀的情况。

(三) 纯随机抽样抽取样本单位的方法

1. 抽签法

抽签法又称"抓阄法"。它是先将调查总体的每个单位编号,然后采用随机的方法任意抽取号码，直到抽足样本。抽签法应用于总体容量比较大的事务。由于简单易实施，抽签法的应用非常广泛。一般地，抽签法就是把总体中的 N 个个体编号，把号码写在号签上，将号签放在一个容器中，搅拌均匀后，每次从中抽取一个号签，连续抽取 n 次，就得到一个容量为 n 的样本。

2. 随机数字表法

即将总体所有单位编号，然后从随机数字表中一个随机起点(任一排或一列)，开始从左向右或从右向左、向上或向下抽取，直到达到所需的样本容量为止。

二、类型抽样

(一) 类型抽样的概念

类型抽样是指先将全及总体中的所有单位按某一主要标志分组，然后在各组中采用纯随机抽样或机械抽样的方式，抽取一定数目的调查单位构成所需的样本。类型抽样又叫分层抽样或分类抽样，设总体由 N 个单位构成，把总体按某一标志划分为 k 层(类、组)，使 $N=N_1+N_2+\cdots+N_k$，然后从每类的 N_i 个单位中随机抽取 n_i 个单位，构成容量为 n 的样本，使 $n=n_1+n_2+\cdots+n_k$。

(二) 类型抽样的特点

(1) 把统计分组和贯彻随机原则结合起来。先对总体按某一标志分类(分层)，然后从各层中按随机原则抽选一定数目单位构成样本。

(2) 能保证分布的均匀性，提高样本的代表性，误差较小。

(3) 能同时推断总体指标和各子总体的指标。

(4) 抽样误差来源于每组内部。

(三) 类型抽样的优点

(1) 可以提高样本的代表性(样本单位是从各类型组中抽取的，包含各种类型、各种水平的单位，因此样本的代表性要比纯随机抽样好)。

(2) 可以减少抽样平均误差。

类型抽样抽取样本单位的方法有等比例类型抽样和不等比例类型抽样两种。

三、等距抽样

(一) 等距抽样的概念

等距抽样又叫机械抽样或系统抽样，是指将总体各单位按某一标志排列，然后按固定的顺序或间隔抽取调查单位的一种组织形式。

(二) 等距抽样的种类

按照排序标志的不同，等距抽样可分为按有关标志排序等距抽样和按无关标志排序等距抽样。

研究总体的某方面特征，将总体单位按这方面特征排序，称为按有关标志排序等距抽样。研究总体的某方面特征，将总体单位按其他方面特征排序，称为按无关标志排序等距抽样。例如,研究某个班级学生"统计学"课程的考试成绩,将各位学生按照成绩排序就是按有关标志排序等距抽样;按学号、身高、体重、年龄等排序就是按无关标志排序等距抽样。

四、整群抽样

(一) 整群抽样的概念

整群抽样是指先将总体各单位划分为 R 群,以群为单位从中随机抽取 r 群,然后对中选群的全部单位进行全面调查,并据以推算总体相应指标的抽样组织形式。

(二) 整群抽样的特点

(1) 抽样组织方便,节约调查费用。

(2) 调查单位集中,影响了调查单位在总体中的均匀分布,抽样误差要大于其他抽样组织形式。

(3) 直接抽取的不是总体单位而是群。

(4) 影响抽样误差的是群间方差,群内方差不影响抽样误差。

(5) 一般不采用重复抽样。

五、多阶段抽样和多重抽样

(一) 单阶段抽样

单阶段抽样是指从全及总体中直接抽取最终样本单位。当全及总体范围较小,调查单位比较集中时常采用这种形式。

(二) 多阶段抽样

多阶段抽样是指把抽取样本单位的过程分为两个或更多个阶段来进行的抽样组织形式。较大规模的抽样调查一般多采用多阶段抽样。

例如,在某省 100 多万农户中抽取 1 000 户调查农户生产性投资情况。第一阶段,从该省所有县中抽取 5 个县。第二阶段,从被抽中的 5 个县中各抽 4 个乡。第三阶段,从被抽中的 20 个乡中各抽 5 个村。第四阶段,从被抽中的 100 个村中各抽 10 户。所得样本 $n=100\times10=1\ 000$(户)。这就是多阶段抽样。

(三) 多重抽样

多重抽样也叫多次抽样,是指根据对不同调查目标的不同要求,在从总体中已抽取的样本中进行再抽样的抽样组织形式。再抽一次叫二重抽样或二次抽样,再抽两次叫三重抽样或三次抽样。

多重抽样的最大优点是可以在一套样本中,根据对调查标志的不同要求,进行几个大小不同样本的调查,便于组织和节约费用;但缺点是抽样误差较大。

多重抽样与多阶段抽样的区别在于:① 目的不同。总体范围较大,不便于直接抽取最终调查单位时采用多阶段抽样;为适应不同调查项目的不同要求,达到节省人力、物力、财力的目的时采用多重抽样;② 多阶段抽样的每个阶段,抽样单位的大小是不同的,它是从大单位中抽取小单位，从小单位中抽取更小的单位；多重抽样每次抽取的单位大小是相同的，后一次抽取的单位是上一次抽取的单位中的一部分。

第三节　抽样误差

一、抽样误差

(一) 抽样误差的概念

抽样误差是指随机抽样的偶然因素使样本各单位的结构对总体各单位的结构的代表性存在差别，而引起的抽样指标和全及指标之间的绝对离差。例如，存在抽样平均数与总体平均数的绝对离差，抽样成数与总体成数的绝对离差，等等。

抽样误差是抽样所特有的误差。凡进行抽样就一定会产生抽样误差，这种误差虽然是不可避免的，但可以控制，所以又称为可控制误差。抽样误差与登记性误差和系统误差不同。登记性误差是指在调查过程中，由于观察测量、登记、计算上的差错所引起的误差；系统误差是指由于违反随机原则，有意地选择较好或较差单位进行调查，造成样本代表性不足所引起的误差。后两种误差是可以防止和避免的。

(二) 影响抽样误差大小的因素

1. 总体单位标志值的差异程度

总体单位标志值差异程度愈大，则抽样误差愈大；反之，总体单位标志值差异程度愈小，则抽样误差愈小。

2. 样本单位数的多少

在其他条件相同的情况下，样本单位数愈多，则抽样误差愈小；反之，样本单位数愈少，则抽样误差愈大。

3. 抽样方法

抽样方法不同，抽样误差也就不同。一般来说，重复抽样比不重复抽样的误差要大些。

4. 抽样调查的组织形式

抽样调查的组织形式不同，其抽样误差也不同，而且同一组织形式的合理程度也会影响抽样误差。

二、抽样平均误差

抽样误差是所有样本统计量和总体参数之间的绝对离差，在实际中没办法测量。为了反映样本与总体间的离差，我们引入了抽样平均误差这一指标。

(一) 抽样平均误差的概念

抽样平均误差是指所有抽样平均数(或抽样成数)与总体平均数(或总体成数)的标准

差。它反映了抽样平均数(或抽样成数)与总体平均数(或总体成数)的平均误差程度。

从同一总体中,按随机原则抽取同样单位数的多个样本,每个样本可以计算各自样本平均数(或抽样成数),计算一系列样本平均数(或样本成数)与总体平均数(或总体成数)的标准差,以反映样本平均数(或样本成数)与总体平均数(或总体成数)的平均误差程度。

例 7-1 设有 1、2、3、4、5,以这 5 个数字作为总体,采用不重复抽样方法,随机抽取 3 个数字组成样本,可以组成 $C_5^3=10$ 个样本。其总体平均数为$\overline{X}=\dfrac{1+2+3+4+5}{5}=3$。抽样平均误差分别为 $\mu_{\bar{x}}$ 或 μ_p。抽样平均误差见表 7-1。

表 7-1 抽样平均误差计算表

样 本	样本平均数 $\bar{x}$	误差 $\bar{x}-\overline{X}$	误差平方 $(\bar{x}-\overline{X})^2$
1、2、3	(1+2+3)÷3=2	−1	1
1、2、4	(1+2+4)÷3=2.33	−0.67	0.448 9
1、2、5	(1+2+5)÷3=2.67	−0.33	0.108 9
1、3、4	(1+3+4)÷3=2.67	−0.33	0.108 9
1、3、5	(1+3+5)÷3=3	0	0
1、4、5	(1+4+5)÷3=3.33	0.33	0.108 9
2、3、4	(2+3+4)÷3=3	0	0
2、3、5	(2+3+5)÷3=3.33	0.33	0.108 9
2、4、5	(2+4+5)÷3=3.67	0.67	0.448 9
3、4、5	(3+4+5)÷3=4	1	1

要求:根据表 7-1 的资料,计算平均数的抽样平均误差。

解: $\mu_{\bar{x}}=\sqrt{\dfrac{\sum(\bar{x}-\overline{X})^2}{M}}=\sqrt{\dfrac{3.333\ 4}{10}}=0.58$

同理,成数的抽样平均误差为:

$$\mu_p=\sqrt{\frac{\sum(p-P)^2}{M}}$$

不过,在抽样调查实践中不可能按照上例方法计算全部样本的误差,再计算抽样平均误差。但可以根据总体方差、样本容量(抽样单位数目)和抽样方式,通过一定公式进行计算。

(二) 抽样平均误差的计算

当总体为 N,样本容量为 n 时,抽样平均误差的计算公式如下。

1. 平均数的抽样平均误差的计算公式

(1) 重复抽样的情况下:

$$\mu_{\bar{x}}=\sqrt{\frac{\sigma^2}{n}} \tag{7-3}$$

(2) 不重复抽样的情况下:

$$\mu_{\bar{x}}=\sqrt{\frac{\sigma^2}{n}\left(\frac{N-n}{N-1}\right)} \tag{7-4}$$

当总体单位数 N 很大时，这个公式可近似地表示为：

$$\mu_{\bar{x}}=\sqrt{\frac{\sigma^2}{n}\left(1-\frac{n}{N}\right)}$$

2. 成数的抽样平均误差的计算公式

(1) 重复抽样的情况下：

$$\mu_p=\sqrt{\frac{P(1-P)}{n}} \tag{7-5}$$

(2) 不重复抽样的情况下：

$$\mu_p=\sqrt{\frac{P(1-P)}{n}\left(\frac{N-n}{N-1}\right)} \tag{7-6}$$

当总体单位数 N 很大时，可近似地写成：

$$\mu_p=\sqrt{\frac{P(1-P)}{n}\left(1-\frac{n}{N}\right)}$$

三、各种组织形式下抽样平均误差的计算

上述抽样平均误差是建立在简单随机抽样的基础上的。其他组织方式的抽样误差如下。

(一) 类型抽样(分层抽样)

抽样平均误差不仅取决于样本容量，还取决于各类型组组内方差的平均数。

1. 重复抽样的情况下

$$\mu_x=\sqrt{\frac{\bar{\sigma}^2}{n}},\bar{\sigma}^2=\frac{\sum n_i\sigma_i^2}{n} \tag{7-7}$$

2. 不重复抽样的情况下

$$u_{\bar{x}}=\sqrt{\frac{\bar{\sigma}^2}{n}\times\frac{N-n}{N-1}}\text{ 或 }u_{\bar{x}}=\sqrt{\frac{\bar{\sigma}^2}{n}\left(1-\frac{n}{N}\right)}\quad(\text{当总体容量 }N\text{ 很大时}) \tag{7-8}$$

类型抽样的抽样平均误差一般小于同样样本容量的纯随机抽样的抽样平均误差。

例 7-2　某市对居民在一年内对某类消费品的消费支出进行了类型抽样，调查结果如表7-2所示。

表 7-2　消费支出调查表

类　别	全部居民 N/户	调查户数 n/户	平均消费支出/元	标准差/元
城镇	450	25	960	22
农村	180	10	750	40
合　计	630	35	—	—

要求：计算此次抽样的抽样平均误差。

解：$\sigma^2=\dfrac{22^2\times25+40^2\times10}{35}=802.86$

抽样平均误差为：

$\mu_{\bar{x}}=\sqrt{\dfrac{802.86}{35}\times\dfrac{630-35}{630-1}}\approx4.66$(元)

(二) 等距抽样(机械抽样)

等距抽样的抽样平均误差不仅取决于全及总体的标志变动度，还取决于各个抽样间隔的标志变动度。其随机性很大，所以实际中通常采用纯随机抽样公式(重复抽样或不重复抽样)计算抽样平均误差。

(三) 整群抽样

整群抽样一般采用不重复抽样的方法。

1. 平均数的抽样平均误差的计算公式

$$u_{\bar{x}}=\sqrt{\frac{\sigma_{\bar{x}}^2}{r}\times\frac{R-r}{R-1}} \tag{7-9}$$

其中，$\sigma_{\bar{x}}^2=\dfrac{1}{r}\sum(\bar{x}_i-\bar{x})^2$。

2. 成数的抽样平均误差的计算公式

$$u_p=\sqrt{\frac{\sigma_p^2}{r}\times\frac{R-r}{R-1}} \tag{7-10}$$

其中，$\sigma_p^2=\dfrac{1}{r}\sum(p\times q)$。

四、抽样极限误差

抽样平均误差说明了某一抽样方案总的误差情况。但在实际进行抽样调查时，只抽取一个样本，那么这个样本的误差，可能大于或小于抽样平均误差。对于该项抽样调查，一定会要求有一个允许误差的范围。这一允许误差的范围，就称作抽样极限误差，又称抽样误差范围。

抽样结果的抽样指标与总体指标之间的离差可能是正，也可能是负。因此，允许误差的范围采取绝对值形式，用 Δ 表示，即：

$$\Delta_{\bar{x}}=|\bar{x}-\bar{X}| \tag{7-11}$$

$$\Delta_p=|p-P| \tag{7-12}$$

上两式很容易转化为下列不等式，即：

$$\bar{X}-\bar{x}\leqslant\Delta_{\bar{x}}\leqslant\bar{x}-\bar{X},\ p-P\leqslant\Delta_p\leqslant P-p$$

或

$$\bar{X}-\Delta_{\bar{x}}\leqslant\bar{x}\leqslant\Delta_{\bar{x}}+\bar{X},\ P-\Delta_p\leqslant p\leqslant P+\Delta_p$$

上式表明，抽样平均数 $\bar{x}$ 是以总体平均数为中心，在 $\bar{X}\pm\Delta_{\bar{x}}$ 之间变动，区间($\bar{X}-\Delta_{\bar{x}}$，$\bar{X}+\Delta_{\bar{x}}$)的总长度为 $2\Delta_{\bar{x}}$。同样，抽样成数 p 是以总体成数 P 为中心，在 $P\pm\Delta_p$ 之间变动，其区间($P-\Delta_p$，$P+\Delta_p$)的总长度为 $2\Delta_p$。

由于总体平均数和总体成数在抽样时是未知的，它要靠实际测定的抽样平均数和抽样成数来估计，因此，抽样极限误差的实际价值是希望总体平均数 $\overline{X}$ 在抽样平均数 $\overline{x}\pm\Delta_{\overline{x}}$ 的范围内变动，总体成数 P 在抽样成数 $p\pm\Delta_p$ 的范围内变动。因此，上述两个不等式就要转变为：

$$\overline{x}-\Delta_{\overline{x}}\leqslant\overline{X}\leqslant\overline{x}+\Delta_{\overline{x}} \quad (7-13)$$

$$p-\Delta_p\leqslant P\leqslant p+\Delta_p \quad (7-14)$$

这两个不等式与上面的两个不等式是完全等价的。

极限误差 Δ 若用抽样平均误差来衡量，即 $\dfrac{\Delta}{\mu}=t$，t 表示抽样极限误差为抽样平均误差的 t 倍。那么，$\dfrac{\Delta}{\mu}=t$ 亦可变换为 $\Delta=\mu t$。

上式表示抽样极限误差与抽样平均误差间的数量关系。由于 t 值与样本估计值落入允许误差范围的概率有关，故称 t 为概率度。

抽样估计的可靠程度即概率用 P 表示，P 是 t 的函数。而 $P=F(t)$ 表明概率分布是概率度 t 的函数。确定抽样估计的可靠程度，就是要确定抽样平均数($\overline{x}$)或抽样成数(p)落在置信区间($\overline{X}-\Delta_{\overline{x}}$，$\overline{X}+\Delta_{\overline{x}}$)或($P-\Delta_p$，$P+\Delta_p$)中的概率 P。$F(t)$的函数形式为：

$$P(|\overline{x}-\overline{X}|\leqslant tu_{\overline{x}})=F(t) \quad (7-15)$$

$$P(|p-P|\leqslant tu_p)=F(t) \quad (7-16)$$

由此可知，t 增大，Δ 也增大，即 $t\mu$ 增大，这表明所要求的误差范围增大，说明从总体中随机抽取一个样本，其样本值落在这个较大的置信区间内的可能性或把握性 P 愈大；反之，t 减小，Δ 也减小，即 $t\mu$ 减小，这表明所要求的误差范围减小，说明从总体中随机抽取一个样本，其样本值落在这个较小的置信区间内的可能性或把握性 P 愈小。

应用标准正态分布概率表，可以得出抽样指标落在置信区间内的置信度。

$F(1)=P\{|\overline{x}-\overline{X}|\leqslant 1\mu_{\overline{x}}\}=68.27\%$

$F(2)=P\{|\overline{x}-\overline{X}|\leqslant 2\mu_{\overline{x}}\}=95.45\%$

$F(3)=P\{|\overline{x}-\overline{X}|\leqslant 3\mu_{\overline{x}}\}=99.73\%$

第四节　抽样估计

一、抽样估计的特点

样本的充分代表性和样本资料的准确性是抽样估计的必要前提。在此前提下，通过样本资料达到对总体的正确认识，估计方法亦居于重要的地位。抽样估计的方法具有以下几个特点。

（一）在逻辑上运用归纳推理而不是运用演绎推理

演绎推理是在封闭系统中，从一般命题导出特殊结论的逻辑方法，即从三段论中的大前提、小前提而得出的结论。结论的正确性已全部包含在前提的正确性之中。因此，只要前提正确则演绎推理结论必定正确。这种推理并不增加多少知识内容。归纳推理与此相反,它是在开放系统中,从研究个别事实达到一般性结论,结论的内容大于前提,因此前提正确也可能有错误的结论。结论的正确性还取决于前提以外的许多事实,所以结论必须经过事实验证。但是,如果这个结论正确,则必须扩大人类的知识或增加知识的内容。抽样估计是运用归纳的推理,从局部来求对总体的认识。

(二) 在方法上运用不确定的概率估计法而不是运用确定的数学分析法

由于样本数据和总体数量特征之间并不存在自变量和因变量的严格对应关系,因而不能运用数学函数关系建立一定的数学模型,用样本的具体观察值来推算总体相应数量特征值。抽样估计则是将样本观察值所决定的统计量(样本指标)视为随机事件。在具体的实际中,只抽取一个样本,并计算出相应的样本指标,用概率估计方法,肯定从正确的前提到结论有一定的可靠程度,借以满足分析工作的需要。否则,就要改善抽样组织重新进行抽样,以提高结论的可靠程度。

(三) 估计的结论存在一定的抽样误差

抽样误差是抽样推断法所固有的,是不可避免的。通常情况下,抽样估计的置信度只是指出样本指标和总体指标的误差在一定范围内的概率保证程度。必须指出,作为统计量的样本指标是随机变量,因而抽样误差也是随机变量。抽样误差不是一个固定的数,而是随着样本指标的变化而变化。在其他条件不变的情况下,抽样误差的大小与概率保证程度的关系是,允许的抽样误差范围愈大,则概率保证程度也愈大;反之,允许的抽样误差范围愈小,则概率保证程度也愈小。两者成正比例关系。

二、抽样估计的理论基础

抽样估计是建立在概率论的大数法则基础上的,大数法则的一系列定理为抽样估计提供了数学依据。

大数法则是关于大量的随机现象具有稳定性质的法则。它指出如果被研究的总体是由大量的相互独立的随机现象所组成的,而且每个因素对总体的影响都相对的小,那么,对这些大量因素加以综合平均的结果是,因素的个别影响将相互抵消,从而显现出它们共同作用的倾向,使总体具有稳定的性质。

联系到抽样推断来看,大数法则证明,如果随机变量总体存在有限的平均数和方差,则对于充分大的抽样单位数 n,可以几乎趋近于 1 的概率来期望抽样平均数与总体平均数的绝对离差为任意小。设 ε 为任意小的正数,则:

$$\lim_{n\to\infty}P(|\bar{x}-\bar{X}|\leqslant\varepsilon)=1 \tag{7-17}$$

式中,$\bar{x}$ 为抽样平均数;$\bar{X}$ 为总体平均数;n 为样本单位数。

这就从理论上揭示了样本和总体之间的内在联系,说明随着抽样单位数 n 的增加,抽样平均数 $\bar{x}$ 有接近总体平均数 $\bar{X}$ 的趋势。

大数法则论证了抽样平均数趋近于总体平均数的趋势,为抽样推断提供了重要的依据。但是,大数法则未能论证抽样平均数与总体平均数的离差不超过一定范围的概率大小的问题。这一问题是由中心极限定理研究的。中心极限定理证明,如果总体变量存在有限的平均数和方差，那么不论这个总体变量的分布如何，随着抽样单位数的增加，抽样平均数便趋近于正态分布。这个结论对于抽样推断是十分重要的，这为抽样误差的概率估计提供了一个极为有效而且方便的条件。

三、抽样估计的方法

抽样估计是利用实际抽样调查资料计算的样本指标值来估计总体的相应指标的数值。由于总体指标是表示总体数量特征的参数，因此抽样估计也称为参数估计。

在统计实践中，抽样估计有点估计和区间估计两种方法。下面分别加以介绍。

（一）点估计

点估计是一种以点代面的估计方法。其特点是根据总体指标的结构形式设计样本指标（统计量）作为总体参数的估计量，并且以样本指标的实际数值直接作为相应总体参数的估计值。

总体参数点估计法有：

（1）样本均值估计总体均值 $\hat{\mu}=\bar{x}$。

（2）样本成数估计总体成数 $\hat{P}=p$。

（3）样本方差估计总体方差 $\hat{\sigma}^2=S^2$。

衡量一个样本统计量是否为总体参数的优良估计，从总体上评价有三个基本标准。

1. 无偏性

无偏性是指用样本指标估计总体指标时，要求样本指标的平均数等于被估计的总体指标。用数学语言表达，即如果抽样估计 $\hat{\theta}$ 的期望值等于总体指标 θ，即 $E(\hat{\theta})=\theta$，则这个估计量 $\hat{\theta}$ 叫作无偏估计量。

数理统计已经证明，$E(\bar{x}_i)=\bar{X}$，$E(p)=P$，但 $E(S_n^2)\neq\sigma^2$。不过，$E(S_{n-1}^2)=\sigma^2$。

由上可知，抽样平均数是总体平均数的无偏估计量；抽样成数是总体成数的无偏估计量，样本方差不是总体方差的无偏估计量，但修正的样本方差是总体方差的无偏估计量。

2. 有效性

有效性是指用样本指标估计总体指标时，要求样本指标的方差最小。因此，有效性也即最小方差性。用数学语言表达，即如果抽样估计量（$\hat{\theta}$）对总体指标 θ 有 $E(\hat{\theta})=\theta$，并且除估计量（$\hat{\theta}$）外的估计量（$\hat{Q}$）有 $\sigma_{\hat{\theta}}^2<\sigma_{\hat{Q}}^2$，则 $\hat{\theta}$ 为对 θ 的最佳有效估计量。

3. 一致性

一致性是指用样本指标估计总体指标，当样本容量增加时，样本指标越来越接近总体指标，则称样本指标为总体指标的一致估计量。用数学语言表达，即当样本单位数 n 无限增大时，估计量与参数之差的绝对值小于任意常数的概率趋近于1，用公式表示为：

$$\lim_{n\to\infty} p(|\hat{\theta}-\theta|\leqslant\varepsilon)=1 \qquad (7-18)$$

则称 $\hat{\theta}$ 为 θ 的一致估计量。

总体参数点估计方法的优点是，简便、易行、原理直观，常为实际工作所采用。其不足之处也是显著的，即点估计法没有表明抽样估计的误差，更没有指出误差在一定范围内的概率保证程度。

而另一种估计方法，即区间估计就能够解决这一问题，所以是更好的估计方法。

（二）区间估计

1. 区间估计的概念

在参数估计中，虽然点估计可以给出未知参数的一个估计，但不能给出估计的精度。为此人们希望利用样本给出一个范围，要求它以足够大的概率包含待估参数真值。这就产生了区间估计问题。

所谓区间估计，就是指估计总体参数的区间范围，并要求给出区间估计成立的概率值。

设 θ 是未知参数，$X_1, X_2, \cdots, X_n$ 是来自总体的样本，构造两个统计量 $\hat{\theta}_1 = T_1(X_1, X_2, \cdots, X_n)$，$\hat{\theta}_2 = T_2(X_1, X_2, \cdots, X_n)$，对于给定的 $\alpha(0<\alpha<1)$，若 $\hat{\theta}_1$、$\hat{\theta}_2$ 满足：

$$P\{\hat{\theta}_1 \leqslant \theta \leqslant \hat{\theta}_2\} = 1-\alpha \tag{7-19}$$

则称随机区间 $[\hat{\theta}_1, \hat{\theta}_2]$ 是参数 θ 的置信水平为 $1-\alpha$ 的置信区间，$1-\alpha$ 称为 $[\hat{\theta}_1, \hat{\theta}_2]$ 的置信度，$\hat{\theta}_1$、$\hat{\theta}_2$ 称为置信区间的下限和上限。

这里有几点需要说明：

(1) 区间 $[\hat{\theta}_1, \hat{\theta}_2]$ 的端点 $\hat{\theta}_1$、$\hat{\theta}_2$ 及长度 $\hat{\theta}_2-\hat{\theta}_1$ 都是样本的函数，从而都是随机变量，因此 $[\hat{\theta}_1, \hat{\theta}_2]$ 是一个随机区间。

(2) $P\{\hat{\theta}_1 \leqslant \theta \leqslant \hat{\theta}_2\} = 1-\alpha$ 中的随机区间 $[\hat{\theta}_1, \hat{\theta}_2]$ 以 $1-\alpha$ 的概率包含未知参数真值，区间长度 $\hat{\theta}_2-\hat{\theta}_1$ 描述了估计的精度，置信水平 $1-\alpha$ 描述了估计的可靠度。

(3) 因为未知参数 θ 是非随机变量，所以不能说 θ 落入区间 $[\hat{\theta}_1, \hat{\theta}_2]$ 的概率是 $1-\alpha$，而应是随机区间 $[\hat{\theta}_1, \hat{\theta}_2]$ 包含 θ 的概率是 $1-\alpha$。

通俗地说，在点估计的基础上，给出总体参数的一个范围称为区间估计。

2. 区间估计的类型

(1) 平均数的区间估计。

第一种情况，正态总体且方差已知，或非正态总体、方差未知及大样本情况下，总体均值的区间估计。在此情况下，样本均值的抽样分布呈正态分布，其数学期望为总体均值 μ，方差为 σ^2。则 $\bar{x} \pm Z_{\frac{\alpha}{2}} \frac{\sigma}{\sqrt{n}}$ 称为总体均值在 $1-\alpha$ 置信水平下的置信区间。

区间估计步骤如下：

第一步，计算样本统计量 $\bar{x}$。

第二步，计算抽样平均误差 $u_{\bar{x}} = \frac{\sigma}{\sqrt{n}}$ 或 $u_{\bar{x}} = \sqrt{\frac{\sigma^2}{n} \times \frac{N-n}{N-1}}$。

第三步，计算极限误差 $\Delta_{\bar{x}} = Z_{\frac{\alpha}{2}} \times u_{\bar{x}}$。

第四步，确定置信区间 $[\bar{x}-\Delta_{\bar{x}}, \bar{x}+\Delta_{\bar{x}}]$。

第五步，估计总量指标 μ。

例 7-3 保险公司从投保人中随机抽取 36 人，计算得出 36 人的平均年龄 $\bar{x}=39.5$

岁，已知投保人平均年龄近似服从正态分布，标准差为 7.2 岁。

要求：计算全体投保人平均年龄的置信水平为 99%的置信区间。

解：$1-\alpha=0.99$，$\alpha=0.01$，查 $N(0,1)$表可得 $Z_{\frac{\alpha}{2}}=2.575$，因此：

$$\bar{x}-Z_{\frac{\alpha}{2}}\frac{\sigma}{\sqrt{n}}=39.5-2.575\times\frac{7.2}{\sqrt{36}}=36.41$$

$$\bar{x}+Z_{\frac{\alpha}{2}}\frac{\sigma}{\sqrt{n}}=39.5+2.575\times\frac{7.2}{\sqrt{36}}=42.59$$

故全体投保人平均年龄的置信水平为 99%的置信区间为[36.41,42.59]。

第二种情况，正态总体、方差未知，小样本情况下，总体均值的区间估计。

如果总体服从正态分布，无论样本容量大小，样本均值的抽样分布都服从正态分布。只要总体方差已知，即使在小样本情况下，也可以计算总体均值的置信区间。如果总体方差 σ^2 未知，需用样本修正方差 S_{n-1}^2 代替，在小样本情况下，应用 t 分布来建立总体均值的置信区间。

t 分布是类似正态分布的一种对称分布，通常要比正态分布平坦和分散。随着自由度的增大，t 分布逐渐趋于正态分布。

正态总体、方差未知，小样本情况下，总体均值在 $1-\alpha$ 置信水平下的置信区间为：

$$\bar{x}\pm t_{\frac{\alpha}{2}}(n-1)\frac{S_{n-1}}{\sqrt{n}}\quad(\text{重复抽样条件下})\tag{7-20}$$

$$\bar{x}\pm t_{\frac{\alpha}{2}}(n-1)\frac{S_{n-1}}{\sqrt{n}}\sqrt{\frac{N-n}{N-1}}\quad(\text{不重复抽样条件下})\tag{7-21}$$

式中，$t_{\frac{\alpha}{2}}(n-1)$为 t 分布临界值，可以查 t 分布临界值表得到。

(2) 成数的区间估计。在大样本[一般经验规则为 $np\geqslant5$ 和 $n(1-p)\geqslant5$]条件下，样本比例的抽样分布可与正态分布近似。在这种情况下，数理统计已经证明如下结论：

置信水平为 $1-\alpha$ 的置信区间为：

$$p\pm Z_{\frac{\alpha}{2}}\cdot\sqrt{\frac{p(1-p)}{n}}\quad(\text{重复抽样条件下})\tag{7-22}$$

$$p\pm Z_{\frac{\alpha}{2}}\cdot\sqrt{\frac{p(1-p)}{n}\left(\frac{N-n}{N-1}\right)}\quad(\text{不重复抽样条件下})\tag{7-23}$$

例 7-4　某城市想要估计下岗职工中女性所占的比例，采取不重复抽样方法随机抽取了 100 名下岗职工，其中 65 人为女性。

要求：试以 95%的置信水平估计该城市下岗职工中女性所占比例的置信区间。

解：已知 $n=100$，$z_{\frac{\alpha}{2}}=1.96$，$p=\frac{65}{100}=65\%$，根据公式可得：

$p\pm Z_{\frac{\alpha}{2}}\cdot\sqrt{\frac{p(1-p)}{n}}=65\%\pm1.96\times\sqrt{\frac{65\%\times(1-65\%)}{100}}$（总体容量未知，可用重复抽样公式替代）

即 $65\%\pm9.35\%=[55.65\%,74.35\%]$，95%的置信水平下估计该城市下岗职工中女性所占比例的置信区间为[55.65%,74.35%]。

例 7-5 某企业共有职工 1 000 人，企业准备实行一项改革，在职工中征求意见，采用不重复抽样方法，随机抽取 200 人作为样本。调查结果显示，有 150 人表示赞成这项改革，有 50 人表示反对。

要求：试以 95%的置信水平确定赞成改革的人数比例的置信区间。

解：已知 $n=200$，$z_{\frac{\alpha}{2}}=1.96$，$p=\frac{150}{200}=75\%$，根据公式可得：

$$p \pm Z_{\frac{\alpha}{2}} \cdot \sqrt{\frac{p(1-p)}{n}\left(\frac{N-n}{N-1}\right)}=75\% \pm 1.96 \times \sqrt{\frac{75\%(1-75\%)}{200}\left(\frac{1\,000-200}{1\,000-1}\right)}$$

即 $75\% \pm 5.37\%=[69.63\%, 80.37\%]$，95%的置信水平下估计赞成改革的人数比例的置信区间为[69.63%，80.37%]。

四、样本容量的确定

样本容量是指一个样本中包含单位数的个数。

（一）样本容量的意义

在抽取样本时样本容量应为多大是一个很实际的问题。样本容量取得比较大，收集的信息就比较多，从而估计精度比较高，但进行观测所投入的费用、人力及时间就比较多；样本容量取得比较小，则投入的费用、人力及时间就比较少，但收集的信息也比较少，从而估计精度比较低。这说明精度和费用对样本容量的影响是矛盾的，不存在既使精度最高又使费用最省的样本容量。一个常用的准则是在使精度得到保证的前提下寻求使费用最节省的样本容量。由于费用通常是样本容量的正向线性函数，故使费用最节省的样本容量也就是使精度得到保证的最小样本容量。

（二）必要样本容量的影响因素

1. 总体方差的大小

总体方差越大，为保证一定的准确度，需要抽取更多的样本；反之，总体方差越小，可以抽取较少的样本。

2. 允许误差范围的大小

允许误差范围越小，需要抽取更多的样本；反之，允许误差范围越大，可以抽取较少的样本。

3. 概率保证程度

概率保证程度越高，需要抽取更多的样本；反之，概率保证程度越低，可以抽取较少的样本。

4. 抽样方法

在同样的准确度要求下，重复抽样的抽样单位数多于不重复抽样的抽样单位数。

5. 抽样的组织方式

不同的组织方式，由于产生的误差不同，所要抽取的样本容量也各有差别。

(三) 估计总体均值时样本容量的确定

重复抽样条件下，则有：

$$n=\frac{z_{\frac{\alpha}{2}}^2\sigma^2}{\Delta_x^2} \tag{7-24}$$

在简单随机不重复抽样条件下，则有：

$$n=\frac{Nz_{\frac{\alpha}{2}}^2\sigma^2}{N\Delta_x^2+z_{\frac{\alpha}{2}}^2\sigma^2} \tag{7-25}$$

σ^2 通常未知。一般按以下方法确定其估计值：① 过去的经验数据；② 试验调查样本的方差。

例 7-6　在某企业中采用简单随机抽样调查职工月平均奖金额，设职工月奖金额服从标准差为 10 元的正态分布，要求估计的绝对误差为 3 元，可靠度为 95%，试问应抽选多少名职工？

解：已知 $\sigma=10,\Delta=3,1-\alpha=0.95,z_{\frac{\alpha}{2}}=1.96$，则：

$$n=\frac{1.96^2\times10^2}{3^2}=42.68\approx43(\text{名})$$

即需抽取 43 名职工作为样本进行调查。

(四) 估计成数时样本大小的确定

在简单随机重复抽样条件下，样本容量的计算公式为：

$$n=\frac{Z_{\frac{\alpha}{2}}^2P(1-P)}{{\Delta_P}^2}\quad(\text{重复抽样条件下}) \tag{7-26}$$

在简单随机不重复抽样条件下，样本容量的计算公式为：

$$n=\frac{NZ_{\frac{\alpha}{2}}^2P(1-P)}{N{\Delta_P}^2+Z_{\frac{\alpha}{2}}^2P(1-P)}\quad(\text{不重复抽样条件下}) \tag{7-27}$$

例 7-7　根据以往的生产统计，某种产品的合格率为 90%，现要求绝对误差为 5%，在置信水平为 95%的置信区间时，应抽取多少个产品作为样本？

解：已知，$P=90\%,\Delta_P=5\%,Z_{\frac{\alpha}{2}}=1.96$，则：

$$n=\frac{Z_{\frac{\alpha}{2}}^2P(1-P)}{{\Delta_P}^2}=\frac{1.96^2\times0.9\times(1-0.9)}{0.05^2}=139(\text{个})$$

即应抽取 139 个产品作为样本。

第五节　假设检验

假设检验是抽样推断的一个重要内容。所谓假设检验，就是事先对总体参数或总体分布形式做出一个假设，然后利用样本信息来判断原假设是否合理，即判断样本信息与原假设是否有显著差异，从而决定应接受或拒绝原假设。例如，对于某机器设备，生产工艺改变后，要检验新工艺对产品的某个主要指标是否有影响时，就需要抽样检验总体的某个参数(如均值、方差等)是否等于改变工艺前的参数值，这类问题就属于假设检验问题。

假设检验可分为两类，一是参数假设检验；二是非参数检验或自由分布检验，主要是总体分布形式的假设检验。本书只讨论几种重要的参数检验。

一、假设检验的一般问题

（一）假设检验的基本思想

先通过一个例子来说明假设检验的基本思想。

例 7-8　某企业生产一种零件，过去的大量资料表明，零件的平均长度为 4 厘米，标准差为 0.1 厘米。改革工艺后，抽查了 100 个零件，测得样本平均长度为 3.94 厘米。现问：工艺改革前后零件的长度是否发生了显著的变化？

这是关于工艺改革前后零件的平均长度（总体平均数）是否等于 4 厘米的假设检验问题。我们知道，样本平均长度与原平均长度出现差异不外乎两种可能，一是改革后的总体平均长度不变，但由于抽样的随机性使样本平均数与总体平均数之间存在抽样误差；二是由于工艺条件的变化，使总体平均数发生了显著的变化。因此可以这样推断，如果样本平均数与总体平均数之间的差异不大，未超出抽样误差范围，则认为总体平均数不变；反之，如果样本平均数与总体平均数之间的差异超出了抽样误差范围，则认为总体平均数发生了显著的变化。

由上面的例子可以看出，假设检验是对调查人员所关心的却又是未知的总体参数先做出假设，然后抽取样本，利用样本提供的信息对假设的正确性进行判断的过程。

（二）假设检验的步骤

1. 提出原假设和备择假设

对每个假设检验问题，一般可同时提出两个相反的假设，即原假设和备择假设。原假设又称零假设，是正待检验的假设，记为 H_0；备择假设是拒绝原假设后可供选择的假设，记为 H_1。原假设和备择假设是相互对立的，检验结果二者必取其一。接受 H_0 则必须拒绝 H_1；反之，拒绝 H_0 则必须接受 H_1。

原假设和备择假设不是随意提出的，应根据所检验问题的具体背景而定，常常是采取“不轻易拒绝原假设”的原则，即把没有充分理由不能轻易否定的命题作为原假设，而相应地把没有足够把握就不能轻易肯定的命题作为备择假设。

一般地，假设有以下三种形式：

(1) $H_0:\mu=\mu_0$；$H_1:\mu\neq\mu_0$。这种形式的假设检验称为双侧检验。如例 7-8 中可提出假设：$H_0:\mu=4$ 厘米；$H_1:\mu\neq 4$ 厘米。

(2) $H_0:\mu=\mu_0$；$H_1:\mu<\mu_0$（或 $H_0:\mu\geqslant\mu_0$；$H_1:\mu<\mu_0$）。这种形式的假设检验称为左侧检验。

(3) $H_0:\mu=\mu_0$；$H_1:\mu>\mu_0$（或 $H_0:\mu\leqslant\mu_0$；$H_1:\mu>\mu_0$）。这种形式的假设检验称为右侧检验。

左侧检验和右侧检验统称为单侧检验。采用哪种假设，则要根据所研究的实际问题而定。如果对所研究的问题只需判断有无显著差异或要求同时注意总体参数偏大或偏小的情况，则采用双侧检验。如果所关心的是总体参数是否比某个值偏大（或偏小），则宜采用单侧检验。在例 7－8 中，如果我们在乎的是零件长度是否比原来有所缩短，则可采用单侧检验，即 $H_0: \mu = 4$ 厘米（或 $\mu \geqslant 4$ 厘米）；$H_1: \mu < 4$ 厘米。

2. 选择适当的统计量，并确定其分布形式

在参数的假设检验中，如同在参数估计中一样，要借助于样本统计量进行统计推断。用于假设检验问题的统计量称为检验统计量。在具体问题里，选择什么统计量作为检验统计量，需要考虑的因素与参数估计相同。例如，用于进行检验的样本是大样本还是小样本，总体方差已知还是未知，等等。在不同的条件下应选择不同的检验统计量。

3. 选择显著性水平 α，确定临界值

显著性水平表示 H_0 为真时拒绝 H_1 的概率。假设检验是围绕对水平假设内容的审定而展开的。如果原假设正确，我们接受了（同时也就拒绝了替换假设），或原假设错误，我们拒绝了（同时也就接受了替换假设），这表明我们做出了正确的决定。但是，由于假设检验是根据样本提供的信息进行推断的，也就有犯错误的可能。有这样一种情况，原假设正确，而我们却把它当成错误的加以拒绝。犯这种错误的概率用 α 表示，实际统计中把 α 称为假设检验中的显著性水平，也就是决策中所面临的风险。所以，显著性水平是指当原假设为正确时人们却将它拒绝了的概率或风险。这个概率是由人们确定的，通常取 $\alpha = 0.05$ 或 $\alpha = 0.01$，这表明，当做出接受原假设的决定时，其正确的可能性（概率）为 95％或 99％。即拒绝原假设所冒的风险用 α 表示。假设检验应用了小概率事件实际极少发生的原理，这里的小概率就是指 α。给定了显著性水平 α，就可由有关的概率分布表查得临界值，从而确定 H_0 的接受区域和拒绝区域。临界值就是接受区域和拒绝区域的分界点。

对于不同形式的假设，H_0 的接受区域和拒绝区域也有所不同。双侧检验的拒绝区域位于统计量分布曲线的两侧；左侧检验的拒绝区域位于统计量分布曲线的左侧；右侧检验的拒绝区域位于统计量分布曲线的右侧，如图 7－1 所示。

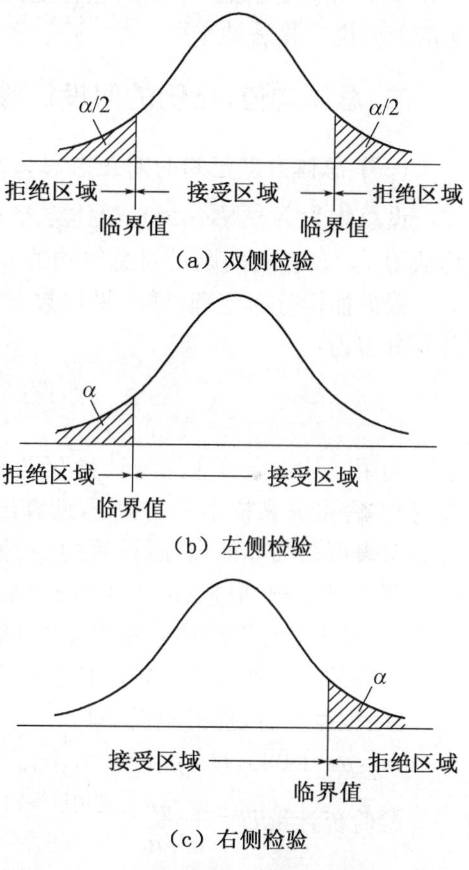

图 7－1　假设检验的接受区域和拒绝区域

4. 得出结论

根据样本资料计算出检验统计量的具体值，并用以与临界值比较，得出接受或拒绝原假设 H_0 的结论。如果检验统计量的值落在拒绝区域内，说明样本所描述的情况与原假设有显著性差异，应拒绝原假设；反之，则接受原假设。

(三) 假设检验的小概率原理

假设检验的基本思想是应用小概率的原理。所谓小概率原理,是指发生概率很小的随机事件在一次试验中是几乎不可能发生的。根据这一原理,可以做出是否接受原假设的决定。例如,有一个厂商声称其产品的合格率很高,可以达到 99%,那么从一批产品(如 100 件)中随机抽取 1 件,这一件恰好是次品的概率就非常小,只有 1%。如果厂商的宣称是真的,随机抽取 1 件是次品的情况就几乎是不可能发生的。但如果这种情况确实发生了,我们就有理由怀疑原来的假设,即产品中只有 1%次品的假设是否成立,这时就可以推翻原来的假设,可以做出厂商的宣称是假的这样一个推断。我们进行推断的依据就是小概率原理。当然,推断也可能会犯错误,即这 100 件产品中确实只有 1 件是次品,而恰好在一次抽取中被抽到了。所以这个例子中犯这种错误的概率是 1%,也就是说,我们在冒 1%的风险做出厂商的宣称是假的这样一个推断。由此也可以看出,这里的 1%正是前面所说的显著性水平。

二、总体均值、比例的假设检验

(一) 总体方差已知时对正态总体均值的假设检验

设总体为 $X \sim N(\mu,\sigma^2)$,总体方差 σ^2 为已知,$x_1,x_2,\cdots,x_n$ 为总体的一个样本,样本平均数为 $\bar{x}$。现在的问题是对总体均值 μ 进行假设检验,即 $H_0:\mu=\mu_0$(或 $\mu \leqslant \mu_0,\mu \geqslant \mu_0$)。

根据抽样分布定理,样本平均数 $\bar{x}$ 服从 $N(\mu,\sigma^2/n)$,所以,H_0 成立时,检验统计量 U 及其分布为:

$$U=\frac{\bar{x}-\mu_0}{\sigma/\sqrt{n}} \sim N(0,1) \tag{7-28}$$

利用服从正态分布的统计量 U 进行的假设检验称为 U 检验法。根据已知的总体方差、样本容量 n 和样本平均数 $\bar{x}$,计算出检验统计量 U 的值。对于给定的检验水平,查正态分布表可得临界值,将所计算的 U 值与临界值比较,便可得出检验结论。

例 7-9 根据过去的大量资料,某厂生产的产品的使用寿命服从正态分布 $N(1\,020,100^2)$。现从最近生产的一批产品中随机抽取 16 件,测得样本平均寿命为 1 080 小时。试在0.05的显著性水平下判断这批产品的使用寿命是否有显著提高?

解:根据题意,提出假设,即:

$H_0:\mu=1\,020$,$H_1:\mu>1\,020$,则:

检验统计量 $U=\dfrac{\bar{x}-\mu_0}{\sigma/\sqrt{n}}=\dfrac{1\,080-1\,020}{100/\sqrt{16}}=2.4$

由 $\alpha=0.05$ 查表得临界值 $U_{0.05}=1.645$。

由于 $U=2.4>U_\alpha=1.645$,所以应拒绝 H_0 而接受 H_1,即这批产品的使用寿命确有显著提高。

(二) 总体方差未知时对正态总体均值的假设检验

设总体为 $X \sim N(\mu,\sigma^2)$,但总体方差 σ^2 未知,此时对总体均值的检验不能用上述 U 检验法,因为此时的检验统计量 U 中包含了未知参数 σ。为了得到一个不含未知参数的检验统计量，很自然地会用总体方差的无偏估计量——样本方差 S^2 来代替 σ^2，于是得到 T 统计量。根据上节内容已知道检验统计量 T 及其分布为：

$$T=\frac{\bar{x}-\mu_0}{S/\sqrt{n}}\sim t(n-1) \tag{7-29}$$

利用服从 t 分布的统计量去检验总体均值的方法称为 T 检验法。其具体做法是，根据题意提出假设（与 U 检验法中的假设形式相同）；构造检验统计量 T 并根据样本信息计算其具体值；对于给定的检验水平 α，由 t 分布表查得临界值；将所计算的 t 值与临界值比较，得出检验结论：

(1) 双侧检验时，若 $|T|> t_{\alpha/2}$，则拒绝 H_0，接受 H_1。

(2) 左侧检验时，若 $T<-t_\alpha$，则拒绝 H_0，接受 H_1。

(3) 右侧检验时，若 $T> t_\alpha$，则拒绝 H_0，接受 H_1。

例 7-10　从长期的资料可知，某厂生产的某种电子元件服从均值为 200 小时、标准差未知的正态分布。通过改变部分生产工艺后，抽取 10 件做样本得出数据（小时）如下：202、209、213、198、206、210、195、208、200、207。

解：根据题意，检验目的是考察电子元件的平均值数据是否有所提高。因此，可建立如下假设：

$H_0:\mu=200$；$H_1:\mu>200$

根据已知数据求得 $\bar{x}=204.8$，$S=5.789$，则：

检验统计量 $T=\dfrac{\bar{x}-\mu_0}{S/\sqrt{n}}=\dfrac{204.8-200}{5.789/\sqrt{10}}=2.622$

由 $\alpha=0.05$ 查表得临界值 $t_\alpha(n-1)=t_{0.05}(10-1)=1.8331$

由于 $|T|=2.622>t_\alpha(n-1)=1.8331$，所以拒绝 H_0 而接受 H_1，即可以接受"在新工艺下，这种电子元件的平均值有所提高的假设"。

T 检验法适用于小样本情况下总体方差未知时对正态总体均值的假设检验。随着样本容量 n 的增大，t 分布趋近于标准正态分布。所以大样本情况下（$n>30$），总体方差未知时对正态总体均值 μ 的假设检验通常近似采用 U 检验法。同理，大样本情况下，非正态总体均值的检验也可用 U 检验法。因为，根据大样本的抽样分布定理，总体分布形式不明或为非正态总体时，样本平均数趋近于正态分布。这时，检验统计量 U 中的总体标准差 σ 用样本标准差 S 来代替。

（三）总体比例的假设检验

由比例的抽样分布定理可知，样本比例服从二项分布，因此可由二项分布来确定对总体比例进行假设检验的临界值，但其计算往往十分烦琐。大样本情况下，二项分布近似服从正态分布。因此，对总体比例的检验通常是在大样本条件下进行的，根据正态分布来近似地确定临界值，即采用 U 检验法。其检验步骤与均值检验时的步骤相同，只是检验统计量不同。

首先，提出待检验的假设，即 $H_0:P=P_0$；$H_1:P\neq P_0$（或 $P<P_0$，$P>P_0$），则检验统计量为：

$$U=\frac{p-P_0}{\sqrt{\frac{P_0(1-P_0)}{n}}}\sim N(0,1) \tag{7-30}$$

例 7-11 调查人员在调查某企业的主要生产线时，被告知性能良好、生产稳定，产品合格率可达 99%。随机抽查了 200 件产品，其中 195 件产品合格，判断厂方的宣称是否可信($\alpha=10\%$)？

解：依题意，可建立如下假设，H_0：$P=0.99$；H_1：$P\neq 0.99$，则：

样本比例 $p=\frac{m}{n}=\frac{195}{200}=0.975$

由于样本容量相当大，所以可近似地采用 U 检验法。

$$U=\frac{p-P_0}{\sqrt{\frac{P_0(1-P_0)}{n}}}=\frac{0.975-0.99}{\sqrt{\frac{0.99\times 0.01}{200}}}=-2.132$$

给定 $\alpha=0.1$，查正态分布表得 $\mu_{\alpha/2}=\mu_{0.05}=1.645$。

由于 $|U|>\mu_{\alpha/2}$，应拒绝原假设，即认为厂方的宣称是不可信的。

本章小结

本章阐述了抽样推断的相关内容，主要包括五大方面，即抽样推断概述、抽样的组织形式、抽样误差、抽样估计以及假设检验。在学习本章内容的过程中，需要着重掌握以下知识点。

一、抽样推断概述

抽样推断是指在抽样调查的基础上，利用样本的实际资料计算出的样本数据，并运用概率估计方法，推算总体相应的数量指标的一种统计分析方法。抽样推断从其内涵来说，包括抽样调查和抽样推断两个部分，前者着重调查，后者着重推断。

二、抽样的组织形式

抽样的组织形式有纯随机抽样、类型抽样、等距抽样、整群抽样、多阶段抽样和多重抽样。

三、抽样误差

抽样误差是指随机抽样的偶然因素使样本各单位的结构对总体各单位结构的代表性存在差别，而引起的抽样指标和全及指标之间的绝对离差。例如，抽样平均数与总体平均数的绝对离差，抽样成数与总体成数的绝对离差，等等。

四、抽样估计

抽样估计是建立在概率论的大数法则基础上的，大数法则的一系列定理为抽样估计提供了数学依据。抽样估计是利用实际抽样调查资料计算的样本指标值来估计相应的总体指标的数值。由于总体指标是表示总体数量特征的参数，因此也称为参数估计。在统计实践中，抽样估计有点估计和区间估计两种方法。

五、假设检验

假设是科学研究中广泛应用的方法。它是根据已知理论与事实对研究对象所做的假定性说明。统计学中的假设一般专指用统计学术语对总体参数所做的假定性说明。假设检验是事先对总体参数或总体分布形式做出一个假设，然后利用样本信息来判断原假设是否合理，即判断样本信息与原假设是否有显著差异，从而决定应接受或拒绝原假设。

假设检验可分为两类，一是参数假设检验；二是非参数检验或自由分布检验，主要是总体分布形式的假设检验。

本章习题

一、名词解释

抽样推断　抽样调查　参数　统计量　重复抽样　不重复抽样　抽样误差　抽样平均误差　抽样误差范围　简单随机抽样　类型抽样　等距抽样　整群抽样　单阶段抽样　多阶段抽样　多重抽样　参数估计　参数的点估计　参数的区间估计　假设检验

二、单项选择题

1. 抽样调查和重点调查的主要区别是（　　）。

A. 选取调查单位的方式不同　　B. 调查的目的不同
C. 调查的单位不同　　D. 两种调查没有本质区别

2. 当可靠度大于 0.682 7 时，抽样极限误差（　　）。

A. 大于抽样平均误差
B. 小于平均误差
C. 等于抽样平均误差
D. 与抽样平均误差的大小关系依样本容量而定

3. 有一批灯泡共 1 000 箱，每箱 200 个，现随机抽取 20 箱并检查这些箱中全部灯泡，此种检验属于（　　）。

A. 纯随机抽样　B. 类型抽样　C. 整群抽样　D. 等距抽样

4. 当总体单位不太多且各单位间差异较小时宜采用（　　）。

A. 类型抽样　B. 纯随机抽样　C. 整群抽样　D. 两阶段抽样

5. 在抽样推断中，抽样误差是（　　）。

A. 可以避免的　　B. 可避免且可控制
C. 不可避免且无法控制　　D. 不可避免但可控制

6. 在其他条件不变的情况下，抽样单位数越多，则（　　）。

A. 系统误差越大　　B. 系统误差越小
C. 抽样误差越大　　D. 抽样误差越小

7. 假定 10 亿人口大国和 100 万人口小国的居民年龄变异程度相同，现在各自用重复抽样方法抽取各国的 1‰人口，则两国抽样误差（　　）。

A. 两者相等　B. 前者大于后者　C. 前者小于后者　D. 不能确定

8. 某地有 2 万亩稻田，根据上年资料得知其中平均亩产的标准差为 50 千克，若以95.45%的概率保证平均亩产的误差不超过 10 千克，应抽选（　　）亩地作为样本进行抽样调查。

A. 100　B. 250　C. 500　D. 1 000

9. 反映抽样指标与总体指标之间抽样误差的可能范围的指标是(　　)。

A. 抽样平均误差　B. 抽样误差系数　C. 概率度　D. 抽样极限误差

10. 在一定的抽样平均误差条件下,(　　)。

A. 扩大极限误差范围可以提高推断的可靠程度

B. 扩大极限误差范围会降低推断的可靠程度

C. 缩小极限误差范围可以提高推断的可靠程度

D. 缩小极限误差范围不改变推断的可靠程度

三、判断题(正确的打"√",错误的打"×")

1. 对同一总体,抽取相同的样本容量,重复抽样的抽样误差一定大于不重复抽样的抽样误差。(　　)

2. 点估计是以样本的实际值直接作为总体参数的估计值的一种抽样推断方法。(　　)

3. 抽样误差是由于抽样的偶然因素而产生的,它既可以避免也可以控制。(　　)

4. 缩小抽样误差范围,则抽样调查的精确度就会提高。(　　)

5. 根据总体各单位的标志值或标志特征计算的综合指标称为样本指标。(　　)

6. 抽样平均误差是反映抽样指标与总体指标之间误差的可能范围的指标。(　　)

7. 样本成数是指在样本中具有某种标志表现的单位数占全部样本单位数的比重。(　　)

8. 假设检验主要是检验在抽样调查情况下所得到的样本指标是否真实。(　　)

9. 样本单位数的多少可以影响抽样误差的大小,而总体标志变异程度的大小和抽样误差无关。(　　)

10. 所有可能的样本平均数的平均数等于总体平均数。(　　)

四、简答题

1. 什么是随机原则,在抽样调查中为什么要遵循随机原则?

2. 样本和总体有什么区别和联系?

3. 影响抽样误差的因素有哪些?

4. 什么是抽样推断,它有哪些特点?

5. 什么是全及指标和样本指标,两者有什么联系和区别?

6. 实际误差、抽样平均误差和抽样极限误差有什么联系与区别?

7. 什么是假设检验,其作用是什么?

8. 为什么要确定必要的样本单位数,必要的样本单位数受哪些因素影响?

9. 抽样误差、抽样极限误差和概率度三者之间有什么关系?

10. 什么是假设检验的第一类错误和第二类错误?

五、计算题

1. 从某厂生产的一批灯泡中,随机不重复抽取100只。检查结果是100只灯泡的平均使用寿命为1 000小时,标准差为15小时。

要求:

(1) 试以95.45%($t=2$)的概率保证程度推断该批灯泡的平均使用寿命区间。

(2) 假定其他条件不变,如果将抽样极限误差减少为原来的1/2,则应抽取多少只灯泡进行检查?

2. 在某地区进行某物资用量调查,随机抽查400个企业,年平均用量为350吨,标准差为100吨。

要求:以95%的概率保证估计该地区每一企业年平均用量。

3. 某地区为了解职工家庭的收入情况,从本地区3 000户家庭中,按不重复抽样的方法抽取300户职工家庭进行调查,调查结果如表7-3所示。

表7-3　某地区职工家庭收入的资料

每户月收入/元	收入调查户数/户
400以下	40
400～600	80
600～800	120
800～1 000	50
1 000以上	10
合　计	300

要求:

(1) 若用这300户家庭的月收入资料推算该地区3 000户家庭的月收入情况,则抽样平均误差为多少?

(2) 若知月平均收入在800元以上的户数的比重为20%,则月收入在800元以上成数的抽样平均误差为多少?

4. 简单随机重复抽样中,若抽样单位数增加3倍,则抽样平均误差如何变化?若抽样允许误差扩大为原来的2倍,则抽样单位数如何变化?若抽样允许误差缩小为原来的1/2,抽样单位数又如何变化?

5. 某手表厂在某段时间内生产100万个某种零件,用纯随机抽样方式不重复抽取1 000个零件进行检验,测得废品为20件。如以99.73%概率保证,试对该厂这种零件的废品率做定值估计和区间估计。

6. 随机抽取某市400户家庭作为样本,调查结果为80户家庭有1台以上的摄像机。试确定一个以99.73%的概率保证估计的该市有1台以上摄像机家庭的比率区间[$F(t)=99.73\%$,$t=3$]。

7. 对某厂日产10 000个灯泡的使用寿命进行抽样调查,抽取100个灯泡,测得其平均寿命为1 800小时,标准差为6小时。

要求:

(1) 按68.27%的概率计算抽样平均数的极限误差。

(2) 按以上条件,若极限误差不超过0.4小时,应抽取多少只灯泡进行测试?

(3) 按以上条件,若概率提高到95.45%,应抽取多少只灯泡进行测试?

(4) 若极限误差为0.6小时,概率为95.45%,应抽取多少只灯泡进行测试?

(5) 通过以上计算,说明允许误差、抽样单位数和概率之间的关系。

本章案例

案例资料一

原来，夏粮产量数据是这样算出来的

2022 年全国夏粮总产量 14 739 万吨，喜获丰收。粮食丰收的背后，数据是怎么算出来的呢？下面带大家到测产现场看一看。

实割实测是夏粮产量调查工作的核心环节，是我们计算夏粮产量数据的基础。怎样找到这些实测地块？收割之后又该怎么处理呢？

夏粮产量是如何调查统计的？

踏田估产（估产小组逐个地块预估产量，为下一步科学抽取样本地块奠定基础）→排队抽样（根据估产水平排序，在面积累计的基础上，等距抽取实测地块）→打点放样（采用梅花法打点，使用 PAD、皮尺定位小样本，插上小红旗标记）→收割样本（样本框之内，不漏收一穗，样本框之外，不多割一株）→脱粒晾晒，称重化验（分隔晾晒，不混杂一谷；逐把脱粒，不跑漏一粒。准确称取样本粮重量，测定含水率和杂质率）→计算亩产（最后，扣除割、拉、打及运输、脱粒损失量，计算出实测亩均产量）。

01

小样本位置在这里。

样本确定大体流程为：产量村—抽中地块—抽中小样本。确定小样本位置后，就插上小红旗定位打点。

02

放样啦！

在定位打点小样本内，将 1.1 米×1.1 米大的实割框保持与地面平行，垂直放置，放样后即可开割啦。

03

亩穗数和穗粒数是这样数的。

通过清数每个小样本收割上来的麦穗数、穗粒数，就能估算出一亩地的麦穗数和穗粒数。

04

实测工作这样就完成了吗？

割取后的小麦样本还需要进行脱粒、除杂、晾晒、称重、水杂成分测量，最后填入样本标签。

05

那什么是水杂呢？

即小麦含水率和杂质率，小麦的国家水杂标准为 13.5%，过高或过低可能是晾晒不充分或测量中出现错误，需要进一步晾晒或重新测量。

06

样本重量是计算单产的核心指标。

通过称重可以测得收割小样本重量及小麦千粒重数据，根据千粒重、亩穗数、穗粒数三要素可以初步估算小麦亩产；基于小样本重量、实测水杂等数据，可以科学地计算出实测地块亩产。

07

小样本的家。

实测工作完成后，按要求将夏粮实测样本妥善保管在密封容器中，粘贴好实测作物小样本标签，同时要做好防潮、防霉、防虫工作。

沉甸甸的样本盒里是粮食产量数据的来源，夏粮丰收来之不易，珍惜每一粒粮食从你我做起。

（资料来源：统计微讯，2022-07-14）

要求：通过以上资料，了解如何在实际中获取粮食产量数据，学习调查工作者们科学严谨的工作作风和工匠精神。

案例资料二

Mead 股份有限公司森林资源的抽样推断

坐落于俄亥俄州代顿的 Mead 股份有限公司，是一家生产纸张和林业制品的企业，其产品包括纸张、木浆、木材和纸质运输容器及饮料包装袋。公司的销售方式是销售自产的多种产品，包括纸张、学校用品和文具。公司内部的顾问组通过抽样方式进行决策分析，为 Mead 提供大量信息，以保证企业获得可观的产品收益，并在该行业保持竞争力。

例如，Mead 拥有大量的森林资源，它们提供公司生产多种产品所需的原料——树木。管理人员需要掌握关于森林准确而可靠的信息，如森林的现有储量如何，森林以往的生长情况如何，森林未来计划生长情况如何，等等。Mead 的管理人员基于这些重要问题的答案，估计公司满足未来所需原料的能力，制订未来包括树木的长期种植和采伐时间表在内的计划。

Mead 是如何获取所需要的其拥有大量森林资源的有关信息呢？收集遍布森林的抽样点的数据是对公司拥有的树木总体进行了解的基础。为了辨明抽样点，首先按照位置和树种将木材林分成三部分，使用地图和随机数，Mead 的分析家从每部分森林中选取 1/5～1/7 英亩的树木作为随机抽样点。抽样点是 Mead 林务员收集数据和了解森林总体的地方。

由全体林务员参加数据的搜集过程。他们两人一组定期收集每一抽样点中每棵树的信息。这些抽样数据被录入公司的森林永续存货计算机系统。该系统所提供的报告对树木类型、现有森林储量、森林以往生产率、未来计划森林生长和储量做出统计，其中汇总了大量有关数据频率分布的信息。

思考：现实生活中有哪些总体指标数值的获取是通过抽样推断得出的？

第八章　相关分析与回归分析

【教学目的与要求】 本章是统计分析的一个重要内容，通过本章的学习，要求理解相关分析与回归分析的基本含义，最小二乘法的基本思想；理解回归模型中参数的意义及样本可决系数的意义；掌握回归模型中的参数估计、相关系数检验、拟合优度检验、回归系数显著性检验、回归方程显著性检验的基本方法、回归模型的估计与预测。

【教学重点与难点】 回归模型中的参数估计；相关系数检验；拟合优度检验；回归系数显著性检验；回归方程显著性检验的基本方法；回归模型的估计与预测。

【课程思政】 在利用客观总体之间或总体不同特征之间高度密切相关的关系建立回归模型并检验，最后利用模型进行相互推算。过程中，要求我们从客观实际出发，以科学、严谨的工作态度，实事求是的工作作风，扎实的专业知识作为基础。

第一节　相关分析

一、变量之间的两类关系

在现实世界中，任何事物或现象都不是孤立存在的，而是相互联系、相互制约、相互依存的。当某些现象发生变化时，另一现象也会随之发生变化。例如，居民收入的高低会影响对日常生活用品的需求量；商品价格的变化会刺激或抑制商品销售量的变化；学习时间的长短会影响学习成绩的好坏，等等。研究这些现象之间的依存关系，找出它们之间的变化规律，可以达到对客观事物的科学认识。

客观现象间的依存关系大致可归纳为两种不同类型，一类是函数关系，另一类是相关关系。

（一）函数关系

函数关系亦称确定性关系，是指变量（现象）之间存在的严格确定的依存关系。在这种关系中，当一个或几个相互联系的变量取一定的数值时，必定有另一个且只有一个变量有确定的值与之对应。这种关系可以用函数 $y=f(x)$ 表示，x 给定后，y 的值就唯一确定了。例如，圆的面积 S 与其半径 r 之间有关系 $S=\pi r^2$，电路中有欧姆定律 $V=IR$。

（二）相关关系

相关关系是指变量（现象）之间存在非严格、不确定的依存关系。在这种关系中，当一个或几个相互联系的变量取一定的数值时，可以有另一变量的若干数值与之相对应。这种关系不能用完全确定的函数来表示。例如，人的脚掌的长度与身高两者之间具有相关关系，一般来讲，脚掌较长的人身高也较高，但是脚掌长度相同的人的身高可以是不同的。

公安机关在破案时，常常根据案犯留下的脚印来推测其身高。又如，国内生产总值会受到固定资产投资的影响，但固定资产投资额相同的国家，它们的国内生产总值不一定相同。

二、相关关系的种类

客观现象之间的相关关系可以从不同的角度进行分类。

(一) 按相关的密切程度分类

按相关的密切程度可分为完全相关、不完全相关和不相关。

若某一变量的取值完全由另一个或一组变量的值所决定，这种相关关系称为完全相关。因此，完全相关也就是变量间的一种确定的函数关系。若某一变量的取值与另一个或一组变量的取值相互独立，则变量之间没有相关关系，称为不相关。若变量间的关系介于完全相关与不相关之间，则称为不完全相关。

(二) 按表现形态分类

按表现形态可分为线性相关和非线性相关。

如果相关的两个变量的对应值在直角坐标系中的散点图近似呈一条直线，则称为线性相关。如果相关的两个变量的对应值在直角坐标系中的散点图近似呈现出某种曲线形式，则为非线性相关。

(三) 按相关的方向分类

按相关的方向可分为正相关和负相关。

正相关是指两个变量的变化方向是一致的，即当一个变量的值增加(或减少)时，另一变量的值也随之增加(或减少)。负相关是指两个变量的变化方向相反，即当一个变量的值增加(或减少)时，另一个变量的值会随之减少(或增加)。

(四) 按研究变量的多少分类

按研究变量的多少可分为单相关、复相关和偏相关。

单相关是指仅涉及两个变量的相关关系。复相关是指一个变量对两个或者两个以上其他变量的相关关系。在某一变量与多个变量相关的场合，若假定其他变量不变时，其中两个变量间的关系称为偏相关。

三、相关分析与回归分析

相关分析与回归分析都是研究两个或者两个以上变量之间关系的方法。

(一) 相关分析

相关分析主要研究两个或者两个以上随机变量之间相互依存关系的方向和密切程度的方法。直线相关用相关系数表示，曲线相关用相关指数表示，多元相关用复相关系数表示。

(二) 回归分析

回归分析是研究某一随机变量关于另一个(或多个)非随机变量之间数量关系变动趋势的方法。其目的在于根据已知非随机变量来估计和预测随机变量的总体均值。前者称之为因变量(被解释变量)，后者称之为自变量(解释变量)。

这两种分析既相互联系又相互区别。其联系是,它们在研究现象间的相互依存关系时,是相互补充、相互渗透的。在实际应用中,一般先进行定性的相关分析;然后计算相关系数,拟合适当的回归方程,进行显著性检验;最后用回归方程进行推算和预测。其区别是,相关分析研究的变量都是随机变量,不需要区分因变量和自变量,并且侧重研究两个变量间线性相关的密切程度;回归分析中必须区分因变量和自变量,自变量是确定的一般变量,而因变量是随机变量,它不仅能够揭示自变量对因变量影响的大小,还可以利用回归方程进行预测和控制。

四、相关关系的测度

(一) 相关图

相关图是研究相关关系的直观工具,又称散点图。它是将具有相关关系的两个变量间相对应的变量值,在直角坐标系中用坐标点的形式描绘出来,根据坐标点的分布状况来大致判别相关形式、相关方向和相关密切的程度。例如,两个变量间的几种相关图形如图8-1所示。

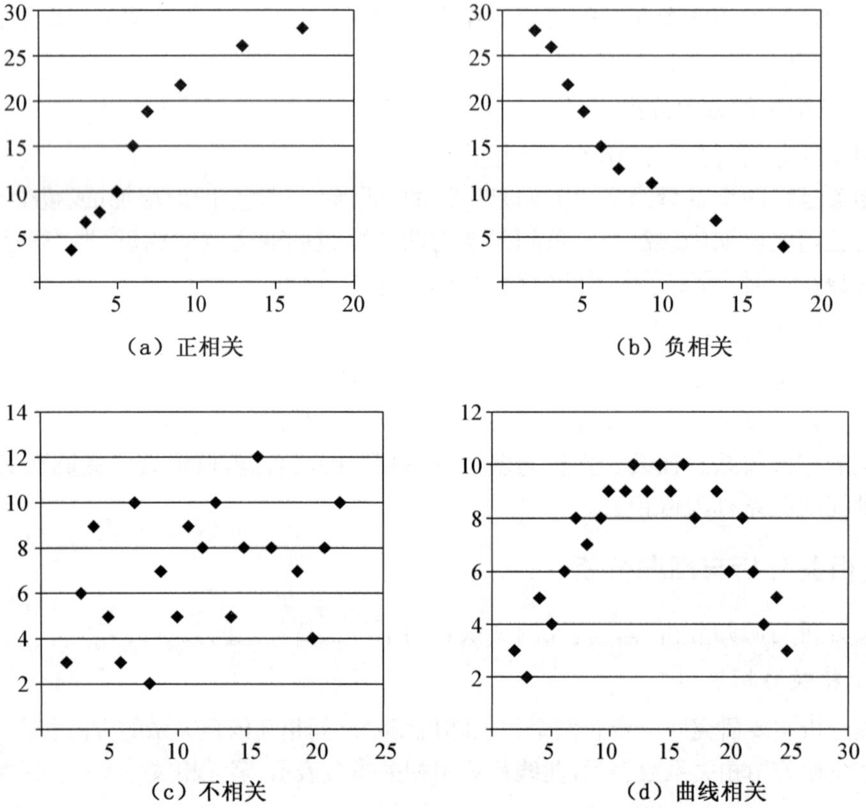

图8-1 两个变量间的相关图形——散点图

(二) 相关系数

相关系数是衡量变量之间线性相关密切程度及相关方向的统计分析指标。

1. 相关系数的计算公式

总体相关系数的定义式为：

$$\rho=\frac{\operatorname{Cov}(x,y)}{\sqrt{\operatorname{Var}(x)\operatorname{Var}(y)}} \tag{8-1}$$

式中，$\operatorname{Cov}(x,y)$表示变量 x 与 y 的协方差；$\operatorname{Var}(x)$与 $\operatorname{Var}(y)$分别表示变量 x 与 y 的方差。总体相关系数是根据总体数据计算的，由于实际运用中总体变量 x 与 y 的数据通常不容易获取，ρ 往往是未知的。

样本相关系数是根据样本数据计算的，设$(x_i,y_i)(i=1,2,\cdots,n)$是$(x,y)$的 n 组样本观测值，两个变量之间的简单样本相关系数的计算公式为：

$$r=\frac{\sum_{i=1}^{n}(x_i-\bar{x})(y_i-\bar{y})}{\sqrt{\sum_{i=1}^{n}(x_i-\bar{x})^2\sum_{i=1}^{n}(y_i-\bar{y})^2}}=\frac{l_{xy}}{\sqrt{l_{xx}l_{yy}}} \tag{8-2}$$

其中：

$$l_{xx}=\sum_{i=1}^{n}(x_i-\bar{x})^2=\sum_{i=1}^{n}x_i^{\,2}-n\bar{x}^2=\sum_{i=1}^{n}x_i^{\,2}-\frac{1}{n}\left(\sum_{i=1}^{n}x_i\right)^2$$

$$l_{xy}=\sum_{i=1}^{n}(x_i-\bar{x})(y_i-\bar{y})=\sum_{i=1}^{n}x_iy_i-n\bar{x}\cdot\bar{y}=\sum_{i=1}^{n}x_iy_i-\frac{1}{n}\sum_{i=1}^{n}x_i\sum_{i=1}^{n}y_i$$

$$l_{yy}=\sum_{i=1}^{n}(y_i-\bar{y})^2=\sum_{i=1}^{n}y_i^{\,2}-n\bar{y}^2=\sum_{i=1}^{n}y_i^{\,2}-\frac{1}{n}\left(\sum_{i=1}^{n}y_i\right)^2$$

$$\bar{x}=\frac{1}{n}\sum_{i=1}^{n}x_i,\ \bar{y}=\frac{1}{n}\sum_{i=1}^{n}y_i$$

2. 相关系数的性质

相关系数 r 的取值介于-1到 1 之间。当$-1\leqslant r<0$ 时，表明 x 与 y 之间存在负相关关系；当 $0<r\leqslant 1$ 时，表明 x 与 y 之间存在正相关关系；当 $r=0$ 时，表明 x 与 y 之间不存在线性相关关系。$|r|$的取值越接近于 0，变量间的线性相关关系越弱；$|r|$的取值越接近于 1，变量间的线性相关关系越强。当$|r|=1$ 时，表明 x 与 y 之间具有完全线性相关关系，此时可将 x 与 y 的关系表示为 $y=ax+b(a\neq 0)$，这实际上就是函数关系；$r=1$ 表明 x 与 y 完全正相关，即 y 的取值与 x 的取值变化方向相同；$r=-1$ 表明 x 与 y 完全负相关，即 y 的取值与 x 的取值变化方向相反。当 $r<0.3$ 时，表明 x 与 y 微弱相关；当 $0.3\leqslant r<0.5$ 时，表明 x 与 y 低度相关；当 $0.5\leqslant r<0.8$ 时，表明 x 与 y 一般相关；当 $0.8\leqslant r<1$ 时，表明 x 与 y 高度相关。

3. 相关系数的检验

相关系数的显著性检验即样本相关系数与总体相关系数的差异检验。一般情况下，总体相关系数 ρ 是未知的，通常是用样本相关系数 r 来近似地估计总体相关系数 ρ。样本相关系数 r 是根据样本数据计算出来的，由于样本数据的获取具有随机性，因而 r 是一个随机变量，因此要对样本相关系数进行显著性检验。相关系数的显著性检验问题可分为两类，一是对 $\rho=0$ 检验；二是对 $\rho\neq0$ 的检验。

下面仅介绍对 $\rho=0$ 的 t 统计量检验法，检验步骤如下：

第一步，提出假设，即 $H_0:\rho=0$；$H_1:\rho\neq0$。

第二步，计算检验统计量 $t=\dfrac{r\sqrt{n-2}}{\sqrt{1-r^2}}\sim t(n-2)$。

第三步，根据给定的显著性水平 α 进行决策。若 $|t|\geqslant t_{\alpha/2}$，拒绝 H_0，表明两个变量之间的线性相关关系显著；若 $|t|<t_{\alpha/2}$，不能拒绝 H_0，表明两个变量之间的线性相关关系不显著。

例 8-1 根据 2005—2021 年国内生产总值和固定资产投资额的资料，如表 8-1 所示。

要求：计算国内生产总值和固定资产投资额之间的相关系数，并对相关系数进行显著性检验。

解：将表 8-1 中的数据代入式(8-2)，可得相关系数为：

$$r=\frac{690\,491\,611\,534-2\,017\,177.1\times\dfrac{3\,664\,701.8}{17}}{\sqrt{435\,176\,981\,356-\dfrac{(2\,017\,177.1)^2}{17}}\sqrt{1\,127\,654\,171\,860-\dfrac{(3\,664\,701.8)^2}{17}}}$$

$$=\frac{255\,647\,343\,929}{442\,519.872\times581\,078.188\,5}=0.994\,2$$

对样本相关系数进行显著性 t 检验，计算检验统计量 $t=\dfrac{r\sqrt{n-2}}{\sqrt{1-r^2}}=35.8$，对于给定的显著性水平 $\alpha=0.05$，查表得 $t_{0.025}(15)=2.131\,5$。这里 $|t|\geqslant t_{0.025}(15)$，故在 0.05 的显著性水平下，检验通过，说明国内生产总值和固定资产投资额之间的相关关系显著。

表 8-1 相关系数计算表

年 份	国内生产总值 y_i/亿元	固定资产投资额 x_i/亿元	x_iy_i	x_i^2	y_i^2
2005	71 176.6	22 913.5	1 630 905 024	525 028 482	5 066 108 388
2006	78 973	24 941.1	1 969 673 490	622 058 469	6 236 734 729
2007	84 402.3	28 406.2	2 397 548 614	806 912 198	7 123 748 245
2008	89 677.1	29 854.7	2 677 282 917	891 303 112	8 041 982 264
2009	99 214.6	32 917.7	3 265 916 438	1 083 574 973	9 843 536 853
2010	109 655.2	37 213.5	4 080 653 785	1 384 844 582	12 024 262 887
2011	120 332.7	43 499.9	5 234 460 417	1 892 241 300	14 479 958 689
2012	135 822.8	55 566.6	7 547 211 198	3 087 647 036	18 447 833 000
2013	159 878.3	70 477.4	11 267 806 900	4 967 063 911	25 561 070 811
2014	184 937.4	88 773.6	16 417 558 773	7 880 752 057	34 201 841 919
2015	216 314.4	109 998.2	23 794 194 634	12 099 604 003	46 791 919 647
2016	265 810.3	137 323.9	36 502 107 056	18 857 853 511	70 655 115 586

续　表

年　份	国内生产总值 y_i/亿元	固定资产投资额 x_i/亿元	x_iy_i	x_i^2	y_i^2
2017	314 045.4	172 828.4	54 275 964 009	29 869 655 847	98 624 513 261
2018	340 902.8	224 598.8	76 566 359 797	50 444 620 961	116 214 719 048
2019	401 512.8	251 683.8	101 054 267 253	63 344 735 182	161 212 528 564
2020	473 104	311 485.1	147 364 846 750	97 022 967 522	223 827 394 816
2021	518 942.1	374 694.7	194 444 854 477	140 396 118 208	269 300 903 152
合　计	3 664 701.8	2 017 177.1	690 491 611 534	435 176 981 356	1 127 654 171 860

第二节　一元线性回归分析

一、一元线性回归模型

(一) 回归模型的基本形式

对于具有显著相关关系的变量，可以选择一个合适的数学模型近似地表达变量之间的平均变化关系。在回归分析中，最简单的模型为一元线性回归模型，它只有一个因变量和一个自变量。

一元线性回归分析的总体回归模型为：

$$y_i=\beta_0+\beta_1x_i+\varepsilon_i \tag{8-3}$$

式中，x_i 为解释变量(自变量)，其值是可以精确测定或严格控制的；y_i 为被解释变量(因变量)；β_0 与 β_1 是未知参数，β_1 为直线的斜率；ε_i 是随机误差项，又称随机干扰项。

在实际问题的研究中，总体数据往往无法全部获取，总体回归模型通常是未知的，需要利用样本的信息对总体回归模型进行估计。回归分析的主要任务就是通过 n 组样本数据$(x_i,y_i)(i=1,2,\cdots,n)$来对 β_0、β_1 进行估计。一般用 $\hat{\beta}_0$、$\hat{\beta}_1$ 分别表示 β_0、β_1 的估计值，用 $\hat{y}_i$ 表示$E(y_i)$的估计值，则称式(8-4)为一元线性回归方程。

$$\hat{y}_i=\hat{\beta}_0+\hat{\beta}_1x_i \tag{8-4}$$

其中，$\hat{\beta}_0$ 为样本回归直线的截距；$\hat{\beta}_1$ 为样本回归直线的斜率，表示解释变量 x_i 每增加一个单位时被解释变量 y_i 的平均增加量。

实际观测值 y_i 与 $\hat{y}_i$ 之间并不完全相等，若用 e_i 表示二者的差值，即 $e_i=y_i-\hat{y}_i$，则有：

$$y_i=\hat{\beta}_0+\hat{\beta}_1x_i+e_i;i=1,2,\cdots,n \tag{8-5}$$

式(8-5)称为一元线性样本回归模型。其中，称 e_i 为残差(离差)，与总体回归模型(8-3)式中的随机误差项 ε_i 相对应。显然，式(8-3)所表示的总体回归模型与式(8-5)所表示的样本回归模型在形式上是等价的。但是二者之间也存在明显的区别。首先，总体回归线只有一条，并且是未知的，样本回归线是根据样本数据拟合而成的，不同的样本数据可以拟合出不同的样本回归线；其次，总体回归模型中的参数 β_0、β_1 是未知常数，而样本回归模型中的参数 $\hat{\beta}_0$、$\hat{\beta}_1$ 是通过样本值估计出来的，由于样本的获取具有随机性，可知 $\hat{\beta}_0$、$\hat{\beta}_1$ 是随机变量；最后，总体回归模型中的随机误差项 ε_i 不可直接观测，而样本回归模型中的残差 e_i 可以根据样本观测值 y_i 减去回归拟合值 $\hat{y}_i$ 来计算。

(二) 一元线性回归模型的基本假设

假设 1：随机误差项 ε_i 具有零均值，同方差性，即：

$$E(\varepsilon_i)=0;\mathrm{Var}(\varepsilon_i)=\sigma^2;i=1,2,\cdots,n$$

假设 2：随机误差项之间不存在序列相关关系，即：

$$\mathrm{Cov}(\varepsilon_i,\varepsilon_j)=0;i\neq j;i,j=1,2,\cdots,n$$

假设 3：解释变量 x_i 是确定性变量，且与随机误差项之间线性无关。

假设 4：随机误差项 ε_i 服从零均值、同方差的正态分布，即：

$$\varepsilon_i\sim N(0,\sigma^2);i=1,2,\cdots,n$$

以上假设是由德国数学家高斯最早提出的，故称为一元线性回归模型的高斯假设或标准假设。模型(8－3)被称为标准一元线性回归模型。

二、一元线性回归模型的估计

(一) 参数 $\boldsymbol{\beta_0}$ 和 $\boldsymbol{\beta_1}$ 的最小二乘估计

估计回归方程的参数有许多方法，其中使用最广泛的方法是最小二乘法。在回归分析时，根据一组样本观测值 $(x_i,y_i)(i=1,2,\cdots,n)$，总希望样本回归模型尽可能反映真实总体回归模型，即观测值 y_i 与回归方程中的 $\hat{y}_i$ 的总体误差尽可能小。也就是说，残差 e_i 的总量越小越好。由于 e_i 有正有负，简单求和会相互抵消，因而采用残差平方和作为衡量二者总体偏差的尺度。所谓最小二乘法，就是使残差平方和达到最小时求得参数 β_0 和 β_1 的估计值 $\hat{\beta}_0$ 与 $\hat{\beta}_1$ 的方法。

残差平方和公式为：

$$Q=\sum_{i=1}^{n}e_i^{\,2}=\sum_{i=1}^{n}(y_i-\hat{y}_i)^2=\sum_{i=1}^{n}(y_i-\hat{\beta}_0-\hat{\beta}_1x_i)^2 \tag{8-6}$$

由于 $Q\geqslant 0$，且根据微积分中求极值的原理，当 Q 对 $\hat{\beta}_0$、$\hat{\beta}_1$ 的一阶偏导数为 0 时，Q 达到最小，即：

$$\begin{cases}\dfrac{\partial Q}{\partial\hat{\beta}_0}=-2\displaystyle\sum_{i=1}^{n}(y_i-\hat{\beta}_0-\hat{\beta}_1x_i)=0\\[2ex]\dfrac{\partial Q}{\partial\hat{\beta}_1}=-2\displaystyle\sum_{i=1}^{n}(y_i-\hat{\beta}_0-\hat{\beta}_1x_i)x_i=0\end{cases} \tag{8-7}$$

这组方程称为正规方程组，经过整理，可得：

$$\begin{cases}n\hat{\beta}_0+n\bar{x}\hat{\beta}_1=n\bar{y}\\ n\bar{x}\hat{\beta}_0+\hat{\beta}_1\displaystyle\sum_{i=1}^{n}x_i^{\,2}=\sum_{i=1}^{n}x_iy_i\end{cases} \tag{8-8}$$

求解式(8－8)可得：

$$\begin{cases} \hat{\beta}_1 = \dfrac{\sum\limits_{i=1}^{n} x_i y_i - n\overline{x} \cdot \overline{y}}{\sum\limits_{i=1}^{n} x_i{}^2 - n\overline{x}^2} = \dfrac{l_{xy}}{l_{xx}} \\ \hat{\beta}_0 = \overline{y} - \hat{\beta}_1 \overline{x} \end{cases} \tag{8-9}$$

这就是参数 β_0、β_1 的最小二乘估计量。

例 8-2　根据表 8-1 中给出的我国国内生产总值和固定资产投资额的数据，建立回归方程。

解：根据例 8-1 的计算结果可知，国内生产总值和固定资产投资额之间具有显著的线性相关关系，由此可建立简单直线回归方程：

$$\hat{y}_i = \hat{\beta}_0 + \hat{\beta}_1 x_i$$

将表 8-1 中的有关数据代入上式，可得：

$$\hat{\beta}_1 = \frac{\sum\limits_{i=1}^{n} x_i y_i - n\overline{x} \cdot \overline{y}}{\sum\limits_{i=1}^{n} x_i{}^2 - n\overline{x}^2} = \frac{255\ 647\ 343\ 929}{195\ 823\ 837\ 076} = 1.305\ 497 \approx 1.305$$

$$\hat{\beta}_0 = \overline{y} - \hat{\beta}_1 \overline{x} = 215\ 570.7 - 1.305\ 497 \times 118\ 657.476\ 5 = 60\ 663.768$$

所求回归方程为：

$$\hat{y}_i = 60\ 663.768 + 1.305 x_i$$

上式表明固定资产投资额每增加 1 亿元，国内生产总值平均增加 1.305 亿元。

（二）最小二乘估计量的性质

为了测度参数估计的精度，需进一步讨论参数估计量的性质。根据式（8-9），可以将 $\hat{\beta}_0$、$\hat{\beta}_1$ 变形如下：

$$\hat{\beta}_1 = \frac{\sum\limits_{i=1}^{n} x_i y_i - n\overline{x} \cdot \overline{y}}{\sum\limits_{i=1}^{n} x_i{}^2 - n\overline{x}^2} = \frac{l_{xy}}{l_{xx}} = \sum_{i=1}^{n} \frac{x_i - \overline{x}}{l_{xx}} y_i$$

$$\hat{\beta}_0 = \overline{y} - \hat{\beta}_1 \overline{x} = \sum_{i=1}^{n} \left[\frac{1}{n} - \frac{(x_i - \overline{x})\overline{x}}{l_{xx}} \right] y_i$$

从形式上看，$\hat{\beta}_0$ 与 $\hat{\beta}_1$ 分别是 $y_1, y_2, \cdots, y_n$ 的线性组合。根据一元线性回归模型的基本假设条件，可推知 $y_1, y_2, \cdots, y_n$ 是独立同正态分布的变量，且 $y_i \sim N(\beta_0 + \beta_1 x_i, \sigma^2)$。由正态分布的可加性可知，$\hat{\beta}_0$ 与 $\hat{\beta}_1$ 也服从正态分布。下面分别求其期望与方差。

$$E(\hat{\beta}_1) = \sum_{i=1}^{n} \frac{x_i - \overline{x}}{l_{xx}} E(y_i) = \sum_{i=1}^{n} \frac{x_i - \overline{x}}{l_{xx}} (\beta_0 + \beta_1 x_i) = \beta_1$$

$$E(\hat{\beta}_0) = E(\overline{y} - \hat{\beta}_1 \overline{x}) = \beta_0 + \beta_1 \overline{x} - \beta_1 \overline{x} = \beta_0$$

$$\mathrm{Var}(\hat{\beta}_1) = \sum_{i=1}^{n} \left(\frac{x_i - \overline{x}}{l_{xx}} \right)^2 \mathrm{Var}(y_i) = \sum_{i=1}^{n} \frac{(x_i - \overline{x})^2}{l_{xx}{}^2} \sigma^2 = \frac{\sigma^2}{l_{xx}}$$

$$\mathrm{Var}(\hat{\beta}_0)=\sum_{i=1}^{n}\left[\frac{1}{n}-\frac{(x_i-\overline{x})\overline{x}}{l_{xx}}\right]\mathrm{Var}(y_i)=\left(\frac{1}{n}+\frac{\overline{x}^2}{l_{xx}}\right)\sigma^2$$

从而有 $\hat{\beta}_1\sim N\left(\beta_1,\frac{\sigma^2}{l_{xx}}\right)$，$\hat{\beta}_0\sim N\left(\beta_0,\left(\frac{1}{n}+\frac{\overline{x}^2}{l_{xx}}\right)\sigma^2\right)$。这说明，在满足基本假设的条件下，最小二乘估计量 $\hat{\beta}_0$ 与 $\hat{\beta}_1$ 分别是其真值 β_0 与 β_1 的无偏估计，还可以证明 $\hat{\beta}_0$ 与 $\hat{\beta}_1$ 分别是其真值 β_0 与 β_1 的最佳线性无偏估计。

（三）总体方差 σ^2 的估计

在最小二乘估计量 $\hat{\beta}_0$ 与 $\hat{\beta}_1$ 的方差的表达式中，都含有随机误差项的方差 σ^2。由于 σ^2 实际上是未知的，这就需要对其进行估计。随机误差项 ε_i 本身不可观测，因而只能从样本回归模型的残差 e_i 来估计 σ^2。根据数理统计学的知识可以证明，σ^2 的无偏估计 $\hat{\sigma}^2$ 为：

$$\hat{\sigma}^2=\frac{\sum_{i=1}^{n}e_i^{\,2}}{n-2}=\frac{\sum_{i=1}^{n}(y_i-\hat{y}_i)^2}{n-2} \tag{8-10}$$

对 $\hat{\sigma}^2$ 开方可得回归估计的标准误差，也称回归标准差，计算公式为：

$$\hat{\sigma}=\sqrt{\frac{\sum_{i=1}^{n}e_i^{\,2}}{n-2}}=\sqrt{\frac{\sum_{i=1}^{n}(y_i-\hat{y}_i)^2}{n-2}} \tag{8-11}$$

在实际应用中，可用其简化公式，即：

$$\hat{\sigma}=\sqrt{\frac{\sum_{i=1}^{n}y_i^{\,2}-\hat{\beta}_0\sum_{i=1}^{n}y_i-\hat{\beta}_1\sum_{i=1}^{n}x_iy_i}{n-2}} \tag{8-12}$$

$\hat{\sigma}$ 越小表明实际观测点与所拟合的样本回归线的离差程度越小，回归线能较好地代表总回归模型；反之，$\hat{\sigma}$ 越大表明实际观测点与所拟合的样本回归线的离差程度越大，回归线的代表性越差。

根据表 8－1 的数据与例 8－2 的计算结果及式(8－12)，可以直接算出例 8－2 中的回归估计的标准误差，即：

$$\hat{\sigma}=\sqrt{\frac{1\,127\,654\,171\,860-222\,314\,619\,784.38-901\,091\,553\,051.87}{15}}=16\,828.545$$

（四）回归系数的区间估计

要判断样本参数的估计值在多大程度上可以近似地替代总体参数的真值，往往需要通过构造一个以样本参数的估计值为中心的区间，来考察它有多大的可能性包含着真实的参数值，这种方法就是参数的置信区间估计。根据 $\hat{\beta}_0$ 与 $\hat{\beta}_1$ 的概率分布，可以对回归系数进行区间估计。

由 $\hat{\beta}_1\sim N\left(\beta_1,\frac{\sigma^2}{l_{xx}}\right)$，可构造枢轴量，即：

$$t=\frac{\hat{\beta}_1-\beta_1}{\sqrt{\frac{\hat{\sigma}^2}{l_{xx}}}}=\frac{\hat{\beta}_1-\beta_1}{\hat{\sigma}}\sqrt{l_{xx}}$$

枢轴量 t 服从自由度为 $n-2$ 的 t 分布。其中，$\hat{\sigma}=\sqrt{\dfrac{SSE}{n-2}}$，对于事先给定的 α，有：

$$P(-t_{\alpha/2}(n-2)\leqslant t\leqslant t_{\alpha/2}(n-2))=1-\alpha$$

从而得到 β_1 的置信水平为 $1-\alpha$ 的置信区间为 $\left[\hat{\beta}_1-t_{\alpha/2}(n-2)\dfrac{\hat{\sigma}}{\sqrt{l_{xx}}},\hat{\beta}_1+t_{\alpha/2}(n-2)\dfrac{\hat{\sigma}}{\sqrt{l_{xx}}}\right]$。

同理，由 $\hat{\beta}_0\sim N\left(\beta_0,\left(\dfrac{1}{n}+\dfrac{\overline{x}^2}{l_{xx}}\right)\sigma^2\right)$，可以推导出 β_0 的置信水平为 $1-\alpha$ 的置信区间为：

$$\left[\hat{\beta}_0-t_{\alpha/2}(n-2)\cdot\hat{\sigma}\cdot\sqrt{\frac{1}{n}+\frac{\overline{x}^2}{l_{xx}}},\hat{\beta}_0+t_{\alpha/2}(n-2)\cdot\hat{\sigma}\cdot\sqrt{\frac{1}{n}+\frac{\overline{x}^2}{l_{xx}}}\right]$$

由表 8-1 的数据及例 8-2 中的相关结论，对于给定显著性水平 $\alpha=0.05$，可以计算出例 8-2 中的回归模型中系数 β_1 的置信区间为[1.228，1.383]，β_0 的置信区间为[48 229.415，73 098.121]。

三、一元线性回归模型的检验

从回归系数的最小二乘估计量可以看出，对于任意给出的 n 对数据 (x_i,y_i)，都可以求出 $\hat{\beta}_0$ 与 $\hat{\beta}_1$，从而可以写出回归方程 $\hat{y}_i=\hat{\beta}_0+\hat{\beta}_1x_i$，但是这样给出的方程不一定有意义。在使用回归方程之前，必须对其进行统计检验，以判断估计的可靠程度。这包括拟合优度检验、整个回归方程的显著性检验、回归系数的显著性检验等。

（一）拟合优度检验

所谓拟合优度，是指模型对样本观测值的拟合程度，即样本回归直线与观测点之间的紧密程度。衡量拟合优度的指标通常采用样本可决系数（又称决定系数）。要计算样本可决系数，先要对总偏差平方和进行分解。

总偏差平方和是指实际观测值与其平均值的偏差平方总和，通常用 SST 表示。

$$SST=\sum_{i=1}^{n}(y_i-\overline{y})^2 \tag{8-13}$$

在直线回归中，实际观测值 y_i 的大小总是围绕其平均值 $\overline{y}$ 上下波动。引起各 y_i 不同的原因主要有两类，其一是受自变量 x 的影响，不同 x_i 对应不同的 y_i，其波动用回归平方和 SSR 表示；其二是其他一切因素，包括随机误差、观测误差及非线性等的影响，在得到回归值以后，y 的观测值与回归值之间还有差距，这部分可用残差平方和 SSE 表示。

$$SSR=\sum_{i=1}^{n}(\hat{y}_i-\overline{y})^2 \tag{8-14}$$

$$SSE=\sum_{i=1}^{n}(y_i-\hat{y}_i)^2 \tag{8-15}$$

总偏差平方和可以分解成回归平方和与残差平方和两部分。

下面来证明重要的平方和分解式，根据正规方程组（8-7），有：

$$\sum_{i=1}^{n}(y_i-\hat{\beta}_0-\hat{\beta}_1x_i)=0\Rightarrow\sum_{i=1}^{n}(y_i-\hat{y}_i)=0$$

$$\sum_{i=1}^{n}(y_i-\hat{\beta}_0-\hat{\beta}_1x_i)x_i=0 \Rightarrow \sum_{i=1}^{n}(y_i-\hat{y}_i)x_i=0$$

利用 $\hat{y}_i=\hat{\beta}_0+\hat{\beta}_1x_i=\hat{\beta}_0+\hat{\beta}_1\overline{x}+\hat{\beta}_1(x_i-\overline{x})=\overline{y}+\hat{\beta}_1(x_i-\overline{x})$，可得：

$$\begin{aligned}\sum_{i=1}^{n}(y_i-\hat{y}_i)(\hat{y}_i-\overline{y}) &= \sum_{i=1}^{n}(y_i-\hat{y}_i)[\hat{\beta}_1(x_i-\overline{x})] \\ &= \hat{\beta}_1[\sum_{i=1}^{n}(y_i-\hat{y}_i)x_i-\sum_{i=1}^{n}(y_i-\hat{y}_i)\overline{x}]=0\end{aligned}$$

从而有：

$$\sum_{i=1}^{n}(y_i-\overline{y})^2=\sum_{i=1}^{n}(y_i-\hat{y}_i+\hat{y}_i-\overline{y})=\sum_{i=1}^{n}(\hat{y}_i-\overline{y})^2+\sum_{i=1}^{n}(y_i-\hat{y}_i)^2$$

即：

$$SST=SSR+SSE \tag{8-16}$$

式(8－16)表明 y 的观测值围绕其均值的总偏差平方和可以分解为两部分，一部分来自回归线；另一部分来自随机因素。因而，可以用回归平方和占总偏差平方和的比例来判断回归线与样本观测值的拟合程度。

样本可决系数可定义为回归平方和与总偏差平方和之比，用来反映回归方程的拟合程度，记为 r^2。它用公式表示为：

$$r^2=\frac{SSR}{SST}=1-\frac{SSE}{SST} \tag{8-17}$$

显然，r^2 的取值在 0～1，其值越接近 1，说明回归方程的拟合程度越高；反之，其值越小，说明回归方程的拟合效果越差。

(二) 回归方程的显著性检验(F 检验)

回归方程的显著性检验，就是对模型中的被解释变量与解释变量之间的线性关系在总体上是否显著成立做出判断。一元线性回归模型只有一个解释变量，要判断 y 的均值是否随 x 呈线性变化，实际上就是要判断 β_1 是否为 0。如果 $\beta_1=0$，那么所求得的一元线性回归方程没有意义，或者称回归方程不显著。如果 $\beta_1\neq 0$，那么 y 与 x 之间是线性关系，这时所求得的回归方程才有意义，或者称回归方程是显著的。回归方程的显著性检验通常采用 F 检验。一元线性回归方程的显著性 F 检验是对模型(8－3)中的 β_1 是否显著不为 0 进行检验。下面介绍 F 检验的步骤。

1. 提出假设

原假设 $H_0:\beta_1=0$；备择假设 $H_1:\beta_1\neq 0$。

F 检验的思想来源于总偏差平方和的分解式 $SST=SSR+SSE$，回归平方和 SSR 是解释变量 x 对被解释变量 y 的线性作用结果，因此，可用回归平方和与残差平方和的比值对总体线性关系进行推断。

2. 构造统计量

$$F=\frac{SSR/1}{SSE/(n-2)} \tag{8-18}$$

在原假设 $H_0:\beta_1=0$ 成立的条件下，上述统计量 $F\sim F(1,n-2)$。

3. 给定显著性水平 α

确定拒绝域 $F\geqslant F_\alpha(1,n-2)$，在附表中可直接查找 $F_\alpha(1,n-2)$ 的值。

4. 做出判断

根据样本计算出统计量 F 的数值，然后与 $F_\alpha(1,n-2)$ 的值进行比较，若 $F\geqslant F_\alpha(1,n-2)$，则拒绝原假设，认为回归方程是显著的，即 x 与 y 之间有显著的线性关系。若 $F<F_\alpha(1,n-2)$，则接受原假设，认为回归方程不显著。

（三）回归系数的显著性检验（t 检验）

一元线性回归模型中，回归系数的显著性检验就是要检验解释变量 x 对被解释变量 y 的影响程度是否显著，通常使用 t 检验。

回归系数的显著性检验的步骤如下：

1. 提出假设

原假设 $H_0:\beta_1=0$；备择假设 $H_1:\beta_1\neq0$。

2. 构造统计量

$$t=\frac{\hat{\beta}_1}{\hat{\sigma}/\sqrt{l_{xx}}}$$

当原假设 $H_0:\beta_1=0$ 成立时，统计量 $t=\dfrac{\hat{\beta}_1}{\hat{\sigma}/\sqrt{l_{xx}}}\sim t(n-2)$。

3. 给定显著性水平 α

确定拒绝域 $W=\{|t|\geqslant t_{\alpha/2}(n-2)\}$，其中 $t_{\alpha/2}(n-2)$ 的值可以在附表中直接查找。

4. 做出判断

根据样本信息计算出统计量 t 的数值，然后与 $t_{\alpha/2}(n-2)$ 的值进行比较，若 $|t|\geqslant t_{\alpha/2}(n-2)$，则拒绝原假设，认为 β_1 显著不为 0，变量 y 与 x 之间的一元线性关系显著成立；若 $|t|<t_{\alpha/2}(n-2)$，则接受原假设，认为 β_1 为 0，变量 y 与 x 之间的一元线性回归不成立。

需要注意的是，在一元线性回归中，因为 t 检验与 F 检验所提出的假设是一致的，而且两个检验统计量之间具有 $F=t^2$ 的关系，所以 t 检验与 F 检验是等价的，统计软件 SPSS 中可以根据选项直接给出各种检验的结果。

例 8－3　对例 8－2 中建立的国内生产总值和固定资产投资额的回归方程进行显著性检验。

解：先进行 F 检验，计算 F 统计量。

$$F=\frac{SSR/1}{SSE/15}=\frac{333\ 746\ 725\ 801.644}{260\ 342\ 353.207}=1\ 281.953$$

对于给定的显著性水平 $\alpha=0.05$，查表得 $F_{0.05}(1,15)=245.9$，由于 $F\geqslant F_{0.05}(1,15)$，拒绝原假设，认为回归方程是显著的。

还可以进行 t 检验，计算 t 统计量。

$$t=\frac{\hat{\beta}_1}{\hat{\sigma}/\sqrt{l_{xx}}}=\frac{1.305\times\sqrt{195\ 823\ 837\ 076}}{16\ 828.545}=34.316$$

对于给定的显著性水平 $\alpha=0.05$，查表得 $t_{0.025}(15)=2.131\ 5$，由于 $|t|\geqslant t_{0.025}(15)$，拒绝原假设，说明回归系数显著不为 0，即国内生产总值和固定资产投资额之间具有显著的线性相关关系。这与 F 检验的结论是一致的。

四、一元线性回归模型的应用——估计与预测

当回归方程经过检验是显著的以后，可用来做估计和预测。估计问题是指当 $x=x_0$ 时，寻求 y 的均值 $E(y_0)=\beta_0+\beta_1x_0$ 的点估计与区间估计，这里 $E(y_0)$ 是常量；预测问题是指当 $x=x_0$ 时，y_0 的观测值在什么范围内。即对于给定的显著性水平 α，找一个区间 (T_1,T_2)，使得 $P(T_1<y_0<T_2)=1-\alpha$，称区间 (T_1,T_2) 是 y_0 的概率为 $1-\alpha$ 的预测区间。

（一）y 的均值 $E(y_0)$ 的估计

当 $x=x_0$ 时，对应的被解释变量 y_0 是一个随机变量，其均值 $E(y_0)=\beta_0+\beta_1x_0$，一个直观的估计为：

$$\hat{E}(y_0)=\hat{\beta}_0+\hat{\beta}_1x_0$$

为方便起见，习惯上将上述估计记为 $\hat{y}_0$，即 $\hat{y}_0=\hat{\beta}_0+\hat{\beta}_1x_0$ 是 $E(y_0)$ 的估计。由于 $\hat{\beta}_0$ 与 $\hat{\beta}_1$ 分别是 β_0 与 β_1 的无偏估计，因而，$\hat{y}_0$ 也是 $E(y_0)$ 的无偏估计。

根据上述回归方程，可以根据 2022 年的固定资产计划投资额预测 2022 年的国内生产总值：现根据数据 $x_{2022}=436\ 528$ 亿元，则全国预期的国内生产总值为：

$$\hat{y}_{2022}=60\ 663.768+1.305\times436\ 528=61\ 233\ 437.04$$

为求 $E(y_0)$ 的区间估计，需要知道其估计 $\hat{y}_0$ 的分布。由于 $\hat{\beta}_0$ 与 $\hat{\beta}_1$ 分别是 $y_1,y_2,\cdots,y_n$ 的线性组合，从而 $\hat{y}_0=\hat{\beta}_0+\hat{\beta}_1x_0$ 也是 $y_1,y_2,\cdots,y_n$ 的线性组合。由假设条件可知，$\hat{y}_0$ 也服从正态分布，$\hat{y}_0$ 的期望 $E(\hat{y}_0)=E(\hat{\beta}_0)+x_0E(\hat{\beta}_1)=\beta_0+\beta_1x_0$。由于：

$$\hat{y}_0=\hat{\beta}_0+\hat{\beta}_1x_0=\bar{y}-\hat{\beta}_1\bar{x}+\hat{\beta}_1x_0=\sum_{i=1}^{n}\left[\frac{1}{n}+\frac{(x_i-\bar{x})(x_0-\bar{x})}{l_{xx}}\right]y_i$$

$$\begin{aligned}\mathrm{Var}(\hat{y}_0)&=\mathrm{Var}\left\{\sum_{i=1}^{n}\left[\frac{1}{n}+\frac{(x_i-\bar{x})(x_0-\bar{x})}{l_{xx}}\right]y_i\right\}\\&=\sum_{i=1}^{n}\left[\frac{1}{n}+\frac{(x_i-\bar{x})(x_0-\bar{x})}{l_{xx}}\right]^2\mathrm{Var}(y_i)\\&=\left[\frac{1}{n}+\frac{(x_0-\bar{x})^2}{l_{xx}}\right]\sigma^2\end{aligned}$$

从而可得：

$$\hat{y}_0\sim N\left(\beta_0+\beta_1x_0,\left[\frac{1}{n}+\frac{(x_0-\bar{x})^2}{l_{xx}}\right]\sigma^2\right)\tag{8-19}$$

根据数理统计的知识，可以证明 $SSE/\sigma^2\sim\chi^2(n-2)$，而且与 $\hat{y}_0$ 相互独立，则有：

$$\frac{[\hat{y}_0-E(y_0)]\Big/\sigma\sqrt{\dfrac{1}{n}+\dfrac{(x_0-\overline{x})^2}{l_{xx}}}}{\sqrt{\dfrac{SSE}{\sigma^2}\Big/(n-2)}}=\frac{\hat{y}_0-E(y_0)}{\hat{\sigma}\sqrt{\dfrac{1}{n}+\dfrac{(x_0-\overline{x})^2}{l_{xx}}}}\sim t(n-2)$$

于是 $E(y_0)$ 的 $1-\alpha$ 的置信区间为：

$$\left[\hat{y}_0-t_{\alpha/2}(n-2)\hat{\sigma}\sqrt{\frac{1}{n}+\frac{(x_0-\overline{x})^2}{l_{xx}}},\hat{y}_0+t_{\alpha/2}(n-2)\hat{\sigma}\sqrt{\frac{1}{n}+\frac{(x_0-\overline{x})^2}{l_{xx}}}\right] \tag{8-20}$$

根据公式(8－20)，可以计算得到2022年国内生产总值期望值的95％的置信区间为(604 475.538 69，656 623.593 89)

(二) y_0 的预测区间

在实际应用中，往往更关心 $x=x_0$ 时对应的解释变量 y_0 的取值范围。由式(8－3)及其假设条件可知 $y_0\sim N(\beta_0+\beta_1x_0,\sigma^2)$。由于 y_0 与 $\hat{y}_0$ 相互独立，故：

$$y_0-\hat{y}_0\sim N\left(0,\left[1+\frac{1}{n}+\frac{(x_0-\overline{x})^2}{l_{xx}}\right]\sigma^2\right)$$

从而有：

$$\frac{(y_0-\hat{y}_0)\Big/\sigma\sqrt{1+\dfrac{1}{n}+\dfrac{(x_0-\overline{x})^2}{l_{xx}}}}{\sqrt{\dfrac{SSE}{\sigma^2}\Big/(n-2)}}=\frac{y_0-\hat{y}_0}{\hat{\sigma}\sqrt{1+\dfrac{1}{n}+\dfrac{(x_0-\overline{x})^2}{l_{xx}}}}\sim t(n-2)$$

由此可以得到 y_0 的置信水平为 $1-\alpha$ 的预测区间是：

$$\left[\hat{y}_0-t_{\alpha/2}(n-2)\hat{\sigma}\sqrt{1+\frac{1}{n}+\frac{(x_0-\overline{x})^2}{l_{xx}}},\hat{y}_0+t_{\alpha/2}(n-2)\hat{\sigma}\sqrt{1+\frac{1}{n}+\frac{(x_0-\overline{x})^2}{l_{xx}}}\right] \tag{8-21}$$

由式(8－21)可计算得，2022年的置信水平为95％的预测区间是(587 391.596 97，673 707.535 60)。

第三节　多元线性回归分析

一、多元线性回归模型

本章第二节介绍了一元线性回归模型，它反映的是一个因变量和一个自变量之间的线性关系。实际上，社会经济现象的变动是很复杂的，一个因变量的变动往往是由许多自变量的综合影响造成的。例如，居民的消费支出，除了受居民的可支配收入影响外，还受预期的未来收入、消费品的价格等因素的影响。在线性回归模型中，若一个因变量对应多个自变量，这种模型称为多元线性回归模型。多元线性回归模型是一元线性回归模型的推广，其参数估计原理与一元线性回归模型相同，只是计算更加复杂。

(一) 多元线性回归模型的一般形式

多元线性回归模型的一般形式为：

$$y_i=\beta_0+\beta_1 x_{1i}+\beta_2 x_{2i}+\cdots+\beta_k x_{ki}+\varepsilon_i \tag{8-22}$$

式中，y_i 是被解释变量 y 的第 i 个观测值；x_{ji} 是第 $j(j=1,2,\cdots,k)$ 个解释变量 x_j 的第 i 个观测值；$\beta_0,\beta_1,\beta_2,\cdots,\beta_k$ 都是未知参数，β_0 为回归常数，$\beta_j(j=1,2,\cdots,k)$ 是回归系数，表示在其他解释变量不变的情况下，x_{ji} 变动一个单位所引起的 y_i 平均变动的数值，也被称为偏回归系数。ε_i 为随机误差项。当 $k=1$ 时，式(8-22)就是一元线性回归模型，当 $k\geqslant 2$ 时，称式(8-22)为多元线性回归模型。

同一元线性回归分析一样，通过 n 组样本数据 $(x_i,y_i)(i=1,2,\cdots,n)$ 对 $\beta_0,\beta_1,\beta_2,\cdots,\beta_k$ 进行估计，分别用 $\hat{\beta}_0,\hat{\beta}_1,\hat{\beta}_2,\cdots,\hat{\beta}_k$ 表示未知参数 $\beta_0,\beta_1,\beta_2,\cdots,\beta_k$ 的估计值，用 $\hat{y}_i$ 表示 $E(y_i)$ 的估计值，称式(8-23)为多元线性回归方程。

$$\hat{y}_i=\hat{\beta}_0+\hat{\beta}_1 x_{1i}+\hat{\beta}_2 x_{2i}+\cdots+\hat{\beta}_k x_{ki}\quad(i=1,2,\cdots,n) \tag{8-23}$$

若用 e_i 表示实际观测值 y_i 与 $\hat{y}_i$ 之间的差值，即 $e_i=y_i-\hat{y}_i$，则有：

$$y_i=\hat{\beta}_0+\hat{\beta}_1 x_{1i}+\hat{\beta}_2 x_{2i}+\cdots+\hat{\beta}_k x_{ki}+e_i \tag{8-24}$$

式(8-24)称为多元线性样本回归模型，其中，称 e_i 为残差(离差)，与总体回归模型式(8-22)中的随机误差项 ε_i 相对应。

由式(8-22)表示的 n 个随机方程的矩阵形式为：

$$Y=X\beta+\varepsilon \tag{8-25}$$

式中，$Y=\begin{pmatrix}y_1\\y_2\\\vdots\\y_n\end{pmatrix}$，$X=\begin{pmatrix}1 & x_{11} & \cdots & x_{1k}\\1 & x_{21} & \cdots & x_{2k}\\\vdots & \vdots & \vdots & \vdots\\1 & x_{n1} & \cdots & x_{nk}\end{pmatrix}$，$\beta=\begin{pmatrix}\beta_0\\\beta_1\\\vdots\\\beta_k\end{pmatrix}$，$\varepsilon=\begin{pmatrix}\varepsilon_1\\\varepsilon_2\\\vdots\\\varepsilon_n\end{pmatrix}$。

同样的，式(8-23)与式(8-24)的矩阵形式分别为：

$$\hat{Y}=X\hat{\beta} \tag{8-26}$$

$$\hat{Y}=X\hat{\beta}+e \tag{8-27}$$

式中，$\hat{\beta}=\begin{pmatrix}\hat{\beta}_0\\\hat{\beta}_1\\\vdots\\\hat{\beta}_k\end{pmatrix}$，$e=\begin{pmatrix}e_1\\e_2\\\vdots\\e_n\end{pmatrix}$。

(二) 多元线性回归模型的基本假定

为了使参数估计量具有良好的性质，类似于一元线性回归分析那样，我们对多元线性回归模型式(8-22)或式(8-25)做如下基本假设。

假设 1 随机误差项 ε_i 具有零均值，同方差性，即：

$$E(\varepsilon_i)=0;\mathrm{Var}(\varepsilon_i)=\sigma^2\quad(i=1,2,\cdots,n)$$

假设 2 随机误差项之间不存在序列相关关系，即：

$$\mathrm{Cov}(\varepsilon_i,\varepsilon_j)=0\quad(i\neq j;i,j=1,2,\cdots,n)$$

假设 3 解释变量 x_{ji} 是确定性变量，相互之间互不相关，且与随机误差项之间的线性无关，即：

$$\text{rank}(X), \text{Cov}(x_{ji}, \varepsilon_i)=0 \quad (i\neq j; i,j=1,2,\cdots,n)$$

假设 4　随机误差项 ε_i 服从零均值、同方差的正态分布，即：

$$\varepsilon_i \sim N(0,\sigma^2) \quad (i=1,2,\cdots,n)$$

二、多元线性回归模型的参数估计

同一元线性回归模型的参数估计一样，多元线性回归模型的参数估计包括两个方面，一方面是对未知参数 $\beta_0,\beta_1,\beta_2,\cdots,\beta_k$ 进行估计；另一方面是对随机误差项的方差 σ^2 进行估计。

（一）回归系数的最小二乘估计

多元线性回归模型中，回归系数估计同样采用最小二乘估计法。根据随机抽取的 n 组样本观测数据 $(x_{ji}, y_i)(i=1,2,\cdots,n; j=1,2,\cdots,k)$，根据最小二乘原理，参数估计应使残差平方和达到最小。

$$Q=\sum_{i=1}^{n} e_i{}^2=\sum_{i=1}^{n}(y_i-\hat{y}_i)^2=\sum_{i=1}^{n}(y_i-\hat{\beta}_0-\hat{\beta}_1 x_{1i}-\cdots-\hat{\beta}_k x_{ki})^2$$

由微积分中求极值的原理可知，当 Q 分别对 $\hat{\beta}_0,\hat{\beta}_1,\cdots,\hat{\beta}_k$ 求一阶偏导数，并令其为 0 时，Q 达到最小，即：

$$\begin{cases} \dfrac{\partial Q}{\partial \hat{\beta}_0}=-2\sum_{i=1}^{n}(y_i-\hat{\beta}_0-\hat{\beta}_1 x_{1i}-\cdots-\hat{\beta}_k x_{ki})=0 \\ \dfrac{\partial Q}{\partial \hat{\beta}_1}=-2\sum_{i=1}^{n}(y_i-\hat{\beta}_0-\hat{\beta}_1 x_{1i}-\cdots-\hat{\beta}_k x_{ki})x_{1i}=0 \\ \cdots \\ \dfrac{\partial Q}{\partial \hat{\beta}_1}=-2\sum_{i=1}^{n}(y_i-\hat{\beta}_0-\hat{\beta}_1 x_{1i}-\cdots-\hat{\beta}_k x_{ki})x_{ki}=0 \end{cases} \tag{8-28}$$

以上 $k+1$ 个方程组成的方程组称为正规方程组，经过整理可得：

$$\begin{cases} \sum_{i=1}^{n}(\hat{\beta}_0+\hat{\beta}_1 x_{1i}+\cdots+\hat{\beta}_k x_{ki})=\sum_{i=1}^{n} y_i \\ \sum_{i=1}^{n}(\hat{\beta}_0+\hat{\beta}_1 x_{1i}+\cdots+\hat{\beta}_k x_{ki})x_{1i}=\sum_{i=1}^{n} y_i x_{1i} \\ \cdots \\ \sum_{i=1}^{n}(\hat{\beta}_0+\hat{\beta}_1 x_{1i}+\cdots+\hat{\beta}_k x_{ki})x_{ki}=\sum_{i=1}^{n} y_i x_{ki} \end{cases} \tag{8-29}$$

为了表述方便，将式(8-29)用矩阵形式表示如下：

$$(X'X)\hat{\beta}=X'Y \tag{8-30}$$

式中，X' 表示矩阵 X 的转置矩阵。根据基本假设条件 3 可知，矩阵 $X'X$ 是可逆矩阵，因此，可以解矩阵方程式(8-30)，得到：

$$\hat{\beta}=(X'X)^{-1}X'Y \tag{8-31}$$

这就是参数 $\beta_0,\beta_1,\cdots,\beta_k$ 的最小二乘估计量。

（二）最小二乘估计量的性质

多元线性回归模型在满足基本假设条件下，我们可以推导出其回归系数的最小二乘

估计量 $\hat{\beta}$ 的性质。由式(8-31)可以看出，参数的估计量是被解释变量 Y 的线性组合，因而 $\hat{\beta}$ 服从正态分布。

参数估计量 $\hat{\beta}$ 的期望为：

$$\begin{aligned}E(\hat{\beta})&=E[(X'X)^{-1}X'Y]\\&=E[(X'X)^{-1}X'(X\beta+\varepsilon)]\\&=\beta+E[(X'X)^{-1}X'\varepsilon]=\beta\end{aligned}$$

因而，参数估计量 $\hat{\beta}$ 是 β 的无偏估计。

参数估计计量 $\hat{\beta}$ 的方差一协方差矩阵为：

$$\begin{aligned}\mathrm{Var}(\hat{\beta})&=\mathrm{Cov}(\hat{\beta},\hat{\beta})=E[(\hat{\beta}-\beta)(\hat{\beta}-\beta)']\\&=E[(X'X)^{-1}X'\varepsilon\varepsilon'X\,(X'X)^{-1}]\\&=(X'X)^{-1}X'\sigma^2 IX\,(X'X)^{-1}\\&=\sigma^2\,(X'X)^{-1}\end{aligned}$$

该矩阵主对角线上的元素是各回归系数估计量的方差 $\mathrm{Var}(\hat{\beta}_j)$，其他元素是各回归系数估计计量之间的协方差 $\mathrm{Cov}(\hat{\beta}_j,\hat{\beta}_i)(i\neq j)$。根据高斯一马尔科夫定理，还可以进一步证明最小二乘估计量是最优线性无偏估计量。

(三) 总体方差的估计

与一元线性回归分析相仿，对多元线性回归模型中 ε 的方差的估计，也是用样本回归模型的残差平方和与其自由度的比值度量的。σ^2 的无偏估计 $\hat{\sigma}^2$ 为：

$$\hat{\sigma}^2=\frac{\sum_{i=1}^{n}e_i{}^2}{n-k-1}=\frac{\sum_{i=1}^{n}(y_i-\hat{y}_i)^2}{n-k-1} \tag{8-32}$$

三、拟合优度检验

在一元线性回归模型中，用可决系数 r^2 来衡量样本回归线对样本观测值的拟合程度。在多元线性回归分析中，同样可用该统计量来衡量样本回归线对样本观测值的拟合程度。为避免混淆，多元回归分析中的可决系数用 R^2 表示。即：

$$R^2=\frac{SSR}{SST}=1-\frac{SSE}{SST} \tag{8-33}$$

可决系数 R^2 的大小由回归平方和 SSR 在总偏差平方和 SST 中所占比重决定，回归平方和 SSR 越大，残差平方和 SSE 就越小，R^2 越大，样本回归线与样本观测值的拟合程度越高。而残差平方和往往随着解释变量个数的增加而减少，至少不会增加。因此，R^2 是解释变量个数的非减函数，而增加解释变量个数所引起的 R^2 增大与拟合程度的好坏无关，所以在多元线性回归中，用 R^2 作为拟合优度的评价就不可靠，必须进行修正。

在样本容量一定的情况下，将残差平方和与总偏差平方和分别除以各自的自由度，以消除变量个数对拟合优度的影响。修正以后的决定系数用 $\overline{R}^2$ 表示。其计算公式为：

$$\overline{R}^2=1-\frac{SSE/(n-k-1)}{SST/(n-1)} \tag{8-34}$$

式中，$n-k-1$ 是残差平方和的自由度；$n-1$ 是总偏差平方和的自由度。

修正后的可决系数与未经修正的可决系数之间有如下关系：

$$\bar{R}^2=1-\frac{n-1}{n-k-1}(1-R^2)$$

一般来说，$\bar{R}^2$ 越接近 1，表明拟合程度越高；$\bar{R}^2$ 越接近 0 或者小于 0，表明拟合程度越差。

在实际应用中，$\bar{R}^2$ 达到多大才能通过检验，这是没有绝对标准的，要根据具体情况而定。模型的拟合优度并不是评价模型质量的唯一标准，有时候要结合其他一些统计检验来评价模型的质量。

四、显著性检验

当多元线性回归模型中的参数估计出来以后，还要对模型进行显著性检验。一方面，要对模型总体上的线性关系是否显著进行检验；另一方面，要对每个解释变量对被解释变量的影响是否显著进行检验。

（一）回归方程的显著性 F 检验

多元线性回归方程的显著性检验，就是要判断 y 的均值是否随解释变量 $x_1,x_2,\cdots,x_k$ 在整体上做线性变化，实际上就是判断回归系数 $\beta_1,\beta_2,\cdots,\beta_k$ 是否全为 0。若 $\beta_1,\beta_2,\cdots,\beta_k$ 全为 0，随机变量 y 与 $x_1,x_2,\cdots,x_k$ 之间的线性关系不合适。若 $\beta_1,\beta_2,\cdots,\beta_k$ 至少有一个不为 0，则表明解释变量 $x_1,x_2,\cdots,x_k$ 对 y 的影响是显著的。在方差分析的基础上，采用 F 检验对方程进行显著性检验。其具体的检验步骤如下。

1. 提出假设

原假设 $H_0:\beta_1=\beta_2=\cdots=\beta_k=0$；备择假设 $H_1:\beta_1,\beta_2,\cdots,\beta_k$ 不全为 0。

2. 构造统计量

$$F=\frac{SSR/k}{SSE/(n-k-1)} \tag{8-35}$$

在原假设 $H_0:\beta_1=\beta_2=\cdots=\beta_k=0$ 成立的条件下，上述统计量 $F\sim F(k,n-k-1)$。

3. 列出回归模型的方差分析表（见表 8-2）

表 8-2　方差分析表

方差来源	平方和	自由度	均　方	F 检验值
回归	SSR	k	SSR/k	$\frac{SSR/k}{SSE/(n-k-1)}$
残差	SSE	$n-k-1$	$SSE/(n-k-1)$	
总和	SST	$n-1$		

4. 给定显著性水平 α

在附表中查找 $F_\alpha(1,n-2)$ 的值，并与方差分析表中统计量 F 的数值进行比较，若 $F\geqslant F_\alpha(1,n-2)$，接受原假设，认为总体回归方程中各解释变量与被解释变量的线性关系是显著的。若 $F<F_\alpha(1,n-2)$，拒绝原假设，则认为总回归方程不显著，所建立的回归模型没有意义。

(二) 回归系数的显著性检验(t 检验)

对于多元线性回归模型,方程的总体线性关系显著并不能说明每个解释变量对被解释变量的影响是显著的,因而,要对每个解释变量的显著性进行检验,当某个解释变量的影响不显著时,应该将它从模型中剔除,以便建立更为合理的模型。

多元线性回归分析中的回归系数的显著性检验,仍采用 t 检验。其原理和步骤与一元线性回归模型中的 t 检验基本相同。

在回归系数的显著性检验中,针对某变量 $x_j(j=1,2,\cdots,k)$ 对 y 的影响是否显著,相当于检验假设原假设 $H_0:\beta_j=0$,备择假设 $H_1:\beta_j\neq 0,(j=1,2,\cdots,k)$。若拒绝原假设,则表明 x_j 对 y 的影响显著;若接受原假设,则表明 x_j 对 y 的影响不显著,应从模型中删除该变量。

由最小二乘估计的性质可知,$\hat{\beta}\sim N(\beta,\sigma^2\ (X'X)^{-1})$,用 c_{jj} 表示矩阵 $(X'X)^{-1}$ 主对角线上的第 j 个元素,则有 $\hat{\beta}_j\sim N(\beta_j,c_{jj}\sigma^2)$,从而可构造 t 统计量:

$$t=\frac{\hat{\beta}_j}{\hat{\sigma}\ \sqrt{c_{jj}}}\sim t(n-k-1) \tag{8-36}$$

式中,$\hat{\sigma}=\sqrt{\dfrac{\sum_{i=1}^{n}e_i{}^2}{n-k-1}}$ 为回归标准差。

给定显著性水平 α,查出临界值 $t_{\alpha/2}(n-k-1)$,当 $|t|\geqslant t_{\alpha/2}(n-k-1)$ 时,拒绝原假设,可以认为在显著性水平 α 下,x_j 对 y 的影响显著。当 $|t|<t_{\alpha/2}(n-k-1)$ 时,接受原假设,认为在显著性水平 α 下,x_j 对 y 的影响不显著。

五、多元线性回归模型的应用——估计与预测

多元线性回归模型的估计与预测与一元线性回归模型的估计与预测原理是相同的。对于多元线性回归方程,即:

$$\hat{y}_i=\hat{\beta}_0+\hat{\beta}_1x_{1i}+\hat{\beta}_2x_{2i}+\cdots+\hat{\beta}_kx_{ki}\quad (i=1,2,\cdots,n)$$

若给定一组自变量的观测值$(x_{10},x_{20},\cdots,x_{k0})$,可以得到 $E(y_0)$的估计值,即:

$$\hat{E}(y_0)=\hat{\beta}_0+\hat{\beta}_1x_{10}+\hat{\beta}_2x_{20}+\cdots+\hat{\beta}_kx_{k0}$$

习惯上用 $\hat{y}_0$ 表示,将其称为预测值,严格说这是预测值的估计值。

该方程的矩阵形式为:

$$\hat{y}_0=X'_0\hat{\beta}$$

式中,$X'_0=(1,x_{10},x_{20},\cdots,x_{k0})$。容易证明 $\hat{y}_0\sim N(X_0\beta,\sigma^2X_0\ (X'X)^{-1}X_0')$,因而 $E(y_0)$ 的置信水平为 $1-\alpha$ 的置信区间为:

$$[\hat{y}_0-t_{\alpha/2}(n-k-1)\hat{\sigma}\ \sqrt{X_0\ (X'X)^{-1}X_0'},\hat{y}_0+t_{\alpha/2}(n-k-1)\hat{\sigma}\ \sqrt{X_0\ (X'X)^{-1}X_0'}]$$

多元线性回归模型中,单个值 y_0 置信水平为 $1-\alpha$ 的置信区间为:

$$[\hat{y}_0-t_{\alpha/2}(n-k-1)\hat{\sigma}\ \sqrt{1+X_0\ (X'X)^{-1}X_0'},\hat{y}_0+t_{\alpha/2}(n-k-1)\hat{\sigma}\ \sqrt{1+X_0\ (X'X)^{-1}X_0'}]$$

六、偏相关系数与复相关系数

(一)偏相关系数

在研究两个事物或现象之间的关系时，只有充分考虑到其他事物和现象对两者之间的影响，才有可能发现二者之间真正的关系。但是，本章第一节中介绍的简单相关系数是表明两个变量之间的相关关系和相关程度的指标，在计算相关系数时，没有考虑其他因素的影响，这有可能导致对事物的解释出现偏差。因此，有必要考虑在对其他变量的影响进行控制的情况下，来考察相关的多个变量中某两个变量的相关程度。偏相关系数就是衡量这种相关程度的指标。

本章第一节中式(8-2)给出了简单样本相关系数的公式，即：

$$r=\frac{\sum_{i=1}^{n}(x_i-\overline{x})(y_i-\overline{y})}{\sqrt{\sum_{i=1}^{n}(x_i-\overline{x})^2\sum_{i=1}^{n}(y_i-\overline{y})^2}}=\frac{l_{xy}}{\sqrt{l_{xx}l_{yy}}}$$

现从回归的角度来定义两变量间的相关系数。对于两变量 x 与 y，分别拟合两个回归方程，即：

$$\hat{y}_i=\hat{\beta}_0+\hat{\beta}_1x_i,\hat{x}_i=\hat{\gamma}_0+\hat{\gamma}_1y_i$$

由参数的最小二乘估计可知：

$$\hat{\beta}_1=\frac{l_{xy}}{l_{xx}},\hat{\gamma}_1=\frac{l_{xy}}{l_{yy}}$$

因而，简单样本相关系数还可以定义为：

$$r=\pm\sqrt{\hat{\beta}_1\cdot\hat{\gamma}_1}=\frac{l_{xy}}{\sqrt{l_{xx}l_{yy}}} \tag{8-37}$$

式中，r 的符号与回归系数的符号相同。式(8-37)表明简单样本相关系数是两回归系数的几何平均数。样本的偏相关系数也可按照类似的形式定义，即偏相关系数等于两个相应的偏回归系数的几何平均数。

为简明起见，先计算3个变量间的相关系数。设有3个变量 y_1、y_2 与 y_3。分别将其中一个变量作为因变量，其余两个变量作为自变量，拟合3个样本回归方程。方程式如下：

$$\hat{y}_{1i}=\hat{\beta}_{10}+\hat{\beta}_{12\cdot3}y_{2i}+\hat{\beta}_{13\cdot2}y_{3i} \tag{8-38}$$

$$\hat{y}_{2i}=\hat{\beta}_{20}+\hat{\beta}_{21\cdot3}y_{1i}+\hat{\beta}_{23\cdot1}y_{3i} \tag{8-39}$$

$$\hat{y}_{3i}=\hat{\beta}_{30}+\hat{\beta}_{31\cdot2}y_{1i}+\hat{\beta}_{32\cdot1}y_{2i} \tag{8-40}$$

上述3个方程中，$\hat{\beta}_{i0}(i=1,2,3)$是截距项，表明其他两个自变量为0时因变量的平均值。$\hat{\beta}_{ij\cdot k}(i,j,k=1,2,3)$是偏回归系数，表示第 k 个变量值一定时，第 j 个变量每变动一个单位，第 i 个变量平均变化的数量。利用式(8-38)～式(8-40)的偏回归系数，有如下的定义：

当 y_3 的值一定时，y_1 与 y_2 的偏相关系数为：

$$r_{12\cdot3}=\pm\sqrt{\hat{\beta}_{12\cdot3}\cdot\hat{\beta}_{21\cdot3}} \tag{8-41}$$

当 y_2 的值一定时，y_1 与 y_3 的偏相关系数为：

$$r_{13\cdot 2}=\pm\sqrt{\hat{\beta}_{13\cdot 2}\cdot\hat{\beta}_{31\cdot 2}} \tag{8-42}$$

当 y_1 的值一定时，y_2 与 y_3 的偏相关系数为：

$$r_{23\cdot 1}=\pm\sqrt{\hat{\beta}_{23\cdot 1}\cdot\hat{\beta}_{32\cdot 1}} \tag{8-43}$$

偏相关系数的符号与相应的偏回归系数相同，其取值范围在−1 到 1 之间。在实际运用中，可以将以上偏相关系数的定义推广到多个变量的场合。

(二) 复相关系数

复相关系数是指在多元线性回归分析中衡量因变量与多个自变量之间相关程度的指标。其计算公式如下：

$$R=\sqrt{\frac{SSR}{SST}}=\sqrt{\frac{\sum_{i=1}^{n}(\hat{y}_i-\overline{y})^2}{\sum_{i=1}^{n}(y_i-\overline{y})^2}}=\sqrt{1-\frac{\sum_{i=1}^{n}(y_i-\hat{y}_i)^2}{\sum_{i=1}^{n}(y_i-\overline{y})^2}} \tag{8-44}$$

在多元线性回归分析中，复相关系数实际上是可决系数的平方根，反映的是因变量与全体自变量之间的线性关系。

多元线性回归分析中的计算量很大，手工处理很困难，下面利用 SPSS 软件 19.0 版本，通过销售影响因素分析的案例，介绍多元线性回归分析在 SPSS 中的实现过程。

例 8-4 某专门面向年轻人制作肖像的公司计划在国内再开设几家分店，收集了目前已开设的分店的销售数据(y)及分店所在城市的 16 岁以下人数(x_1)、人均可支配收入(x_2)，数据见表 8-3。

要求：进行统计分析。

表 8-3 某公司的营销数据

y/万元	x_1/万元	x_2/万元	y/万元	x_1/万元	x_2/万元
17.44	6.85	1 670	19.11	7.28	1 710
16.44	4.52	1 680	23.2	8.84	1 740
24.42	9.13	1 820	14.53	4.29	1 580
15.46	4.78	1 630	16.11	5.25	1 780
18.16	4.69	1 730	20.97	8.57	1 840
20.75	6.61	1 820	14.64	4.13	1 650
15.28	4.95	1 590	14.4	5.17	1 630
16.32	5.2	1 720	23.26	8.96	1 810
14.54	4.89	1 660	22.41	8.27	1 910
13.72	3.84	1 600	16.65	5.23	1 600
24.19	8.79	1 830			

解：

(1) 启动 IBM SPSS Statistics 19.0，建立数据文件“销售影响因素数据”。

(2) 点击“图形”下拉菜单，选中“散点/点状”中的“简单分布”，绘制散点图，如图 8-2 所示。

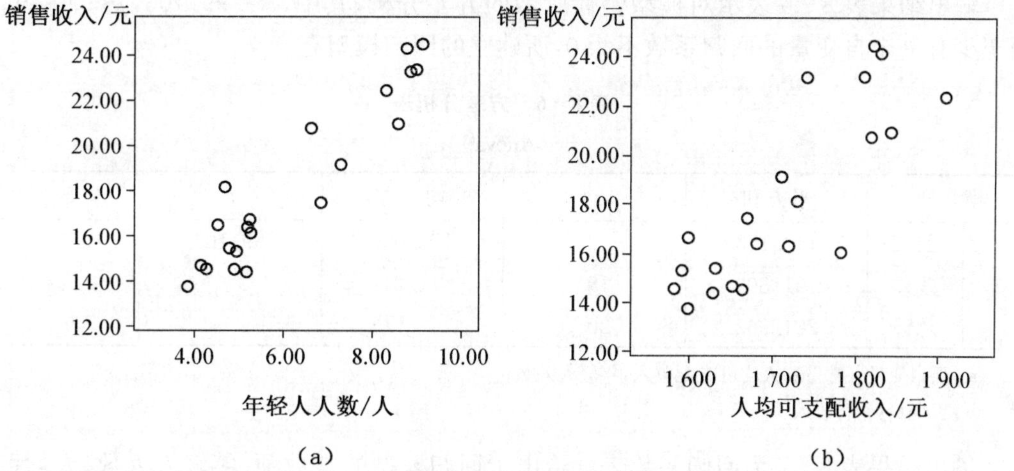

图 8-2　散点图

从散点图中可以看出，销售收入与 16 岁以下人口数、人均可支配收入之间都存在较强的线性关系，可以进行多元线性回归分析。

(3) 点击“分析”下拉菜单，选中“回归”中的“线性”；在对话框中，将“销售收入 y”作为因变量选入，将“年轻人收入 x_1”“人均可支配收入 x_2”作为自变量选入；点击“统计量”，在统计量对话框中选中“置信区间”，点击“继续”；在返回的对话框中，点击“保存”按钮，在“保存”对话框中，选中预测区间的“均值”“单值”，点击“继续”，在返回的对话框中点击“确定”，可以得到以下输出结果。

输出结果表 8-4 表示自变量进入模型的方式，由于此案例没有涉及变量的筛选，因此，自变量是被强制纳入模型的。

表 8-4　自变量进入模型方式表

输入/移去的变量[b]

模　型	输入的变量	移去的变量	方　法
1	人均可支配收入，年轻人人数		输入

a. 已输入所有请求的变量。

b. 因变量：销售收入。

输出结果表 8-5 是模型的综述表，模型的可决系数与修正的可决系数分别为 0.918、0.907，可以初步判断模型拟合较好。

表 8-5　模型综述表

模型汇总[b]

模　型	R	R 方	调整 R 方	标准　估计的误差
1	0.957[a]	0.917	0.907	1.100 74

a. 预测变量：(常量)，人均可支配收入，年轻人人数。

b. 因变量：销售收入。

输出结果表 8-6 表示对模型整体所做的方差分析，其中，$F=99.103$，$p<0.001$，说明至少有一个自变量的回归系数不为 0，所建立的回归模型有意义。

表 8-6　方差分析表

Anova[b]

模型		平方和	df	均方	F	Sig.
1	回归	240.153	2	120.076	99.103	.000[a]
	残差	21.809	18	1.212		
	总计	261.962	20			

a. 预测变量：(常量)，人均可支配收入，年轻人人数。

b. 因变量：销售收入。

输出结果表 8-7 为回归系数表。给出了回归模型的常数项、年轻人人数、人均可支配收入的偏回归系数分别为 −6.886、1.455、0.009。其中，常数项表示当自变量为 0 时，因变量的取值，本例中它没有实际意义。表 8-7 中，还给出了回归系数的标准差、标准化以后的回归系数、t 检验值、p 值以及回归系数的 95%的置信区间。

表 8-7　回归系数表

系数[a]

模型		非标准化系数		标准系数	t	Sig.	B 的 95% 置信区间	
		B	标准误差	B			下限	上限
1	(常量)	−6.886	6.002		−1.147	0.266	−19.495	5.723
	年轻人人数	1.455	0.212	0.748	6.868	0.000	1.010	1.899
	人均可支配收入	0.009	0.004	0.251	2.305	0.033	0.001	0.018

a. 因变量：销售收入。

根据上述结果，可以得出回归方程为：

$$y=-6.886+1.455x_1+0.009x_2$$

由回归方程可知，当人均可支配收入不变时，16 岁以下年轻人人数每增加 1 万人，销售量将平均增加 1.455 万元，而当 16 岁以下年轻人人数不变时，人均可支配收入每增加 1 元，销售收入将平均增加 0.009 元。由表 8-7 中的数据可见，16 岁以下年轻人标准化偏回归系数值为 0.748，人均可支配收入标准化偏回归系数值为 0.251，由此可以认为 16 岁以下年轻人人数对销售收入的影响比人均可支配收入对销售收入的影响大。因而，分店设立的地址应先考虑在 16 岁以下年轻人人数比较多的城市。

由表 8-7 中的数据还可以得到，16 岁以下年轻人人数的偏回归系数 95%的置信区间为(1.010，1.899)；人均可支配收入的偏回归系数 95%的置信区间为(0.001，0.018)。

(4) 可以进行偏相关分析。点击“分析”下拉菜单，选中“相关”中的“偏相关”，分别将“年轻人人数”“人均可支配收入”与“销售收入”其中的一个选入“控制”框内，其他两个变量选入“自变量”框内，点击“确定”，可以分别得到如下三个相关结果(见表 8-8～表 8-10)。

表 8-8　相关表(一)

相关性

控制变量			销售收入	人均可支配收入
年轻人人数	销售收入	相关性	1.000	0.477
		显著性(双侧)	0	0.033
		df	0	18
	人均可支配收入	相关性	0.477	1.000
		显著性(双侧)	0.033	0
		df	18	0

输出相关结果表 8-8 表示当 16 岁以下年轻人人数一定时，销售收入与人均可支配收入的偏相关系数为 0.477，二者具有正相关性，但是相关性不算高。

表 8-9　相关表(二)

相关性

控制变量			销售收入	年轻人人数
人均可支配收入	销售收入	相关性	1.000	0.851
		显著性(双侧)	0	0
		df	0	18
	年轻人人数	相关性	0.851	1.000
		显著性(双侧)	0	0
		df	18	0

输出相关结果表 8-9 表示当人均可支配收入一定时，销售收入与 16 岁以下年轻人人数的偏相关系数为 0.851。控制了人均可支配收入的影响，销售收入与 16 岁以下年轻人人数的相关性较高。这与前面回归分析的结果一致。

表 8-10　相关表(三)

相关性

控制变量			年轻人人数	人均可支配收入
销售收入	年轻人人数	相关性	1.000	−0.045
		显著性(双侧)	0	0.850
		df	0	18
	人均可支配收入	相关性	−0.045	1.000
		显著性(双侧)	0.850	0
		df	18	0

输出相关结果表 8-10 表示当销售收入一定时，16 岁以下年轻人人数与人均可支配

收入的偏相关系数为－0.045。在现实中，这也是可以解释的，因为16岁以下年轻人往往还没有能力获取收入，而人均可支配收入是由总收入与总人数的比值得来的，所以16岁以下年轻人人数与人均可支配收入之间为负相关。

本章小结

本章介绍了研究现象之间相关关系的两种基本方法，一是相关分析；二是回归分析。实际应用中，一般先进行定性的相关分析；然后计算相关系数，拟合适当的回归方程，进行显著性检验；最后用回归方程进行推算和预测。在学习本章内容的过程中，需要着重掌握以下知识点。

一、相关分析

客观现象间的依存关系大致可归纳为两种不同类型，一类是函数关系，是指变量（现象）之间存在的严格确定的依存关系；另一类是相关关系，是指变量（现象）之间存在非严格、不确定的依存关系。

相关关系可以从不同的角度进行分类。它按相关的密切程度可分为完全相关、不完全相关和不相关；按表现形态可分为线性相关和非线性相关；按相关的方向可分为正相关和负相关；按研究变量的多少可分为单相关、复相关和偏向关。

相关分析主要研究两个或者两个以上随机变量之间相互依存关系的方向和密切程度的方法。相关系数是衡量变量之间线性相关程度的指标，包括简单相关系数、偏相关系数和复相关系数。其中，简单相关系数的计算公式为：

$$r=\frac{\sum_{i=1}^{n}(x_i-\overline{x})(y_i-\overline{y})}{\sqrt{\sum_{i=1}^{n}(x_i-\overline{x})^2\sum_{i=1}^{n}(y_i-\overline{y})^2}}$$

二、一元线性回归分析及多元线性回归分析

回归分析是研究某一随机变量关于另一个（或多个）非随机变量之间数量关系变动趋势的方法。在回归分析中，最简单的模型为一元线性回归模型，模型中只含有一个因变量和一个自变量。其总体回归模型为 $y_i=\beta_0+\beta_1 x_i+\varepsilon_i$。在满足基本假设的条件下，一般采用最小二乘法估计未知参数。回归系数的最小二乘估计量的计算公式为：

$$\begin{cases}\hat{\beta}_1=\dfrac{\sum_{i=1}^{n}x_iy_i-n\overline{x}\cdot\overline{y}}{\sum_{i=1}^{n}x_i^{\ 2}-n\overline{x}^2}=\dfrac{l_{xy}}{l_{xx}}\\ \hat{\beta}_0=\overline{y}-\hat{\beta}_1\overline{x}\end{cases}$$

$\hat{\beta}_0$ 与 $\hat{\beta}_1$ 分别是其真值 β_0 与 β_1 的最佳线性无偏估计。总体随机误差项的方差 σ^2 的无偏估计为：

$$\hat{\sigma}^2=\frac{\sum_{i=1}^{n}e_i^{\ 2}}{n-2}=\frac{\sum_{i=1}^{n}(y_i-\hat{y}_i)^2}{n-2}$$

回归标准差为：

$$\hat{\sigma}=\sqrt{\frac{\sum_{i=1}^{n}e_i{}^2}{n-2}}=\sqrt{\frac{\sum_{i=1}^{n}(y_i-\hat{y}_i)^2}{n-2}}$$

多元线性回归模型的一般形式为 $y_i=\beta_0+\beta_1x_{1i}+\beta_2x_{2i}+\cdots+\beta_kx_{ki}+\varepsilon_i$。回归系数的最小二乘估计量的矩阵形式为 $\hat{\beta}=(X'X)^{-1}X'Y$，总体方差的估计量为：

$$\hat{\sigma}^2=\frac{\sum_{i=1}^{n}e_i{}^2}{n-k-1}=\frac{\sum_{i=1}^{n}(y_i-\hat{y}_i)^2}{n-k-1}$$

回归模型的检验包括拟合优度检验、整个回归方程的显著性 F 检验、回归系数的显著性 t 检验。在一元线性回归模型的检验中，拟合优度检验采用的决定系数为：

$$r^2=\frac{SSR}{SST}=1-\frac{SSE}{SST}$$

回归方程的显著性 F 检验与回归系数的显著性 t 检验是等价的，而多元线性回归模型的检验中，拟合优度检验采用的是修正后的决定系数，即：

$$\overline{R}^2=1-\frac{SSE/(n-k-1)}{SST/(n-1)}$$

其回归方程的显著性 F 检验与回归系数的显著性 t 检验是不等价的。

在相关与回归分析中，要能够熟练运用 SPSS 统计软件。

本章习题

一、名词解释

函数关系　相关关系　相关分析　回归分析　单相关　复相关　正相关　负相关　线性相关　非线性相关　相关系数

二、单项选择题

1. 当所有的观察值都落在直线 $y_C=a+bx$ 上时，则 x 和 y 之间的相关系数为（　　）。

   A. $r=0$　　B. $|r|=1$　　C. $-1<r<1$　　D. $0<r<1$

2. 如果估计标准误差 $Syx=0$，则表明（　　）。

   A. 全部观测值和回归值都相等
   B. 回归值等于 y
   C. 全部观测值与回归值的离差之和为 0
   D. 全部观测值都落在回归线上

3. 商品的生产量与销售量有相关关系，若为线性相关，需配合回归直线（　　）。

   A. 一定要以前者为自变量
   B. 一定要以后者为自变量
   C. 以前者或后者为自变量配合的回归直线是一样的
   D. 以前者或后者为自变量配合的回归直线是不同的

4. 若物价上涨，商品的需求量减少，则物价与商品的需求量之间（　　）。

A. 无相关关系　B. 正相关关系　C. 负相关关系　D. 无法判别

5. 在线性相关的条件下，自变量的标准差为10，因变量的标准差为16，相关系数为0.9，则回归系数为(　　)。

A. 1.44　B. 0.56　C. 0.16　D. 14.4

6. 如果变量 x 和 y 之间的相关系数为 -1，说明这两个变量之间(　　)。

A. 不存在相关关系　B. 相关程度很低

C. 相关程度很高　D. 完全负相关

7. 产品产量与劳动生产率之间的相关关系可能是(　　)。

A. 1.15　B. -1.15　C. 0.91　D. -0.91

8. 用最小平方法配合直线趋势，如果 $y=a+bt$，当 b 为负数时，则直线是(　　)。

A. 上升趋势　B. 不升不降

C. 下降趋势　D. 以上三种情况都可能出现

9. 直线回归方程中，若回归系数为负，则(　　)。

A. 表明现象正相关　B. 表明现象负相关

C. 表明相关程度很弱　D. 不能说明相关的方向和程度

10. 相关分析与回归分析在是否需要确定自变量和因变量的问题上(　　)。

A. 前者无须确定，后者需要确定　B. 前者需要确定，后者无须确定

C. 两者均需确定　D. 两者都无须确定

三、判断题(正确的打"√"，错误的打"×")

1. 回归分析和相关分析一样，所分析的两个量都是随机变量。(　　)
2. 函数关系的相关系数都是1。(　　)
3. 两变量的相关系数越接近于0，相关密切程度越低。(　　)
4. 若变量 x 的值减少，变量 y 的值也减少，则 x 与 y 为正相关。(　　)
5. 若估计标准误差越大，则回归方程的代表性越大。(　　)
6. 相关系数的取值范围是0～1。(　　)
7. 回归系数 b 的符号与相关系数 r 的符号可以相同也可以不相同。(　　)
8. 回归分析中计算的估计标准误差就是因变量的标准差。(　　)

四、简答题

1. 什么是相关关系，相关关系与函数关系有什么区别？
2. 什么是相关分析与回归分析，二者有什么区别与联系？
3. 简述相关关系的种类及其各种类的含义。
4. 简述相关系数的含义及作用。
5. 一元线性回归模型的基本假设条件有哪些？
6. 多元线性回归模型的基本假设条件有哪些？
7. 简述回归分析中 F 检验的内容。
8. 简述回归系数显著性 t 检验的内容。

五、计算题

1. 假设一元线性回归模型为：

$$y_i=\beta x_i+\varepsilon_i;i=1,2,\cdots,n$$

模型满足一元线性回归模型的假设条件，且 $E(\varepsilon_i)=0$，$\mathrm{Var}(\varepsilon_i)=\sigma^2$。

要求：

(1) 写出 β 的最小二乘估计和 σ^2 的无偏估计。

(2) 若给定 x_0，计算 $\mathrm{Var}(\hat{y}_0)$，其中 $\hat{y}_0$ 是 $E(x_0)$ 的估计值。

2. 现有一组合金的强度 y（单位：10^7 Pa）与合金中碳含量 x（单位：%）的数据如表 8－11 所示。

表 8－11　合金强度与合金中碳含量的数据

$y/10^7$ Pa	42.0	43.0	45.0	45.0	45.0	47.5	49.0	53.0	50.0	55.0	55.0	60.0
x/%	0.10	0.11	0.12	0.13	0.14	0.15	0.16	0.17	0.18	0.20	0.21	0.23

要求：

(1) 画散点图。

(2) 计算样本相关系数。

(3) 建立合金的强度 y 关于合金中碳含量 x 的一元线性回归方程。

(4) 对建立的回归方程做显著性检验（$\alpha=0.01$）。

(5) 当 $x=0.17$ 时，计算 y_0 的 95%的置信区间。

3. 为了研究人们对某种品牌食品的喜爱程度 y 和该食品的水分含量 x_1、甜度 x_2 的关系，进行了一个完全随机化设计的小规模试验，得到的数据如表 8－12 所示。

表 8－12　某品牌食品的受喜爱程度及该食品的水分含量、甜度的资料

i	1	2	3	4	5	6	7	8	9	10	11	12	13	14	15	16
x_{1i}	4	4	4	4	6	6	6	6	8	8	8	8	10	10	10	10
x_{2i}	2	4	2	4	2	4	2	4	2	4	2	4	2	4	2	4
y_i	64	73	61	76	72	80	71	83	83	89	86	93	88	95	94	100

要求：

(1) 拟合回归模型 $y_i=\beta_0+\beta_1x_{1i}+\beta_2x_{2i}+\varepsilon_i$，写出回归方程。

(2) 列出回归模型的方差分析表，并对整个回归方程进行显著性检验（$\alpha=0.01$）。

(3) 对回归系数 β_1 与 β_2 进行显著性 t 检验（$\alpha=0.01$）。

(4) 若给定一组新的观测值 $(x_{10},x_{20})=(7,4)$，求出 y 的 99%的预测区间。

4. 为研究新产品销售额 x（单位：万元）和利润 y（单位：万元）之间的关系，某公司对 6 个企业进行调查后得出：$\sum x=225$，$\sum x^2=9\,823$，$\sum y=13$，$\sum y^2=36.7$，$\sum xy=593$。

要求：

(1) 计算相关系数。

(2) 建立直线回归方程，并指出 b 的具体含义。

(3) 若销售额为 50 万元，试估计利润额。

5. 某企业上半年产品产量与单位成本的资料如表 8－13 所示。

表 8-13 某企业产品产量与单位成本的资料

月 份	产量/千件	单位成本/(元/件)
1	2	73
2	3	72
3	4	71
4	3	73
5	4	69
6	5	68
合 计	21	—

要求：

(1) 建立直线回归方程(单位成本为因变量)，指出产量每增加 1 000 件时，单位成本下降多少？

(2) 假定产量为 6 000 件时，单位成本为多少？

6. 已知某班学生的英语学习时数 x 和成绩分数 y 的回归方程为 $y_c=20.5+5.2x$。

要求：

(1) 试解释式中回归系数的含义。

(2) 若学生所用的学习时数最低为 6 小时，最高为 14 小时，计算该班学生英语成绩的分数范围。

本章案例

案例资料一

孟山都公司家禽饲料中最适宜的蛋氨酸含量水平的确定

孟山都公司(Monsanto Company)创立于 1901 年，总部位于美国密苏里州克雷沃克尔，是一家跨国农业生物技术公司。通过向农民提供含有新技术和新应用方法的粮食、纤维和饲料，帮助农民们提高产量并获得更大收益。

孟山都公司的营养化合物部生产并销售用于饲养禽类及猪、牛等牲畜的蛋氨酸补充物。由于家禽饲养者的工作量大，但边际效益低，因此他们需要经济实惠且尽可能富含营养的家禽饲料。最理想的饲料成分要求能促进肉鸡快速生长和提高体重，并要求保持家禽价格要相对低于牛肉及其他肉类的价格。

孟山都公司运用回归分析方法模拟肉鸡体重(用 y 表示)与饲料中加入的蛋氨酸数量(用 x 表示)之间的关系。最初，他们建立了下面这一估计的简单线性回归方程：

$$y=0.21+0.42x$$

然而进一步的研究显示，虽然少量的蛋氨酸能提高肉鸡体重，但超过某一数量水平时，肉鸡体重水平将下降，使增加的蛋氨酸仅有微小的或者根本没有效果。事实上，当蛋氨酸数量超过肉鸡营养需要量时，肉鸡体重就倾向于下降，下面的估计多元回归方程被用于模拟肉鸡体重与蛋氨酸数量之间的曲线关系：

$$Y=-0.189+1.32x_1-0.506x_2$$

运用回归分析的结果是孟山都公司确定了家禽饲料中最适宜的蛋氨酸含量水平。

思考:在现实生活中,很多事物之间存在一定的关联,就如上例中的肉鸡重量和蛋氨酸数量之间的关系。如何分析两个或多个事物之间是否存在关系,这种关系如何量化分析?

案例资料二

宝丽来公司摄影胶卷保存时间和感光速率的实验

1947 年,宝丽来公司创始人埃德文·兰德博士(Dr. Edwin Land)宣布,他们在研究即时显像的技术方面迈出了新的一步,这使得一分钟成像成为可能。紧接着,公司开始拓展用于大众摄影的业务。宝丽来的第一台相机和第一卷胶卷诞生于 1949 年。在那之后,他们不断地在化学、光学和电子学方面进行试验和发展。以生产具有更高品质、更高可靠性和更为便利的摄影系统。

宝丽来公司的另一项主要业务是为技术和工业提供产品。它致力于使即时显像技术在现代可视的通信环境下,成为日益增长的成像系统中的关键部分。为此,宝丽来公司推出了多种可进行即时显像的产品,以供专业摄影、工业、科学和医学之用。除此之外,公司还在磁学、太阳镜、工业偏振镜、化工、传统涂料和全息摄影的研制和生产方面有自己的业务。

用于衡量摄影材料感光度的测光计,可以提供许多有关于胶片特性的信息,比如它的曝光时间范围。在宝丽来中心感光实验室中,科学家们把即时显像胶片置于一定的温度和湿度下,使之近似于消费者购买后的保存条件,然后再对其进行系统的抽样检验和分析。他们选择专业彩色摄影胶卷,抽取了分别已保存 1～13 个月不等的胶卷,以便研究它们保存时间和感光速率之间的联系。数据显示,感光速率随保存时间的延长而下降,它们之间相应变动的关系可用一条直线或线性关系近似地表示出。

运用回归分析,宝丽来公司建立起一个方程式,它能反映出胶卷保存时间长短对感光速率的影响。

$$Y=-19.8-7.6X$$

式中,Y 为胶卷感光率的变动;X 为胶卷保存时间(月)。

从这一方程式可以看出,胶卷的感光速率平均每月下降 7.6 个单位。通过此分析得到的信息,有助于宝丽来公司把消费者的购买和使用结合起来考虑,调整生产,提供顾客需要的胶卷。

思考:通过宝丽来公司胶卷保存时间长短对感光速率影响的回归分析,试着思考一下在现实生活中,可以在哪些变量之间进行回归分析,如何进行回归分析。

第九章　时间序列分析

【教学目的与要求】 时间序列是本教材的主要内容之一。通过本章的学习，要求了解时间序列的概念；理解时间序列的基本问题；理解并掌握时间序列分解；理解长期趋势、季节变动和循环波动等概念；掌握长期趋势分析、季节变动分析及循环波动分析；理解自相关的概念；掌握时间序列的自相关分析。

【教学重点与难点】 时间序列分解；长期趋势分析、季节变动分析及循环波动分析；几个统计的基本概念，即时间序列、时间序列的水平分析、时间序列的速度分析。

【课程思政】 通过客观总体变动的规律预测未来的数量表现，要求具备严谨的科学思维、实事求是的工作态度、精益求精的工匠精神。通过国内生产总值的发展数据，了解党和国家取得的成就，内化社会主义制度自信、厚植爱国主义情怀。

第一节　时间序列的基本问题

一、时间序列的概念

时间序列是指反映客观现象的同一指标在不同时间上的数值，按时间先后顺序排列而形成的序列。它由两个基本要素组成，一个是现象的所属时间；另一个是反映该现象的同一指标在不同时间条件下的具体数值。它也称为时间数列或动态数列。

时间序列的一般形式如表 9－1 所示。

表 9－1　时间序列的一般形式

时间顺序	t_1	t_2	t_3	…	t_{n-1}	t_n
指标数值	a_1	a_2	a_3	…	a_{n-1}	a_n

表 9－2 是一个 2017—2021 年我国国内生产总值构成的时间序列。

表 9－2　2017—2021 年我国国内生产总值数值

时间顺序	2017	2018	2019	2020	2021
国内生产总值/亿元	832 035.9	919 281.1	986 515.2	1 013 567.0	1 143 669.7

时间序列可以描述客观现象发展变化的基本情况，利用时间序列资料可以计算一系列动态分析指标。通过时间序列分析，可以揭示客观现象发展变化的规律和趋势，为预测和决策提供依据。

二、时间序列的水平分析

时间序列分析的水平指标是以绝对数形式表示的动态分析指标，包括发展水平、平均发展水平、增长量和平均增长量等指标。

（一）发展水平

发展水平是指时间序列中的每一项具体指标数值，反映的是现象在不同时间的发展所达到的规模和水平。发展水平是动态分析的基础指标。

发展水平，可以是总量指标、相对指标或平均指标。根据各指标值在时间序列中所处的位置，把时间序列中第一项指标值称为最初水平，用 a_1 表示，最后一项指标值称为最末水平，用 a_n 表示。在对比时间序列中的两个发展水平时，把作为比较基础的数值称为基期发展水平，把要分析的那个时间上的指标数值称为报告期发展水平，如 $a_1, a_2, \cdots, a_n$ 可以看成以 a_0 为基期水平的各报告期发展水平。

（二）平均发展水平

平均发展水平是对时间序列中各个指标值加以平均所得到的平均数，又叫作序时平均数或动态平均数。它是反映现象在一段时期内的发展过程所达到的一般水平。由于资料的特性不同，序时平均数的计算方法也不同，既可以在绝对数序列中计算，也可以在相对数序列和平均数序列中计算。其中，在绝对数序列中计算序时平均数是最基本的。

1. 根据时期序列计算序时平均数

由时期序列的特点，采用简单算术平均法，用时期序列各个指标值之和除以时期项数。其计算公式为：

$$\bar{a} = \frac{\sum a_i}{n} \tag{9-1}$$

式中，$\bar{a}$ 为序时平均数；a_i 为时间序列各个时期的发展水平；n 为时期项数。

例 9-1　某企业 2021 年 1 月份产值为 50 万元，2 月份产值为 65 万元，3 月份产值为 75 万元。

要求：计算该企业 2021 年第一季度的平均月产值。

解：$\bar{a} = \frac{\sum a_i}{n} = \frac{50+65+75}{3} = 63.33$（万元）

2. 根据时点序列计算序时平均数

由时点序列的特点，有连续间隔相等、连续间隔不等、不连续间隔相等和不连续间隔不等的时点序列。每一种情况下，计算序时平均数的方法都不一样。下面分别予以说明：

（1）由连续间隔相等的时点序列资料计算序时平均数。这种时点序列资料是连续时点（以日为间隔的资料）的数据，则用简单算术平均数计算序时平均数，即直接将各时点指标值相加来求平均。例如，已知某单位一个月内每天的出勤职工人数，要求计算该月每天平均出勤职工人数，就可以用每天出勤职工人数加总除以该月的日历日数。

（2）由连续间隔不等的时点序列资料计算序时平均数。这种时点序列资料不是逐日变动，只在发生变动时进行登记，也就是说，这种资料相邻两个指标值之间的时间间隔不尽相同，其序时平均数用时间间隔作权数计算加权算术平均数。其计算公式为：

$$\bar{a} = \frac{\sum a_i f_i}{\sum f_i} \tag{9-2}$$

式中，f_i 为各指标值之间的时间间隔；其余符号同前。

例 9－2 某企业 2021 年 5 月份的产品库存变动资料如表 9－3 所示。

要求：计算该企业 2021 年 5 月份的平均库存量。

表 9－3 某企业 2021 年 5 月份产品库存变动的资料

时 间	1 日	6 日	10 日	18 日	26 日	31 日
库存量/台	60	80	50	45	35	30

解：利用公式计算得到该企业 2021 年 5 月份的平均库存量为：

$$\bar{a}=\frac{\sum a_i f_i}{\sum f_i}=\frac{60\times5+80\times4+50\times8+45\times8+35\times5+30\times1}{5+4+8+8+5+1}=51.13(\text{台})$$

(3) 由不连续间隔相等的时点序列资料计算序时平均数。这种时点序列数据虽然不连续，但间隔相等，则可用首末折半法求序时平均数，计算公式为：

$$\bar{a}=\frac{1}{n-1}\left(\frac{1}{2}\times a_1+a_2+a_3+\cdots+a_{n-1}+\frac{1}{2}\times a_n\right) \tag{9-3}$$

例 9－3 某地区的人口资料如表 9－4 所示。

要求：计算序时平均数。

表 9－4 某地区人口资料

时间(年、月、日)	2021 年 1 月 1 日	2021 年 4 月 1 日	2021 年 7 月 1 日	2021 年 10 月 1 日	2022 年 1 月 1 日
人口数/万人	100	98	101	104	105

解：$\bar{a}=\frac{1}{5-1}\times\left(\frac{1}{2}\times100+98+101+104+\frac{1}{2}\times105\right)=101.375(\text{万人})$

即该地区 2021 年年平均人口数为 101.375 万人。

(4) 由不连续间隔不等的时点序列资料计算序时平均数。如果掌握的时点资料不连续且间隔不相等，这时需要以间隔长度为权数加权来计算序时平均数。其计算公式为：

$$\bar{a}=\frac{\frac{a_1+a_2}{2}f_1+\frac{a_2+a_3}{2}f_2+\cdots+\frac{a_{n-1}+a_n}{2}f_{n-1}}{f_1+f_2+\cdots+f_{n-1}} \tag{9-4}$$

式中，$f_t(t=1,2,1/4,\cdots,n-1)$代表两个时点指标值 a_{t-1} 和 a_t 之间的时间间隔长度。

例 9－4 某城市的人口资料如表 9－5 所示。

要求：计算序时平均数。

表 9－5 某城市人口资料

时 间	2021 年 1 月 1 日	2021 年 5 月 1 日	2021 年 8 月 1 日	2022 年 1 月 1 日
人口数/万人	85.5	86.1	86.5	87

解：$\bar{a}=\frac{\frac{85.5+86.1}{2}\times4+\frac{86.1+86.5}{2}\times3+\frac{86.5+87}{2}\times5}{4+3+5}=86.32(\text{万人})$

即该城市 2021 年年平均人口数为 86.32 万人。

(三) 增长量

增长量是指时间序列中两个不同时期的发展水平之差。其计算公式为：

$$增长量=报告期发展水平-基期发展水平 \tag{9-5}$$

由于所采用的基期不同，增长量可以分为逐期增长量、累积增长量和平均增长量。

(1) 逐期增长量。逐期增长量是指报告期水平与其前一期水平之差，表示现象逐期增减的数量，用符号表示为：

$$a_i-a_{i-1} \quad (i=1,2,\cdots,n)$$

(2) 累积增长量。量积增长量是指报告期水平与某一固定时期水平之差，表示现象在一段时期内总的增减量，用符号表示为：

$$a_i-a_0 \quad (i=1,2,\cdots,n)$$

各个逐期增长量之和等于累积增长量，即：

$$(a_1-a_0)+(a_2-a_1)+\cdots+(a_n-a_{n-1})=a_n-a_0$$

(3) 平均增长量。平均增长量是指时间序列中各个逐期增长水平的平均数，反映现象在一段时期内平均每期增长量的一般水平。其计算公式为：

$$平均增长量=\frac{逐期增长量之和}{逐期增长量个数}=\frac{累积增长量}{时间序列项数-1} \tag{9-6}$$

例 9-5　某地区 2017—2021 年地区生产总值及其增长量的资料见表 9-6。

要求：计算该地区地区生产总值的逐期增长量、累积增长量和平均增长量。

解：逐期增长量和累积增长量的计算结果见表 9-6。

表 9-6　某地区 2017—2021 年地区生产总值增长量

年　份		2017	2018	2019	2020	2021
地区生产总值/亿元		1 005	1 200	1 350	1 550	1 800
增长量/亿元	逐期	—	195	150	200	250
	累积	—	195	345	545	795

该地区 2017—2021 年平均每年地区生产总值的增长量$=\frac{795}{4}=198.75$(亿元)

三、时间序列的速度分析

时间序列的速度指标是以相对数形式表示的动态分析指标，包括发展速度、平均发展速度、增长速度以及平均增长速度等指标。下面分别予以说明。

(一) 发展速度

发展速度是指将两个时期的发展水平进行对比而得到的结果，表明现象发展的程度，说明报告期水平是基期水平的百分之几(或若干倍)。其计算公式为：

$$发展速度=\frac{报告期发展水平}{基期发展水平} \tag{9-7}$$

根据所采用的基期的不同，发展速度又可以分为环比发展速度和定基发展速度两种。

环比发展速度是指报告期水平与其前一期水平对比而得到的结果，反映现象逐期发展的程度，用符号表示：

$$\frac{a_i}{a_{i-1}} \quad (i=1,2,\cdots,n)$$

定基发展速度是指报告期水平与某一固定时期水平对比而得到的结果，反映现象在一段较长时期内总的发展程度。设固定期水平为 a_0，则定基发展速度可用符号表示为：

$$\frac{a_i}{a_0} \quad (i=1,2,\cdots,n)$$

环比发展速度与定基发展速度的关系是，定基发展速度是相应的各个环比发展速度的连乘积。即：

$$\frac{a_n}{a_0}=\frac{a_1}{a_0}\times\frac{a_2}{a_1}\times\cdots\times\frac{a_n}{a_{n-1}}$$

（二）增长速度

增长速度是根据增长量与基期水平对比而求得的一种相对数，反映现象在一段时期内数量增长的方向和程度的动态分析指标。其计算公式为：

$$增长速度=\frac{增长量}{基期水平}=发展速度-1 \tag{9-8}$$

根据所采用的基期不同，增长速度也分为环比增长速度和定基增长速度两种。

$$环比增长速度=\frac{逐期增长量}{前期水平}=环比发展速度-1 \tag{9-9}$$

$$定基增长速度=\frac{累积增长量}{固定期水平}=定基发展速度-1 \tag{9-10}$$

定基增长速度和环比增长速度都是发展速度的派生指标，它只反映增长部分的相对程度，所以，定基增长速度不等于相应各期环比增长速度的连乘积。

例 9-6 承例 9-5 的资料。

要求：计算该地区 2017—2021 年地区生产总值的发展速度和增长速度。

解：根据表 9-6 的数据和有关公式计算的结果如表 9-7 所示。

表 9-7 某地区 2017—2021 年地区生产总值发展速度和增长速度计算表

年 份		2017	2018	2019	2020	2021
地区生产总值/亿元		1 005	1 200	1 350	1 550	1 800
增长量/亿元	逐期	—	195	150	200	250
	累积	—	195	345	545	795
发展速度/%	环比	—	119.40	112.50	114.81	116.13
	定基	100	119.40	134.33	154.23	179.10
增长速度/%	环比	—	19.40	12.50	14.81	16.13
	定基	—	19.40	34.33	54.23	79.10

(三)平均发展速度和平均增长速度

平均发展速度是对各环比发展速度计算的一种序时平均数,反映现象在一个较长时期内速度变化的平均程度;平均增长速度是说明现象在一段时期内逐期平均增减程度的指标,从增长的角度看较长时期内现象的平均变动程度。

由于一段时期内发展的总速度等于各期环比发展速度的连乘积,所以通常采用几何平均法计算平均发展速度。设 $\bar{x}$ 为平均发展速度,其计算公式为:

$$\bar{x}=\sqrt[n]{\frac{a_n}{a_0}}=\sqrt[n]{\frac{a_1}{a_0}\times\frac{a_2}{a_1}\times\cdots\times\frac{a_n}{a_{n-1}}} \tag{9-11}$$

平均增长速度可以通过平均发展速度来求得,即:

$$平均增长速度=平均发展速度-100\% \tag{9-12}$$

例 9-7　承例 9-6 的资料。

要求:计算该地区 2017—2021 年地区生产总值年平均发展速度和平均增长速度。

解:$\bar{x}=\sqrt[4]{1.791\ 0}=1.156\ 8=115.68\%$

平均增长速度$=115.68\%-100\%=15.68\%$

一些时间序列水平和速度指标见表 9-8。

表 9-8　一些时间序列水平和速度指标

时间顺序 t_i	t_0	t_1	t_2	…	t_n
数据(发展水平)	a_0	a_1	a_2	…	a_n
逐期增长量	—	a_1-a_0	a_2-a_1	…	a_n-a_{n-1}
累计增长量	—	a_1-a_0	a_2-a_0	…	a_n-a_0
定基发展速度	—	$\frac{a_1}{a_0}$	$\frac{a_2}{a_0}$	…	$\frac{a_n}{a_0}$
环比发展速度	—	$\frac{a_1}{a_0}$	$\frac{a_2}{a_1}$	…	$\frac{a_n}{a_{n-1}}$
定基增长速度	—	$\frac{a_1-a_0}{a_0}$	$\frac{a_2-a_0}{a_0}$	…	$\frac{a_n-a_0}{a_0}$
环比增长速度	—	$\frac{a_1-a_0}{a_0}$	$\frac{a_2-a_1}{a_1}$	…	$\frac{a_n-a_{n-1}}{a_{n-1}}$

第二节　时间序列分解

一、时间序列构成的因素

时间序列的形成是各种不同的影响事物发展变化的因素共同作用的结果。影响事物发展变化的因素很多,有起决定性作用的基本因素,也有起临时作用的、局部作用的偶然因素。影响时间序列的因素归纳起来有四类，即长期趋势、季节变动、循环波动和不规则变动。

（一）长期趋势

长期趋势(T)是指时间序列在长期过程中的均匀连续变动。频繁和突然的变动或重演的变动都不属于长期趋势。长期趋势是由某种起决定性作用的因素的影响而形成的趋势。例如，人口的自然增长促进经济的增长，科技与管理的进步便形成经济发展的长期趋势。分析长期趋势，可以掌握事物发展变化的基本特点。

（二）季节变动

季节变动(S)是指现象因受自然条件或社会经济季节因素的影响，在 1 年或更短的时间内，随时序变化而引起的有规律的周期性变动。按日、周、月、季记录的时间序列常常反映季节的波动，如各类服装的月销售量以及某些节令性食品的消费等。

（三）循环波动

循环波动(C)是指现象发生周期较长（1 年以上）的涨落起伏的变动。循环波动的周期和波动的幅度可以很不规则，如商业循环、经济循环，周期可以是 2～3 年，也可以是 8～9 年或者更长。

（四）不规则变动

不规则变动(I)是时间序列除去长期趋势、季节变动和循环波动后余下的变动。这种变动是受临时的、偶然的或不明原因而引起的非周期性、非趋势性的随机变动。不规则变动是无法预知的。

二、时间序列的分解模型

将构成时间序列的因素与时间序列的关系按照一定的假设，用一定的数学关系式表示，就形成了时间序列的分解模型。它主要有两种假设，即有两种最基本的分解模型——加法模型和乘法模型。

（一）加法模型

假设各构成部分对时间序列的影响是可加的，并且是相互独立的，这样就可以把时间序列 Y 表示为：

$$Y=T+S+C+I \tag{9-13}$$

按照这种模型，时间序列的发展变化是 4 种因素叠加而成的。

（二）乘法模型

假设 4 种因素变动之间存在某些相互影响的关系，则时间序列各期水平的数值就是四种因素相乘的乘积，其分解模型为：

$$Y=T\times S\times C\times I \tag{9-14}$$

按照这种模型，时间序列的发展变化是 4 种因素乘积而成的倍比关系。

实际工作中应采用哪一种模型进行分析为宜，要视研究对象的性质、研究目的及所掌握的资料的情况来确定。

第三节　长期趋势分析

测定长期趋势就是用一定的方法对时间序列进行修匀，以消除序列中季节变动、循环波动和不规则变动等因素的影响，以显示出现象变动的基本趋势，作为预测的依据。测定长期趋势的方法主要有数学模型法、移动平均法和指数平滑法。

一、数学模型法

数学模型法是采用适当的数学模型对时间序列配合一个方程式，并据以计算各期趋势值的方法。用数学模型配合时间序列的方法很多，最常用的主要有直线趋势模型、二次抛物线模型、指数曲线模型、修正指数曲线模型、龚伯兹曲线模型等。下面分别予以说明。

（一）直线趋势模型

如果时间序列的逐期增减量相对稳定，即现象满足各逐期增减量大体相同的条件，可以用直线作为趋势线来描述趋势变化，据以进行分析和预测。

设趋势直线方程为：

$$y_t = a + bt \tag{9-15}$$

式中，y_t 为时间序列 y 的长期趋势值；t 为时间（指时间序号）；a 为趋势直线的 y 的截距，表示 $t=0$ 时 y_t 的数值；b 为趋势直线的斜率，表示 t 每变动一个单位时，y_t 平均增减的数量。a、b 是趋势直线方程中的两个待估参数，一般用最小平方法来求解。

例 9-8　某企业 2013—2021 年某产品销售量的资料见表 9-9。

表 9-9　某企业 2013—2021 年某产品销售量

年　份	2013	2014	2015	2016	2017	2018	2019	2020	2021
销售量/万件	8	9.5	10.9	12.4	14	15.8	17.2	18.7	20

要求：对上表的资料配合长期趋势曲线。

解：由于各年产品产量的增量比较接近，所以可以考虑配合直线方程。设直线方程为 $Y=a+bt$。

根据表 9-9 的数据，以 2013 年为第 1 期，计算得：

$\sum t = 45$，$\sum t^2 = 285$，$\sum Y = 126.5$，$\sum tY = 724.1$，则：

$$b = \frac{n\sum tY - \sum t \sum Y}{n\sum t^2 - (\sum t)^2} = \frac{9 \times 724.1 - 45 \times 126.5}{9 \times 285 - 45^2} = 1.53$$

$$a = \overline{Y} - b\overline{t} = \frac{126.5}{9} - 1.53 \times \frac{45}{9} = 6.41$$

于是可得趋势直线方程 $Y=6.41+1.53t$。

由于时间序列趋势方程中的自变量是时间变量，而时间变量可以用时间序号带入，因此会出现当时间序号选择不同时，拟合出的方程不同的情况。例如，上例中若用时间序号：－4、－3、－2、－1、0、1、2、3、4 作为时间变量值，则所得的趋势直线方程为 $Y=14.06+1.53t$，但这并不影响趋势值的计算。只要在计算趋势值时仍然按照原来的排列顺序将时间变量值代入方程，则由不同的直线趋势方程所得到的同时期的趋势值将是相同的。

还需要指出的是，利用直线方程进行预测时，必须假定趋势变化的因素到了预测年份仍然起作用。在实际应用时，数据应当尽量丰富，以反映长期趋势。

（二）二次抛物线模型

如果时间序列满足二级增减量大体相同的条件，即时间序列逐期增长绝对量之差近似为一常量时，我们可以利用二次抛物线模型进行配合。其趋势方程为：

$$Y_t=a+bt+ct^2 \tag{9-16}$$

方程中有 3 个待估参数 a、b、c。仍按最小平方法求解，建立 3 个标准方程，即：

$$\sum Y_t = na + b\sum t + c\sum t^2$$

$$\sum Y_t t = a\sum t + b\sum t^2 + c\sum t^3$$

$$\sum Y_t t^2 = a\sum t^2 + b\sum t^3 + c\sum t^4$$

把利用原序列计算出的有关数据代入上述 3 个方程式，解三元一次方程组就可得出趋势方程所需要的 a、b、c 的估计值。

例 9－9 某企业 2013—2021 年某产品销售量的资料见表 9－10。

表 9－10 某企业 2013—2021 年某产品销售量

年 份	2013	2014	2015	2016	2017	2018	2019	2020	2021
销售量/万件	8	10	14.1	20.3	28.5	38.6	40.8	55	61

要求：对上表的资料配合长期趋势曲线。

解：由于各年产品产量逐期增长量之差较为接近，所以可以考虑采用二次抛物线模型进行拟合。设抛物线方程为 $Y_t=a+bt+ct^2$。

以时间序号－4、－3、－2、－1、0、1、2、3、4 作为时间变量值，将数值代入上述联立方程，可得到：

$$\begin{cases}276.3=9a+60c\\418.7=60b\\1\,967.5=60a+708c\end{cases}$$

所以，$a=27.97$，$b=6.98$，$c=0.41$。

因此，抛物线方程为 $Y_t=27.97+6.98t+0.41t^2$。

（三）指数曲线模型

如果时间序列满足环比发展速度大体相同的条件，那么可以配合指数曲线模型来反映现象发展变化的趋势。其趋势方程为：

$$Y_t=a\cdot e^{bt} \tag{9-17}$$

例 9－10 某企业 2016—2021 年的销售收入依次为 50 万元、75 万元、114 万元、172 万元、258 万元、395 万元。

要求:试求该企业销售收入的长期趋势。

解:由于这个时间序列的环比序列为 $Y_2/Y_1=75/50=1.5$、$Y_3/Y_2=114/75=1.52$、$Y_4/Y_3=172/114=1.51$、$Y_5/Y_4=258/172=1.5$、$Y_6/Y_5=395/258=1.53$,即各年销售收入几乎按同一比例 1.5 在增长,所以可以考虑拟合指数函数 $Y=a\cdot e^{bt}$。

首先将上式转换为直线方程,取对数 $\ln Y=\ln a+bt$,然后用最小平方法求解参数。其具体计算见表 9-11。

表 9-11 指数趋势函数计算表

年 份	序号 t	t^2	Y/万元	$\ln Y$	$t\ln Y$
2016	1	1	50	3.91	3.91
2017	2	4	75	4.32	8.63
2018	3	9	114	4.74	14.21
2019	4	16	172	5.15	20.59
2020	5	25	258	5.55	27.76
2021	6	36	395	5.98	35.87
合 计	21	91	—	29.65	110.97

根据以上计算结果可得出:

$$b=\frac{n\sum t\ln Y-\sum t\sum \ln Y}{n\sum t^2-(\sum t)^2}=\frac{6\times 110.97-21\times 29.65}{6\times 91-21^2}=0.41$$

$$\ln a=\overline{\ln Y}-b\bar{t}=\frac{29.65}{6}-0.41\times\frac{21}{6}=3.507$$

$$a=e^{3.507}=33.35$$

于是得到销售收入的长期趋势函数为 $Y=33.35e^{0.41t}$,若要预测 2022 年的销售收入,则:

$Y_{2022}=33.35e^{0.41\times 7}=588.19$(万元)

(四)修正指数曲线模型

如果时间序列满足逐期增减量的环比发展速度大体相同的条件,则可配合修正指数曲线来描述现象的变化状态。其趋势方程为:

$$Y_t=k+ab^t \tag{9-18}$$

(五)龚伯兹曲线模型

如果时间序列的对数的逐期增减量的环比速度大体相同,则可以配合龚伯兹曲线模型来描述该现象的变化状态。其趋势方程式为:

$$Y_t=ka^{b^t} \tag{9-19}$$

二、移动平均法

移动平均法是通过扩大时距,对原有时间序列修匀来测定长期趋势,是一种简单实用的测定趋势值的一种方法。

如表 9－12 所示，为修匀数据，需要对时间序列计算平均数。设项数为 3，从第 1 项开始，求出前 3 项数据的简单平均数，然后逐项向后移动，依次进行，计算过程见表 9－12，这样就得到一列新的数据，如表 9－12 中的第 3 列。若取项数为 5 时，则可以得到一列 5 年移动平均数，如表 9－12 中的第 4 列。

表 9－12 时间序列的移动平均数计算表

年 数	观测值	3 年移动平均	5 年移动平均
1	3	—	—
2	4	4.3	—
3	6	6.0	6.2
4	8	8.0	6.4
5	10	7.3	6.6
6	4	6.3	6.8
7	5	5.3	7.0
8	7	7.0	7.2
9	9	9.0	7.4
10	11	8.3	7.6
11	5	7.3	7.8
12	6	6.3	8.0
13	8	8.0	8.4
14	10	10.3	—
15	13	—	—

如上表所示，移动平均后的数列比原来的数列要匀滑，而 5 年移动平均得到的数列又比 3 年移动平均得到的数列更匀滑。但移动平均后的数列都比原数列少了首尾的数据。在移动时，移动步长应尽可能与时间序列周期一致。对于按月具有季节性波动的时间序列，要消除季节的影响，以 12 个月为移动平均的步长较为理想。

如果时间序列周期为偶数，在移动平均时，以偶数为移动的步长，那么计算得到的移动平均数须置于原来时间序列两个观测值之间。因此，需对移动平均后的新数列再次移动平均，这样得到的二次移动平均数才与各时期对应。

简单移动平均法在反映长期趋势直线时的效果较佳，但当时间序列趋势为非直线时，简单移动平均法容易产生误差；同时，由于移动平均法没有得到反映时间序列规律变化的模型，无法进行外推预测。这样就产生了指数平滑法。

三、指数平滑法

由于移动平均法需要舍去首尾若干数据且又不能用于预测，于是产生了指数平滑法。

指数平滑法是在加权移动平均法的基础上产生的，但又不同于原来的移动平均法。

加权移动平均法即在计算移动平均数时对各期观测值赋予不同的权数，一般对近期的数据给予较大的权数。设时间序列为 $Y_1, Y_2, \cdots, Y_t$，为了预测 $t+1$ 期的数据，对原数列加权平均，近期的权数 w 较大，远期较小。$t+1$ 期的预测值 $\hat{Y}_{t+1}$ 表示为：

$$\hat{Y}_{t+1}=\frac{Y_t+wY_{t-1}+w^2Y_{t-2}+\cdots+w^{t-1}Y_1}{1+w+w^2+\cdots+w^{t-1}} \tag{9-20}$$

因为 $0<w<1$，w^t 随着 t 的增大而减小，又因为：

$$\frac{1-w^t}{1-w}=1+w+w^2+\cdots+w^{t-1}$$

则当 t 很大时，$1+w+w^2+\cdots+w^{t-1}=\frac{1}{1-w}$。所以 $\hat{Y}_{t+1}$ 可以写为：

$$\begin{aligned}\hat{Y}_{t+1}&=(1-w)(Y_t+wY_{t-1}+\cdots+w^{t-1}Y_1)\\&=(1-w)Y_t+w(1-w)(Y_{t-1}+wY_{t-2}+\cdots+w^{t-2}Y_1)\\&=(1-w)Y_t+w\hat{Y}_t\end{aligned}$$

令 $\alpha=1-w$，则：

$$\hat{Y}_{t+1}=\alpha Y_t+(1-\alpha)\hat{Y}_t \tag{9-21}$$

这就是一次指数平滑法的公式，$\hat{Y}_{t+1}$ 表示 $t+1$ 期的预测值；α 称为平滑系数，需综合考虑各方面合理选取；$\hat{Y}_t$ 为 t 期的预测值或修匀值。

例 9-11 某企业 2009—2021 年某产品的销售量如表 9-13 第 2 列所示。

要求：试以 $\alpha=0.2$ 和 $\alpha=0.8$ 对此资料采用指数平滑法对各期销售量进行预测。

表 9-13 某企业 2009—2021 年某产品销售量及其指数匀滑预测值计算表 单位：万件

年 份	销售量 Y_t	指数匀滑预测值 $\hat{Y}_t(\alpha=0.2)$	指数匀滑预测值 $\hat{Y}_t(\alpha=0.8)$
2009	20	—	—
2010	23	20	20
2011	28	20.6	22.4
2012	24	22.08	26.88
2013	30	22.46	24.58
2014	32	23.97	28.92
2015	28	25.58	31.38
2016	26	26.06	28.68
2017	30	26.05	26.54
2018	32	26.84	29.31
2019	34	27.87	31.46
2020	33	29.10	33.49
2021	35	29.88	33.10

解:由于在时期 1 尚无可参考的预测值,所以从第 2 期开始预测,并以第 1 期的实测值为第 1 期的预测值(也可以取最初几期的平均值为初值),计算结果见表 9 - 13 第 3 列与第 4 列。

于是,可以预测 2022 年的产品销售量为:

取 $\alpha=0.2$,有:

$\hat{Y}_{2022}=0.2Y_{2021}+0.8\hat{Y}_{2021}=0.2\times35+0.8\times29.88=30.904$(万件)

取 $\alpha=0.8$,有:

$\hat{Y}_{2022}=0.8Y_{2021}+0.2\hat{Y}_{2021}=0.8\times35+0.2\times33.10=34.62$(万件)

由上可见,简单指数平滑法预测的准确性在相当程度上取决于 α 的值,而 α 值的确定则具有不确定性。一般的规则是,如果时间序列是属于比较平稳型的,应尽量选择比较小的 α 值,这样可以降低指数平滑时间序列的敏感程度;而当时间序列的波动比较大时,应尽量选择比较大的 α 值,使得预测结果能较迅速地对新出现的变动做出调整。但是,也应注意到许多时间序列的波动往往受不规则随机因素的影响较大,在这种情况下,如果 α 值取得很大,就会加大随机变动的权数,而忽略了时间序列的趋势,使预测结果并不理想。一般来说,α 的取值在0.3～0.5 比较好,但是最合适的值也可能在这一界限之外。

第四节 季节变动分析

由于季节、天气变化和传统节日等原因,客观现象普遍受到季节变动的影响(如服装、空调、风扇等的销售、旅游等)。测定季节变动的主要目的,一是在于掌握季节变动的规律;二是消除季节波动的影响,更清楚地反映其他因素的影响。

测定季节变动的规律主要在于测定季节指数,常用的测定季节指数的方法有简单平均法和移动平均趋势剔除法。

一、简单平均法

简单平均法的思路是,首先求出历年(3 年以上)各季的平均数,再求出所有季度的总平均数,然后将各季的平均数除以总平均数,得到的便是季节指数。如果是按月的时间序列,方法与上述类似,将各月平均数除以总平均数即可。

$$季节指数=同季平均数\div总季平均数 \tag{9-22}$$

例 9 - 12 某产品 2018—2021 年销售额的资料见表 9 - 14。

要求:采用简单平均法计算季节指数。

解:计算过程及计算结果见表 9 - 14。

表 9-14　某企业产品 2018—2021 年各季度销售额资料

年　份	销售额/万元				全年合计
	一季度	二季度	三季度	四季度	
2018	58	34	45	60	197
2019	48	30	40	52	170
2020	68	40	50	72	230
2021	55	37	48	68	208
合　计	229	141	183	252	805
季平均	57.25	35.25	45.75	63	50.31
季节指数/%	113.79	70.06	90.93	125.22	400

上述计算结果表明，该产品的销售额存在季节波动，第一、第四季度是旺季，而第二、第三季度是淡季。全年 4 个季度指数之和加起来正好是 400。

简单平均法虽然计算简便，但忽略了长期趋势的影响，在时间序列存在明显的长期趋势的情况下，其结果不够准确。

二、移动平均趋势剔除法

移动平均趋势剔除法与简单平均法的区别在于，在计算季节指数之前先用移动平均法剔除长期趋势的影响，其计算步骤如下：

（1）根据历年的季度数据，计算步长为 4 季的移动平均数，得到趋势值 T；

（2）将实际数据 Y 除以相应的趋势值 T，得到已不包含趋势变动的数值 Y/T；

（3）将计算得到的 Y/T 值按时间顺序排列；

（4）根据简单平均法计算季节指数。

如果是历年月度数据，方法与上述类似，以 12 个月为步长进行移动平均，然后计算剔除趋势变动的 Y/T 值，最后再进行简单平均。

例 9-13　下表 9-15 第 2 列数据为某地区某商品 2018—2021 年各季销售量，经初步分析发现该时间序列有较明显的长期趋势。为了测定季节指数，首先计算移动平均数以剔除趋势变动的影响，计算过程和结果见表 9-15。

表 9-15　某地区某商品 2018—2021 年各季移动平均计算表　　单位：万件

年、季	销售量	4 季移动平均	二次移动平均	Y/T
(1)	(2)	(3)	(4)	(2)/(4)
2018.1	24		—	—
2018.2	28		—	—
2018.3	17	22.75	23.5	0.723
2018.4	22	24.25	25	0.88

续 表

年、季	销售量	4 季移动平均	二次移动平均	Y/T
(1)	(2)	(3)	(4)	(2)/(4)
2019.1	30	25.75	26.13	1.148
2019.2	34	26.5	26.38	1.289
2019.3	20	26.25	26.88	0.744
2019.4	21	27.5	28	0.75
2020.1	35	28.5	30	1.167
2020.2	38	31.5	32.5	1.169
2020.3	32	33.5	33.88	0.945
2020.4	29	34.25	34.5	0.841
2021.1	38	34.75	34.75	1.094
2021.2	40	34.75	35.63	1.123
2021.3	32	36.5	—	—
2021.4	36		—	—

注:第 3 列移动平均后的结果首位应位于第二、第三季度之间,出于制表的方便,将其置于第三季度的位置。

趋势影响剔除后的季节指数见表 9－16。

表 9－16　趋势影响剔除后的季节指数

年　份	季　度				全年合计
	一季度	二季度	三季度	四季度	
2018	—	—	0.723	0.88	
2019	1.148	1.289	0.744	0.75	
2020	1.167	1.169	0.945	0.841	
2021	1.094	1.123	—	—	
合　计	3.409	3.581	2.412	2.471	11.873
季平均	1.136	1.194	0.804	0.824	0.989
季节指数	1.148	1.206	0.813	0.833	4

进一步计算得到季节指数后,将原来的时间序列除以季节指数,得到剔除了季节影响的新的时间序列,见表 9－17 第 4 列和第 8 列。对新的时间序列进行曲线拟合,进行未来时间的预测。而把预测值乘以季节指数,便可以得到包含季节影响的预测值。

表 9-17　剔除季节影响的商品销售量

时序(1)	销售量(2)	季节指数(3)	剔除季节影响的销量(2)/(3)	时序(1)	销售量(2)	季节指数(3)	剔除季节影响的销量(2)/(3)
1	24	1.148	20.906	9	35	1.148	30.488
2	28	1.206	23.217	10	38	1.206	31.509
3	17	0.813	20.910	11	32	0.813	39.360
4	22	0.833	26.411	12	29	0.833	34.814
5	30	1.148	26.132	13	38	1.148	33.101
6	34	1.206	28.192	14	40	1.206	33.167
7	20	0.813	24.600	15	32	0.813	39.360
8	21	0.833	25.210	16	36	0.833	43.217

根据表中剔除了季节影响的商品销量的数据拟合长期趋势，得到趋势线为：

$T=19.013+1.297t$

那么，2022 年第一季度商品销量的趋势值为：

$T_{17}=19.013+1.297\times17=41.062$

考虑季节调整，则 2022 年第一季度商品销量为：

$41.062\times1.148=47.14$

以同样的方法可以得到 2022 年其他季度或其他年份各季的预测值。

第五节　循环波动分析

循环波动的周期在 1 年以上且长短不一，如何测定循环波动呢？按照时间序列分解模型 $Y=T\times S\times C\times I$，因为长期趋势 T 和季节波动 S 都可以得到，那么：

$$C\times I=\frac{Y}{T\times S} \tag{9-23}$$

得到剔除了趋势和季节因素影响的剩余，再对 $C\times I$ 进行移动平均，消除随机波动的影响，得到的就是循环波动指数 C，这称之为剩余法。

例 9-14　某商店在 2009—2021 年销售额资料见表 9-18。

要求：试用剩余法对表 9-18 中的循环波动进行分析。

解：第一步，测定 13 年销售额的长期趋势，用数学曲线进行拟合，得到趋势方程为 $T=81.1+2.59t$。

第二步，根据趋势方程计算各年销售额的趋势值，得到表 9-18 的第 3 列。

第三步，由于是年度数据，没有季节因素的影响，所以将 Y/T 得到剔除了长期趋势与季节因素的剩余值 $C\times I$，计算结果见表 9-18 第 4 列。

第四步，将剩余值进行移动平均，以消除随机波动的影响，得到的就是循环波动，见表 9-18 第 5 列。

表 9－18 某商店 2009—2021 年的销售额资料 单位：千元

年 份	实际销售值 $Y=T\times C\times I$	长期趋势值 T	$C\times I=Y/T$	3 年移动平均 C
2009	75	83.69	0.896	—
2010	82	86.28	0.950	0.972
2011	95	88.87	1.069	1.038
2012	100	91.46	1.093	1.061
2013	96	94.05	1.021	1.022
2014	92	96.64	0.952	0.987
2015	98	99.23	0.988	0.971
2016	99	101.82	0.972	0.989
2017	105	104.41	1.006	1.018
2018	115	107	1.075	1.068
2019	123	109.59	1.122	1.059
2020	110	112.18	0.981	0.991
2021	100	114.77	0.871	—

根据上述结果进行绘图，可见在 2009—2021 年的销售额经过了一个完整的循环和两个半截的循环。

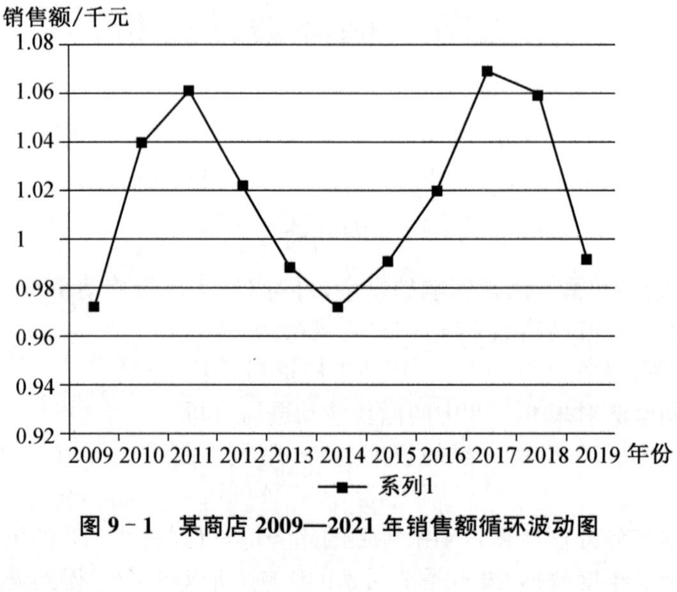

图 9－1 某商店 2009—2021 年销售额循环波动图

第六节　时间序列的自相关分析

时间序列包含随机波动的影响，那么，如何反映并测度随机波动呢？我们要用到自相关分析。

时间序列中的本期与不同滞后期的数据之间存在相关关系，可以用自相关系数表示。对于具有 n 个观测值的时间序列 Y_t，其滞后 1 期的数据所形成的序列表示为 Y_{t-1}，滞后 2 期的数据所形成的序列表示为 Y_{t-2}，滞后 k 期的数据所形成的序列表示为 Y_{t-k}，记自相关系数为 r_k，其中 k 代表时滞，则相关系数 r_k 说明相差 k 个时期两项数据序列之间的相关程度。其计算公式为：

$$r_k = \frac{\sum_{t=k+1}^{n}(Y_t-\overline{Y})(Y_{t-k}-\overline{Y})}{\sum_{t=1}^{n}(Y_t-\overline{Y})^2} \tag{9-24}$$

式中，n 是时间序列 Y_t 的数据个数；$\overline{Y}=\frac{1}{n}\sum_{t=1}^{n}Y_t$ 是时间序列所有观测值的总平均值。

与一般的相关系数相同，自相关系数的取值范围也是 $-1\leqslant r_k\leqslant 1$，$|r_k|$ 越接近 1，时间序列的自相关程度越高。

例 9-15　时间序列 Y_t 的观测值与各期滞后序列如表 9-19 所示。

要求：试计算表 9-19 中所提供的时间序列的自相关系数。

表 9-19　时间序列 Y_t 的观测值与各期滞后序列

t	1	2	3	4	5	6	7	8	9
	32	38	15	19	45	52	17	21	40
	—	32	38	15	19	45	52	17	21
	—	—	32	38	15	19	45	52	17
	—	—	—	32	38	15	19	45	52

解：很显然，利用上述计算公式并运用 Excel 表进行计算，很容易得到计算结果。其计算过程为：

$$\overline{Y}=\frac{1}{9}\sum_{t=1}^{8}Y_t=279/9=31$$

$$\sum_{t=1}^{9}(Y_t-\overline{Y})^2=\sum_{t=1}^{9}(Y_t-31)^2=1\ 464$$

于是有：

$$r_1=\frac{\sum_{t=2}^{9}(Y_t-31)(Y_{t-1}-31)}{\sum_{t=1}^{9}(Y_t-31)^2}=-31/1\ 464=-0.021\ 2$$

$$r_2 = \frac{\sum_{t=3}^{9}(Y_t - 31)(Y_{t-2} - 31)}{\sum_{t=1}^{9}(Y_t - 31)^2} = -1\,108/1\,464 = -0.756\,8$$

$$r_3 = \frac{\sum_{t=4}^{9}(Y_t - 31)(Y_{t-3} - 31)}{\sum_{t=1}^{9}(Y_t - 31)^2} = -33/1\,464 = -0.022\,5$$

对于一个纯随机序列，其相关系数应该接近或等于0，而具有明显上升或下降趋势的时间序列，或具有明显季节变动或循环波动的时间序列，将会有高度的自相关。

本章小结

本章是本教材的主要内容之一，主要阐述了六个方面的内容，即时间序列的基本问题、时间序列分解、长期趋势分析、季节变动分析、循环波动分析和时间序列的自相关分析。在学习本章内容的过程中，需要着重掌握以下知识点。

一、时间序列的基本问题

时间序列是指反映客观现象的同一指标在不同时间上的数值，按时间先后顺序排列而形成的序列。时间序列分析的水平指标是以绝对数形式表示的动态分析指标，包括发展水平、平均发展水平、增长水平和平均增长水平等指标。时间序列的速度指标是以相对数形式表示的动态分析指标，包括发展速度、平均发展速度、增长速度以及平均增长速度等指标。

二、时间序列分解

时间序列的形成是各种不同的影响事物发展变化的因素共同作用的结果。影响时间序列的因素归纳起来有四类，即长期趋势、季节变动、循环波动和不规则变动。将构成时间序列的因素与时间序列的关系按照一定的假设，用一定的数学关系式表示，就形成了时间序列的分解模型。它主要有两种假设，即有两种最基本的分解模型——加法模型和乘法模型。

三、长期趋势分析

测定长期趋势就是用一定的方法对时间序列进行修匀，以消除序列中季节变动、循环波动和不规则变动等因素的影响，以显示出现象变动的基本趋势，作为预测的依据。测定长期趋势的方法主要有数学模型法、移动平均法和指数平滑法。

四、季节变动分析

由于季节气候和社会习惯等原因，客观现象普遍存在季节变动影响。测定季节变动的规律主要在于测定季节指数，常用的测定季节指数的方法有简单平均法和移动平均趋势剔除法。

五、循环波动分析

循环波动的周期在1年以上且长短不一，可采用剩余法对循环波动进行分析。

六、时间序列的自相关分析

时间序列包含随机波动的影响，我们要用自相关分析来反映并测度随机波动。时间序列中的本期与不同滞后期的数据之间存在相关关系，可以用自相关系数表示。

本章习题

一、名词解释

时间序列　发展水平　增长水平　发展速度　增长速度　加法模型　乘法模型　移动平均法　指数平滑法　季节变动　循环波动

二、单项选择题

1. 时间序列中的发展水平(　　)。

A. 只能是绝对数　　B. 只能是相对数

C. 只能是平均数　　D. 上述三种指标均可以

2. 对时间序列进行动态分析的基础指标是(　　)。

A. 发展水平　　B. 平均发展水平

C. 发展速度　　D. 平均发展速度

3. 如果一个时间序列连续 3 期的环比增长速度为 15%、18%和 20%，其总速度为(　　)。

A. $15\% \times 18\% \times 20\% = 0.54\%$

B. $115\% \times 118\% \times 120\% = 162.84\%$

C. $\sqrt[3]{15\% \times 18\% \times 20\%} = 17.54\%$

D. $\sqrt[3]{115\% \times 118\% \times 120\%} = 117.65\%$

4. 如果时间序列的各逐期增长量相等，则(　　)。

A. 各期的环比增长速度保持不变　　B. 环比增长速度逐期上升

C. 环比增长速度逐期下降　　D. 各期环比增长速度有升有降

5. 利用剩余法所求得的循环波动指数 C(　　)。

A. 包含长期趋势的影响

B. 包含季节变动的影响

C. 消除了长期趋势、季节变动的影响，但受不规则变动的影响

D. 消除了长期趋势、季节变动和不规则变动的影响，反映循环波动的影响

6. 某地区 2021 年地区生产总值按可比价格计算比上年增长 9.5%。这个指标是一个(　　)。

A. 环比发展速度　　B. 环比增长速度

C. 定基发展速度　　D. 定基增长速度

7. 移动平均法是测定(　　)的一种较为简单的方法。

A. 长期趋势　　B. 循环变动

C. 季节变动　　D. 不规则变动

8. 本地区 2017—2021 年人均消费水平为 20 000 元、20 500 元、21 000 元、21 500 元

和 23 000 元。则 2022 年的 3 期移动平均预测值为(　　)。

A. 20 500＋21 000＋21 500＝63 000(元)

B. 21 000＋21 500＋23 000＝65 500(元)

C. $\frac{20\,500+21\,000+21\,500}{3}=21\,000$(元)

D. $\frac{21\,000+21\,500+23\,000}{3}=21\,833$(元)

9. 服装的销售量一年四季变化较大，其主要原因是服装的供求(　　)，可以通过计算(　　)来测定服装的销售量在一年中的变化程度。

A. 受气候变化的影响；循环指数

B. 受经济政策调整的影响；循环指数

C. 受自然界季节变化的影响；季节指数

D. 受消费心理的影响；季节指数

10. 平滑系数 α (　　)。

A. 越大越好　　B. 越小越好

C. 取值范围在－1～1　　D. 取值范围在 0～1

三、简答题

1. 根据时点序列计算序时平均数分别有哪几种类型？请分别予以说明。

2. 时间序列构成的因素有哪些？

3. 简述移动平均法的分析过程。

四、计算题

1. 某企业 2012—2021 年的产品销售量情况如表 9－20 所示。

表 9－20　某企业 2012—2021 年产品销售量资料

年　份	产品销售量/万件	年　份	产品销售量/万件
2012	400	2017	600
2013	450	2018	650
2014	480	2019	720
2015	515	2020	780
2016	550	2021	850

要求：

(1) 计算各年逐期增减量、累积增减量和全时期平均增减量；

(2) 计算各年环比和定基发展速度及增长速度；

(3) 计算全时期平均发展速度和平均增长速度。

2. 某地区 2019—2021 年社会商品零售总额的资料如表 9－21 所示。

表 9 - 21　某地区 2019—2021 年社会商品零售总额的资料

年　份	零售总额/万元			
	一季度	二季度	三季度	四季度
2019	485	430	415	535
2020	540	470	450	560
2021	600	535	520	635

要求：

(1) 试测定长期趋势、季节变动和循环波动；

(2) 计算 2022 年的社会零售商品总额(包含季节因素和不包含季节因素)。

3. 某种产品 2014—2021 年的销售量如表 9 - 22 所示。

表 9 - 22　某种产品 2014—2021 年销售量的资料

年　份	2014	2015	2016	2017	2018	2019	2020	2021
销售量/件	10	15.1	20.1	24.9	30	34.8	39.9	45

要求:试选择合适的趋势模型并预测 2022 年的销售量。

4. 某企业 2010—2021 年的某产品销售量如表 9 - 23 所示。

要求:试以 $\alpha=0.2$ 和 $\alpha=0.8$对此资料采用指数平滑法对各期销售量进行预测。

表 9 - 23　某企业 2011—2022 年的某产品销售量的资料

年　份	销售量/件	年　份	销售量/件
2010	500	2016	750
2011	550	2017	780
2012	580	2018	815
2013	650	2019	840
2014	670	2020	880
2015	720	2021	935

本章案例

案例资料一

2021 年城镇单位就业人员平均工资保持平稳增长
——国家统计局人口和就业统计司司长王萍萍解读
2021 年城镇单位就业人员平均工资数据

2021 年，在以习近平同志为核心的党中央坚强领导下，统筹疫情防控和经济社会发展的各项政策措施取得显著成效，"六稳""六保"扎实推进，随着国民经济持续恢复，城镇单位就业人员平均工资继续稳步提高。2021年全国城镇非私营单位就业人员年平均工资为106 837元，首次超过10万元，比上年增长9.7%，增速比2020年提高2.1个百分点，扣除价格因素实际增长8.6%；城镇私营单位就业人员年平均工资为62 884元，比上年增长8.9%，增速提高1.2个百分点，扣除价格因素实际增长7.8%。本文所指的城镇单位是指城镇地域内从业人员在5人及以上法人单位，不包括个体工商户和自由职业者；所指的工资包括实发到手的工资、奖金和各类津补贴，以及单位从个人工资中代扣代缴的个人所得税、社会保险基金和住房公积金等个人缴纳部分。

2021年我国城镇单位就业人员平均工资主要特点如下：

一、信息和金融行业平均工资保持较快增长

随着信息化发展，近几年信息传输、软件和信息技术服务业工资水平与增速一直维持在较高水平，加之疫情防控需要，在线消费需求旺盛，带动了互联网和相关服务行业平均工资的增长。2021年，信息传输、软件和信息技术服务业城镇非私营和城镇私营单位就业人员平均工资分别增长13.5%和13.2%。经历2020年疫情冲击后，2021年金融业行情转好，金融机构业绩回暖，部分证券公司、投资公司薪酬增加，资本市场服务业增资明显，城镇非私营单位中，资本市场服务业平均工资增长21.2%，同时，部分大型保险公司减员增效，保险代办员大量减少，平均薪酬水平提高，这些都带动了金融业平均工资的较快增长。2021年，金融业城镇非私营和城镇私营单位就业人员平均工资分别增长13.1%和15.1%。

二、采矿和制造领域重点行业平均工资持续增长

随着煤炭等能源价格的持续走高，采矿业企业效益提高，2021年，采矿业就业人员平均工资增速较快，城镇非私营和城镇私营单位就业人员平均工资分别增长12.2%和14.8%，城镇非私营单位中，黑色金属矿采选业、煤炭开采和洗选业平均工资分别增长17.4%和14.5%。2021年，在保供稳价、助企纾困各项政策措施有力推动下，制造业企业生产逐渐恢复，效益持续改善，就业人员平均工资保持稳定增长，城镇非私营和城镇私营单位平均工资分别增长11.7%和10.4%，城镇非私营单位中，文教工美体育和娱乐用品制造业、黑色金属冶炼和压延加工业、化学原料和化学制品制造业平均工资增速较高，均高于全部制造业平均工资增速2个百分点以上。

三、接触性服务业平均工资恢复增长

住宿和餐饮业、居民服务修理和其他服务业等劳动密集型服务业平均工资水平较低，与其他行业相比，增速也一直处于较低水平。2020年新型冠状病毒感染疫情暴发，接触性服务业成为受冲击最大的行业，其中，住宿和餐饮业就业人员平均工资出现负增长。随着疫情得到有效防控，2021年，住宿和餐饮业等接触性服务业持续恢复。受2020年平均工资基数低影响，2021年，住宿和餐饮业、租赁和商务服务业、居民服务修理和其他服务业等接触性服务业平均工资增速明显提高，城镇非私营和城镇私营单位中，住宿和餐饮业就业人员平均工资分别增长9.8%和10.8%，租赁和商务服务业就业人员平均工资分别增长10.3%和10.9%，居民服务修理和其他服务业就业人员平均工资分别增长7.4%和6.0%。

四、教育和水利环境行业平均工资增速放缓

受多重因素影响，教育行业平均工资增长明显放缓，其中，城镇非私营单位就业人员平均工资增长4.6%，比2020年回落4.4个百分点；城镇私营单位就业人员平均工资增长8.5%，主要是由于2020年下降4.6%，基数较低的影响，但与2019年相比，仅增长3.6%，2020—2021年两年平均增速不到2%。随着疫情防控成效显现，2021年大部分行业恢复性发展，但旅游业与景区收入恢复较慢，部分地区工资水平较低的环保、护林等公益性岗位增加较多，这些都拉低了水利环境和公共设施管理业的工资增长速度。2021年，该行业城镇非私营单位就业人员平均工资增长3.0%，增速比2020年回落1.5个百分点；城镇私营单位平均工资增速虽然由负转正，但仅增长0.2%，仍低于2019年水平。

（资料来源：统计微讯，2022-05-20）

要求：通过以上资料，了解2021年我国城镇单位就业人员平均工资变动的基本情况，分析存在的差异及原因。

案例资料二

2021年规模以上企业就业人员年平均工资情况

2021年全国规模以上企业就业人员年平均工资为88 115元，比上年名义增长[1]10.3%。其中，中层及以上管理人员180 630元，增长9.5%；专业技术人员125 035元，增长11.1%；办事人员和有关人员82 512元，增长9.8%；社会生产服务和生活服务人员68 022元，增长9.8%；生产制造及有关人员68 506元，增长9.4%。中层及以上管理人员平均工资最高，是全部就业人员平均水平的2.05倍；社会生产服务和生活服务人员平均工资最低，是全部就业人员平均水平的77%。岗位平均工资最高与最低之比为2.66，与上年持平。

分区域看，五类岗位平均工资最高的区域均为东部，平均工资分别为中层及以上管理人员210 100元、专业技术人员143 786元、办事人员和有关人员93 353元、社会生产服务和生活服务人员74 762元、生产制造及有关人员71 576元。如表1所示，五类岗位平均工资最低的区域均为中部，分别为127 581元、89 112元、63 509元、54 365元和61 288元。

表1　2021年分区域分岗位就业人员年平均工资

区域	规模以上企业就业人员	中层及以上管理人员	专业技术人员	办事人员和有关人员	社会生产服务和生活服务人员	生产制造及有关人员
合计	88 115	180 630	125 035	82 512	68 022	68 506
东部地区	97 801	210 100	143 786	93 353	74 762	71 576
中部地区	70 012	127 581	89 112	63 509	54 365	61 288
西部地区	78 597	149 570	104 000	69 907	59 980	67 801
东北地区	76 705	146 457	90 495	73 038	64 539	65 934

分行业门类看，中层及以上管理人员、专业技术人员、办事人员和有关人员、社会生产服务和生活服务人员四类岗位平均工资最高的行业均为信息传输、软件和信息技术服务业，平均工资分别为386 705元、225 938元、136 772元、128 032元(见表2)；生产制造及有关人员平均工资最高的行业是电力、热力、燃气及水生产和供应业，平均工资为115 134元；中层及以上管理人员、专业技术人员、办事人员和有关人员、生产制造及有关人员四类岗位平均工资最低的行业均为住宿和餐饮业，平均工资分别为100 892元、60 933元、50 293元、43 462元；社会生产服务和生活服务人员平均工资最低的行业是水利、环境和公共设施管理业，平均工资为36 625元(见表2)。

表2　2021年分行业分岗位就业人员年平均工资

行　业	规模以上企业就业人员	中层及以上管理人员	专业技术人员	办事人员和有关人员	社会生产服务和生活服务人员	生产制造及有关人员
合　计	88 115	180 630	125 035	82 512	68 022	68 506
采矿业	102 259	198 534	129 137	106 756	64 734	92 323
制造业	82 667	167 097	117 611	85 614	83 429	68 024
电力、热力、燃气及水生产和供应业	128 047	219 948	147 260	99 057	105 149	115 134
建筑业	68 577	123 273	82 424	58 191	55 998	61 333
批发和零售业	92 838	181 026	114 545	83 590	67 535	62 399
交通运输、仓储和邮政业	104 241	199 151	149 998	89 867	96 276	87 293
住宿和餐饮业	51 677	100 892	60 933	50 293	44 431	43 462
信息传输、软件和信息技术服务业	197 353	386 705	225 938	136 772	128 032	90 433
房地产业	86 144	185 815	110 070	78 237	54 458	57 469
租赁和商务服务业	88 383	271 194	139 804	86 235	60 161	65 675
科学研究和技术服务业	152 191	290 673	154 179	103 840	96 380	85 527
水利、环境和公共设施管理业	52 337	158 801	105 982	67 192	36 625	54 344
居民服务、修理和其他服务业	54 900	117 895	79 026	68 360	44 916	54 496
教育	102 281	185 672	106 035	92 436	83 121	62 407
卫生和社会工作	97 636	172 559	98 874	73 566	62 034	72 914
文化、体育和娱乐业	118 985	215 792	173 311	96 562	62 636	58 130

分登记注册类型看，中层及以上管理人员、办事人员和有关人员、社会生产服务和生活服务人员三类岗位平均工资最高的企业类型均为外商投资企业，平均工资分别为352 263元、133 842元、92 047元；专业技术人员平均工资最高的是港澳台商投资企业，平均工资为201 726元；生产制造及有关人员平均工资最高的是国有企业，平均工资为89 138元；中层及以上管理人员、专业技术人员、办事人员和有关人员、社会生产服务和生活服务人员、生产制造及有关人员五类岗位平均工资最低的企业类型均为集体企业，平均工资分别为112 074元、67 553元、55 031元、50 237元和50 974元(见表3)。

表3　2021年分登记注册类型分岗位就业人员年平均工资　　单位:元

登记注册类型	规模以上企业就业人员	中层及以上管理人员	专业技术人员	办事人员和有关人员	社会生产服务和生活服务人员	生产制造及有关人员
合　计	88 115	180 630	125 035	82 512	68 022	68 506
国　有	109 914	223 372	143 470	102 096	79 308	89 138
集　体	57 562	112 074	67 553	55 031	50 237	50 974
有限责任公司	93 606	197 067	130 867	83 142	71 833	73 270
股份有限公司	108 377	249 906	143 763	99 520	82 061	82 205
私　营	69 558	124 641	90 570	65 393	53 963	59 640
港澳台商投资	112 144	283 854	201 726	121 069	88 502	72 210
外商投资	124 622	352 263	188 436	133 842	92 047	81 263
其　他	81 153	143 047	95 735	69 724	58 662	57 924

注[1]:文中以下增长,除特别指出外,均为名义增长。

(资料来源:统计微讯,2022-05-20)

要求:根据以上资料,了解我国2021年规模以上企业就业人员年平均工资及其变动情况,不同岗位年平均工资的差异以及不同岗位在不同区域、不同行业的差异。

第十章　统计指数分析

【教学目的与要求】 统计指数分析是统计重要分析方法之一。通过本章的学习，要求理解统计指数的概念和种类；掌握综合指数、平均指数的编制方法；掌握指数体系及其总量指标变动的因素分析和平均指标变动的因素分析；了解几种常用经济指数的概念及编制方法。

【教学重点与难点】 综合指数、平均指数的编制方法；利用指数体系对现象的总量指标与平均指标进行因素分析。

【课程思政】 通过改革开放以来我国 GDP 总指数的变动、产量指数、价格指数的变动情况以及与欧美国家进行对比，我们要感受到我国经济快速增长给人民带来的幸福生活，从而对“中国梦”的实现充满自信，爱国主义精神油然而生，对中国特色社会主义的“四个自信”更加坚定和牢固。

第一节　统计指数概述

一、统计指数的概念

统计指数是一种反映经济变量在时间上综合变动的相对数，其发展起源于 300 多年前的价格指数。当时的物价指数只限于观察单一商品的价格变动。随着历史的发展，统计指数的应用也在不断发展。18 世纪中叶，产生了反映多种商品价格变动程度的物价总指数。到 20 世纪，统计指数不仅用来反映价格的变动，而且用来反映数量的变动。

二、统计指数的种类

(一) 按反映对象范围的不同分类

按照反映对象范围的不同，统计指数可分为个体指数和总指数。

个体指数是反映单个现象变动的相对数。例如：

$$\text{个体产量指数 } I_q=\frac{q_i}{q_0} \tag{10-1}$$

$$\text{个体价格指数 } I_p=\frac{p_i}{p_0} \tag{10-2}$$

式(10－1)和式(10－2)中，I 代表个体指数；q 代表产量或销售量等数量指标；p 代表价格；下标 i 代表报告期，下标 0 代表对比的基准。

总指数是反映多个现象综合变动的相对数，通常记为 I。例如，综合反映多种产品产量变动的产量总指数，用“I_q”表示；综合反映多种商品价格变动的价格总指数，用“I_p”表示。

在总指数中，按指数计算时是否加权又分为简单指数和加权指数。

（二）按计算过程中所用的指标不同分类

按计算过程中所用的指标不同，统计指数可分为数量指数和质量指数。

数量指数是数量指标指数的简称，是反映现象总规模和总水平发展变化的相对数，亦即反映数量指标变动的相对数。例如，产量指数、商品销售量指数、工人人数指数等。

质量指数是质量指标指数的简称，是用来说明现象质量、内涵变动情况的指数，亦即反映质量指标变动的相对数。例如，产品成本指数、商品零售价格指数、劳动生产率指数等。

（三）按对比内容的不同分类

按对比内容的不同，统计指数可分为动态指数和静态指数。

动态指数是指由两个不同时期的同类经济变量值对比形成的指数，说明现象在不同时间上发展变化的过程和程度。

静态指数包括空间指数和计划完成程度指数两种。空间指数（地域指数）是将不同空间（如不同国家、地区、部门、企业等）的同类现象进行比较的结果，反映现象在不同空间的差异程度，如地区经济综合评价指数等。计划完成程度指数是由同一地区、单位的实际指标值与计划指标数值对比而形成的指数，反映计划的执行情况完成与未完成的程度，如计划完成情况指数等。

（四）按采用基期的不同分类

按采用基期的不同，统计指数可分为定基指数和环比指数。

按时间顺序将不同时期的同类指数排列起来所形成的序列称为指数序列。在同一个指数序列中，如果各个指数都以某一个固定时期作为基期，就称为定基指数。如果各个指数都是以报告期的前一期作为基期，则称之为环比指数。

第二节　总指数的编制

总指数的编制是指数理论中的一个重要问题。对于个体指数，将反映某现象发展水平的两个时期的数值直接对比即可，但总指数反映的是复杂现象总体的综合变动，涉及不同参与个体，各个个体的变化也不一样，其数量不能直接相加和对比。因而，如何计量并反映总指数的变化，就是总指数的编制问题。

一、简单指数

简单指数是指通过对个体指数简单平均而得到的总指数，主要的类型有简单算术平均指数、简单几何平均指数和简单调和平均指数。

（一）简单算术平均指数

对 n 个个体指数求简单算术平均数，得到的就是简单算术平均指数。其一般计算公式为：

$$简单算术平均指数=\frac{n项个体指数之和}{n} \tag{10-3}$$

例如，价格和产量的简单算术平均指数为：

$$I_p=\frac{\sum \frac{p_1}{p_0}}{n} 或 I_p=\frac{\sum I_{pi}}{n} \tag{10-4}$$

$$I_q=\frac{\sum \frac{q_1}{q_0}}{n} 或 I_q=\frac{\sum I_{qi}}{n} \tag{10-5}$$

例 10-1　某水果超市几种水果价格的资料如表 10-1 所示。

要求：计算这几种水果价格的简单算术平均指数。

表 10-1　某水果超市几种水果的价格资料

品　种	2021 年 3 月价格/(元/斤)	2020 年 3 月价格/(元/斤)
苹果	15.6	13
香蕉	7.6	5.5
桂圆	20.8	19.6

解：(1) 以 2020 年 3 月为基期，计算得到的 3 种水果的个体价格指数如下：

苹果：$I_{p1}=\frac{15.6}{13}=120\%$

香蕉：$I_{p2}=\frac{7.6}{5.5}=138.18\%$

桂圆：$I_{p3}=\frac{20.8}{19.6}=106.12\%$

(2) 对上述个体指数简单平均，得到 3 种水果的价格总指数如下：

$$I_p=\frac{\sum I_{pi}}{3}=\frac{1.2+1.3818+1.0612}{3}=121.43\%$$

(二) 简单几何平均指数

对 n 个个体指数求几何平均数，所得到的就是简单几何平均指数，其计算公式为：

$$简单几何平均指数=\sqrt[n]{n项个体指数的连乘积} \tag{10-6}$$

例如，价格和产量的简单几何平均指数分别为：

$$I_p=\sqrt[n]{\prod_{i=1}^{n}\left(\frac{p_i}{p_0}\right)} 或 I_p=\sqrt[n]{\prod_{i=1}^{n} I_{pi}} \tag{10-7}$$

$$I_q=\sqrt[n]{\prod_{i=1}^{n}\left(\frac{q_i}{q_0}\right)} 或 I_q=\sqrt[n]{\prod_{i=1}^{n} I_{qi}} \tag{10-8}$$

例 10-2　承例 10-1 的资料。

要求：计算 3 种水果的简单几何平均指数。

解：根据例 10-1 的计算结果，已知 3 种水果的个体指数为 120%、138.18%、106.12%，那么，按简单几何平均指数公式，可以得到价格总指数为：

$$I_p = \sqrt[3]{\prod_{i=1}^{3} I_{pi}} = \sqrt[3]{120\% \times 138.18\% \times 106.12\%} = 120.73\%$$

（三）简单调和平均指数

对 n 个个体指数求调和平均数，所得到的就是调和平均指数，其计算公式为：

$$\text{简单调和平均指数} = \frac{n}{n\text{ 项个体指数的倒数之和}} \tag{10-9}$$

例如，价格和产量的简单调和平均指数为：

$$I_p = \frac{n}{\sum_{i=1}^{n}\left(\frac{1}{p_i/p_0}\right)} \tag{10-10}$$

$$I_q = \frac{n}{\sum_{i=1}^{n}\left(\frac{1}{q_i/q_0}\right)} \tag{10-11}$$

例 10－3　承例 10－1 的资料。

要求：计算 3 种水果的简单调和平均指数。

解：因为：

$$\sum_{i=1}^{3}\left(\frac{1}{p_i/p_0}\right) = \frac{1}{1.2} + \frac{1}{1.381\,8} + \frac{1}{1.061\,2} = 2.499\,356$$

所以，3 种水果的简单调和平均指数

$$I_p = \frac{3}{\sum_{i=1}^{3}\left(\frac{1}{p_i/p_0}\right)} = \frac{3}{2.499\,356} = 1.200\,3 \text{ 或 } 120.03\%$$

上述几种指数将各个个体指数在总指数中的作用同等看待，而实际上各个个体指数的重要性是不同的，因而其计算结果不能完全准确反映真实情况，我们有必要引入新的总指数。

二、加权综合指数

（一）质量指标综合指数

现以零售价格指数为例来说明质量指标综合指数的编制方法。

1. 权数的选择

为了反映多种商品价格的总变动，需要考虑不同商品的重要性。显然销售量越大的商品，其对多种商品的综合指数的影响越大。一般来说，在计算质量指标指数时，应选择数量指标为权数。例如，计算生活费用价格指数，应以消费量为权数；计算成本指数，应以产量为权数。

2. 指数的计算公式

以销售量为权数分别对不同时期各种商品价格进行加权，可以求得在特定权数下的商品销售额 $\sum p_1 q$ 和 $\sum p_0 q$，再将这两个销售额对比就可以得到价格指数 I_p，有：

$$I_p = \frac{\sum p_1 q}{\sum p_0 q} \tag{10-12}$$

为了单纯地反映价格的变动，上式中分子和分母所用的销售量应该是同一时期的。由于所选用的权数的时期不同，产生了不同的加权综合指数计算公式。

(1) 以基期的销售量为权数的综合指数计算公式如下：

$$I_p = \frac{\sum p_1 q_0}{\sum p_0 q_0} \tag{10-13}$$

这一公式是德国学者 Laspeyres 在 1864 年提出的，故又称为拉氏指数。

(2) 以报告期的销售量为权数的综合指数计算公式如下：

$$I_p = \frac{\sum p_1 q_1}{\sum p_0 q_1} \tag{10-14}$$

这一公式是德国学者 Pacsche 在 1874 年提出的，故又称为帕氏指数。

(3) 以某一特定时期销售量为权数的综合指数计算公式如下：

$$I_p = \frac{\sum p_1 q_n}{\sum p_0 q_n} \tag{10-15}$$

式中，n 为特定时期，q_n 代表特定时期的销售量。

3. 拉氏指数与帕氏指数的举例说明

例 10-4 某地区 2018 年和 2021 年粮食价格及销售量资料见表 10-2。

要求：分别计算拉氏综合价格指数和帕氏综合价格指数。

表 10-2 某地区 2018 年和 2021 年粮食价格及销售量资料

产品名称	2018 年		2021 年	
	价格/(元/千克) p_0	销售量/吨 q_0	价格/(元/千克) p_1	销售量/吨 q_1
小麦	3.5	400	3.8	300
大米	4.4	500	4.8	650
玉米	3.2	60	3.6	100

解：(1) 以 2018 年销售量为权数，得到拉氏综合价格指数如下：

$$I_p = \frac{\sum p_1 q_0}{\sum p_0 q_0} = \frac{3.8 \times 400\,000 + 4.8 \times 500\,000 + 3.6 \times 60\,000}{3.5 \times 400\,000 + 4.4 \times 500\,000 + 3.2 \times 60\,000} = \frac{4\,136\,000}{3\,792\,000}$$

$$= 1.090\,7 \text{ 或 } 109.07\%$$

(2) 以 2021 年销售量为权数，得到帕氏综合价格指数如下：

$$I_p = \frac{\sum p_1 q_1}{\sum p_0 q_1} = \frac{3.8 \times 300\,000 + 4.8 \times 650\,000 + 3.6 \times 100\,000}{3.5 \times 300\,000 + 4.4 \times 650\,000 + 3.2 \times 100\,000} = \frac{4\,620\,000}{4\,230\,000}$$

$$= 1.092\,2 \text{ 或 } 109.22\%$$

拉氏价格指数反映的是基期商品的价格变化，没有现实意义；而帕氏价格指数说明的则是报告期商品的价格变化，符合我们编制商品价格指数的目的。因此，在我国的统计实践中通常采用帕氏价格指数来综合反映商品价格的总动态。

(二) 数量指标综合指数

数量指标综合指数是说明现象数量综合变化程度的指数,如产品产量指数、商品销售量指数等。

对于各种不同种类的产品,为了正确反映它们从基期到报告期数量的综合变动,需要以价格为权数进行加权综合,使之成为价值量指标,然后进行比较。其计算公式如下:

$$I_q = \frac{\sum q_1 p}{\sum q_0 p} \tag{10-16}$$

与质量指标综合指数一样,上式中权数必须固定。由于权数固定的时期不同,从而产生了不同的计算公式。

(1) 以基期价格为权数,计算公式为:

$$I_q = \frac{\sum q_1 p_0}{\sum q_0 p_0} \tag{10-17}$$

这一公式是德国学者 Laspeyres 在 1864 年提出的,故又称为拉氏指数。

(2) 以报告期价格为权数,计算公式为:

$$I_q = \frac{\sum q_1 p_1}{\sum q_0 p_1} \tag{10-18}$$

这一公式是德国学者 Pacsche 在 1874 年提出的,故又称为帕氏指数。

(3) 以某一特定时期价格作为权数,计算公式为:

$$I_q = \frac{\sum q_1 p_n}{\sum q_0 p_n} \tag{10-19}$$

式中,n 为特定时期,p_n 为特定时期价格。

以上 3 个公式,从不同角度说明了现象数量的变动。以销售量为例,拉氏指数将价格固定在基期,反映的是在基期价格下销售量的变动幅度;帕氏指数将价格固定在报告期,反映的是报告期价格下销售量的变动幅度,因而指数包含价格变动的影响。从理论上说,为单纯反映数量的变动,应选用拉氏指数,把价格固定在基期较好。但为了进行长期的比较,避免权数变动造成的影响,需要将权数固定在某一特定时期来计算指数。

例 10-5　承例 10-4 的资料。

要求:分别用拉氏指数和帕氏指数来计算粮食销售量的综合指数。

解:(1) 以基期价格为权数。

$$I_q = \frac{\sum q_1 p_0}{\sum q_0 p_0} = \frac{1\,500 \times 2.1 + 3\,250 \times 4.0 + 500 \times 2.2}{2\,000 \times 2.1 + 2\,500 \times 4.0 + 300 \times 2.2} = 116.08\%$$

(2) 以报告期价格为权数。

$$I_q = \frac{\sum q_1 p_1}{\sum q_0 p_1} = \frac{1\,500 \times 2.5 + 3\,250 \times 4.4 + 500 \times 2.6}{2\,000 \times 2.5 + 2\,500 \times 4.4 + 300 \times 2.6} = 115.32\%$$

例 10-6 有 3 种商品的销售量与价格资料如表 10-3 所示。

要求：计算该 3 种商品的销售量综合指数。

表 10-3 3 种商品的销售量与价格资料

商品名称	计量单位	销售量		单位商品价格/元		销售额/元	
		基期 q_0	报告期 q_1	基期 p_0	报告期 p_1	基期 p_0q_0	报告期 p_1q_1
甲	个	400	500	20	35	8 000	17 500
乙	米	150	200	100	120	15 000	24 000
丙	台	50	80	150	160	7 500	12 800

解：(1) 以基期价格为权数，单纯反映销售量的变化，销售量综合指数为：

$$I_q = \frac{\sum q_1 p_0}{\sum q_0 p_0} = \frac{500 \times 20 + 200 \times 100 + 80 \times 150}{400 \times 20 + 150 \times 100 + 50 \times 150} = 137.70\%$$

(2) 以报告期价格为权数，销售量综合指数为：

$$I_q = \frac{\sum q_1 p_1}{\sum q_0 p_1} = \frac{500 \times 35 + 200 \times 120 + 80 \times 160}{400 \times 35 + 150 \times 120 + 50 \times 160} = 135.75\%$$

三、加权平均指数

加权平均指数是总指数的另一种重要形式。它通过对个体指数加权平均来计算总指数，有加权算术平均指数和加权调和平均指数这两种基本的形式。

(一) 加权算术平均指数

将个体指数看作是变量 x，对其按加权算术平均法计算所得到的结果就是加权算术平均指数。

例如，某种商品的个体价格指数为 $\left(\frac{p_i}{p_0}\right)$，则用加权算术平均法求 n 种商品的价格总指数，其计算公式为

$$I_p = \frac{\sum \left(\frac{p_i}{p_0}\right) f_i}{\sum f_i} \tag{10-20}$$

同理，若以 $\left(\frac{q_i}{q_0}\right)$ 代表某种商品的个体数量指数，则可以得到 n 种商品销售量的加权算术平均指数，其计算公式为

$$I_q = \frac{\sum \left(\frac{q_i}{q_0}\right) f_i}{\sum f_i} \tag{10-21}$$

式中，权数 f 一般选用与个体指数相对应的价值总额 pq，如销售额、产值等。

根据计算所用权数 pq 的时期不同，加权算术平均指数可以分为以下两类。

1. 以基期价值总额 p_0q_0 为权数的加权算术平均指数

(1) 加权算术平均价格指数的计算公式如下：

$$I_p=\frac{\sum \frac{p_1}{p_0}p_0q_0}{\sum p_0q_0}=\frac{\sum p_1q_0}{\sum p_0q_0}=\text{拉氏综合价格指数} \tag{10-22}$$

(2) 加权算术平均数量指数的计算公式如下：

$$I_q=\frac{\sum \frac{q_1}{q_0}p_0q_0}{\sum p_0q_0}=\frac{\sum q_1p_0}{\sum q_0p_0}=\text{拉氏综合数量指数} \tag{10-23}$$

上述计算结果与拉氏综合指数的计算结果完全一致，这也说明以基期总量为权数的加权算术平均指数可以看作拉氏综合指数的变形。因此，在掌握了各种价格或数量个体指数以及相应的基期价值总量资料的前提下，就可以运用基期总量加权的算术平均指数公式来计算拉氏综合指数。

例 10-7　假设对于例 10-6 中表 10-3 所示的 3 种商品，我们只掌握其价格及基期销售额的数据。

要求：计算 3 种商品的价格总指数。

解：根据价格及基期销售额的数据，可以得到价格的加权算术平均指数，即：

$$I_p=\frac{\sum \frac{p_1}{p_0}p_0q_0}{\sum p_0q_0}=\frac{\frac{35}{20}\times 8\,000+\frac{120}{100}\times 15\,000+\frac{160}{150}\times 7\,500}{8\,000+15\,000+7\,500}=131.15\%$$

我们可以利用表 10-3 中的其他数据计算拉氏综合价格指数，并将结果进行比较。

$$\text{拉氏综合价格指数}=\frac{\sum p_1q_0}{\sum p_0q_0}=\frac{35\times 400+120\times 150+160\times 50}{20\times 400+100\times 150+150\times 50}=131.15\%$$

可见，以基期销售额为权数的加权算术平均指数与拉氏综合价格指数的结果是一致的。

2. 用固定权数计算加权算术平均指数

当加权算术平均指数中的权数不是 p_0q_0，而是一种固定权数 w 时，则称之为固定权数加权算术平均指数。其计算公式为：

(1) 价格指数的计算公式如下：

$$I_p=\frac{\sum i_pw}{\sum w}=\frac{\sum \frac{p_1}{p_0}w}{\sum w} \tag{10-24}$$

(2) 数量指数的计算公式如下：

$$I_q=\frac{\sum i_qw}{\sum w}=\frac{\sum \frac{q_1}{q_0}w}{\sum w} \tag{10-25}$$

例如，我国的商品零售物价指数就是采用某一固定时期的相对权数来计算的加权算术平均指数。其计算公式为：

$$I_p = \frac{\sum i_p w}{\sum w} = \sum i_p w \qquad (10-26)$$

式中，i_p 表示各类代表商品的个体指数或类指数；w 表示各类商品消费在总消费额中所占的百分比(这个百分比在一定时期内是固定不变的)，$\sum w = 100\%$。

(二) 加权调和平均指数

将个体指数看作变量 x，对其按加权调和平均法计算所得到的结果就是加权调和平均指数。

与加权算术平均指数类似，加权调和平均指数的权数也是与个体指数对应的价值总额，并且根据权数的不同，加权调和平均指数分为以下两种形式。

1. 以报告期价值总额 p_1q_1 为权数的加权调和平均指数

(1) 加权调和平均价格指数的计算公式如下：

$$I_p = \frac{\sum p_1 q_1}{\sum \frac{1}{i_p} p_1 q_1} = \frac{\sum p_1 q_1}{\sum \frac{p_0}{p_1} p_1 q_1} = \frac{\sum p_1 q_1}{\sum p_0 q_1} = \text{帕氏综合价格指数} \qquad (10-27)$$

(2) 加权调和平均数量指数的计算公式如下：

$$I_q = \frac{\sum p_1 q_1}{\sum \frac{1}{i_q} p_1 q_1} = \frac{\sum p_1 q_1}{\sum \frac{q_0}{q_1} p_1 q_1} = \frac{\sum p_1 q_1}{\sum p_1 q_0} = \text{帕氏综合数量指数} \qquad (10-28)$$

上述计算结果与帕氏综合指数的计算结果完全一致，这也说明了以报告期总量为权数的加权调和平均指数可以看作帕氏综合指数的变形。因此，在掌握了各种价格或数量个体指数以及相应的报告期总量资料 p_1q_1 的前提下，就可以运用报告期总量加权的调和平均指数公式来计算帕氏综合指数。

例 10－8 假设对于例 10－6 中表 10－3 所示的 3 种商品，我们只掌握价格及报告期销售额的数据。

要求：计算 3 种商品的价格总指数。

解：根据表 10－3 的资料计算得到加权调和平均价格指数为：

$$I_p = \frac{\sum p_1 q_1}{\sum \frac{1}{i_p} p_1 q_1} = \frac{17\,500 + 24\,000 + 12\,800}{\frac{20}{35} \times 17\,500 + \frac{100}{120} \times 24\,000 + \frac{150}{160} \times 12\,800} = 129.29\%$$

我们可以利用表 10－3 中的其他数据计算帕氏综合价格指数，并将结果进行比较。

$$I_p = \frac{\sum p_1 q_1}{\sum p_0 q_1} = \frac{35 \times 500 + 120 \times 200 + 160 \times 80}{20 \times 500 + 100 \times 200 + 150 \times 80} = 129.29\%$$

可见，以销售额为权数的加权调和平均指数与帕氏综合价格指数的结果是一致的。

2. 用固定权数计算的加权调和平均指数

与固定权数加权算术平均指数类似，当权数不是 p_1q_1，而是某一固定权数 w 时，则称之为加权调和平均指数。其计算公式为：

（1）价格指数的计算公式如下：

$$I_p=\frac{\sum w}{\sum \frac{1}{i_p}w}=\frac{\sum w}{\sum \frac{p_0}{p_1}w} \tag{10-29}$$

（2）数量指数的计算公式如下：

$$I_q=\frac{\sum w}{\sum \frac{1}{i_q}w}=\frac{\sum w}{\sum \frac{q_0}{q_1}w} \tag{10-30}$$

相对于加权综合指数，加权平均指数既可以利用价格与数量的全面资料，也可以只利用少数具有代表性的个体指数进行加权平均，因而更为简便，在某些情况下更具有现实意义。

第三节　指数体系与因素分析

一、指数体系

由 3 个或 3 个以上具有内在联系的指数构成的有一定数量对等关系的整体叫作指数体系。例如：

商品销售额＝商品销售量×商品价格

产品产值＝产品产量×产品价格

原材料费用总额＝产品产量×单位原材料消耗量×单位原材料价格

上述这些现象在数量上存在的关系表现在动态上，就形成了指数体系。即有：

商品销售额指数＝商品销售量指数×商品价格指数

产品产值指数＝产品产量指数×产品价格指数

原材料费用总额指数＝产品产量指数×单位原材料消耗量指数×单位原材料价格指数

在上述指数体系中，等号左边是反映现象总变动的指数；等号右边是反映某一个因素变动的指数，这类指数在指数体系中可以有多个。

借助于指数体系，可以分析现象的总变动中各有关因素的影响方向与程度；也可以根据指数体系，利用各指数之间的联系进行指数间的相互推算，即根据已知的指数推算未知的指数。

二、总量指标变动的因素分析

（一）总量变动的因素分析

总量变动的因素分析对象是总量指标的总变动指数。只要某一经济总量指标能分解为两个或两个以上的因素指标的乘积，根据这个总量指标所计算的总变动指数就能作为因素分析的对象。按总量指标分解因素指标的多少，总量变动的因素分析可分为总量变动的两因素分析和总量变动的多因素分析，其中两因素分析是基本的因素分析方法。在此，我们仅介绍总量变动的两因素分析。现以销售额为例，对两因素分析予以详细介绍。商品销售额是总量指标，它包含价格和销售量两个因素。对销售额的变动进行因素分析就是要测定价格、销售量这两个因素各自对销售额变动的影响程度和影响的绝对量。因此，在测定其中一个因素的影响时，就要将另一个因素固定住，即另一个因素应保持不变，并且还要保证指数体系数学关系的成立。

由于作为权数的因素所固定的时期可以有不同选择，因此就产生了以下两套指数体系：

（1）销售量指数的权数固定在基期，价格指数的权数固定在报告期，其指数体系为：

$$\frac{\sum p_1q_1}{\sum p_0q_0}=\frac{\sum q_1p_0}{\sum q_0p_0}\times\frac{\sum p_1q_1}{\sum p_0q_1} \qquad (10-31)$$

销售额指数＝拉氏销售量指数×帕氏价格指数

销售额变动的绝对量具有如下关系：

$$\sum p_1q_1-\sum p_0q_0=\left(\sum q_1p_0-\sum q_0p_0\right)+\left(\sum p_1q_1-\sum p_0q_1\right) \qquad (10-32)$$

（2）销售量指数的权数固定在报告期，价格指数的权数固定在基期，其指数体系为：

$$\frac{\sum p_1q_1}{\sum p_0q_0}=\frac{\sum q_1p_1}{\sum q_0p_1}\times\frac{\sum p_1q_0}{\sum p_0q_0} \qquad (10-33)$$

销售额指数＝帕氏销售量指数×拉氏价格指数

销售额变动的绝对量具有如下关系：

$$\sum p_1q_1-\sum p_0q_0=\left(\sum q_1p_1-\sum q_0p_1\right)+\left(\sum p_1q_0-\sum p_0q_0\right) \qquad (10-34)$$

在以上公式中，当价格指数采用拉氏指数公式计算时，销售量指数就必须采用帕氏指数公式进行计算；反之则反是。

例 10－9 承例 10－6 中表 10－3 的资料。

要求：分析该 3 种商品的销售额变动中销售量和价格两个因素的作用。

解：为便于计算分析，将表 10－3 的数据重新整理如下（见表 10－4）。

表 10－4 3 种商品的销售情况

商品名称	计量单位	销售量		单位商品价格/元		销售额/元		
		基期 q_0	报告期 q_1	基期 p_0	报告期 p_1	p_0q_0	p_1q_1	p_0q_1
甲	个	400	500	20	35	8 000	17 500	10 000
乙	米	150	200	100	120	15 000	24 000	20 000
丙	台	50	80	150	160	7 500	12 800	12 000
合 计	—	—	—	—	—	30 500	54 300	42 000

$$销售额指数=\frac{\sum p_1q_1}{\sum p_0q_0}=\frac{54\ 300}{30\ 500}=178.03\%$$

拉氏销售量指数 $= \dfrac{\sum q_1 p_0}{\sum q_0 p_0} = \dfrac{42\ 000}{30\ 500} = 137.7\%$

帕氏价格指数 $= \dfrac{\sum p_1 q_1}{\sum p_0 q_1} = \dfrac{54\ 300}{42\ 000} = 129.29\%$

销售额增量 $= \sum p_1 q_1 - \sum p_0 q_0 = 54\ 300 - 30\ 500 = 23\ 800$(元)

由于销售量增加而引起的销售额的增加量为：

$\sum q_1 p_0 - \sum q_0 p_0 = 42\ 000 - 30\ 500 = 11\ 500$(元)

由于价格增加而引起的销售额的增加量为：

$\sum p_1 q_1 - \sum p_0 q_1 = 54\ 300 - 42\ 000 = 12\ 300$(元)

于是，销售额与销售量、价格之间数值变动的关系为：

178.03%＝137.7%×129.29%

23 800 元＝11 500 元＋12 300 元

上述计算结果表明，3 种商品的销售额报告期比基期总的增长了 78.03%，绝对额增加了 23 800 元，其中 3 种商品销售量总的增长了 37.7%，使销售额增加了 11 500 元；价格总的上升了29.29%，使销售额增加了 12 300 元。

（二）平均指标变动的因素分析

平均指标指数是同一经济现象两个不同时期的平均指标值对比计算的相对数，它说明两个时期总平均水平变动的方向和程度。在数据进行分组的前提下，总平均指标的大小受两个因素影响，即组平均数（x）和总体结构 $\left(\dfrac{f}{\sum f}\right)$。这种反映总平均指标的变动方向与程度的指数在统计中又称为可变构成指数。根据指数编制的一般方法和原则，测定组平均数的变动对总平均数的变动影响时，要把各组的总体结构固定在报告期；测定总体结构的变动对总平均数的变动影响时，要把组平均数固定在基期。

平均指标指数包括可变构成指数、固定构成指数、结构影响指数。

1. 可变构成指数

分组条件下包含各组平均水平及其相应的单位数结构这两个因素变动的总平均指标指数，称为可变构成指数。它说明总体在各组水平和结构都发生变化的情况下总体平均水平的变动情况。其计算公式为：

$$\frac{\overline{x_1}}{\overline{x_0}} = \frac{\sum x_1 f_1}{\sum f_1} : \frac{\sum x_0 f_0}{\sum f_0} \qquad (10-35)$$

式中，$\bar{x}$ 代表总平均指标；x 为各组标志值即组平均水平；f 为各组单位数；0 期为基期；1 期为报告期。

2. 固定构成指数

固定构成指数是将总体内部结构固定起来计算的平均指标指数。根据因素分析的通行原则，将总体结构固定在报告期，得到固定结构指数如下：

$$固定结构指数=\frac{\sum x_1 f_1}{\sum f_1}:\frac{\sum x_0 f_1}{\sum f_1} \tag{10-36}$$

3. 结构影响指数

结构影响指数是指反映总体结构变动对总平均指标变动影响的平均指标指数。这时应将各组平均水平固定在基期，得到结构变动影响指数如下：

$$结构变动影响指数=\frac{\sum x_0 f_1}{\sum f_1}:\frac{\sum x_0 f_0}{\sum f_0} \tag{10-37}$$

可变构成指数、固定构成指数和结构影响指数这 3 个指数构成如下指数体系：

$$\frac{\sum x_1 f_1}{\sum f_1}:\frac{\sum x_0 f_0}{\sum f_0}=\left(\frac{\sum x_1 f_1}{\sum f_1}:\frac{\sum x_0 f_1}{\sum f_1}\right)\times\left(\frac{\sum x_0 f_1}{\sum f_1}:\frac{\sum x_0 f_0}{\sum f_0}\right)$$

可变构成指数 = 固定构成指数 × 结构影响指数

其绝对数变动的关系为：

$$\frac{\sum x_1 f_1}{\sum f_1}-\frac{\sum x_0 f_0}{\sum f_0}=\left(\frac{\sum x_1 f_1}{\sum f_1}-\frac{\sum x_0 f_1}{\sum f_1}\right)+\left(\frac{\sum x_0 f_1}{\sum f_1}-\frac{\sum x_0 f_0}{\sum f_0}\right)$$

例 10-10 某企业工人月平均工资的资料如表 10-5 所示。

要求：计算并分析该企业总平均工资的变动。

表 10-5 某企业工人月平均工资的资料

工人类别	工人数/人		月平均工资/元		$x_0 f_0$	$x_1 f_1$	$x_0 f_1$
	基期 f_0	报告期 f_1	基期 x_0	报告期 x_1			
技术工人	20	40	4 000	4 500	80 000	180 000	160 000
普通工人	20	60	2 500	3 000	50 000	180 000	150 000
合 计	40	100	—	—	130 000	360 000	310 000

解：(1) 计算可变构成指数及总平均工资绝对数额的变动。

$$可变构成指数=\frac{\sum x_1 f_1}{\sum f_1}:\frac{\sum x_0 f_0}{\sum f_0}=\frac{3\ 600}{3\ 250}=110.77\%$$

$$总平均工资变动的绝对额=\frac{\sum x_1 f_1}{\sum f_1}-\frac{\sum x_0 f_0}{\sum f_0}=3\ 600-3\ 250=350(元)$$

上述结果表明，该企业总的月平均工资报告期比基期上涨了 10.77%，平均每个工人增加月工资 350 元。

(2) 计算固定构成指数和结构影响指数，分析总的月平均工资变动的具体原因。

$$固定构成指数=\frac{\sum x_1 f_1}{\sum f_1}:\frac{\sum x_0 f_1}{\sum f_1}=\frac{3\ 600}{3\ 100}=116.13\%$$

由于各组平均工资的提高使总平均工资增加的绝对额为：

$$\frac{\sum x_1 f_1}{\sum f_1} - \frac{\sum x_0 f_1}{\sum f_1} = 3\ 600 - 3\ 100 = 500(\text{元})$$

$$\text{结构影响指数} = \frac{\sum x_0 f_1}{\sum f_1} : \frac{\sum x_0 f_0}{\sum f_0} = \frac{3\ 100}{3\ 250} = 95.38\%$$

由于结构变动影响而使得总平均工资增加的绝对额为：

$$\frac{\sum x_0 f_1}{\sum f_1} - \frac{\sum x_0 f_0}{\sum f_0} = 3\ 100 - 3\ 250 = -150(\text{元})$$

工人结构变动及各组工人平均工资变动与总平均工资变动之间的数量关系为：

110.77%＝116.13%×95.38%

350 元＝500 元－150 元

上述计算分析表明，该企业总的月平均工资报告期比基期提高了 10.77%，是由于工人结构变动使总的月平均工资下降了 4.62%，各组月平均工资的提高使总的月平均工资提高16.13%，两因素共同作用的结果导致总量的变化；从绝对数来看，该企业总的月平均工资报告期比基期增加了 350 元，是由于工人结构的变动影响总的月平均工资减少 150 元，各组月平均工资的变动影响总的月平均工资增加 500 元所致。

第四节　几种常见的经济指数

指数作为一种重要的经济分析方法，在实践中获得了十分广泛的应用。在不同场合，对于不同经济事物采用不同的指数形式。下面我们将以国内外常见的主要经济指数为例，具体介绍指数的应用方法。

一、居民消费价格指数

(一) 居民消费价格指数的概念

居民消费价格指数是指一个反映居民家庭一般所购买的消费商品和服务价格水平变动情况的经济指数，通常简称 CPI(Consumer Price Index)。居民消费价格指数可按城、乡分别编制，形成城市居民消费价格指数和农村居民消费价格指数；也可按全社会编制全国居民消费价格总指数。它可以用于分析市场价格的基本动态，是政府制定物价政策和工资政策的重要依据。

(二) 居民消费价格指数的作用

1. 反映通货膨胀状况

CPI 是度量通货膨胀的一个重要指标，通货膨胀是物价水平普遍而持续的上升，CPI 的高低可以在一定水平上说明通货膨胀的严重程度。

2. 反映货币购买力变动

货币购买力是指单位货币能够购买到的消费品和服务的数量。消费者物价指数上涨,货币购买力则下降;反之则上升。消费者物价指数的倒数就是货币购买力指数。

3. 反映对职工实际工资的影响

消费者物价指数的提高意味着实际工资的减少,消费者物价指数的下降意味着实际工资的提高,因此可利用消费者物价指数将名义工资转化为实际工资。

(三) 我国居民消费价格指数的计算

我国 CPI 计算采用固定加权算术平均指数公式,具体计算过程是,先分别计算出各代表规格品基期和报告期的全社会综合平均价,并计算出相应的价格指数,然后分层逐级计算小类、中类、大类和总指数。需要注意的是,在计算总指数的过程中要把相应的类指数视为个体指数。

例 10-11 某市各类商品指数及权数如表 10-6 所示。

要求:计算该市居民的消费价格总指数。

表 10-6 某市居民消费价格指数计算表

商品类别及名称	代表规格品	计算单位	平均价格/元		权数(w)/%	指数/%
总指数					100	113.58
一、食品类					51	114.57
1. 粮食					35	112.28
(1) 细粮					65	110.71
面粉	标准	千克	3.2	3.6	40	112.50
大米	粳米	千克	4.2	4.6	60	109.52
(2) 粗粮					35	115.20
2. 副食品					45	118.50
3. 烟酒茶					11	110.50
4. 其他食品					9	108.80
二、衣着类					20	116.80
三、家庭用品类					11	105.60
四、医疗保健类					5	115.50
五、交通和通信类					2	104.65
六、娱乐教育文化用品类					6	112.50
七、居住类					2	114.65
八、服务项目类					3	108.85

解:(1) 计算出各代表规格品的价格指数。例如,面粉价格指数为:

$$i_p=\frac{p_1}{p_0}=\frac{3.6}{3.2}=112.50\%$$

(2) 根据各代表规格品的价格指数及给出的相应权数,加权算术平均计算小类指数。

例如，细粮类价格指数为：

$$I_p=\frac{\sum i_p w}{\sum w}=112.50\%\times 40\%+109.52\%\times 60\%=110.71\%$$

(3) 根据各小类指数及相应的权数，加权算术平均计算中类指数。例如，粮食类价格指数为：

$$I_p=\frac{\sum i_p w}{\sum w}=110.71\%\times 65\%+115.20\%\times 35\%=112.28\%$$

(4) 根据各中类指数及相应的权数，加权算术平均计算大类指数。例如，食品类价格指数为：

$$\begin{aligned}I_p=\frac{\sum i_p w}{\sum w}&=112.28\%\times 35\%+118.50\%\times 45\%+\cdots+108.80\%\times 9\%\\&=114.57\%\end{aligned}$$

(5) 根据各大类指数及相应的权数，加权算术平均计算总指数。即：

$$\begin{aligned}I_p=\frac{\sum i_p w}{\sum w}&=114.57\%\times 51\%+116.80\%\times 20\%+\cdots+108.85\%\times 3\%\\&=113.58\%\end{aligned}$$

二、商品零售价格指数

商品零售价格指数是指反映一定时期内商品零售价格变动趋势和变动程度的相对数。我国商品零售价格指数的编制方法与居民消费价格指数相同，不同的是将零售商品分为食品、饮料烟酒、服装鞋帽、纺织品、家用电器及音像器材、交通通信用品、化妆品、书报杂志及电子出版物、文化办公用品、体育娱乐用品、日用品、家具、金银珠宝、中西药品及医疗保健用品、燃料、建筑材料及五金电料、零售商品等 17 个大类。零售物价的调整变动直接影响到城乡居民的生活支出和国家的财政收入，影响居民购买力和市场供需平衡，影响消费与积累的比例。因此，计算零售价格指数可以从一个侧面对上述经济活动进行观察和分析。表 10－7 是我国 2022 年 2 月商品零售价格分类指数。

表 10－7　2022 年 2 月我国商品零售价格分类指数

商品类别	商品零售价格指数(上年同月＝100)
一、食品	97.90
二、饮料、烟酒	102.10
三、服装、鞋帽	100.60
四、纺织品	100.50
五、家用电器及音像器材	102.30
六、文化办公用品	101.20
七、日用品	99.20

续 表

商品类别	商品零售价格指数(上年同月＝100)
八、体育娱乐用品	101.10
九、交通、通信用品	99.60
十、家具	101.90
十一、化妆品	99.00
十二、金银珠宝	98.90
十三、中西药品及医疗保健用品	99.70
十四、书报杂志及电子出版物	101.80
十五、燃料	120.20
十六、建筑材料及五金电料	103.40
十七、零售商品	101.90

三、工业生产指数

工业生产指数就是用加权算术平均数编制的工业产品实物量指数，是西方国家普遍用来计算和反映工业发展速度的指标，也是景气分析的首选指标。工业生产指数的基本原理是依据报告期各种代表产品产量与基期相比计算出个体指数，然后用衡量各种产品在工业经济中重要性不同的权数，加权平均计算出产品产量的分类指数和总指数，而总指数就是工业综合发展速度。

工业生产指数是相对指标，用来衡量制造业、矿业与公共事业的实质产出，衡量的基础是数量，而非金额。该指数反映的是某一时期工业经济的景气状况和发展趋势。如同其他相对指标一样，在使用工业生产指数时，必须注意资料的可比性，必须同绝对指标结合起来使用，方能比较客观、全面地说明问题。

采用工业生产指数来衡量工业发展状况有许多优点，它符合国际惯例，可与国际接轨，能直接用于国际上统计资料的对比；能较好地满足时效性要求；能够提供分行业发展速度，较好地避免行业交叉现象；能够满足新国民经济核算体系的需要。但是，工业生产指数是相对指标，仅反映短期经济的景气状况和发展趋势，当研究速度和效益问题时，不能提供绝对量指标；同时，也不能提供按企业标志分组的发展速度，这些数据仍需通过其他途径取得。

四、股票价格指数

(一) 股票价格指数简介

股票价格指数是描述股票市场总的价格水平变化的指标。它是选取有代表性的一组股票，把它们的价格进行加权平均，通过一定的计算而得到的。各种指数对于具体的股票选取和计算方法是不同的。

股票价格指数就是用以反映整个股票市场上各种股票市场价格的总体水平及其变动情况的指标，简称为股票指数。它是由证券交易所或金融服务机构编制的表明股票行市变动的一种供参考的指示数字。由于股票价格起伏无常，投资者必然面临市场价格风险。对于具体某一种股票的价格变化，投资者容易了解，而对于多种股票的价格变化，要逐一进行了解，既不容易也不胜其烦。为了适应这种情况和需要，一些金融服务机构就利用自己的业务知识和熟悉市场的优势，编制出股票价格指数，如道富投资，公开发布，作为市场价格变动的指标。投资者据此检验自己投资的效果，而新闻界、企业界乃至政界领导人也把它作为观察、预测社会政治、经济发展形势的重要工具。

(二) 股票价格指数的编制原理与方法

编制股票指数通常以某年某月为基础，以这个基期的股票价格作为100，用以后各时期的股票价格和基期价格比较，计算出升降的百分比，就是该时期的股票指数。投资者根据指数的升降，可以判断出股票价格的变动趋势；并且为了能实时地向投资者反映股市的动向，所有的股市几乎都是在股价变化的同时即时公布股票价格指数。

计算股票指数要考虑三个因素：一是抽样，即在众多股票中抽取少数具有代表性的成分股；二是加权，按单价或总值加权平均，或不加权平均；三是计算程序，计算算术平均数、几何平均数，或兼顾价格与总值。

由于上市股票种类繁多，计算全部上市股票的价格平均数或指数的工作是艰巨而复杂的。因此，人们常常从上市股票中选择若干种富有代表性的样本股票，并计算这些样本股票的价格平均数或指数，用以表示整个市场的股票价格总趋势及涨跌幅度。

(三) 主要的股票价格指数

世界上较为重要的股票价格指数共有6种：① 道·琼斯股票价格指数；② 标准·普尔股票价格指数；③ 纽约证券交易所的股票综合指数；④ 伦敦金融时报股票价格指数；⑤ 日本经济新闻道式股票指数；⑥ 香港恒生指数。中国大陆主要的股票价格指数有：① 上证股票指数；② 深圳综合股票指数。

本章小结

本章是本教材的重要章节之一，主要阐述了四个方面的内容，即统计指数概述、总指数的编制、指数体系与因素分析、几种常见的经济指数。在学习本章内容的过程中，需要着重掌握以下知识点。

一、统计指数概述

统计指数是一种反映经济变量在时间上综合变动的相对数，按照反映对象范围的不同，统计指数可分为个体指数和总指数；按计算过程中所用的指标不同，统计指数可分为数量指数和质量指数；按对比内容的不同，统计指数可分为动态指数和静态指数；按采用基期的不同，统计指数可分为定基指数和环比指数。

二、总指数的编制

简单指数是指通过对个体指数简单平均而得到的总指数，主要的类型有简单算术平均指数、简单几何平均指数和简单调和平均指数。加权综合指数包括质量指标综合指数与数量指标综合指数。根据基期或报告期选择的不同，综合指数编制的常见方式有拉氏指数和帕氏指数。在我国统计指数编制的实践中,数量指数通常采用拉氏指数形式,质量指数通常采用帕氏指数形式。加权平均指数是总指数的另一种重要形式。它通过对个体指数加权平均来计算总指数,有加权算术平均指数和加权调和平均指数这两种基本的形式。

三、指数体系与因素分析

由3个或3个以上具有内在联系的指数构成的有一定数量对等关系的整体叫作指数体系。因素分析包括总量变动的因素分析和平均指标变动的因素分析。总量变动的因素分析对象是总量指标的总变动指数。只要某一经济总量指标能分解为两个或两个以上的因素指标的乘积,根据这个总量指标所计算的总变动指数就能作为因素分析的对象。平均指标指数是同一经济现象两个不同时期的平均指标值对比计算的相对数,它说明两个时期总平均水平变动的方向和程度。平均指标变动的因素分析包括可变构成指数、固定构成指数、结构影响指数等。

四、几种常见的经济指数

在统计应用中,常见的经济指数包括居民消费价格指数、商品零售价格指数、工业生产指数、股票价格指数等,这些指数对国民经济的影响较大。

本章习题

一、名词解释

指数　个体指数　总指数　拉氏指数　帕氏指数　指数体系　可变构成指数　固定构成指数　结构影响指数　居民消费价格指数　商品零售价格指数　工业生产指数　股票价格指数

二、单项选择题

1. 统计指数按其反映的对象范围不同可分为(　　)。
   A. 简单指数和加权指数　B. 综合指数和平均指数
   C. 个体指数和总指数　D. 数量指标指数和质量指标指数
2. 编制总指数的两种形式是(　　)。
   A. 算术平均指数和调和平均指数　B. 个体指数和综合指数
   C. 综合指数和平均指数　D. 定基指数和环比指数
3. 综合指数是一种(　　)。
   A. 简单指数　B. 加权指数　C. 个体指数　D. 平均指数
4. 以某一固定时期作为分母而计算出来的指数是(　　)。
   A. 环比指数　B. 定基指数　C. 数量指标指数　D. 质量指标指数
5. $\sum q_1 p_0 - \sum q_0 p_0$ 表示(　　)。
   A. 由于价格变动引起的产值增减数　B. 由于价格变动引起的产量增减数
   C. 由于产量变动引起的价格增减数　D. 由于产量变动引起的产值增减数
6. 单位产品成本报告期比基期下降5%,产量增长5%,则生产总费用(　　)。
   A. 增加　B. 减少　C. 没有变化　D. 无法判断

7. 在掌握基期产值和各种产品产量个体指数资料的条件下，计算产量总指数要采用(　　)。

A. 综合指数　　B. 可变构成指数

C. 加权算术平均数指数　　D. 加权调和平均数指数

8. 若同样多的人民币多购买 3%的商品，则物价(　　)。

A. 下降 3%　　B. 上升 3%　　C. 下降 2.91%　　D. 不变

9. 以下不属于平均指标变动分析指数体系的项目是(　　)。

A. 个体价格指数　B. 可变构成指数　C. 结构影响指数　D. 固定构成指数

10. 某企业销售额增长了 50%，销售价格下降了 50%，则销售量(　　)。

A. 增长 150%　　B. 增长 200%　　C. 增长 100%　　D. 增长 50%

三、简答题

1. 什么是统计指数，有什么作用？
2. 什么是指数体系，有什么作用？
3. 综合指数与平均指数有什么联系与区别？

四、计算题

1. 某市场上 4 种蔬菜的销售资料如表 10－8 所示。

表 10－8　某市场上 4 种蔬菜的销售资料

品　种	销售量/千克		销售价格/(元/千克)	
	基期	计算期	基期	计算期
白菜	50	60	3.00	4.00
黄瓜	20	25	2.00	3.00
萝卜	30	32	2.50	3.00
西红柿	20	15	4.00	6.50
合　计	120	132	—	—

要求：

(1) 用拉氏公式编制该 4 种蔬菜的销售量总指数和价格总指数。

(2) 用帕氏公式编制该 4 种蔬菜的销售量总指数和价格总指数。

(3) 比较两种公式编制出来的销售量总指数和价格总指数的差异。

2. 某厂生产情况如表 10－9 所示。

表 10－9　某厂生产情况

产　品	计量单位	产　量		基期产值/万元
		基期	报告期	
甲	台	1 050	1 000	630
乙	双	350	380	300
合　计	—	—	—	930

要求：根据资料计算该厂的产量总指数和因产量变动而增减的产值。

3. 价格类指数和固定权数的资料见表 10－10。

要求：计算物价总指数。

表 10－10　价格类指数和固定权数的资料

商品类别	价格类指数/%	固定权数/%
粮食	105	25
副食	108	26
烟酒	110	5
其他食品	106	4
衣着	103	22
日杂	104	8
文化用品	100	3
医药	112	2
燃料	104	5

4. 某公司下属的 3 个厂生产某种产品的情况如表 10－11 所示。

表 10－11　某公司下属的 3 个厂生产某种产品的资料

名　称	单位产品成本/元		产量/吨	
	上月	本月	上月	本月
一厂	965	950	4 500	4 800
二厂	1 000	1 010	3 000	3 100
三厂	1 100	1 050	1 650	2 050

要求：计算可变构成指数、固定构成指数和结构影响指数，并分析单位成本水平和产量结构变动对总成本的影响。

5. 某工种工人工资调整后的各级工资标准和人数的资料如表 10－12 所示。

表 10－12　某工种工人工资调整后的各级工资标准和人数的资料

工资级别	工资标准/元		工人人数/人	
	调整前/x_0	调整后/x_1	调整前/f_0	调整后/f_1
一级	300	350	450	300
二级	400	450	450	450
三级	500	550	550	500
四级	700	800	550	600
五级	900	1 000	150	300
六级	1 200	1 300	50	150

要求：列出计算表，并从相对数和绝对数两个方面进行下列分析：

(1) 工资总额变动中该工种全部工人人数变动的影响和该工种总平均工资变动的影响。

(2) 工资总额变动中各组工人人数变动的影响和各组工资标准变动的影响。

(3) 工资总额变动中该工种全部工人人数变动的影响、各组工人人数构成变动的影响、各组工资标准变动的影响。

(4) 该工种总平均工资变动中各组工人人数构成变动的影响和各组工资标准变动的影响。

(5) 各组工人人数变动对工资总额变动的影响中，该工种全部工人人数变动的影响和各组工人人数构成变动的影响。

6. 3 种商品的资料如表 10－13 所示。

表 10－13　3 种商品的资料

商品名称	计量单位	销售量		价格/元		销售额/元	
		基期	报告期	基期	报告期	基期	报告期
—	—	q_0	q_1	p_0	p_1	q_0p_0	q_1p_1
甲	千克	8 000	8 800	10.0	10.5		
乙	件	2 000	2 500	8.0	9.0		
丙	盒	10 000	10 500	6.0	6.5		
合　计	—	—	—	—	—		

要求：对销售额的变动进行计算和分析。

7. 某单位职工人数和工资总额的资料如表 10－14 所示。

表 10－14　某单位职工人数和工资总额的资料

指　标	符　号	2021 年	2022 年
工资总额/万元	E	500	567
职工人数/人	a	1 000	1 050
平均工资/(元/人)	b	5 000	5 400

要求：对该单位工资总额的变动进行因素分析。

本章案例

案例资料一

2022 年 6 月份 CPI、PPI 环比持平同比继续上涨

一、CPI 环比持平，同比涨幅有所扩大

6 月份，我国疫情防控总体形势向稳趋好，重要民生商品供应充足，居民消费价格运行总体平稳。

从环比看，CPI 由上月下降 0.2%转为持平。其中，食品价格下降 1.6%，降幅比上月

扩大0.3个百分点,影响CPI下降约0.30个百分点。食品中,受供应增加、物流好转和囤货需求减少等因素影响,鲜菜、鸡蛋、鲜果和水产品价格分别下降9.2%、5.0%、4.5%和1.6%;受部分养殖户压栏惜售、疫情趋稳、消费需求有所增加等因素影响,猪肉价格继续上涨,涨幅为2.9%,比上月回落2.3个百分点。非食品价格上涨0.4%,涨幅比上月扩大0.3个百分点,影响CPI上涨约0.32个百分点。非食品中,受国际油价上涨影响,国内汽油和柴油价格分别上涨6.7%和7.2%,涨幅比上月分别扩大6.1和6.6个百分点;服务消费有所恢复,飞机票和旅游价格分别上涨19.2%和1.2%,涨幅比上月分别扩大15.0和0.8个百分点,宾馆住宿价格由上月下降0.7%转为上涨0.3%。

从同比看,CPI上涨2.5%,涨幅比上月扩大0.4个百分点,主要是去年基数走低所致。其中,食品价格上涨2.9%,涨幅比上月扩大0.6个百分点,影响CPI上涨约0.51个百分点。食品中,粮食、食用植物油、鸡蛋和鲜菜价格涨幅在3.2%~6.6%,鲜果价格上涨19.0%,猪肉价格下降6.0%。非食品价格上涨2.5%,涨幅比上月扩大0.4个百分点,影响CPI上涨约2.01个百分点。非食品中,汽油和柴油价格分别上涨33.4%和36.3%,飞机票价格上涨28.1%,涨幅均有扩大;教育服务和医疗服务价格分别上涨2.5% 和0.9%,涨幅均与上月相同。

据测算,在6月份2.5%的CPI同比涨幅中,去年价格变动的翘尾影响约为1.2个百分点,新涨价影响约为1.3个百分点。扣除食品和能源价格的核心CPI同比上涨1.0%,涨幅比上月扩大0.1个百分点。

二、PPI环比持平,同比涨幅继续回落

6月份,复工复产持续推进,重点产业链供应链逐步畅通稳定,保供稳价政策效果继续显现,工业生产者出厂价格环比由涨转平,同比涨幅继续回落。

从环比看,PPI由上月上涨0.1%转为持平。其中,生产资料价格由上涨0.1%转为下降0.1%;生活资料价格上涨0.3%,涨幅与上月相同。国际原油价格变动带动国内相关行业价格上涨,其中石油和天然气开采业价格上涨7.0%,石油煤炭及其他燃料加工业价格上涨3.6%,化学纤维制造业价格上涨2.2%。“迎峰度夏”备煤需求增加,煤炭开采和洗选业价格上涨0.8%。受投资增速放缓等因素影响,钢材、水泥等行业需求相对较弱,黑色金属冶炼和压延加工业价格下降3.1%,非金属矿物制品业价格下降1.5%。另外,农副食品加工业价格上涨1.0%,纺织服装服饰业价格上涨0.6%,电气机械和器材制造业价格上涨0.5%;有色金属冶炼和压延加工业价格下降2.1%。

从同比看,PPI上涨6.1%,涨幅比上月回落0.3个百分点,主要是去年基数走高的影响,今年以来已连续6个月回落。其中,生产资料价格上涨7.5%,涨幅回落0.6个百分点;生活资料价格上涨1.7%,涨幅扩大0.5个百分点。调查的40个工业行业大类中,价格上涨的有37个,与上月相同。主要行业中,价格涨幅扩大的有:石油和天然气开采业上涨54.4%,扩大6.6个百分点;农副食品加工业上涨5.6%,扩大1.9个百分点;石油煤炭及其他燃料加工业上涨34.7%,扩大0.7个百分点。价格涨幅回落的有:煤炭开采和洗选业上涨31.4%,回落5.8个百分点;有色金属冶炼和压延加工业上涨8.2%,回落2.2个百分点;燃气生产和供应业上涨21.8%,回落0.2个百分点。黑色金属冶炼和压延加工业价格下降3.7%,降幅比上月扩大2.4个百分点。

据测算，在6月份6.1%的PPI同比涨幅中，去年价格变动的翘尾影响约为3.8个百分点，新涨价影响约为2.3个百分点。

（资料来源：统计微讯，2022-07-09）

要求：根据以上资料，了解我国2022年6月份CPI、PPI总体和具体数值，并分析其变动的原因。

案例资料二

“雪糕刺客”会刺到CPI吗？

雪糕刺客　指的是那些在冰柜里平平无奇的雪糕，当你去付钱的时候，他们会用价格“刺你剑”。

这种远高于普通雪糕价格的商品是否会对我们的CPI数据造成影响呢？CPI是如何计算的？答案是：不会！

因为CPI规格品的选取必须有根据，居民消费习惯与消费结构要有足够的代表性，刺到你的雪糕“新贵”市场销量远不及普通雪糕，一般不会被选为CPI规格品。即便选到也不会影响CPI，CPI是价格指数，是百分之几，不是多少钱。

雪糕只是268个基本分类中的其他奶制品下的其中一个规格品。以东莞为例，其他奶制品的权数在CPI篮子中占比不到1‰，而且假如采集的价格不变的话，那么它就不会影响CPI变化。

CPI权数

每一种消费和服务对居民生活的重要性是不同的，权数就是反映CPI调查的一篮子商品和服务对于计算指数的相对重要性。

根据城乡居民住户调查资料确定居民消费的构成，进而确定CPI每一个类别的价格对总指数的影响程度（即权数）。

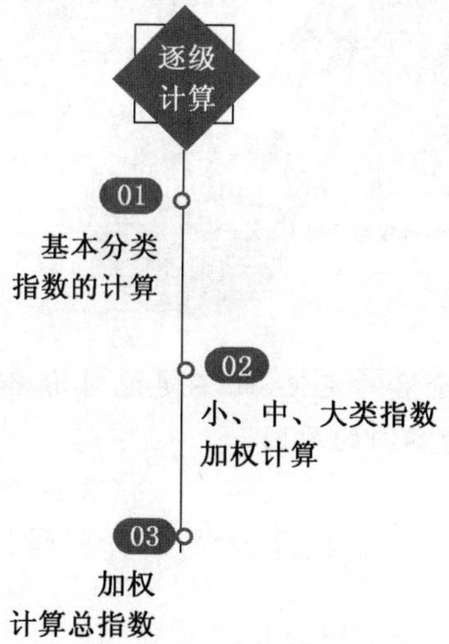

以市县级指数计算为例，做一个详细的介绍。

首先需要进行基本分类指数的计算，通过采集到的规格品价格计算出基本分类价格指数。

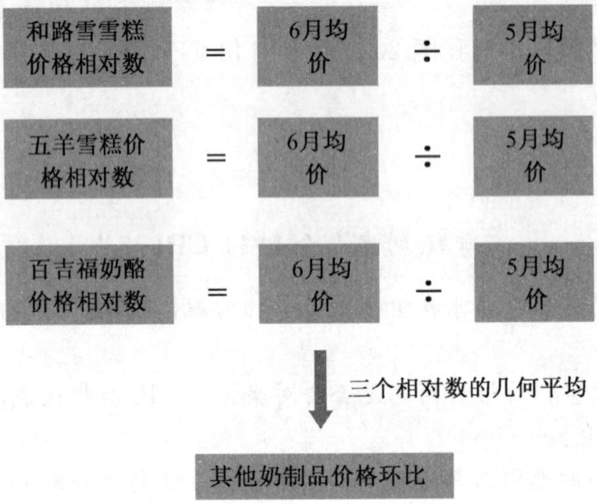

再逐级进行小类、中类、大类、总指数的计算，将基本分类以上各类指数与权数金额结合逐级计算出总指数。

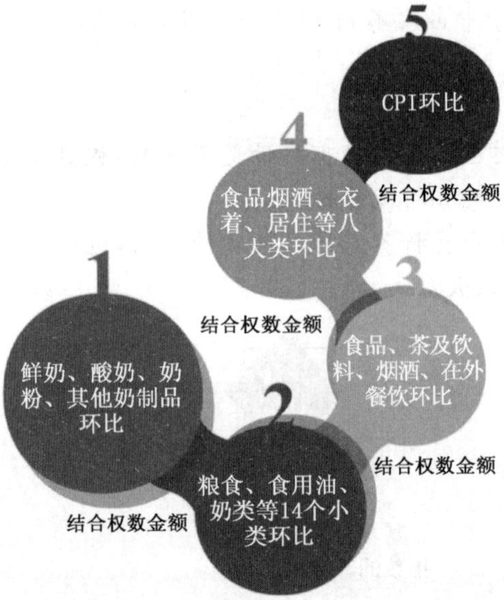

简而言之，CPI 反映的是价格的变化，而不是绝对价格的高低，这也就是为什么 CPI 涨跌有时会与人们的生活感受不同的原因。

（资料来源：统计微讯，2022－07－21）

要求：通过以上资料了解 CPI 的核算步骤，解释在现实生活中不同商品的价格变动对 CPI 数值的影响。

第十一章　国民经济核算体系与主要统计指标

【教学目的与要求】 本章介绍了国民经济核算体系与主要统计指标。通过本章的学习，要求了解国民经济核算体系的概念和世界上两大核算体系；掌握国民经济主要总量指标，如国内生产总值、国民生产总值、国民生产净值、国民收入、国民可支配收入、国民储蓄、个人收入和个人可支配收入等总量指标；理解人均国内生产总值、国内生产总值指数、社会劳动生产率、居民消费价格指数、恩格尔系数和基尼系数等主要分析指标。

【教学重点与难点】 两大国民经济核算体系的区别与联系；国内生产总值与国民生产总值的区别与联系；恩格尔系数和基尼系数。

【课程思政】 通过改革开放以来我国经济的快速增长，我们要体会到中国改革开放取得的伟大成就以及人民生活水平和幸福感的提升，从而增强“道路自信”。同时意识到自己为祖国建设应该承担的责任。

第一节　国民经济核算体系

一、国民经济核算体系的概念

国民经济核算体系是以科学的经济理论为指导，从数量上系统地反映国民经济运行状况及社会再生产过程中生产、分配、交换、使用各个环节之间，以及国民经济各部门之间的内在联系，进行系统的测定、描述的宏观经济信息系统，即以社会再生产全过程为对象的宏观经济核算。它依据一定的概念、定义和核算原则，制定一套反映国民经济运行的指标体系、分类标准和核算方法以及相应的表现形式(平衡表、账户、矩阵等)，形成一套逻辑一致和机构完整的核算标准和规范。它为宏观经济管理、计划、预测、决策和调控提供科学依据；为宏观经济分析和理论研究提供基础数据；为开展国际比较提供依据，在国内、国际上都具有重大意义。

二、世界上两大核算体系

国民经济核算体系作为国际标准是在20世纪50年代开始形成的。由于各国经济运行机制和经济管理体制不同，形成了两种不同的国民经济核算体系，曾在相当长时期里并存发展。

当今世界上有两个国民经济核算体系同时并存，即国民账户体系(简称SNA)和物质平衡体系(简称MPS)。SNA适用于市场经济条件下的国民经济核算，首创于英国，继而在经济发达国家推行，现已为世界上绝大多数国家和地区所采用。MPS是为适应对国民经济实行高度集中的计划管理的需要，由苏联首先建立起来的，以后逐渐为东欧各国、古巴、蒙古等国所采用。我国国民经济核算工作过去比较薄弱，基本采用 MPS 体系中的部分平衡表和指标。随着改革的深入、市场经济的发展和市场机制的完善，旧的核算制度已不能适应新形势的需要，1992 年，我国正式实施新国民经济核算体系方案，在该体系中引入许多 SNA 的元素。我国逐步实现了由传统的物质产品平衡表体系到国民账户体系的转变，初步形成了一套与国际通行的核算原则和方法接轨、与中国国情相适应的新国民经济核算体系。

MPS 和 SNA 都是适应国家宏观经济管理需要而建立和发展起来的国民经济核算体系，但它们是不同的经济体制和经济运行机制下的产物，因而在核算的范围、内容和方法上都有很大差异。

(1) 在核算范围上，MPS 限于物质产品的核算，把非物质生产性的服务活动排除在生产领域之外；SNA 的核算范围覆盖整个国民经济各部门，包括各行各业，把货物和服务都纳入核算范围，因而能更好地反映全社会的经济活动。

(2) 在核算内容上，MPS 主要反映物质产品的生产、交换和使用的实物运动，对资金运动缺乏完整而系统的反映；SNA 除核算货物和服务的实物流量外，还注重收入支出和金融交易等资金流量和资产负债存量的核算，能更好地反映社会再生产中实物运动与价值运动交织在一起的复杂的运动过程。

(3) 在核算方法上，MPS 是以横向和纵向平衡法为主要核算方法，所以被称为物质产品平衡表体系，用以描述产品的生产、分配、交换、消费全过程。它侧重每个平衡表内部门的平衡，但平衡之间的联系不够严谨。SNA 主要采用复式记账法，即每笔交易必须登录两次，一次作为支出，登在付款人的账户；另一次作为收入，登在收款人的账户。这样就把社会再生产各环节、国民经济各部门紧密衔接起来，能更好地反映国民经济运行中的内在联系，提高了国民经济核算的科学水平。

第二节　国民经济主要总量指标

我国新国民经济核算体系中的指标是按照社会再生产过程来设置的，包括社会生产、分配、交换和使用等流量指标以及资产负债等存量指标。本节将介绍几个主要总量指标。

一、国内生产总值

国内生产总值是一个综合性很强的经济指标，各国通常将其视为分析一国经济活动的最重要的指标。

(一) 国内生产总值的概念

国内生产总值(Gross Domestic Products，GDP)是指在一国(或地区)范围内，国民经济各部门在一定时期(一年或一季度)内生产的所有最终产品和劳务的市场价值的总和。它既包括物质生产部门创造的价值，也包括非物质生产部门创造的价值。

(二) 国内生产总值的计算方法

国内生产总值的编制一般有三种方法，即生产法或部门法、收入法或成本法、支出法或最终产品法。这三种方法从三个不同的侧面来反映国民经济的变动。

1. 生产法或部门法

这种方法是把生产物质产品和提供服务的所有国民经济部门所创造的增加值加总起来而构成国内生产总值。其计算公式为：

国内生产总值＝第一产业增加值＋第二产业增加值＋第三产业增加值

其中：

增加值＝总产出－中间消耗

用生产法统计的国内生产总值可以用来分析一个国家的经济结构，可以确定各个产业或各个部门在总体经济活动中的地位以及整个经济结构的变化，这可以通过比较不同时期各部门的增加值在国内生产总值中所占比重来进行。

2. 收入法或成本法

该方法是从分配或收入的角度来计算国内生产总值，是把生产全部商品或提供服务过程中所发生的工资、租金、利息、利润、间接税和固定资产折旧加总而构成国内生产总值。其计算公式为：

增加值＝固定资产折旧＋劳动者报酬＋生产税净额＋营业盈余

分析国内生产总值的收入构成，可以大致看出社会不同阶层的人在国民收入中所占的相对地位及其变动趋势。

3. 支出法或最终产品法

这种方法是把社会最终使用的全部产品和劳务的价值加总起来而得到国内生产总值。国内生产总值的支出构成，从统计方法上说，比较准确及时，分类也比较详细。其计算公式为：

国内生产总值＝总消费＋总投资＋净出口

按支出法统计的国内生产总值，由于综合了消费、投资、进出口，可据以判断整个经济活动的趋势，并可以从不同角度分析国内生产总值支出构成个别项目的特殊作用。

4. 三种计算方法的比较

从理论上讲，三种方法计算的GDP应相等，但由于统计数据来源的影响，计算结果可能会存在差异。

例 11－1　某国 2021 年国民经济主要数据的资料如表 11－1 所示。

要求：分别用生产法、收入法和支出法计算某国当年的国内生产总值。

表 11－1　某国 2021 年国民经济主要数据的资料　　单位：亿美元

生　产		使　用	
总产出	28 200	居民消费	6 500
中间消耗	15 500	社会消费	1 400

续 表

生 产		使 用	
固定资产折旧	1 300	固定资产投资	4 000
劳动者报酬	6 400	库存增加	600
生产税	1 580	进口	1 700
生产补贴	650	出口	1 900
营业利润	4 070		

解:(1) 生产法下,

国内生产总值=总产出－中间消耗=28 200－15 500=12 700(亿美元)

(2) 收入法下,

国内生产总值=固定资产折旧＋劳动者报酬＋生产税净额＋营业盈余

=1 300＋6 400＋(1 580－650)＋4 070

=12 700(亿美元)

(3) 支出法下,

国内生产总值=总消费＋总投资＋净出口

=(6 500＋1 400)＋(4 000＋600)＋(1 900－1 700)

=12 700(亿美元)

由此可见,三种方法计算的国内生产总值是相等的。

(三) 国内生产总值指标的作用

(1) 综合反映国民经济活动的总量,描述国民经济发展全貌,特别是能反映服务业等非物质生产部门的发展状况。

(2) 是衡量国民经济发展规模、速度的基本指标。

(3) 为分析经济结构和宏观经济效益提供基础数据,在此基础上,可以对国民经济展开深入研究、计划、预测与调控。

(4) 分析评价社会最终产品的生产、分配、交换和消费情况,全面反映国家、集体和个人三者之间的分配关系,便于分析并协调各方关系。

(5) 指标内涵确切,计算口径一致,便于国际间的横向对比。

二、国民生产总值

国民生产总值(Gross National Products, GNP)是指以货币表示的、一个国家(或地区)在一定时期内(年度或季度)国民经济各部门所创造的商品和劳务价值的总和。国民生产总值是按国民原则核算的。所谓国民原则,是指凡是本国国民[指常住居民,包括本国公民以及常驻本国(通常超过1年)但未加入本国国籍的居民]所创造的收入,不管是否在国内,都计入国民生产总值。它包括本国居民在国外获得的收入,不包括外国居民在本国获得的收入。而国内生产总值是按国土原则核算的。所谓国土原则,是指凡是在本国领土上创造的收入,不管是否由本国居民创造,都计入国内生产总值。国内生产总值包括外国居民在本国获得的收入,不包括本国居民在国外获得的收入。例如,美国跨国公司在中国设立工厂所获得的收入应计入中国的国内生产总值，而计入美国的国民生产总值；中国的跨国公司在美国设立工厂获得的收入应计入中国的国民生产总值，而计入美国的国内生产总值。实际上，国民生产总值就是一个国家国内生产总值加上从国外获得的收入减去外国从本国获得的收入。由此可见，国民生产总值与国内生产总值之间的区别在于该国从外国获得的收入与外国从该国获得的收入之间的差额。国际货币基金组织将这个差额叫作国外要素净收入。发达国家一般有要素净流入，因此国民生产总值一般大于国内生产总值；而发展中国家一般有要素净流出，因此国民生产总值一般小于国内生产总值。

三、其他主要指标及相互关系

（一）国民生产净值

国民生产净值是指国民生产总值扣除资本消费之后的商品和劳务的总值。国民生产总值或国内生产总值包括总投资，而国民生产净值只包括净投资，两者间的差额就是资本消费，也就是固定资本折旧。

从理论上讲，用国民生产净值来反映一个国家的经济实绩应该能更确切地说明问题，但是由于折旧的数字较难估计，因此，一般采用国民生产总值或国内生产总值指标。

（二）国民收入

关于国民收入，经济学中有广义、狭义之分。广义的国民收入是从生产中创造收入，收入是支出的来源，而支出又决定生产。因此，从生产总额、收入总额和支出总额三者应该相等的概念出发，认为广义的国民收入也就是国民生产总值或国民支出总值。这里的国民收入则是指狭义的国民收入，是指一国的劳动和财产在一定时期内生产商品和劳务的过程中通过价值分配所获得的全部收入，也就是工资、租金、利息和利润等所谓“生产要素”收入的总和。

（三）国民可支配收入

本国在一定时期获得的可支配收入最终所得的收入总和。国内生产总值代表生产总量；国民可支配收入代表收入总量。一个国家创造的GDP首先要在生产要素之间进行初次分配，其次在政府、居民、企业之间进行再分配，同时在国与国之间进行分配，因此，可支配收入指标是观察和分析国家之间、地区之间以及部门和人群之间收入分配关系最重要的经济指标。

国民可支配收入的测算可以从宏观和微观两个角度进行定义。

(1) 从宏观核算角度。国民可支配收入＝国内生产总值＋生产要素净收入＋经常性转移净收入。① 生产要素收入＝劳动者报酬收入＋各项财产性收入；② 经常性转移净收入＝补贴收入＋赠予收入＋无偿转移。

(2) 从微观统计角度。国民可支配收入＝城镇居民可支配收入＋农村居民纯收入。

（四）国民储蓄

国民储蓄是国民可支配总收入减去最终消费支出后的差额。它用以衡量一个国家在不举借外债的情况下，可用于投资的最大资金量。国民储蓄包括政府储蓄、企业储蓄和居民储蓄三个组成部分，其中，在国外的统计文献中，一般把企业储蓄和居民储蓄之和称作私人储蓄。

(五) 个人收入和个人可支配收入

个人收入是指全社会成员在一定时期从各种来源获得的收入净额,包括工资、租金、利润、利息收入、非公司组织的小业主收入及政府、企业对个人及非营利机构的转移收入等。

个人可支配收入是指个人在支付个人税和各种非税支付以后可用于个人消费支出和储蓄的收入。其计算公式如下:

个人可支配收入=个人收入-个人税及非税支付

第三节 国民经济主要分析指标

一、人均国内生产总值

(一) 人均国内生产总值的概念

人均国内生产总值是指某一时期(一般为一年)的国内生产总值与当期平均人口数的比值。2021 年,中国的人均国内生产总值为 80 976 元,此前的 2020 和 2019 年分别为 71 828 元和 70 078 元。

(二) 人均国内生产总值的意义

首先,除资源国以外的绝大多数工业化国家,人均 GDP 比较客观地反映了一定国家社会的发展水平和发展程度。例如,2020 年中国 GDP 排名世界第 2 位,但人均 GDP 只有 10 839 美元,排名第 59 位,并不靠前,这说明相比于一些发达国家,中国在经济发展上还需进一步提升。

其次,人均 GDP 构成了一国居民人均收入和生活水平的主要物质基础,是提高居民人均收入水平、生活水平的重要参照指标。

最后,人均 GDP 与工业化进程和社会稳定具有一定内在联系。据亨廷顿分析,在一定阶段,人均国内生产总值增长与社会安定、社会和谐成正比。

二、国内生产总值指数

国内生产总值指数是报告期国内生产总值与基期国内生产总值之比,是反映一定时期内国内生产总值变动趋势和程度的相对数。它的意义在于,反映在现实生产力条件下,一个国家或地区经济总量的增长变化,是进行动态对比的重要指标。

例 11-2 我国 2013—2021 年国内生产总值指数资料如表 11-2 所示。

表 11-2 我国 2013—2021 年国内生产总值指数(1978 年=100)

年 份	2013	2014	2015	2016	2017	2018	2019	2020	2021
GDP 指数	2 639.9	2 835.9	3 035.6	3 243.5	3 468.8	3 703.	3 923.3	4 011.2	4 336.5

通过以上资料可分析得出，2021年的GDP总量是1978年的43.37倍，说明从1978年到2012年的43年间，以GDP指标衡量的我国经济总量增长为原来的43倍多。

三、社会劳动生产率

社会劳动生产率是一定时期内国民生产总值或国民收入与同期内物质生产部门劳动者平均人数的比值。一定时期内，创造的国民生产总值或国民收入越多，耗用的劳动者越少，则社会劳动生产率越高。社会劳动生产率同生产设备、技术水平、管理能力紧密相关，代表了一定时期与阶段的社会生产能力。

四、居民消费价格指数(CPI)

居民消费价格指数又称消费者价格指数或生活费用指数，是综合反映各种消费品和生活服务价格变动程度的重要经济指标。它的意义在于，反映市场消费品价格的基本动态，是政府制定物价政策和工资政策的重要依据。

五、恩格尔系数

(一) 恩格尔定律

19世纪，德国统计学家恩格尔根据统计资料，对消费结构的变化得出一个规律，即一个家庭的收入越少，家庭收入中用来购买食物的支出所占的比例就越大，随着家庭收入的增加，家庭收入中用来购买食物的支出份额则会下降。推而广之，一个国家越穷，每个国民的平均收入中用于购买食物的支出所占的比例就越大，随着这个国家经济的发展，这个比例呈下降趋势。

(二) 恩格尔系数计算公式

$$恩格尔系数=食物支出金额\div总支出金额$$

可以看出，在总支出金额不变的条件下，恩格尔系数越大，说明用于食物支出所占的金额越多；恩格尔系数越小，说明用于食物支出所占的金额越少，二者成正比。反过来，当食物支出金额不变的条件下，总支出金额与恩格尔系数成反比。因此，恩格尔系数是衡量一个家庭或一个国家富裕程度的主要标准之一。

六、基尼系数

(一) 基尼系数的概念

基尼系数是20世纪初意大利经济学家基尼根据劳伦茨曲线所定义的判断收入分配公平程度的指标。基尼系数越大，收入分配越不公平；基尼系数越小，收入分配越公平。基尼系数数值在0～1。2020年我国基尼系数为0.468，2019年我国基尼系数为0.465。按照国际一般标准，0.4以上的基尼系数表示收入差距较大，当基尼系数达到0.6以上时，则表示收入差距很大。

(二) 基尼系数的图示

基尼系数示意图如图11-1所示。图中，y轴表示收入百分比，x轴表示人口百分比，连接两对角的直线 OM 是绝对平均线 a，OPM 是绝对不公平线，正常的收入分配线应介于 OM 和 OPM 之间，用 b 表示。a 和 b 围成的面积用 A 表示，b 和 OPM 围成的面积用 B 表示，则：

$$基尼系数=\frac{A}{A+B}$$

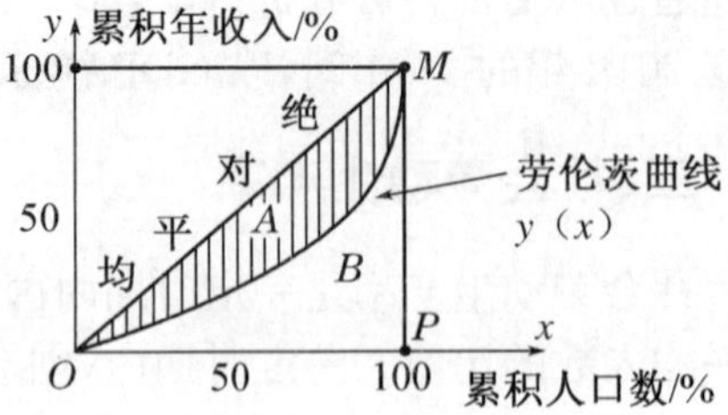

图 11-1 基尼系数示意图

(三) 基尼系数的优劣评价

(1) 基尼系数的优点：基尼系数由于给出了反映居民之间贫富差异程度的数量界线，可以较客观、直观地反映和监测居民之间的贫富差距，预报、预警和防止居民之间出现贫富两极分化。因此，它得到世界各国的广泛认同和普遍采用。

(2) 基尼系数的缺点。① 没有显示出来在哪里存在分配不公。② 国际上并无制定基尼系数的准则，一些问题如应否除税项、应否剔除公共援助受益者、应否剔除非本地居民或应否加入政府的福利，并没有一致性，以至没有比较的准则。

本章小结

本章是本教材的最后一章，主要阐述了三个方面的内容，即国民经济核算体系、国民经济主要总量指标及国民经济主要分析指标。在学习本章内容的过程中，需要着重掌握以下知识点。

一、国民经济核算体系

当今世界上有两个国民经济核算体系同时并存，即国民账户体系（简称 SNA）和物质平衡体系（简称 MPS）。两大体系既有区别也有联系。

二、国民经济主要总量指标

国内生产总值是一个综合性很强的经济指标，各国通常将其视为分析一国经济活动的最重要的指标。国内生产总值的编制一般有三种方法，即生产法或部门法、收入法或成本法、支出法或最终产品法。这三种方法从三个不同的侧面来反映国民经济的变动。国民生产总值与国内生产总值既有区别也有联系。其他主要指标有国民生产净值、国民收入、国民可支配收入、国民储蓄、个人收入和个人可支配收入等总量指标。

三、国民经济主要分析指标

国民经济主要分析指标主要有人均国内生产总值、国内生产总值指数、社会劳动生产率、居民消费价格指数、恩格尔系数和基尼系数等指标，应理解恩格尔系数和基尼系数的区别与联系。

本章习题

一、名词解释

国民经济核算体系　国内生产总值　国民生产总值　国民生产净值　国民收入　国

民可支配收入　国民储蓄　个人收入　个人可支配收入　人均国内生产总值　国内生产总值指数　社会劳动生产率　居民消费价格指数　恩格尔系数　基尼系数

二、单项选择题

1. 国内生产总值是一国或一个地区在一定时期内生产的社会最终产品的(　　)总和。

A. 增加值　　B. 价值　　C. 中间投入　　D. 实物量

2. 下列不属于国内生产总值的表现形态有(　　)。

A. 实物形态　　B. 价值形态　　C. 收入形态　　D. 产品形态

3. (　　)反映社会产品最终使用结果及其构成，是研究消费和投资规模及其比例关系和测算经济外向度的重要依据。

A. 采用收入法计算的国内生产总值　　B. 采用支出法计算的国内生产总值
C. 采用生产法计算的国内生产总值　　D. 以上都不是

4. 下列总量指标中，属于反映社会生产总成果的统计指标是(　　)。

A. 国内生产总值　　B. 总产出
C. 国民可支配总收入　　D. 国民收入

5. 国内生产总值与国民生产总值(　　)。

A. 都是生产概念　　B. 都是收入概念
C. 前者是生产概念，后者是收入概念　　D. 前者是收入概念，后者是生产概念

6. 国民经济的核算目的是为了(　　)。

A. 汇总会计报表
B. 汇总统计报表
C. 计算机使用
D. 满足经济运行监测、经济分析和宏观管理的需要

7. 用支出法计算国内生产总值时，不需要计算(　　)。

A. 最终消费　　B. 资本形成总额
C. 营业盈余　　D. 货物与服务净出口

8. 国民总收入扣除当期固定资本消耗的净额就是(　　)。

A. 国民净收入　　B. 可支配收入　　C. 原始收入　　D. 国民收入

9. 国民总收入＝国民净收入＋(　　)。

A. 生产税　　B. 来自国外的要素收入净额
C. 固定资本消耗　　D. 储蓄

10. 基尼系数数值的取值范围是(　　)。

A. 0～1　　B. 0.5 附近
C. 大于 1　　D. 有时大于 1，有时小于 1

三、简答题

1. 世界上有哪两大核算体系，其各自的特点是什么？
2. 国内生产总值的计算方法有哪些，各自的计算方法是怎样的？
3. 比较恩格尔系数与基尼系数，并结合中国目前的情况进行分析。

四、计算题

1. 某地区 2023 年固定资产折旧 1 500 亿元，劳动者报酬 6 500 亿元，生产税 1 700 亿元，营业利润 4 200 亿元。

要求：用收入法计算该地区 2023 年的国内生产总值。

2. 小明家 2023 年的家庭开支中，食物支出 20 000 元，总支出 60 000 元。

要求：计算小明家的恩格尔系数，并说明其含义。

3. 试统计中国近 10 年的基尼系数，并分析其所说明的问题。

本章案例

案例资料

《赘婿》里隐藏的知识点

1. Q：什么是 GDP？

A：国内生产总值(GDP)是一个国家或地区的所有常住单位在一定时期内生产的全部最终产品和服务的价值总和，是反映经济总体状况最重要的指标。GDP 是一个“市场价值”的概念，不包括非生产性活动，如无酬家务活动、自给自足性生产等。

比如，苏檀儿给宁毅做饭就不属于 GDP(无酬家务劳动)，但是苏府家的下人做饭就属于 GDP，因为他们领了月钱。

2. Q：哪里的才算入 GDP？

A：GDP 是由“常住单位”生产的。常住单位是指在一国经济领土内具有经济利益中心的经济单位，即在一国经济领土内拥有一定的活动场所，从事一定规模的经济活动，并超过一定时期的单位。

剧中，宁毅一行人在江宁本地开苏氏布行、卖皮蛋所获得的收益即构成了江宁的 GDP(地区生产总值)，但离开江宁赶赴霖安后开楼氏布行所获的收益就不属于江宁的 GDP 了。

3. Q：GDP“旗下”有哪些行业？

A：GDP 由第一产业、第二产业、第三产业三个产业构成，行业有农林牧渔业、工业、建筑业、服务业等，规范一点说，根据《国民经济行业分类》，由 20 个门类、97 个大类、473 个中类、1 381 个小类组成。比如稻谷种植，属于农林牧渔业门类、农业大类、谷物种植中类、稻谷种植小类，行业编码为 0111。

那剧中出现的很多商店，让我们来看看它们是 GDP 麾下哪些行业大将：

竹记皮蛋摊(零售业)、竹记饭庄(餐饮业)、染坊(制造业)、苏氏布行(零售业)、宁毅在霖安购置别院(房地产业)、苏宁毅购布匹配送(交通运输、仓储和邮政业)、新门艺馆(文化娱乐业)、男德学院(教育业)、聂云竹养鸭(畜牧业)。

知识点！正当的钱庄可是属于金融业，妥妥的 GDP 组成大将！

4. Q：GDP 的衡量标准是什么呢？

A：GDP 衡量的是“最终的”产品和服务。

什么叫最终的产品呢？咱们就以剧中的“小可爱”皮蛋为例，在其制作的过程中，投入的鸭蛋等叫作中间产品，只有制作完成的皮蛋才叫最终产品。

当然，我们的云竹姑娘还兼职销售鸭蛋，那此时的鸭蛋也叫最终产品。

在看剧的过程中，小编发现了一个“生钱”VVVIP 通道——卖！皮！！蛋！！！

一两银子按如今购买力计算折合人民币大约 750 元，一个月营收两万三千七百八十两就是 17 835 000 元人民币！卖皮蛋都能月入近两千万元，那么别的行当呢？茶楼？饭馆？客栈？如此算来，江宁城岂不逆天？

所以，电视剧里的营收数据可能夸张了，但是在我们现实工作中，统计数据造假可是万万不能哦！

（资料来源：统计微讯，2021－03－30）

要求：通过以上《赘婿》里隐藏的知识点资料，学会判断和分析现实生活中 GDP 的核算。

附录一　SPSS 在统计学中的几个应用

SPSS 应用一　数据的预处理

SPSS(Statistical Product and Service Solutions)系统，即“统计产品与服务解决方案”软件，是 IBM 公司推出的一系列用于统计学分析运算、数据挖掘、预测分析和决策支持任务的软件产品及相关服务的总称。该软件具有使用简单、便于学习、统计功能强大、便捷的数据输入、开放性好、绘图能力强等特点。

该系统可以完成建立 SPSS 数据文件、进行 SPSS 数据的加工整理(如数据分组、排序、分类汇总、数据计算、变量转化、缺失值的补漏、观测值选择等)、SPSS 数据的分析(选择正确的分析方法，对数据编辑窗口中的数据进行统计分析和建模)、SPSS 分析结果的说明和解释(读懂 SPSS 输出窗口中的分析结果，明确其统计含义，并结合应用背景知识做出切合实际的合理解释)。

数据的预加工处理服务于数据分析和建模，主要包括以下几个问题：① 数据的排序；② 变量计算；③ 数据选取；④ 计数；⑤ 分类汇总；⑥ 数据分组；⑦ 数据预处理的其他功能，即转置、加权、数据拆分、缺失值处理、数据排序、定义变量集。

以下操作均以职工数据(见附录二中附表 2 - 1)为资料。

一、SPSS 的数据排序

数据排序是将数据编辑窗口中的数据按照某个或多个指定变量的变量值升序或降序重新排列。这里的变量也称为排序变量。排序变量只有一个时，排序称为单值排序。排序变量有多个时，排序称为多重排序。多重排序中，第一个指定的排序变量称为主排序变量，其他依次指定的变量分别称为第二排序变量、第三排序变量等。

(一) SPSS 数据排序的基本操作步骤

(1) 选择菜单“Data-Sort Cases”。

(2) 将主排序变量从左边的列表中选到“Sort by”框中，并在“Sort Order”框中选择按该变量的升序还是降序排序。

(3) 如果是多重排序，还要一次指定第二、第三排序变量及相应的排序规则。

在“Sort Order”栏内选择排序方式——升序与降序

在左边的源变量框中选择排序变量进入“Sort by”框。如果选择 2 个以上的变量，观测量的排序结果与排序变量在“Sort by”框中的顺序有关。列于首位的为第一排序变量。

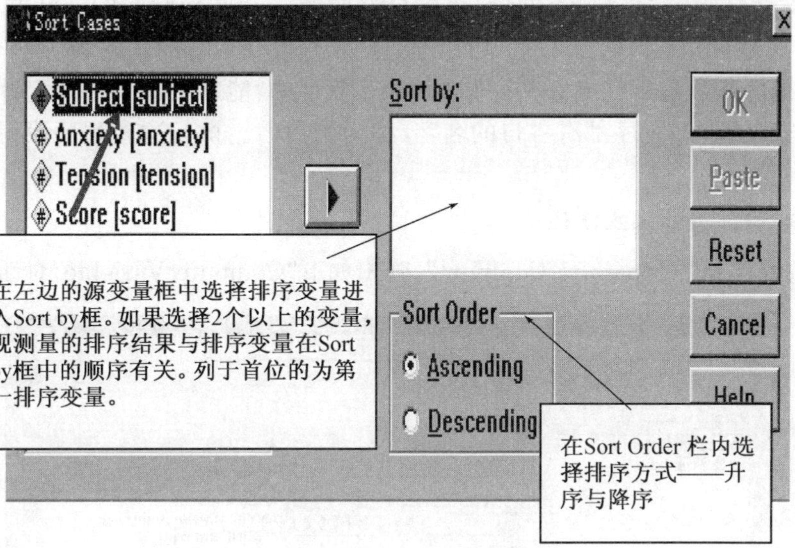

(二) 说明

(1) 数据排序是整行数据排序，而不是只对某列变量排序。

(2) 多重排序中指定排序变量的次序很关键。先指定的变量优先于后指定的变量。多重排序可以在按某个变量值升序(或降序)排序的同时再按其他变量值降序(或升序)排序。

(3) 数据排序后，原有数据的排序次序必然被打乱。

二、变量计算

数据的转换处理是在原有数据的基础上，计算产生一些含有更丰富信息的新数据。例如，根据职工的基本工资、失业保险、奖金等数据计算实际月收入，这些新变量具有更直观、更有效的特点。

SPSS变量计算是在原有数据的基础上，根据用户给出的SPSS算术表达式以及函数，对所有个案或满足条件的部分个案，计算产生一系列新变量。

(一) 基本概念

(1) SPSS算术表达式是由常量、变量、算术运算符、圆括号、函数等组成的式子。要注意：字符型常量应当用引号括起来；变量是指那些已存在于数据编辑窗口中的原有变量；算术运算符主要包括+、−、*、/、**(乘方)；在同一算术表达式中的常量及变量，数据类型应该一致，否则无法计算。

(2) SPSS条件表达式是一个对条件进行判断的式子。其结果有两种取值，如果判断条件成立，则结果为真；如果判断条件不成立，则结果为假。条件表达式包括简单条件表达式和复合条件表达式。

简单条件表达式是由关系运算符、常量、变量以及算术表达式等组成的式子。其中，关系运算符包括>、<、=、~=(不等于)、>=、<=。

复合条件表达式是由逻辑运算符号、圆括号和简单条件表达式等组成的式子。其中，

逻辑运算符号包括 & 或 AND(并且)、| 或 OR(或者)、~或 NOT(非)。NOT 的运算优先级最高,其次是 AND,最低是 OR。可以通过圆括号改变运算的优先级。

(3) SPSS 函数是事先编好并存储在 SPSS 软件中,能够实现某些特定计算任务的一段计算机程序。这些程序都有各自的名字,称为函数名。执行这些程序段得到的计算结果称为函数值。

(二) 变量计算的基本操作

(1) 选择菜单"Transform-Compute",弹出如下"Compute Variable"对话框。

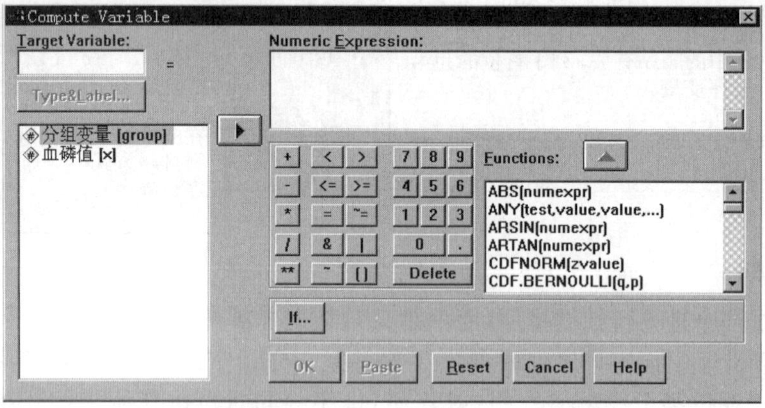

(2) 在"Target"框中输入存放计算结果的变量名。该变量可以是一个新变量,也可以是已经存在的变量。如果指定存放计算结果的变量为新变量,SPSS 会自动创建它;如果指定产生的变量已经存在,SPSS 会提问是否以计算结果覆盖原有值。新的变量默认为数值型,用户可以根据需要单击"Type&Label"按钮修改,还可以对新变量加变量名标签。

(3) 在"Numeric Expression"框给出 SPSS 算术表达式。可以手工输入,也可以按窗口的按钮以及函数下拉菜单输入。

(4) 如果希望对符合一定条件的个案进行变量计算,则单击 If 按钮,出现下面的窗口,选择"Include if case satisfies condition"选项,然后输入条件表达式。对不满足条件的个案,将不进行变量值计算,对新变量取值为系统缺失值。

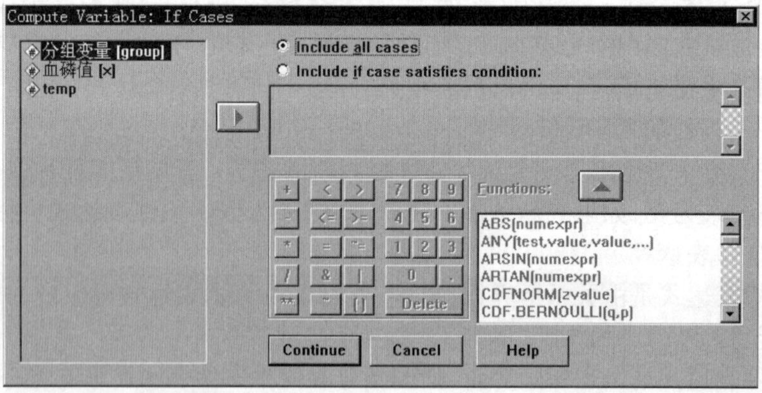

三、数据选取

数据选取就是根据分析的需要，从已收集到的大批量数据（总体）中按照一定的规则抽取部分数据（样本）参与分析的过程，通常也称为抽样。

SPSS可根据指定的抽样方法从数据编辑窗口中选出部分样本以实现数据选取，这样后面的分析操作就只针对选出的数据，直到用户取消这种选取为止。

（一）数据选取的基本方式

数据的选取有五种基本方式，即选取全部数据、按指定条件选取、随机抽样、选取某一区域内的样本、通过过滤变量选取样本。

（二）数据选取的基本操作

（1）选择菜单“Data-Select cases”。

（2）根据分析需要选择数据选取方法。

（3）Unselected cases are 指定对未选中个案的处理方式。Filtered 表示在未被选中的个案号码上打一个“/”标记；Deleted 表示将未被选中的个案从数据编辑窗口中删除。

“Select Cases”对话框如下：

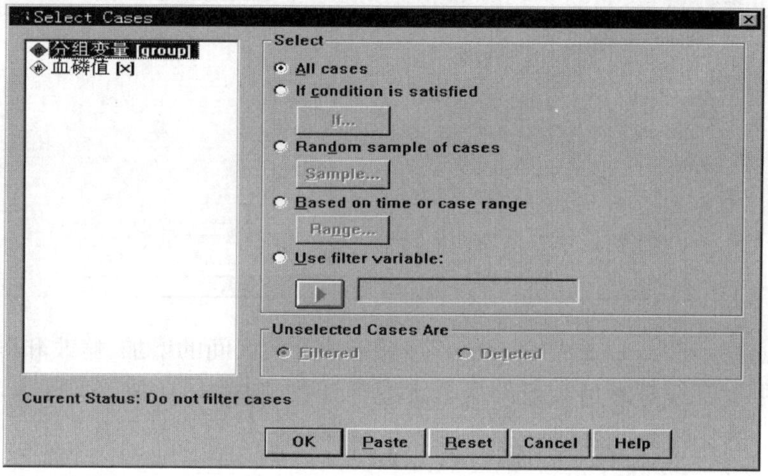

四、计数区间

（一）SPSS中的计数区间

SPSS中的计数区间可以有六种描述形式，即单个变量值（value）、系统缺失值（system-missing）、系统缺失值或用户缺失值（system or user-missing）、给定最大值和最小值的区间（n through m）、小于等于某指定值的区间（lowest through n）、大于等于某指定值的区间（n through highest）。

（二）计数的基本操作

（1）选择菜单 Transform-Count，出现如下窗口。

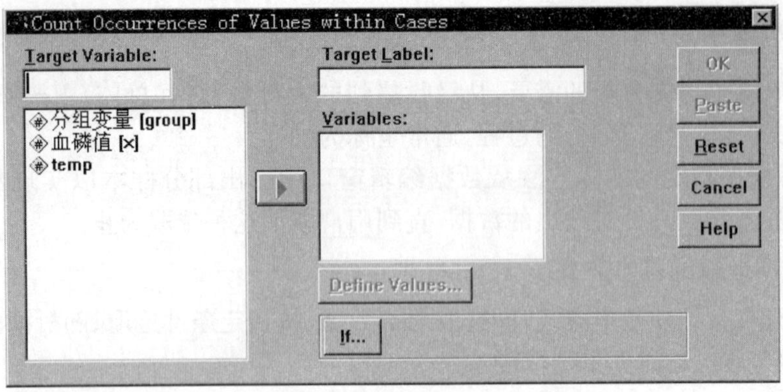

(2) 将参与计数的变量选到“Numeric Variables”框中。

(3) 在“Target Variable”框中输入存放计数结果的变量名,并在“Target Label”框中输入相应的变量名标签。

(4) 单击“Define Values”按钮定义计数区间,出现如下窗口。

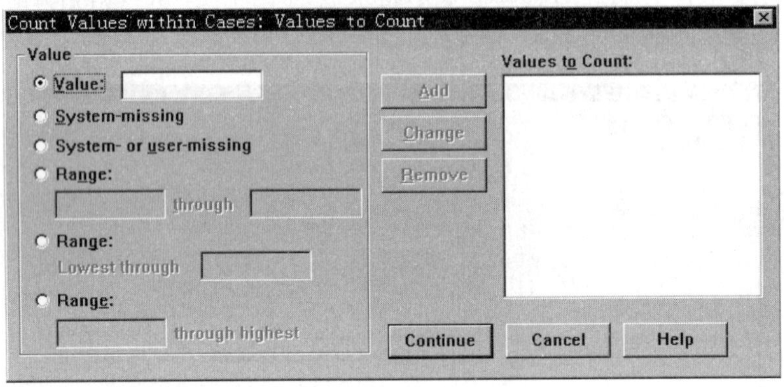

通过单击“Add”“Change”“Remove”按钮完成计数区间的增加、修改和删除。

(5) 如果仅希望对满足某条件的个案进行计数,则单击 If 按钮并输入相应的 SPSS 条件表达式。否则,本步骤可略去。

五、分类汇总

分类汇总是按照某分类变量进行分类汇总计算。

(一) SPSS 的分类汇总

SPSS 实现分类汇总涉及两个主要方面,即按照哪个变量进行分类、对哪个变量进行汇总,并指定对汇总变量计算哪些统计量。

(二) 分类汇总的基本操作

(1) 选择菜单“Data-Aggregate”,出现如下窗口。

(2) 将分类变量选到“Break Variable(s)”框中。

(3) 将汇总变量选到“Summaries of Variable(s)”框中。

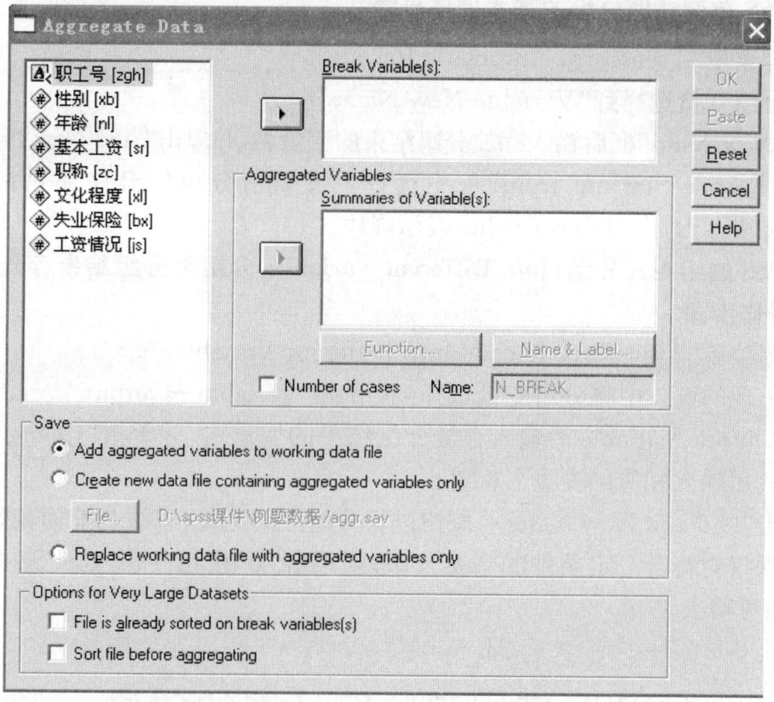

(4) 单击"Function"按钮，指定对汇总变量计算哪些统计量。SPSS默认计算均值。

(5) 指定将分类汇总结果保存到何处。它有以下三种选择：

第一，Add Aggregated Variables to working data file 表示将结果存放到当前数据编辑窗口中。

第二，Create new data file containing aggregated rariables only 表示将结果存放到系统默认的名为"aggr. sav"的SPSS数据文件中，可以单击"File"按钮，重新指定文件名。

第三，Replace working data file containing aggregated rariables only 表示用分类汇总结果覆盖数据编辑窗口中的数据。

一般选择第二种方式，结果比较清晰。

(6) 单击"Name&Label"按钮，重新指定结果文件中的变量名或添加变量名标签。SPSS默认的变量名为原变量名后加_统计量名称(如a_mean)。

(7) 如果希望在结果文件中保存各分类组的个案数，则选择"Number of case"选项。于是，SPSS会在结果文件中自动生成一个默认名为"N_Break"的变量，可以修改该变量名。

六、数据分组

数据分组就是根据统计研究的需要，将数据按照某种标准重新划分为不同的组别。在数据分组的基础上进行的频数分析更能够概括和体现数据的分布特征。

(一) SPSS的数据分组方法

SPSS提供两种数据分组方法，即单变量值分组、组距分组。

(二) SPSS 单变量值分组的基本操作步骤

(1) 选择菜单“Transform-Automatic Recode”。

(2) 将分组变量选择到“Variable-New Name”框中。

(3) 在“New Name”框后输入存放分组结果的变量名，并单击“Add New Name”按钮。

(4) 在“Recode Starting from”框中选择单变量值分组按升序还是按降序进行。Lowest value 表示升序；Highest value 表示降序。

(三) SPSS 的组距式分组(Into Different Variables 分组将分组结果存到一个新变量中)的基本操作步骤

(1) 选择菜单“Transform-Recode-Into Different Variables”。

(2) 在出现的窗口中将分组变量选择到“Input Variable→Output Variable”框中。

(3) 在 Output Variable 后输入存放分组结果的变量名，并单击“Change”按钮确认。可以在 Label 后输入相应的变量名标签。

(4) 单击“Old and New Values”按钮进行分组区间定义(方法与前面相似)。

(5) 如果仅对符合一定条件的个案分组，则单击“If”按钮并输入 SPSS 条件表达式。否则，本步骤可略去。

SPSS 应用二　统计图的创建

在 SPSS 中，各种统计图既可由相应的统计过程产生，也可直接用“Graphs”菜单项绘制。

“Graphs”菜单项主要包括“Gallery”：SPSS 作图列表；“Interactive”：交互式作图；“Bar”：条形图；“Line”：线图；“Area”：面积图；“Pie”：饼图；“High-Low”：高低图；“Pareto”：帕累托图；“Control”：控制图；“Boxplot”：箱图；“Error Bar”：误差条图；“Scatter”：散点图；“Histogram”：直方图；“P-P”：P-P 正态概率图；“Q-Q”：Q-Q 正态概率图；“Sequence”：序列图；“ROC Curve”：ROC 分类效果曲线图；“Time Series”：自相关图、偏自相关图和互相关图。

SPSS 能够根据数据信息绘制初步图形，用户可以根据自己的需要再进行精细修改。通过这种方式创建的图表包括条形图、线形图、饼图、直方图、箱图、散点图等。

以下操作均以职工数据(见附录二中附表 2－1)为资料。

一、交互式创建图表(介绍条形图、点图、线图、条带图、垂线图和面积图、直方图)

(一) 条形图的交互式创建的基本步骤

(1) 单击“Graphs-Interactive-Bar”菜单，在出现的窗口中主要是定义坐标轴，以及图形的形状(二维或三维)。“2-D Coordinate”选项定义图表的类型，即 2-D Coordinate(平面二维图)、3-D Effect(立体二维图)、3-D Coordinate(三维图)。

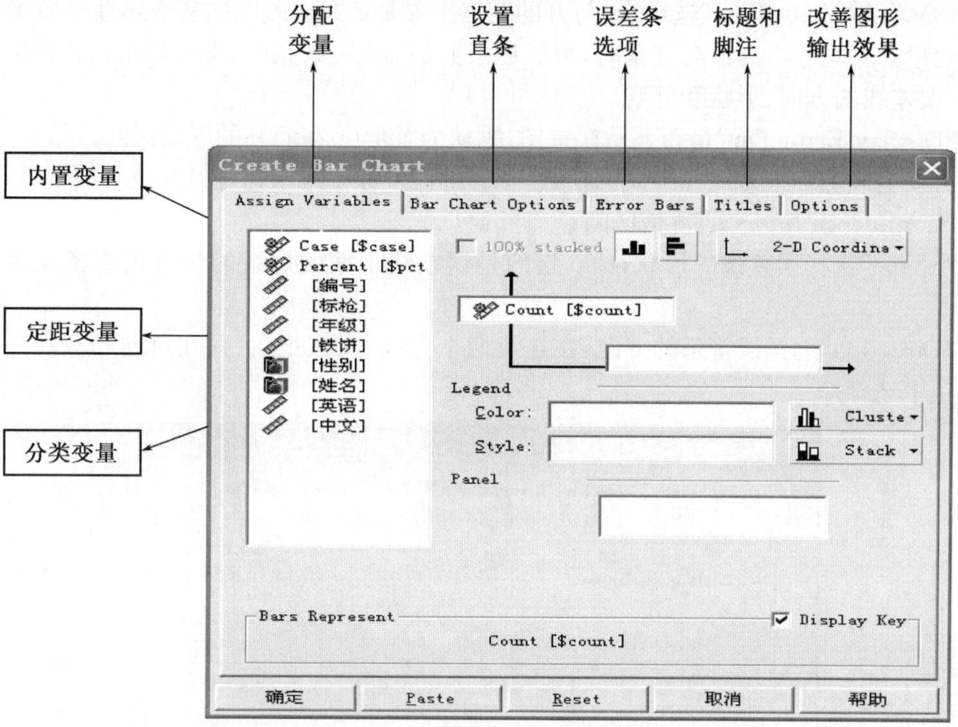

“Legend”选项是指定图形的样式。“Color”子选项，定义方框中所选变量的颜色；“Style”子选项，定义方框中所选变量的风格类型；“Color”和“Style”选项都有分组(Cluster)和分段(Stack)模式可供选择；“Panel”子选项，定义统计图面板中统计图的分类变量。

“Bars Represent”选项是定义Y轴变量的哪种统计结果，如果Y轴用了定距变量则会出现下拉列表用于指明所代表的指标类型。

“Display Key”选项指是否在结果中指明Y轴所代表的汇总指标名称。

(2) 单击“Bar Chart Options”选项卡，打开的窗口主要用于设置直条的形状等指标。

“Bar Shape”子选项是定义图形的形状；

“Bar Labels”子选项是定义图形的标签；

“Bar”子选项是图形的起始位置，按照设定的数值，大于它的直条向上，小于它的直条向下。通常采用“Automatic”模式。

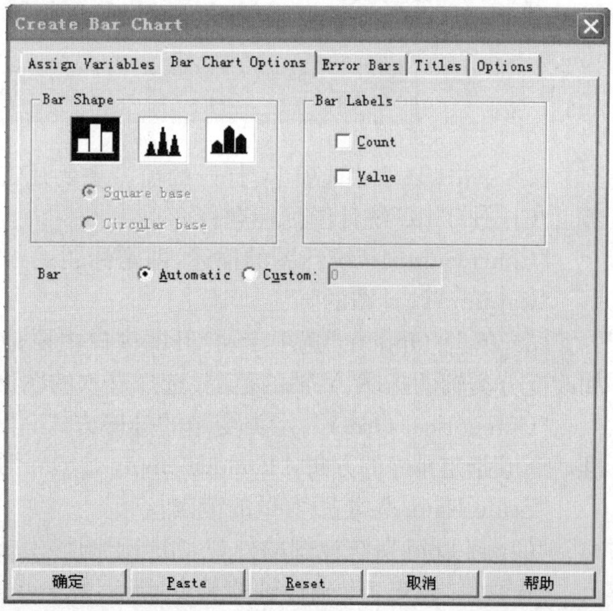

(3) 单击“Error Bars”选项卡，打开的窗口主要是定义误差图的基本属性。当Y轴是定距变量并且均值作为汇总变量时，可以在条上添加误差线，在这里可以指定置信区间的大小、误差线的方向、形状和外观。

“Display Error Bar”是否显示误差图，默认为置信度为95%的置信区间。

可以更改为标准差或标准误的倍数，下方的滑块和框用于指定区间范围或倍数；

“Confidence Interval”置信区间；

“Shape”选择误差条的形状，Cap指的是误差线上面的短线的长度占直条宽度的百分数；

“Direction”选择误差条的方向，在正负两个方向、只在正向、只在负向和只在外侧四个选项中选择。

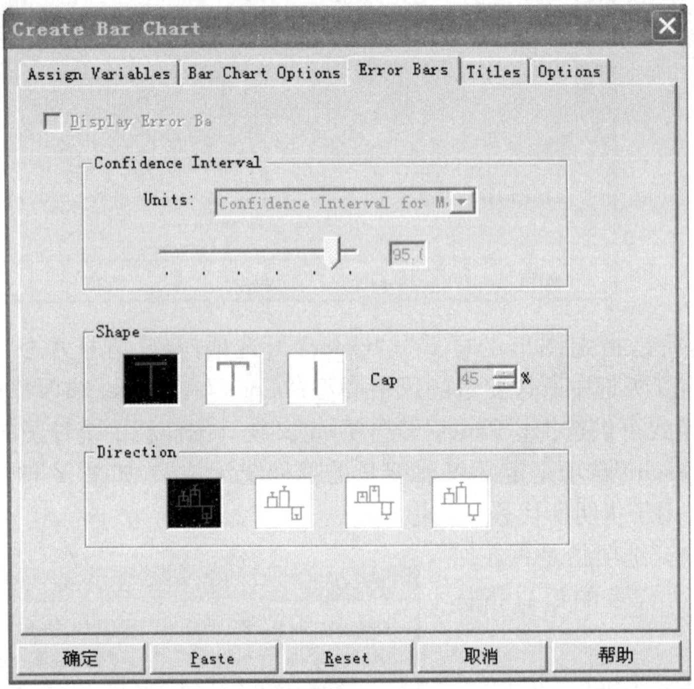

(4) 单击“Titles”选项卡，打开的窗口主要是定义图形的标题、脚注等。

“Chart Title”统计图的标题；

“Chart Subtitle”统计图的描述，即副标题；

“Caption”统计图的脚注。

(5) 单击“Options”选项卡，打开的窗口主要是定义SPSS进行绘图运算的一些参数，如改变分类轴的排序、Y轴的范围、选择喜欢的图形模板、坐标轴的长短等。

“Categorical Order”：定类变量的排序方式。“Variabl”指定变量，“Order”指定排序标准，“Sort”指定排序的方向，“Exclude empty categor”指定是否排除没有数据的空类。

“Scale Range”：定距变量的范围。

“Chart Look”：统计图的外观，相当于图形模板，保存有图形颜色、符号的设置。

“Axes”：定义三个坐标轴的长度，默认为3英寸。

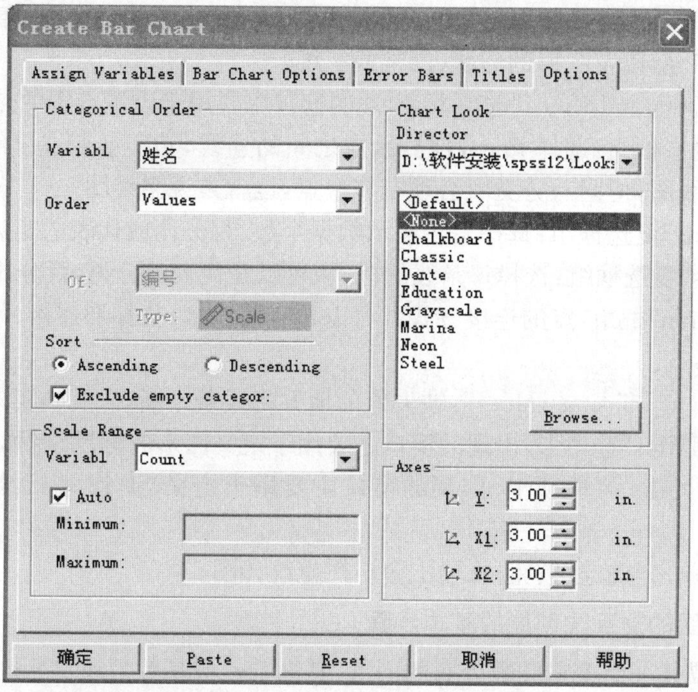

(6) 最后，单击“确定”按钮，在输出窗口产生统计图。

(二) 点图、线图、条带图、垂线图和面积图的交互式创建的基本步骤

这几种交互图的用途相近，做法也非常类似。所不同的是在 Legend 框组中多了 Size 框，可以用点/线的大小或粗细来区别不同的亚组。

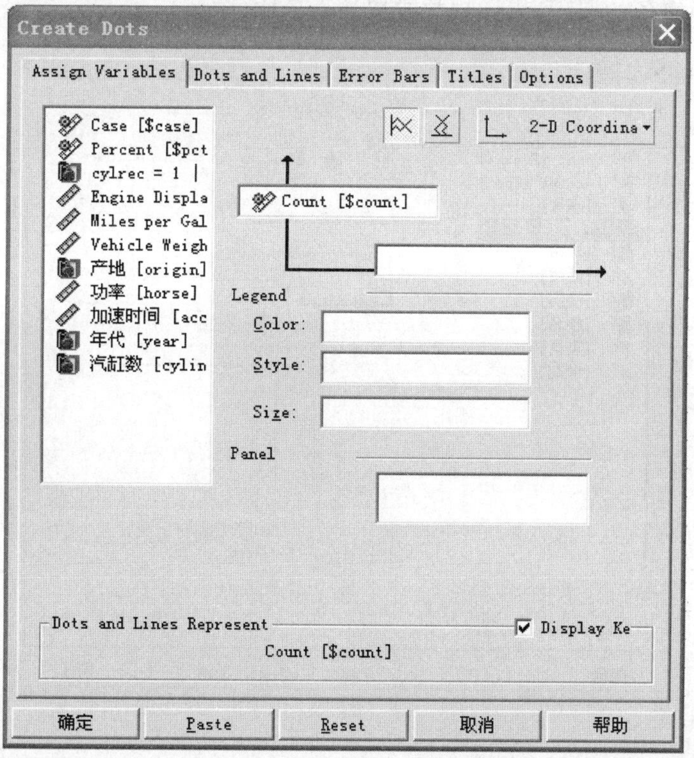

(1) 单击"Graphs-Interactive-Dots (line、ribbon、drop line、area)"菜单，出现的窗口主要是定义坐标轴，以及图形的形状(二维或三维)。

(2) 单击"Dots and Lines"选项卡，出现的窗口主要用于设置点图的点和连接方式。

"display"复选框组：选择 lines，则显示点之间的连线，其实就变成了线图；选择 drop lines，就成了垂线图，但同一分类中必须有多个点，也就是说多线图。

"point labels"复选框组：选择是否显示数据个数、百分比或代表的实际值。

"line labels"复选框组：选择每条线的标签，可以是代表的分类，百分比或个数。

"interpolation"框组：点的连接方式。可以是直接连接、阶梯形连接、跳跃连接和平滑连接。

"break line at missing values"：缺失值的地方将线条中断，以反映实际情况。

(3) 单击"Titles"选项卡，出现的窗口主要用于定义图形的标题、名称等。

(4) 单击"Options"选项卡，出现的窗口主要用于定义 SPSS 进行绘图运算的一些参数。

(5) 最后，单击"确定"按钮，在输出窗口产生统计图。

(三) 直方图的交互式创建的基本步骤

直方图是描述一组变量频数分布的图形，其纵轴一般是频数或百分比，可以显示数据分布是否对称和是否符合正态分布，可以显示数据的极端值和变异程度。

(1) 单击"Graphs-Interactive-Histogram"菜单，出现的窗口是定义坐标轴，以及图形的形状(二维或三维)。Y 轴只能选入 Count 或百分比，X 轴只能选入定距变量，"Panel"框可以选入分类变量，下面的"Cumulative Histogram"单选框用于绘出累计直方图，每个直条都是它前面直条的累积，累计频数或累计百分比(频率)。

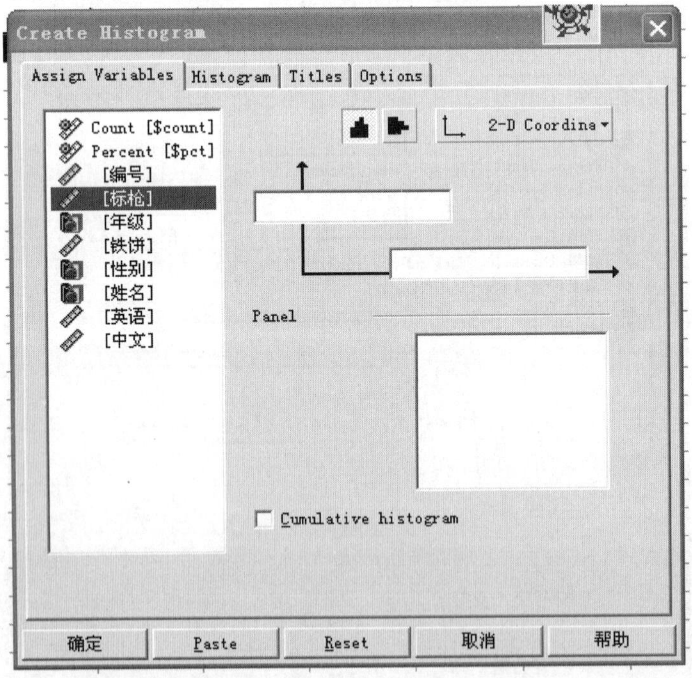

（2）单击“Histogram”选项卡，出现的窗口主要用于增强直方图功能的选项。

“normal curve”要求使用该数据的均值和方差在直方图上绘出正态性曲线，但只能在二维直方图上实现。

（3）“Set interval and start point for the variable”下拉列表：下拉式菜单中有 x1 和 x2 轴，与下面的“Interval Size”和“Start Point”选项相结合，确定所选轴的起始点和间隔大小。

“Interval Size”：选择组段的数目和宽度；

“Start Point ”：设置第一组段的起始点，可定义为最小值到最小值＋组距的任意值。

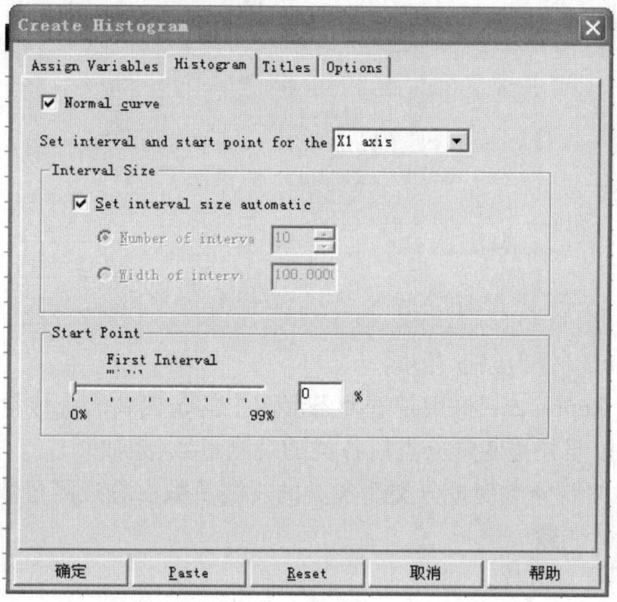

（4）单击“Titles”选项卡，出现的窗口主要用于定义图形的标题、脚注等。

（5）单击“Options”选项卡，出现的窗口主要用于定义 SPSS 进行绘图运算的一些参数。

（6）最后，单击“确定”按钮，在输出窗口产生统计图。

二、条形图的绘制步骤

（1）单击“Graphs-Bar”菜单，打开条形图窗口。对话框的上半部分用于选择条图类型，下半部分用于定义条图中数据的类型。

（2）通过选择 3 个图标和条图中数据的类型，可以生成 9 个条形图，选中“Simple”和“Summaries for groups of cases”项时，单击“Define”按钮，将打开如下所示的窗口，该窗口用于定义图形参数。

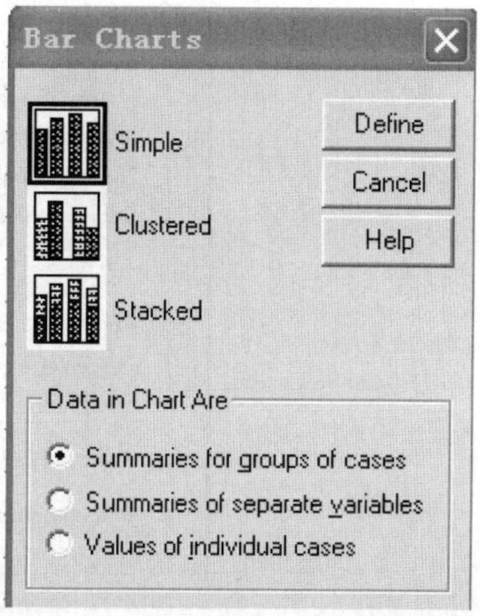

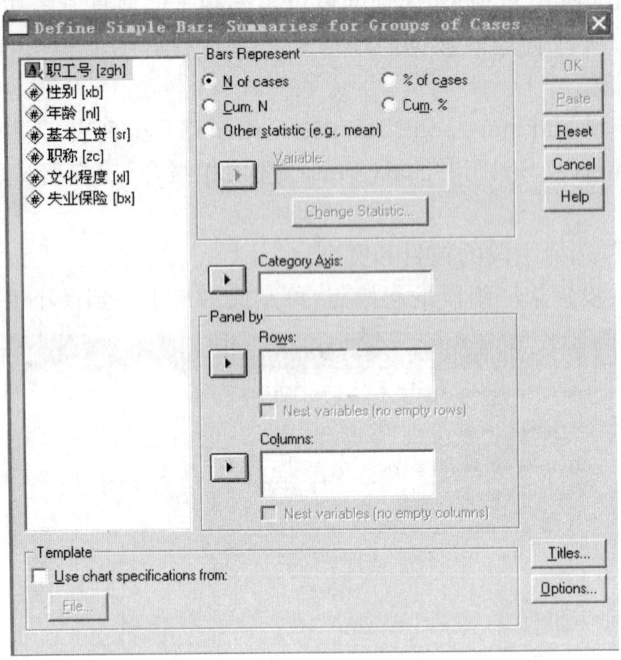

该窗口的设置可以分为以下几步：

第 1 步，“Bars Represent”框用于选择条形图中的条代表的统计量。

“N of cases”：按照分类变量分类后各类的观测量数（频数）。

“% of cases”：按照分类变量分类后各类的观测量数占总观测量数的比例（频率）。

“Cum. N”：累计频数。

“Cum. %”：累计百分比。

“Other statistic(e. g. ,mean)”：当要绘制的统计量不在前面 4 项中时，选择该项。从左边的源变量框中选择分析变量进入该页下边的“Variable”框中，单击“Change Statistics”按钮，打开如下窗口，该窗口用于选择统计量。

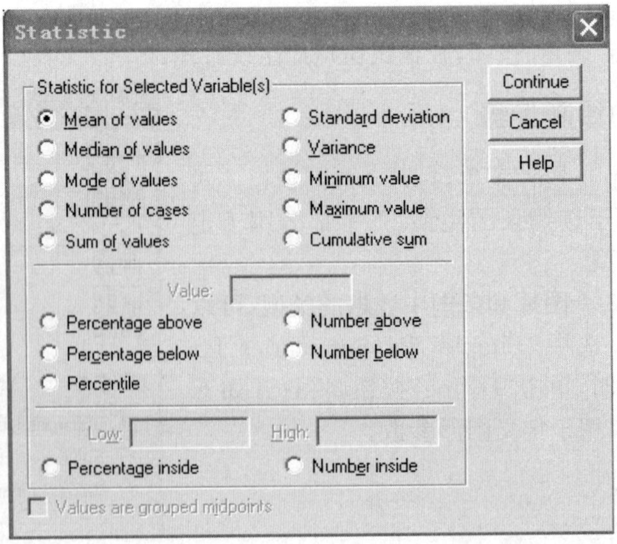

在“Statistic”框中共有17个选项,各项的意义如下:

“Mean of values”:均值;

“Median of values”:中位数;

“Mode of values”:众数;

“Number of cases”:不含缺失值的观测量数;

“Sum of values”:变量值的和;

“Standard deviation”:标准差;

“Variance”:方差;

“Minimum value”:最小值;

“Maximum value”:最大值;

“Cumulative sum”:累积变量值的和;

“Percentage above”:观测量中大于设定值的百分比;

“Percentage below”:观测量中小于设定值的百分比;

“Percentile”:百分位数;

“Number above”:大于设定值的观测量数;

“Number below”:小于设定值的观测量数;

“Percentage inside”:变量值在设置区间内的观测量的比例,“High”和“Low”框分别用于输入设置区间的上、下限;

“Number inside”:变量值在设置区间内的观测量数。

第2步,“Category Axis”框用于选择分类变量。绘制条形图以前会按照分类变量的值将所有观测量进行分组,条形图中的条的长度代表各组统计量的值。

第3步,“Template”框用于选择特定的图形模板文件。该项为可选项,利用该项选定某图形模板文件后,绘制的条形图将按照模板文件的格式形成。

第4步,单击“Titles”按钮,打开如下窗口,该窗口用于输入图形的标题和脚注。

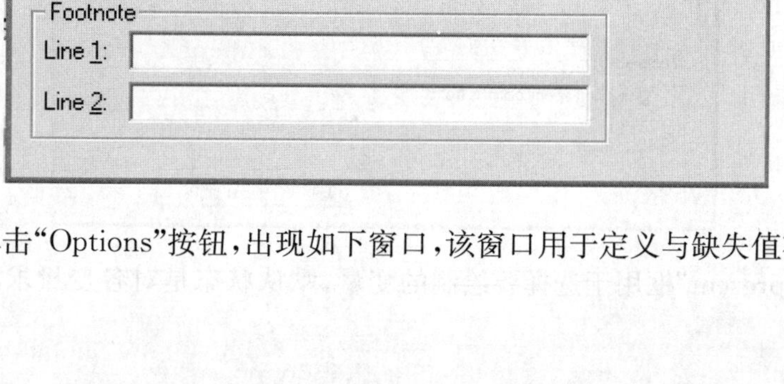

第5步,单击“Options”按钮,出现如下窗口,该窗口用于定义与缺失值有关的选项。

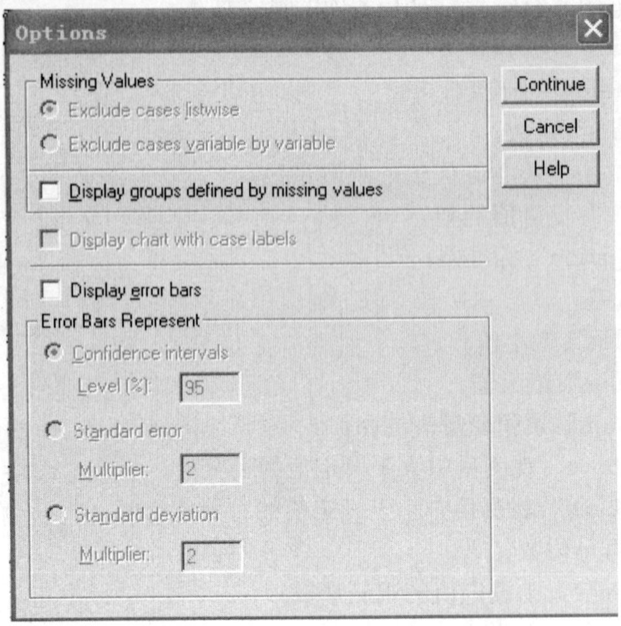

(3) 当选择“Simple”和“Summaries of Separate Variables”时，单击“Define”按钮，将打开如下窗口。

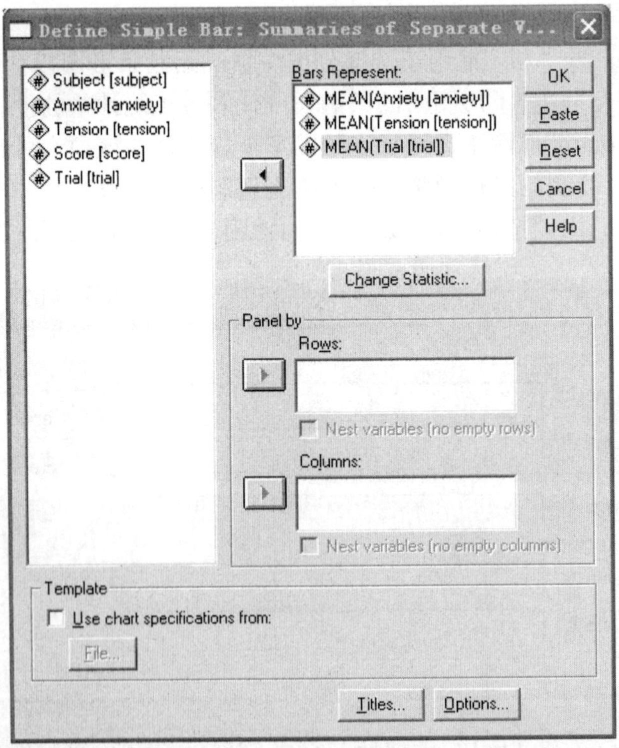

“Bars Represent”框用于选择要绘制的变量，默认状态是对各变量求均值，单击该对

话框下面的“Change Statistics”按钮，可以改变其统计函数。

“Bars Represent”框中至少应选入两个以上的变量，所选的变量可以是不同变量，也可以是同一变量的不同统计函数。

(4) 选中“Simple”和“Values of Individual Cases”选项，单击“Define”按钮，出现如下窗口：

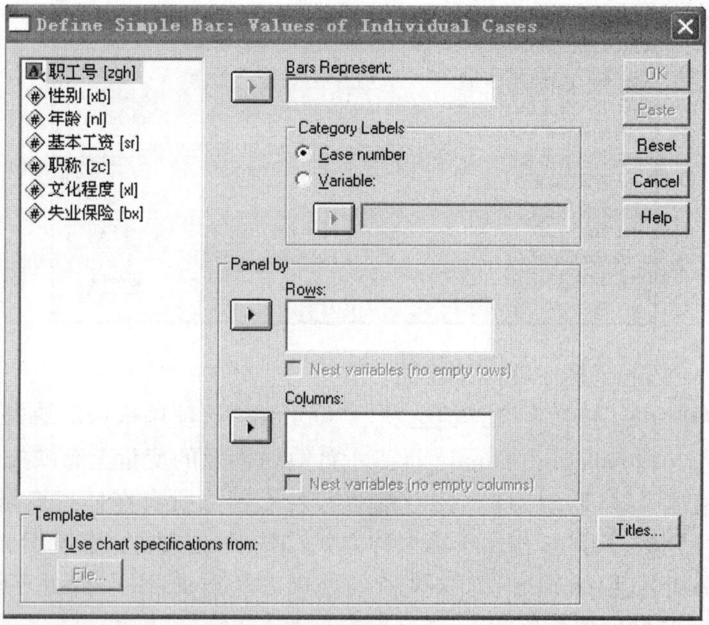

“Bars Represent”框用于选择要绘制的变量。

“Category Labels”框用于选择分类轴显示的内容。其中各项分别为：

“Case number”：显示观测量序号来标注观测量；

“Variable”：指定相应的变量标注观测量。

SPSS应用三　参数检验——均值比较

一、假设检验的步骤

(1) 提出原假设(零假设)H_0。

(2) 确定适当的检验统计量。

(3) 计算检验统计量的值发生的概率(P值)。

(4) 给定显著性水平。

(5) 做出统计决策。

二、单样本 *T* 检验的基本操作步骤

单样本的 T 检验是为了检验单个变量的均值与给定的常数(总体均值)之间是否存在显著差异。要求样本来自的总体服从或近似服从正态分布。

(1) 选择"Analyze-Compare means-One-Samples T test"选项,出现如下窗口。

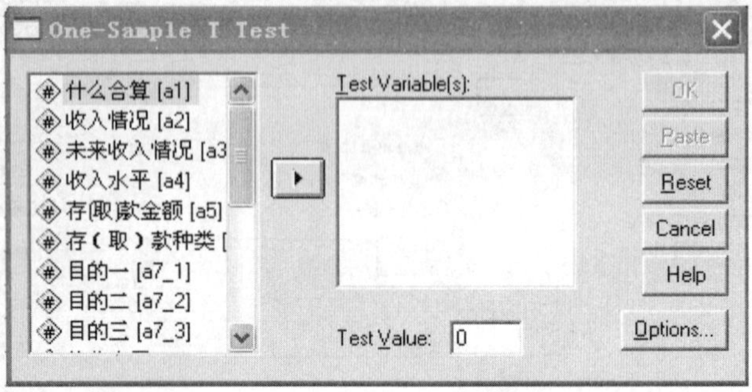

(2) 在"Test Value"框中输入检验值。

(3) 单击"Options"按钮定义其他选项。"Options"选项用来指定缺失值的处理方法。其中,Exclude cases analysis by analysis 表示计算时涉及的变量上有缺失值,则剔除在该变量上为缺失值的个案;Exclude cases listwise 表示剔除所有在任意变量上含有缺失值的个案后再进行分析。可见,相比于第二种方式,第一种处理方式较充分地利用了样本数据。在后面的分析方法中,SPSS 对缺失值的处理方法与此相同,此处不再赘述。另外,还可以输出默认 95%的置信区间。

SPSS 将自动计算 t 统计量和对应的概率 p 值。

三、两独立样本 *T* 检验的基本操作步骤

进行两独立样本 t 检验之前,正确地组织数据是一个非常关键的任务。SPSS 要求将两组样本数据存放在一个 SPSS 变量中,同时,为区分哪些样本来自哪个总体,还应定义一个分类变量。

(1) 选择菜单"Analyze-Compare means-Independent-Samples T Test",出现如下窗口。

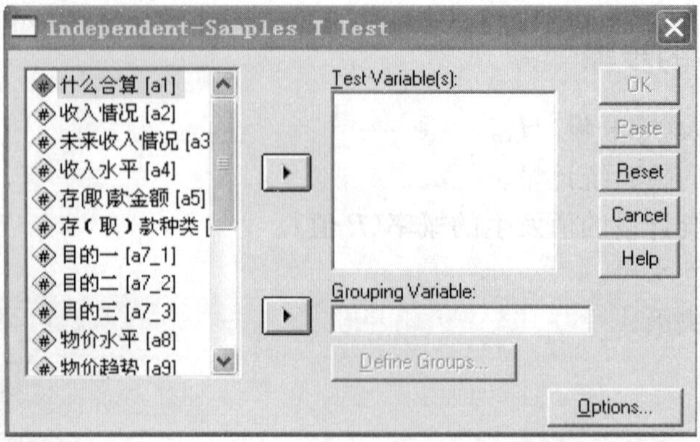

（2）选择检验变量到“Test Variable(s)”框中。

（3）选择总体标志变量到“Grouping Variable”框中。

（4）单击“Define Groups”按钮，定义两总体的标志值。其中，Use specified values表示分别输入两个不同总体的变量值；Cut point框中应输入一个数字，大于等于该值的对应一个总体，小于该值的对应另一个总体。

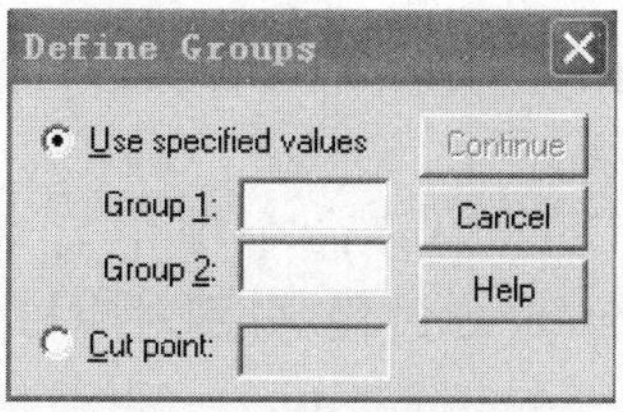

（5）两独立样本 t 检验的“Options ...”选项的含义与单样本 t 检验的相同。

SPSS会首先自动计算 F 统计量，并计算在两总体相等和不相等下的均值差的方差和 t 统计量的观测值以及各自对应的双尾概率 p 值。

四、两配对样本的 *T* 检验

两配对样本的 T 检验是利用来自两个总体的配对样本，推断两个总体的均值是否存在显著性差异。

两配对样本的样本容量应该相等，两组样本观察值的顺序一一对应，不能随意改变；样本来自的总体服从或近似服从正态分布。

（1）选择“Analyze-Compare means-Paired-Samples T Test”菜单，出现如下窗口：

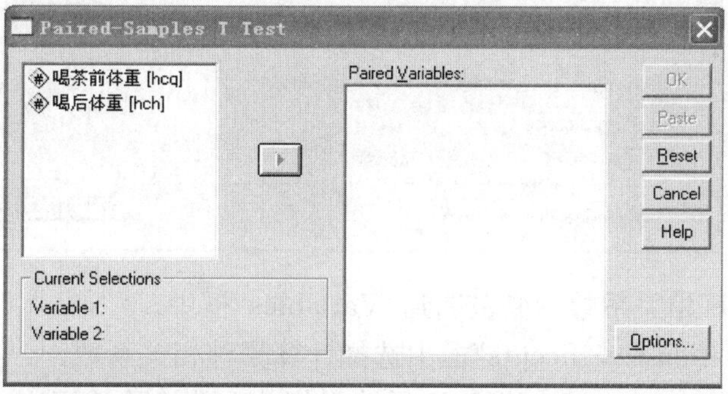

（2）把一对或若干对检验变量选择到“Paired Variables”框中。

（3）两配对样本 t 检验的“Options ...”选项含义与单样本 t 检验的相同。

SPSS将自动计算 t 统计量和对应的概率 p 值。

SPSS 应用四　相关分析与回归分析

一、相关分析

相关分析用于描述两个变量间关系的密切程度，其特点是变量不分主次，被置于同等的地位。

在 Analyze 的下拉菜单“Correlate”命令项中有 3 个相关分析功能子命令，即 Bivariate 过程、Partial 过程、Distances 过程，分别对应相关分析、偏相关分析和相似性测度（距离）的 3 个 SPSS 过程。

以下操作均以某年 31 个省市自治区部分高校有关社科研究方面的数据（见附录二中附表 2－4）为资料。

（一）Bivariate 相关分析的步骤

（1）选择“Analyze-Correlate-Bivariate”菜单，出现如下窗口。

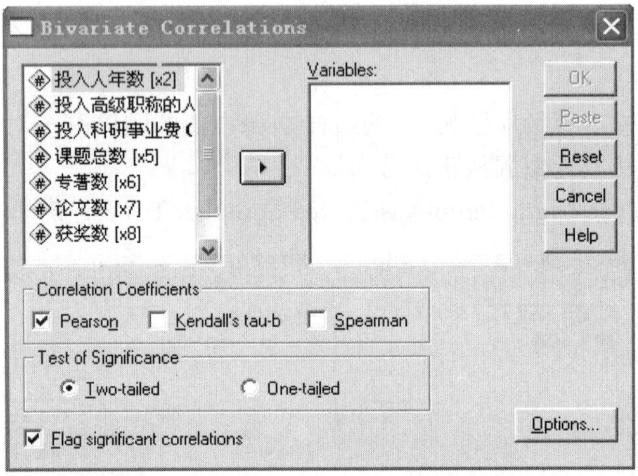

（2）把参加计算相关系数的变量选到“Variables”框中。

（3）在“Correlation Coefficents”框中选择计算哪种相关系数。

（4）在“Test of Significance”框中选择输出相关系数检验的双边（Two-tailed）概率 p 值或单边（One-tailed）概率 p 值。

（5）选中“Flag significant correlations”选项，表示分析结果中除显示统计检验的概率 p 值外，还输出星号标记，以标明变量间的相关性是否显著；不选中则不输出星号标记。

（6）在“Options ... ”按钮中的“Statistics”选项中选中“Cross-product deviations and covariances”，表示输出两变量的离差平方和协方差。

（二）偏相关分析的基本操作步骤

（1）选择“Analyze-Correlate-Partial”菜单。

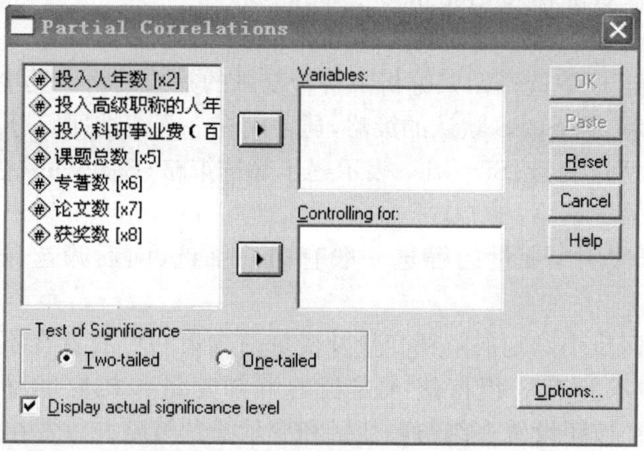

（2）把参与分析的变量选择到"Variables"框中。

（3）选择一个或多个控制变量到"Controlling for"框中。

（4）在"Test of Significance"框中选择输出偏相关检验的双尾概率 p 值或单尾概率 p 值。

（5）在"Options ... "按钮中的"Statistics"选项中选中 Zero-order Correlations，表示输出零阶偏相关系数。

SPSS将自动进行偏相关分析和统计检验，并将结果显示到输出窗口。

二、回归分析

（一）线性回归分析的基本操作步骤

（1）选择"Analyze-Regression-Linear"菜单，出现如下窗口。

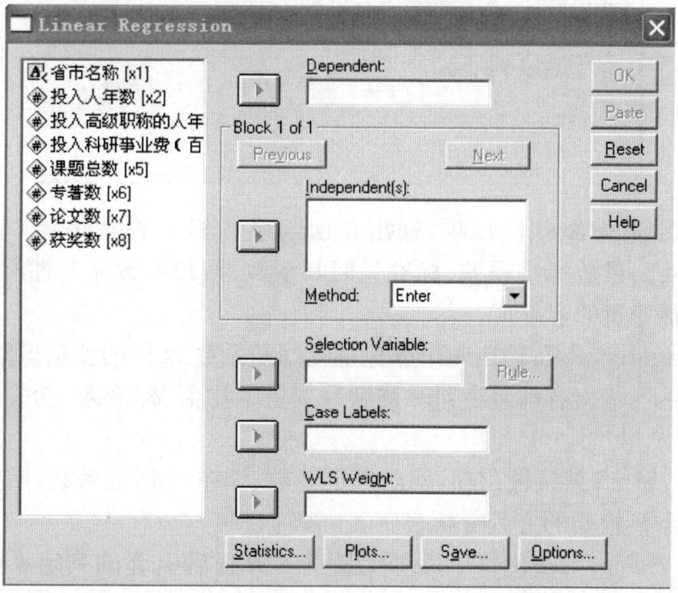

（2）选择被解释变量放入“Dependent”框中。

（3）选择一个或多个解释变量放入“Independent(s)”框中。

（4）在“Method”框中选择回归分析中解释变量的筛选策略。其中 Enter 表示所选变量强行进入回归方程，是 SPSS 默认的策略，通常用在一元线性回归分析中；Remove 表示从回归方程中剔除所选变量；Stepwise 表示逐步筛选策略；Backward 表示向后筛选策略；Forward 表示向前筛选策略。

注：多元回归分析中，变量的筛选一般有向前筛选、向后筛选、逐步筛选三种基本策略。

（5）第三和第四步中确定的解释变量及变量筛选策略可放置在不同的块(Block)中。通常在回归分析中不止有一组待进入方程的解释变量和相应的筛选策略，可以单击“Next”和“Previous”按钮设置多组解释变量和变量筛选策略并放置在不同的块中。

（6）选择一个变量作为条件变量放到“Selection Variable”框中，并单击“Rule ... ”按钮给定一个判断条件。只有变量值满足判定条件的样本时，它才参与线性回归分析。

（7）在“Case Labels”框中指定哪个变量作为样本数据点的标志变量，该变量的值将标在回归分析的输出图形中。

（二）线性回归分析的其他操作步骤

（1）单击“Statistics”按钮，出现的窗口可供用户选择更多的输出统计量。

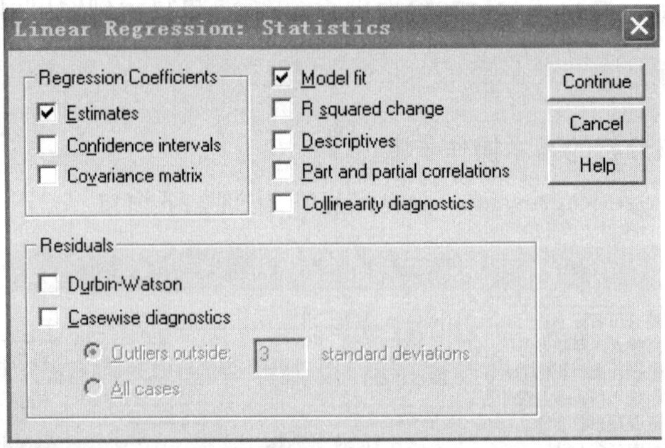

“Estimates”：SPSS 默认输出项，输出与回归系数相关的统计量。它包括回归系数（偏回归系数）、回归系数标准误差、标准化回归系数、回归系数显著性检验的 t 统计量和概率 p 值，各解释变量的容忍度。

“Confidence intervals”：输出每个非标准化回归系数 95%的置信区间。

“Descriptives”：输出各解释变量和被解释变量的均值、标准差、相关系数矩阵及单侧检验概率 p 值。

“Model fit”：SPSS 默认输出项，输出判定系数、调整的判定系数、回归方程的标准误差、回归方程显著 F 检验的方程分析表。

“R squared change”：输出每个解释变量进入方程后引起的判定系数的变化量和 F 值的变化量。

"Part and partial correlations":输出方程中各解释变量与被解释变量之间的简单相关、偏相关系数。

"Covariance matrix":输出方程中各解释变量间的相关系数、协方差以及各回归系数的方差。

"Collinearity diagnostics":多重共线性分析,输出各个解释变量的容忍度、方差膨胀因子、特征值、条件指标、方差比例等。

在"Residuals"框中:Durbin-Watson 表示输出 DW 检验值;Casewise diagnostics 表示输出标准化残差绝对值大于等于 3(SPSS 默认值)的样本数据的相关信息,包括预测值、残差、杠杆值等。

(2) 选择"Options"选项,出现的窗口可供用户设置多元线性回归分析中解释变量筛选的标准以及缺失值的处理方式。

(3) 选择"Plot"选项,出现的窗口用于对残差序列的分析。

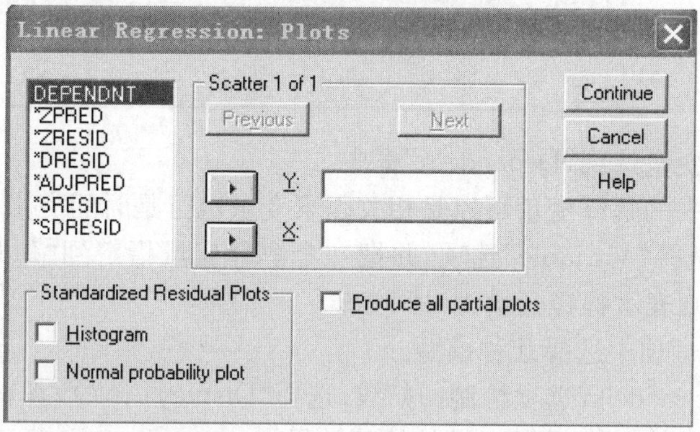

窗口左边框中各变量名的含义是,DEPENDNT 表示被解释变量,* ZPRED 表示标准化预测值,* ZRESID 表示标准化残差,* DRESID 表示剔除残差,* ADJPRED 表示调整的预测值,* SRESID 表示学生化残差,* SDRESID 表示剔除学生化残差。

绘制多对变量的散点图,可根据需要在"Scatter"框中定义散点图的纵坐标和横坐标变量。

在"Standardized Residual Plots"框中选择"Histogram"选项绘制标准化残差序列的直方图;选择"Normal probability plot"选项绘制标准化残差序列的正态分布累计概率图。选择"Produce all partial plots"选项,表示依次绘制被解释变量和各个解释变量的散点图。

(4) 选择"Save"选项,该窗口将回归分析的某些结果以 SPSS 变量的形式保存到数据编辑窗口中,并可同时生成 XML 格式的文件,便于分析结果的网络发布。

"Predicted Values"框:保存非标准化预测值、标准化预测值、调整的预测值和预测值的均值标准误差。

"Distance"框:保存均值或个体预测值 95%(默认)置信区间的下限值和上限值。

"Residual"框:保存非标准化残差、标准化残差等。

"Influence Statistics"框:保存剔除第 i 个样本后统计量的变化量。

（5）选择“WSL”选项，采用加权最小二乘法替代普通最小二乘法估计回归参数，并指定一个变量作为权重变量。

（三）曲线估计的基本操作步骤

（1）选择“Analyze-Regression-Curve Estimation”菜单，出现如下窗口。

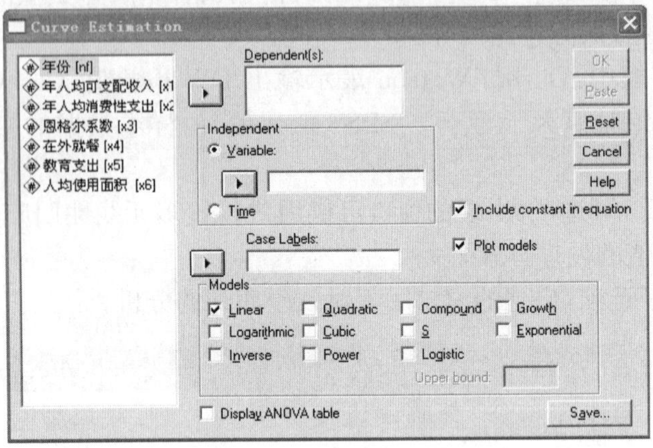

（2）把被解释变量选到“Dependent”框中。

（3）曲线估计中的解释变量可以是相关因素变量也可是时间变量。如果解释变量为相关因素变量，则选择“Variable”选项，并把一个解释变量指定到“Independent”框；如果选择“Time”参数，则表示解释变量为时间变量。

（4）在“Models”项中选择几种模型。

（5）选择“Plot models”选项绘制回归线；选择“Display ANOVA table”选项输出各个模型的方差分析表和各回归系数显著性检验结果。

SPSS 将根据选择的模型自动进行曲线估计，并将结果显示到输出窗口中。

SPSS 应用五　时间序列分析

一、时间序列分析的一般步骤

（1）数据的准备阶段。

（2）数据的观察及检验阶段。总体把握时间序列发展变化的特征，以便选择恰当的模型进行分析，包括图形方法和统计检验方法。

（3）数据的预处理阶段。一方面能够使序列的特征体现得更加明显，利于分析模型的选择；另一方面使数据满足于模型的要求。

（4）数据分析和建模阶段。根据时间序列的特征和分析的要求，选择恰当的模型进行数据建模和分析。

（5）模型的评价阶段。与模型分析的目标相结合，评价是否达到了分析的目的以及效果如何。

（6）模型的实施阶段。

二、数据准备的操作步骤

SPSS的数据准备包括数据文件的建立、时间定义和数据期间的指定。其中，数据文件的建立与一般SPSS数据文件的建立方法相同，每一个变量将对应一个时间序列数据，且不必建立标志时间的变量。

SPSS的时间定义功能用来将数据编辑窗口中的一个或多个变量指定为时间序列变量，并给它们赋予相应的时间标志。其具体操作步骤如下：

（1）选择菜单“Date→Define Dates”，出现如下窗口。

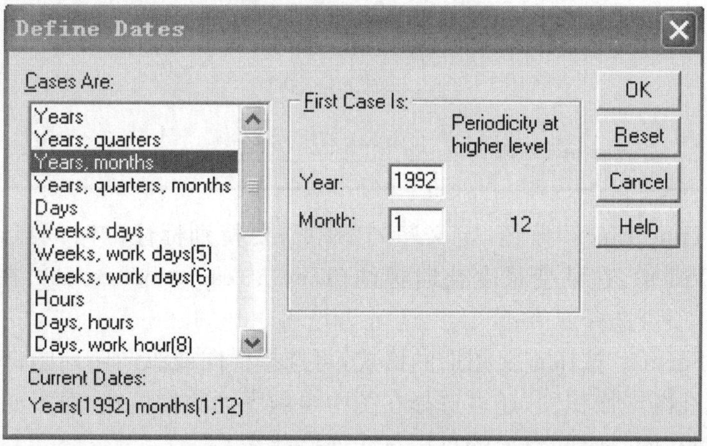

（2）“Cases Are”框提供了多种时间形式，可根据数据的实际情况选择与其匹配的时间格式和参数。

SPSS将在当前数据编辑窗口中自动生成标志时间的变量。同时，在输出窗口中将输出一个简要的日志，说明时间标志变量及其格式和包含的周期等。

数据期间的选取可通过SPSS的样本选取（Select Cases）功能实现。

三、时间序列的图形化观察和检验的基本操作步骤

通过图形化观察和检验能够把握时间序列的诸多特征，如时间序列的发展趋势是上升还是下降，或是没有规律的上下波动；时间序列的变化的周期性特点；时间序列波动幅度的变化规律；时间序列中是否存在异常点；时间序列不同时间点上数据的关系等。

（一）绘制序列图的基本操作步骤

（1）选择菜单“Graph→Sequence”。

（2）将需绘图的序列变量选入“Variables”框中。

（3）在“Time Axis Labels”框中指定横轴（时间轴）标志变量。该标志变量默认的是日期型变量。

（4）在“Transform”框中指定对变量进行怎样的变化处理。其中，Natural log transform表示对数据取自然对数，Difference表示对数据进行 n 阶（默认1阶）差分，

Seasonally difference 表示对数据进行季节差分。

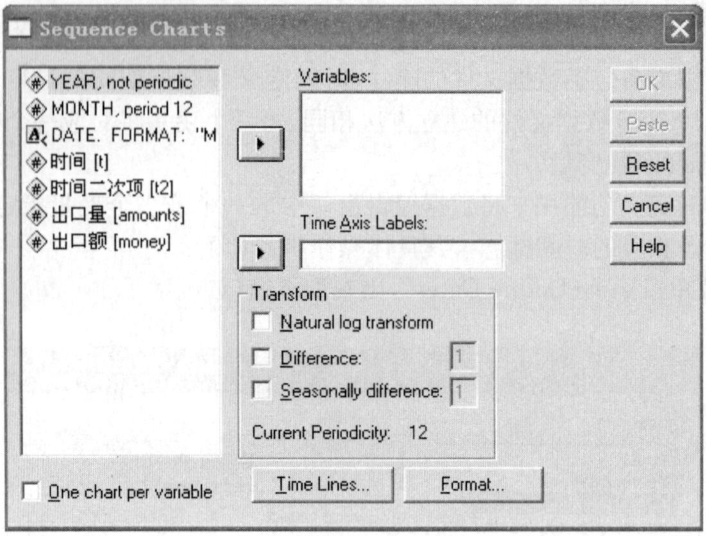

（5）单击“Time Lines”按钮，定义序列图中需要特别标注的时间点，给出了无标注(No reference Lines)、在某变量变化时标注(Line at each change of)、在某个日期标注(Line at date)3 项供选择。

（6）单击“Format”按钮定义图形的格式，可选择横向或纵向序列图；对于单变量序列图，可选择绘制线图或面积图，还可选择在图中绘制序列的均值线；对多变量的序列图，可选择将不同变量在同一时间点上的点用直线连接起来。

（二）绘制自相关函数图和偏自相关函数图的基本操作步骤

（1）选择菜单“Graph→TimeSeries→Autocorrelations”。

（2）将需绘制的序列变量选入“Variables”框中。

（3）在“Display”框中选择绘制哪种图形，其中，Autocorrelations 表示绘制自相关函数图；Partial autocorrelations 表示绘制偏自相关函数图。一般可同时绘制两种图形。

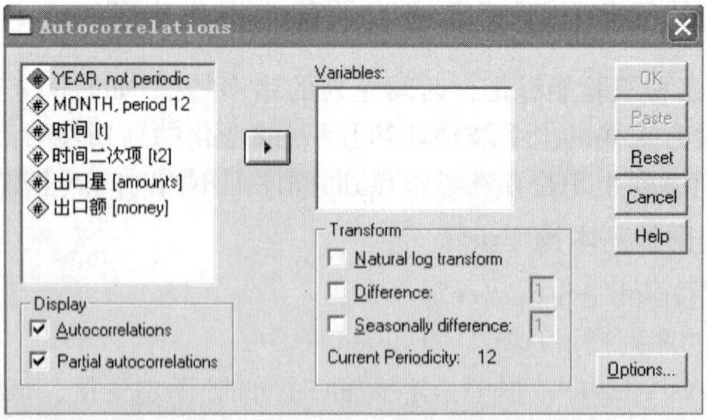

（4）单击“Options”按钮定义相关参数，其中，Maximum Number of Lags 表示相关函数值包含的最大滞后期，即时间间隔 h。一般情况下可选择两个最大周期以上的数据。

在"Standard Error Method"框中指定计算相关系数标准差的方法，它将影响到相关函数图形中的置信区间。其中，Independence model 表示假设序列是白噪声的过程；Bartlett's approximation 表示根据 Bartlett 给出的估计自相关系数和偏自相关系数方差的近似式计算方差。该方法适合当序列是一个 $k-1$ 阶的移动平均过程，且标准差随阶数的增大而增大的情况。

(5) 选中"Display autocorrelation at periodic lags"，表示只显示时间序列周期整数倍处的相关函数值。一般如果只考虑序列中的周期因素可选中该项；否则该步骤可略去。

(三) 绘制互相关图的基本操作步骤

(1) 选择菜单"Graph→Time Series→Cross correlations"。

(2) 把需绘图的序列变量选入"Variables"框中。绘制互相关图时要求两个序列均具有平稳性。

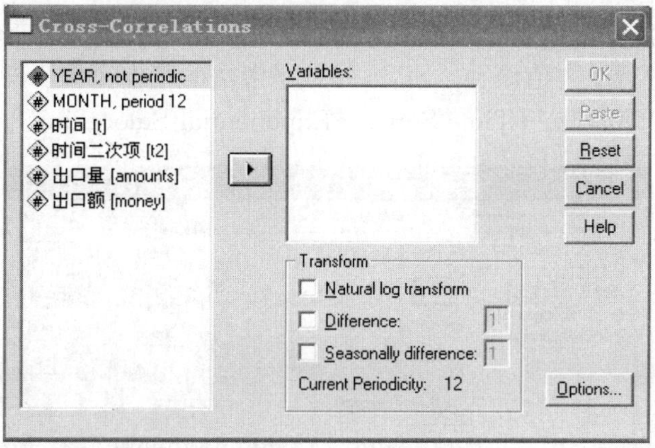

四、时间序列预处理的基本操作

预处理的目的可大致归纳为两个方面：第一，使序列的特征体现得更加明显，利于分析模型的选择；第二，使数据满足于某些特定模型的要求。

序列的预处理主要包括以下两方面：序列缺失数据的处理；序列数据的变换处理。

这里主要介绍序列数据变换的基本操作步骤。

(1) 选择菜单"Transform→Create Time Series"。

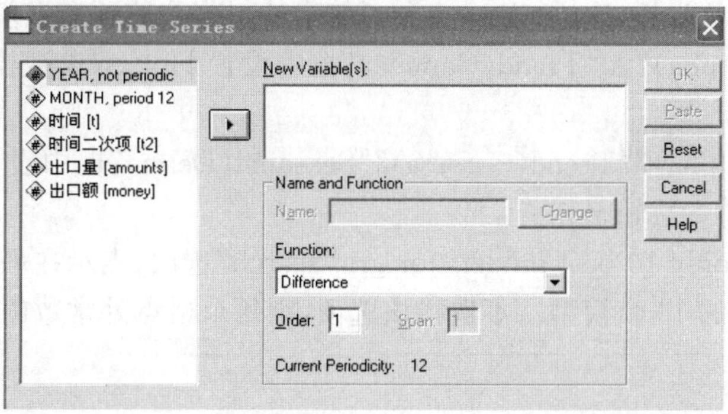

(2) 把待处理的变量选入"New Variable(s)"框中。

(3) 在"Name and Function"框中选择数据变换法。在"Name"项后输入处理后新生成的变量名,在"Function"项中选择处理方法,在"Order"项后输入相应的阶数,并单击"Change"按钮。其中的方法除前面介绍的几种外,还包括以下几个:

"Cumulative sum":累加求和,即对当前值和当前值之间的所有数据进行求和,生成原序列的累计值序列。

"Lag":数据滞后,即对指定的阶数 k 用从当前值向前数到第 k 个数值来代替当前值。这样形成的新序列将损失前 k 个数据。

"Lead":数据前引。与数据滞后正好相反,即指定的阶数 k 从当前值向后数以第 k 个数值来代替当前值。这样形成的新序列将损失后 k 个数据。

五、指数平滑法的基本操作

由于指数平滑法要求数据中不能存在缺失值,因此在用 SPSS 进行指数平滑法分析前,应对数据序列进行缺失值填补。SPSS 指数平滑法的基本操作步骤如下:

(1) 选择菜单"Analyze→Time Series→Exponential Smoothing"。

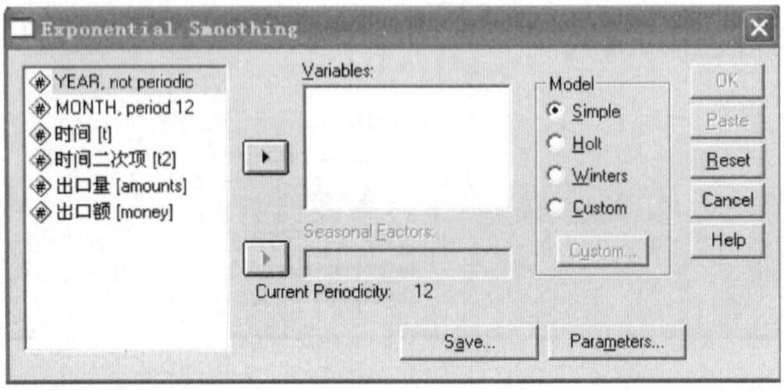

(2) 把待分析的变量选入"Variables"框中。

(3) 从"Model"栏中选择合适的模型。这包括简单指数平滑模型、霍特模型、温特模型及用户自定义模型。

(4) 单击"Parameters"按钮进行模型参数设置,在"Initial Values"框中选择初始值的方式,其中,Automatic 表示系统自动设置,Custom 表示用户手工设置。

在"General(Alpha)"框中设置简单指数平滑模型的常数 α。可直接输入 α 的值,也可设定初值和终值以及步长,这样 SPSS 会通过格点法对多个值逐个建模,得到最优模型。

在"General(Alpha)"和"Trend(Gamma)"框中设置 Holt 双参数模型当中的普通、趋势平滑常数 α、γ。

在"General(Alpha)""Trend(Gamma)""Seasonal(Delta)"框中设置温特模型中的普通、趋势和季节平滑参数 α、γ、β。

选择"Display only 10 best models for grid search"选项,表示在平滑常数的格点选择完成后仅显示最佳的 10 个模型。不选择该选项,则每个格点处常数值对应的模型都会被输出。

六、自回归法的基本操作步骤

自回归模型是针对模型误差项存在相关性的情况而设计的一种改进方法。由于自回归模型只考虑了误差项中的一阶相关性，因此也称为一阶自回归AR(1)模型。

(1) 选择菜单“Analyze→Time Series→Autoregression”。

(2) 把被解释变量选入“Dependent”框中，选择解释变量到“Independent(s)”框中。

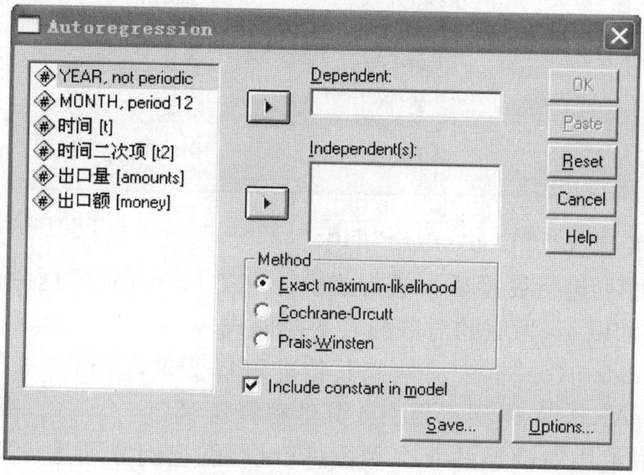

(3) 在“Method”框中选择参数 ρ 估计的方法，其中：

Exact maximum-likelihood 为精确极大似然法。它是一种建立在极大似然估计准则基础上的参数估计方法。一般在大样本下(样本数大于50)有比较优良的参数估计。

Cochrane-Orcutt 法是一种在误差序列具有一阶自相关情况下较常用的参数估计方法。它不适用于序列存在缺失值的情况。

Prais-Winsten 法是一种适用在一阶自相关情况下的广义最小二乘法，也不适用于存在缺失值的情况。这种方法一般优于 Cochrance-Orcutt 方法。

(4) 单击“Options”按钮对模型算法进行设置。

在“Initial value of autoregressive parameter”框后输入自回归模型迭代初始值 ρ。

在“Convergence Criteria”中指定迭代收敛条件。在“Maximum iterations”后指定最大跌代次数；在“Sum of squares change”后指定误差平方和减少达到什么程度时终止迭代。

在“Display”框中指定输出哪些分析结果。

要注意的是，SPSS的自回归分析是针对误差项存在一阶自相关的情况设计的。当序列中存在更高阶的自相关时，就需要使用ARIMA模型。

七、ARIMA分析的基本操作步骤

ARIMA是自回归移动平均结合模型的简写形式，用于平稳序列或通过差分而平稳的序列分析。

(1) 选择菜单“Analyze→TimeSeries→ARIMA”，出现如下窗口。

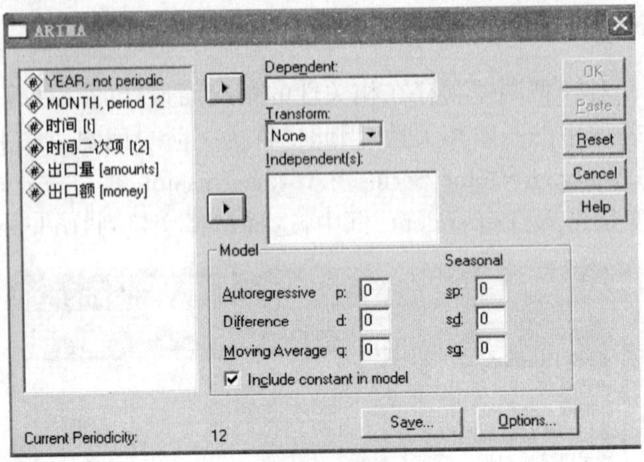

(2) 把被解释变量选入"Dependent"框中。

(3) 如果要对序列进行变换后再进行建模,可在"Transform"框中选择变换方式。这里提供了自然对数和以 10 为底的对数两种变换形式。

(4) 在"Independent(s)"框中可选入其他的解释变量,这和前一节的自回归模型相似。但一般情况下 ARIMA 模型不再引入其他解释变量。

(5) 在"Model"框中对模型的 6 个参数进行设置,它们分别是 ARIMA 模型中的 p、d、q、P、D、Q,还可以选择模型当中是否包含常数项。

(6) 单击"Options"按钮,对模型的算法和输出等进行设置。

SPSS 将根据用户指定自动建立模型,并将结果输出到数据编辑窗口中。

附录二　SPSS 应用数据资料

附表 2-1　职工数据

职工号	性　别	年龄/岁	基本工资/元	职　称	文化程度	失业保险
1	1	48	1 014	1	1	12
2	1	49	984	2	2	9
3	1	54	1 044	1	3	13
4	1	41	866	3	3	8
5	1	38	848	3	1	8
6	2	41	824	4	3	7
7	2	42	824	4	3	7
8	2	41	824	4	3	7
9	2	42	859	2	2	8
10	1	35	827	3	1	7
11	1	56	1 014	1	2	12
12	1	59	989	2	2	9
13	1	59	938	3	4	8
14	1	41	889	2	1	8
15	1	55	887	3	4	8
16	1	45	887	3	4	8

附表 2-2　居民储蓄调查数据

什么合算	收入情况	未来收入情况	收入水平	存(取)款金额/元	存(取)款种类	目的一	目的二	目的三	物价水平	物价趋势
1	2	2	2	1 500	3	7	10	11	2	2
2	2	2	3	5 000	1	2	3	9	3	2
1	2	2	4	200	1	2	8	9	3	2
1	1	2	3	1 000	8	1	4	10	3	2
2	2	3	2	300	1	3	7	9	2	3
2	2	2	3	6 500	2	8	9	10	2	2
2	1	1	4	18 000	2	4	9	10	2	2
2	1	1	3	3 200	3	3	4	8	2	2
1	1	1	3	480	3	3	4	10	2	2
1	1	1	2	400	3	2	3	10	3	2
1	1	1	2	300	3	3	9	10	3	2
1	2	2	2	10	3	1	2	3	2	2

续 表

什么合算	收入情况	未来收入情况	收入水平	存(取)款金额/元	存(取)款种类	目的一	目的二	目的三	物价水平	物价趋势
1	1	1	4	6 000	2	6	7	8	3	2
1	3	3	1	100	3	3	8	9	1	3
1	3	3	1	500	4	3	7	8	3	2
1	3	2	2	1 000	2	7	8	9	2	2
1	3	2	2	10	2	3	8	9	1	3
2	1	2	3	200	2	7	8	9	2	2
2	3	1	1	6	3	3	7	9	3	1
2	3	3	1	10	3	7	8	9	2	3
2	3	2	1	5 000	1	4	7	9	1	3
2	2	2	2	8 000	2	3	9	10	3	2
2	2	2	1	300	3	2	3	9	2	2
1	2	2	2	1 000	3	2	3	7	2	2
2	3	3	3	3 268	3	3	4	9	2	2
2	1	1	3	7 000	3	3	7	8	3	2
2	3	2	2	800	3	3	8	9	2	1
2	2	2	2	1 000	2	3	4	9	2	2
2	3	2	2	1 000	4	3	4	9	2	1
2	3	3	2	500	3	3	9	10	2	2
1	2	2	3	1 000	2	1	9	10	3	2
1	2	2	2	20	3	3	7	9	2	1
2	2	2	2	3	1	2	3	10	1	2
1	3	2	2	5	3	2	9	10	1	2
2	2	2	2	1 200	3	3	9	10	2	2
1	3	3	1	100	7	3	8	9	2	2
1	3	2	2	500	3	3	9	10	1	3
1	3	3	1	300	7	3	8	9	1	1
1	3	3	1	200	7	3	8	9	1	1
1	3	3	2	300	7	2	3	10	2	2
1	1	2	1	600	3	3	10	11	1	3
2	2	3	2	1 000	4	7	1	11	2	2
2	2	2	2	30	3	7	8	11	2	2
2	3	2	2	8 000	2	1	2	11	1	2
2	2	2	2	900	4	7	8	11	2	2
2	2	2	2	1 000	2	2	4	9	1	1
1	2	2	2	30 000	3	2	3	8	2	2
2	3	2	2	600	2	8	9	10	3	3
2	2	2	2	200	1	2	7	11	2	2
2	2	2	2	1 500	2	1	3	8	1	1

附表 2－3　喝茶前后体重数据

喝茶前/千克	喝茶后/千克
90	63
95	71
82	79
91	73
100	74
87	65
91	67
90	73
86	60
87	76
98	71
88	72
82	75
87	62
92	67
93	74
95	78
84	68
83	74
89	71
87	60
90	70
82	67
95	69
81	79
83	73
86	74
93	60
95	60
96	75
97	77
81	70
88	63
85	73
95	68

附表 2-4　某年 31 个省市自治区部分高校有关社科研究方面的数据

省市名称	投入人年数	投入高级职称的人年数	投入科研事业费/百元	课题总数	专著数	论文数	获奖数
北京	6 795	3 737	339 803	3 261	2 723	12 270	237
天津	1 649	939	45 392	991	488	3 055	138
河北	2 367	1 039	40 631	839	412	4 440	51
山西	1460	658	49 661	635	218	2 964	41
内蒙古	455	231	7 001	227	152	1 759	132
辽宁	3 664	1 591	70 301	1 241	779	7 244	252
吉林	2 514	1 208	44 154	902	581	4 300	128
黑龙江	1 430	797	9 477	479	391	2 801	119
上海	3 783	1 833	116 292	2 247	1 130	6 607	67
江苏	5 480	2 436	138 418	3 110	961	10 456	540
浙江	2 765	1 238	44 320	1 676	473	6 031	289
安徽	2 157	982	49 672	599	232	3 897	9
福建	1 575	710	73 829	897	376	3 239	13
江西	2 313	1 013	15 733	908	319	3 979	90
山东	3 601	1 995	71 333	1 287	920	10 610	507
河南	1 957	834	8 418	770	412	3 903	140
湖北	4 427	2 242	96 011	1 835	1 126	11 485	133
湖南	2 765	1 525	121 431	1 266	605	6 793	386
广东	4 234	1 944	137 897	2117	741	7 705	232
广西	1 410	524	8 433	431	183	2 771	133
海南	163	97	49 684	76	70	494	21
重庆	1 495	786	22 335	696	248	2 988	83
四川	2 359	1 142	70 955	1 138	433	4 788	144
贵州	221	121	1 960	73	50	1 198	7
云南	1 149	502	7 845	282	149	1 958	28
西藏	75	24	500	17	6	117	0
陕西	2 236	1 018	62 621	803	569	6 539	127
甘肃	970	417	19 613	530	163	2 255	92
青海	159	60	0	69	15	583	0
宁夏	188	83	556	82	30	406	0
新疆	660	360	330	276	116	2 803	9

附录三　常用统计表

附表 3-1　相关系数显著性检验表

$n-2$	α	0.10	0.05	0.02	0.01	0.001
1		0.987 69	0.996 25	0.995 07	0.999 877	0.999 998 8
2		0.900 00	0.950 00	0.980 00	0.990 00	0.999 900
3		0.805 4	0.878 3	0.934 33	0.958 73	0.991 16
4		0.729 3	0.811 4	0.882 2	0.917 20	0.974 05
5		0.669 4	0.754 5	0.832 9	0.874 5	0.950 74
6		0.621 5	0.706 7	0.788 7	0.834 3	0.924 93
7		0.582 2	0.666 4	0.749 8	0.797 7	0.898 2
8		0.549 4	0.631 9	0.715 5	0.764 6	0.872 1
9		0.521 4	0.602 1	0.685 1	0.734 8	0.847 1
10		0.497 3	0.576 0	0.658 1	0.707 9	0.823 3
11		0.476 2	0.552 9	0.633 9	0.683 5	0.801 0
12		0.457 5	0.532 4	0.612 0	0.661 4	0.780 0
13		0.440 9	0.513 9	0.592 3	0.641 1	0.760 3
14		0.425 9	0.497 3	0.574 2	0.622 6	0.742 9
15		0.412 3	0.482 1	0.557 7	0.605 5	0.725
16		0.400 0	0.468 3	0.542 5	0.589 7	0.708 4
17		0.388 7	0.455 5	0.528 5	0.575 1	0.693 2
18		0.378 3	0.443 8	0.515 5	0.561 4	0.678 7
19		0.368 7	0.432 9	0.513 4	0.548 7	0.665 2
20		0.359 3	0.422 7	0.492 1	0.536 8	0.652 4
25		0.323 3	0.380 9	0.445 1	0.486 9	0.597 4
30		0.296 0	0.349 4	0.409 3	0.448 7	0.554 1
35		0.274 6	0.342 6	0.381 0	0.418 2	0.518 9
40		0.257 3	0.304 4	0.357 8	0.393 2	0.489 6
45		0.242 8	0.287 5	0.338 4	0.372 1	0.464 8
50		0.230 6	0.273 2	0.321 3	0.354 1	0.443 3
60		0.210 8	0.250 0	0.204 4	0.324 3	0.407 8
70		0.195 4	0.231 9	0.273 7	0.301 7	0.279 9
80		0.182 9	0.217 2	0.256 5	0.288 0	0.355 8
90		0.172 6	0.205 0	0.242 2	0.267 3	0.337 5
100		0.136 8	0.194 6	0.230 1	0.254 0	0.321 1

注：表中数字为临界值 $r(\alpha, n-2)$。

附表 3 - 2 标准正态分布表

$$\Phi(x)=\int_{-\infty}^{x}\frac{1}{\sqrt{2\pi}}\mathrm{e}^{-\frac{t^2}{2}}\mathrm{d}t=P(X\leqslant x)$$

x	0	1	2	3	4	5	6	7	8	9
0	0.500 0	0.504 0	0.508 0	0.512 0	0.516 0	0.519 9	0.523 9	0.527 9	0.531 9	0.535 9
0.1	0.539 8	0.543 8	0.547 8	0.551 7	0.555 7	0.559 6	0.563 6	0.567 5	0.571 4	0.575 3
0.2	0.579 3	0.583 2	0.587 1	0.591 0	0.584 8	0.598 7	0.602 6	0.606 4	0.610 3	0.614 1
0.3	0.617 9	0.621 7	0.625 5	0.629 3	0.633 1	0.636 8	0.640 6	0.644 3	0.648 0	0.651 7
0.4	0.655 4	0.659 1	0.662 8	0.666 4	0.670 0	0.673 6	0.677 2	0.680 8	0.684 4	0.687 9
0.5	0.691 5	0.695 0	0.698 5	0.701 9	0.705 4	0.708 8	0.712 3	0.715 7	0.719 0	0.722 4
0.6	0.725 7	0.721 9	0.732 4	0.735 7	0.738 9	0.742 2	0.745 4	0.748 6	0.757 1	0.754 9
0.7	0.758 0	0.761 1	0.764 2	0.767 3	0.770 3	0.773 4	0.776 4	0.779 4	0.782 3	0.785 2
0.8	0.788 1	0.791 0	0.793 9	0.796 7	0.799 5	0.802 3	0.805 1	0.808 7	0.810 6	0.813 3
0.9	0.815 9	0.818 6	0.821 2	0.828 3	0.826 4	0.828 9	0.831 5	0.834 0	0.836 5	0.838 9
1.0	0.841 3	0.843 8	0.846 1	0.848 5	0.850 8	0.853 1	0.855 4	0.857 7	0.859 9	0.862 1
1.1	0.864 3	0.866 5	0.868 6	0.870 8	0.872 9	0.874 9	0.877 0	0.879 0	0.881 0	0.883 0
1.2	0.884 9	0.886 9	0.888 8	0.890 7	0.892 5	0.894 4	0.896 2	0.898 0	0.899 7	0.901 5
1.3	0.902 3	0.904 9	0.906 6	0.908 2	0.909 9	0.911 5	0.913 1	0.914 7	0.916 2	0.917 7
1.4	0.919 2	0.920 7	0.922 2	0.923 6	0.925 1	0.926 5	0.927 8	0.929 2	0.930 6	0.931 9
1.5	0.933 2	0.934 5	0.935 7	0.937 0	0.938 2	0.939 4	0.940 6	0.941 8	0.943 0	0.944 1
1.6	0.945 2	0.946 3	0.947 4	0.948 4	0.949 5	0.950 5	0.951 5	0.952 5	0.953 5	0.954 5
1.7	0.955 4	0.956 4	0.957 3	0.958 2	0.959 1	0.959 9	0.960 8	0.961 6	0.962 5	0.963 3
1.8	0.964 1	0.964 8	0.965 6	0.966 4	0.967 1	0.967 8	0.968 6	0.969 3	0.970 0	0.970 6
1.9	0.971 3	0.971 9	0.972 6	0.973 2	0.973 8	0.974 4	0.975 0	0.975 6	0.976 2	0.976 7
2.0	0.977 2	0.977 8	0.978 3	0.978 8	0.979 3	0.979 8	0.980 3	0.980 8	0.981 2	0.981 7
2.1	0.982 1	0.982 6	0.983 0	0.983 4	0.983 8	0.984 2	0.984 6	0.985 0	0.985 4	0.985 7
2.2	0.986 1	0.986 4	0.986 8	0.987 1	0.987 4	0.987 8	0.988 1	0.988 4	0.988 7	0.989 0
2.3	0.989 3	0.989 6	0.989 8	0.990 1	0.990 4	0.990 6	0.990 9	0.991 1	0.991 3	0.991 6
2.4	0.991 8	0.992 0	0.992 2	0.992 5	0.992 7	0.992 9	0.993 1	0.993 2	0.993 4	0.993 6
2.5	0.993 8	0.994 0	0.994 1	0.994 3	0.994 5	0.994 6	0.994 8	0.994 9	0.995 1	0.995 2
2.6	0.995 3	0.995 5	0.995 6	0.995 7	0.995 9	0.996 0	0.996 1	0.996 2	0.996 3	0.996 4
2.7	0.996 5	0.996 6	0.996 7	0.996 8	0.996 9	0.997 0	0.997 1	0.997 2	0.997 3	0.997 4
2.8	0.997 4	0.997 5	0.997 6	0.997 7	0.997 7	0.997 8	0.997 9	0.997 9	0.998 0	0.998 1
2.9	0.998 1	0.998 2	0.998 2	0.998 3	0.998 4	0.998 4	0.998 5	0.998 5	0.998 6	0.998 6
3.0	0.998 7	0.999 0	0.999 3	0.999 5	0.999 7	0.999 8	0.999 8	0.999 9	0.999 9	1.000 0

附表 3-3　t 分布表

$$P\{t(n) > t_\alpha(n)\} = \alpha$$

n	α=0.25	0.10	0.05	0.025	0.01	0.005
1	1.000 0	3.077 7	6.313 8	12.706 2	31.820 7	63.657 4
2	0.816 5	1.885 6	2.920 0	4.303 7	6.964 6	9.924 8
3	0.764 9	1.637 7	2.353 4	3.182 4	2.540 7	5.840 9
4	0.740 7	1.533 2	2.131 8	2.776 4	3.746 9	4.601 4
5	0.726 7	1.475 9	2.015 0	2.570 6	3.364 9	4.032 2
6	0.717 6	1.439 8	1.943 2	2.446 9	3.142 7	3.707 4
7	0.711 1	1.414 9	1.894 6	2.363 4	2.998 0	3.499 5
8	0.706 4	1.396 8	1.859 5	2.306 0	2.896 5	3.355 4
9	0.702 7	1.383 0	1.833 1	2.262 2	2.821 4	3.249 8
10	0.699 8	1.372 2	1.812 5	2.228 1	2.763 8	3.169 3
11	0.697 4	1.363 4	1.795 9	2.201 0	2.718 1	3.105 8
12	0.695 5	1.356 2	1.782 3	2.178 8	2.681 0	3.054 5
13	0.693 8	1.350 2	1.770 9	2.160 4	2.650 3	3.012 3
14	0.692 4	1.345 0	1.761 3	2.144 8	2.624 5	2.976 8
15	0.691 2	1.340 6	1.753 1	2.131 5	2.620 5	2.946 7
16	0.690 1	1.336 8	1.745 9	2.119 9	2.583 5	2.920 8
17	0.689 2	1.333 4	1.739 6	2.109 8	2.566 9	2.898 2
18	0.688 4	1.330 4	1.734 1	2.100 9	2.552 4	2.878 4
19	0.687 6	1.327 7	1.729 1	2.093 0	2.539 5	2.860 9
20	0.987 0	1.325 3	1.724 7	2.086 0	2.528 0	2.845 3
21	0.686 4	1.323 2	1.720 7	2.079 6	2.517 7	2.831 4
22	0.685 8	1.321 2	1.717 1	2.073 9	2.508 3	2.818 8
23	0.685 3	1.319 5	1.713 9	2.068 7	2.499 9	2.807 3
24	0.684 8	1.317 8	1.710 9	2.063 9	2.492 2	2.796 9
25	0.684 4	1.316 3	1.710 8	2.059 5	2.485 1	2.787 4
26	0.684 0	1.315 0	1.705 6	2.055 5	2.478 6	2.778 7
27	0.683 7	1.313 7	1.703 3	2.051 8	2.472 7	2.770 7
28	0.683 4	1.312 5	1.701 1	2.048 4	2.467 1	2.766 4
29	0.683 0	1.311 4	1.699 1	2.045 2	2.462 0	2.756 4
30	0.682 8	1.304	1.697 3	2.042 3	2.457 3	2.750 0
31	0.682 5	1.309 5	1.659 9	2.039 5	2.452 8	2.744 0
32	0.682 2	1.308 6	1.693 9	2.036 9	2.448 7	2.738 5
33	0.682 0	1.307 7	1.692 4	2.034 5	2.444 8	2.733 3
34	0.681 8	1.307 0	1.690 9	2.032 2	2.441 1	2.738 4
35	0.681 6	1.306 2	1.689 6	2.030 1	2.437 7	2.723 8
36	0.681 4	1.305 5	1.688 3	2.028 1	2.434 5	2.719 5
37	0.681 2	1.304 9	1.687 1	2.026 2	2.431 4	2.715 4
38	0.681 0	1.304 2	1.686 0	2.024 4	2.428 6	2.711 6
39	0.680 8	1.303 6	1.684 9	2.022 7	2.425 8	2.707 9
40	0.680 7	1.303 1	1.683 9	2.021 1	2.422 3	2.704 5
41	0.680 5	1.302 5	1.682 9	2.019 5	2.420 8	2.701 2
42	1.680 4	1.302 0	1.682 0	2.018 1	2.418 5	2.698 1
43	1.680 2	1.301 6	1.681 1	2.016 7	2.416 3	2.695 1
44	1.680 1	1.301 1	1.680 2	2.015 4	2.414 1	2.692 3
45	0.680 0	1.300 6	1.679 4	2.014 1	2.412 1	2.689 6

附表 3 - 4　F 分布表(一)

$$P\{F(n_1,n_2)>F_\alpha(n_1,n_2)\}=\alpha$$

$$\alpha=0.10$$

n_2	n_1								
	1	2	3	4	5	6	7	8	9
1	39.86	49.50	53.59	55.33	57.24	58.20	58.91	59.44	59.86
2	8.53	9.00	9.16	9.24	6.29	9.33	9.35	9.37	9.38
3	5.54	5.46	5.39	5.34	5.31	5.28	5.27	5.25	5.24
4	4.54	4.32	4.19	4.11	4.05	4.01	3.98	3.95	3.94
5	4.06	3.78	3.62	3.52	3.45	3.40	3.37	3.34	3.32
6	3.78	3.46	3.29	3.18	3.11	3.05	3.01	2.98	2.96
7	3.59	3.26	3.07	2.96	2.88	2.83	2.78	2.75	2.72
8	3.46	3.11	2.92	2.81	2.73	2.67	2.62	2.59	2.56
9	3.36	3.01	2.81	2.69	2.61	2.55	2.51	2.47	2.44
10	3.20	2.92	2.73	2.61	2.52	2.46	2.41	2.38	2.35
11	3.22	2.86	2.66	2.54	2.45	2.39	2.34	2.30	2.27
12	3.18	2.81	2.61	2.48	2.39	2.33	2.28	2.24	2.21
13	3.14	2.76	2.56	2.43	2.35	2.28	2.23	2.20	2.16
14	3.10	2.73	2.52	2.39	2.31	2.24	2.19	2.15	2.12
15	3.07	2.70	2.49	2.36	2.27	2.21	2.16	2.12	2.09
16	3.05	2.67	2.46	2.33	2.24	2.18	2.13	2.09	2.06
17	3.03	2.64	2.44	2.31	2.22	2.15	2.10	2.06	2.03
18	3.01	2.62	2.42	2.29	2.20	2.13	2.08	2.04	2.00
19	2.99	2.61	2.40	2.27	2.18	2.11	2.06	2.02	1.98
20	2.97	2.50	2.38	2.25	2.16	2.09	2.04	2.00	1.96
21	2.96	2.57	2.36	2.23	2.14	2.08	2.02	1.98	1.95
22	2.95	2.56	2.35	2.22	2.13	2.06	2.01	1.97	1.93
23	2.94	2.55	2.34	2.21	2.11	2.05	1.99	1.95	1.92
24	2.93	2.54	2.33	2.19	2.10	2.04	1.98	1.94	1.91
25	2.92	2.53	2.32	2.18	2.09	2.02	1.97	1.93	1.89
26	2.91	2.52	2.31	2.17	2.08	2.01	1.96	1.92	1.88
27	2.90	2.51	2.30	2.17	2.07	2.00	1.95	1.91	1.87
28	2.89	2.50	2.98	2.16	2.06	2.00	1.93	1.90	1.87
29	2.89	2.50	2.88	2.15	2.06	1.99	1.93	1.89	1.86
30	2.88	2.49	2.22	2.14	2.05	1.98	1.93	1.88	1.85
40	2.84	2.41	2.23	2.00	2.00	1.93	1.87	1.83	1.79
60	2.79	2.39	2.18	2.04	1.95	1.87	1.82	1.77	1.74
120	2.75	2.35	2.13	1.99	1.90	1.82	1.77	1.72	1.68
∞	2.71	2.30	2.08	1.94	1.85	1.77	1.72	1.67	1.63

续 表

n_2	n_1									
	10	12	15	20	24	30	40	60	120	∞
1	60.19	60.71	61.22	61.74	62.06	62.26	62.53	62.79	63.06	63.33
2	9.39	9.41	9.42	9.44	9.45	9.46	9.47	9.47	9.48	9.49
3	5.23	5.22	5.20	5.18	5.18	5.17	5.16	5.15	5.14	5.13
4	3.92	3.90	3.87	3.84	3.83	3.82	3.80	3.79	3.78	3.76
5	3.30	3.27	3.24	3.21	3.19	3.17	3.16	3.14	3.12	3.10
6	2.94	2.90	2.87	2.84	2.82	2.80	2.78	2.76	2.74	2.72
7	2.70	2.67	2.63	2.59	2.58	2.56	2.54	2.51	2.49	2.47
8	2.54	2.50	2.46	2.42	2.40	2.38	2.36	2.34	2.32	2.29
9	2.42	2.38	2.34	2.30	2.28	2.25	2.23	2.21	2.18	2.16
10	2.32	2.28	2.24	2.20	2.18	2.16	2.13	2.11	2.08	2.06
11	2.25	2.21	2.17	2.12	2.10	2.08	2.05	2.03	2.00	1.97
12	2.19	2.15	2.10	2.06	2.04	2.01	1.99	1.96	1.93	1.90
13	2.14	2.10	2.05	2.01	1.98	1.96	1.93	1.90	1.88	1.85
14	2.10	2.05	2.01	1.96	1.94	1.91	1.89	1.82	1.83	1.80
15	2.06	2.02	1.97	1.92	1.90	1.87	1.85	1.82	1.79	1.76
16	2.03	1.99	1.94	1.89	1.87	1.84	1.81	1.78	1.75	1.72
17	2.00	1.96	1.91	1.86	1.84	1.81	1.78	1.75	1.72	1.69
18	1.98	1.93	1.89	1.84	1.81	1.78	1.75	1.72	1.69	1.66
19	1.96	1.91	1.86	1.81	1.79	1.76	1.73	1.70	1.67	1.63
20	1.94	1.89	1.84	1.79	1.77	1.74	1.71	1.68	1.64	1.61
21	1.92	1.87	1.83	1.78	1.75	1.72	1.69	1.66	1.62	1.59
22	1.90	1.86	1.81	1.76	1.73	1.70	1.69	1.64	1.60	1.57
23	1.89	1.84	1.80	1.74	1.72	1.69	1.66	1.62	1.59	1.55
24	1.88	1.83	1.78	1.73	1.70	1.67	1.64	1.60	1.57	1.53
25	1.87	1.82	1.77	1.72	1.69	1.66	1.63	1.59	1.56	1.52
26	1.86	1.81	1.76	1.71	1.68	1.65	1.61	1.58	1.54	1.50
27	1.85	1.80	1.75	1.70	1.67	1.64	1.60	1.57	1.53	1.49
28	1.84	1.79	1.74	1.69	1.66	1.63	1.59	1.56	1.52	1.48
29	1.83	1.78	1.73	1.68	1.65	1.62	1.58	1.55	1.51	1.47
30	1.82	1.77	1.72	1.67	1.64	1.61	1.57	1.54	1.50	1.46
40	1.76	1.71	1.71	1.61	1.57	1.54	1.51	1.47	1.42	1.38
60	1.71	1.66	1.66	1.54	1.51	1.48	1.44	1.40	1.35	1.29
120	1.65	1.60	1.60	1.48	1.45	1.41	1.37	1.32	1.36	1.19
∞	1.60	1.55	1.55	1.42	1.38	1.34	1.30	1.24	1.17	1.00

附表 3 - 5　F 分布表(二)

$$P\{F(n_1, n_2) > F_\alpha(n_1, n_2)\} = \alpha$$

$$\alpha = 0.05$$

n_2	n_1								
	1	2	3	4	5	6	7	8	9
1	161.4	199.5	215.7	224.6	230.2	234.0	236.8	238.9	240.5
2	18.51	19.00	19.25	19.25	19.30	19.33	19.35	19.37	19.38
3	10.13	9.55	9.12	9.12	9.90	8.94	8.89	8.85	8.81
4	7.71	6.94	6.39	6.39	6.26	6.16	6.09	6.04	6.00
5	6.61	5.79	5.41	5.19	5.05	4.95	4.88	4.82	4.77
6	5.99	5.14	4.76	4.53	4.39	4.28	4.21	1.15	4.10
7	5.59	4.74	4.35	4.12	3.97	3.87	3.79	3.73	3.68
8	5.32	4.46	4.07	3.84	3.69	3.58	3.50	3.44	3.69
9	5.12	4.26	3.86	3.63	3.48	3.37	3.29	3.23	3.18
10	4.96	4.10	3.71	3.48	3.33	3.22	3.14	3.07	3.02
11	4.84	3.98	3.59	3.36	3.20	3.09	3.01	2.95	2.90
12	4.75	3.89	3.49	3.26	3.11	3.00	2.91	2.85	2.80
13	4.67	3.81	3.41	3.18	3.03	2.92	2.83	2.77	2.71
14	4.60	3.74	3.34	3.11	2.96	2.85	2.76	2.70	2.65
15	4.54	3.68	3.29	3.06	2.90	2.79	2.71	2.64	2.59
16	4.49	3.63	3.24	3.01	2.85	2.74	2.66	2.59	2.54
17	4.45	3.59	3.20	2.96	2.81	2.70	2.61	2.55	2.49
18	4.41	3.55	3.16	2.93	2.77	2.66	2.58	2.51	2.46
19	4.38	3.52	3.13	2.90	2.74	2.63	2.54	2.48	2.42
20	4.35	3.49	3.10	2.87	2.71	2.60	2.51	2.45	2.39
21	4.32	3.47	3.07	2.84	2.68	2.57	2.49	2.42	2.37
22	4.30	3.44	3.05	2.82	2.66	2.55	2.46	2.40	2.34
23	4.28	3.42	3.03	2.80	2.64	2.53	2.44	2.37	2.32
24	4.26	3.40	3.01	2.78	2.62	2.51	2.42	2.36	2.30
25	4.24	3.39	2.99	2.76	2.60	2.49	2.40	2.34	2.28
26	4.23	3.37	2.98	2.74	2.59	2.47	2.39	2.32	2.27
27	4.21	3.35	2.96	2.73	2.57	2.46	2.37	2.31	2.25
28	4.20	3.34	2.95	2.71	2.56	2.45	2.36	2.29	2.24
29	4.18	3.33	2.93	2.70	2.55	2.43	2.35	2.28	2.22
30	4.17	3.32	2.92	2.69	2.53	2.42	2.33	2.27	2.21
40	4.08	3.23	2.84	2.61	2.45	2.34	2.25	2.18	2.12
60	4.00	3.15	2.76	2.53	2.37	2.25	2.17	2.10	2.04
120	3.92	3.07	2.68	2.45	2.29	2.17	2.09	2.02	2.96
∞	3.84	3.00	2.60	2.37	2.21	2.10	2.01	1.94	1.88

续　表

n_2	n_1									
	10	12	15	20	24	30	40	60	120	∞
1	241.9	243.9	245.9	248.0	249.1	250.1	251.1	252.2	253.3	254.3
2	19.40	19.41	19.43	19.45	19.45	19.46	19.47	19.48	19.49	19.50
3	8.79	8.74	8.70	8.66	8.64	8.62	8.59	8.57	8.55	8.53
4	5.96	5.91	5.86	5.80	5.77	5.75	5.72	5.69	5.66	5.63
5	4.74	4.68	4.62	4.56	4.53	4.50	4.46	4.43	4.40	4.36
6	4.06	4.00	3.94	3.87	3.84	3.81	3.77	3.74	3.70	3.67
7	3.64	3.57	3.51	3.44	3.41	3.38	3.34	3.30	3.27	3.23
8	3.35	3.28	3.22	3.15	3.12	3.08	3.04	3.01	2.97	2.93
9	3.14	3.07	3.01	2.94	2.90	2.86	2.83	2.79	2.95	2.71
10	2.98	2.91	2.85	2.77	2.74	2.70	2.66	2.62	2.58	2.54
11	2.85	2.79	2.72	2.65	2.61	2.57	2.53	2.49	2.45	2.40
12	2.75	2.69	2.62	2.54	2.51	2.47	2.43	2.38	2.34	2.30
13	2.67	2.60	2.53	2.46	2.42	2.38	2.34	2.30	2.25	2.21
14	2.60	2.53	2.46	2.39	2.35	2.31	2.27	2.22	2.18	2.13
15	2.54	2.48	2.40	2.33	2.29	2.25	2.20	2.16	2.11	2.07
16	2.49	2.42	2.35	2.28	2.24	2.19	2.15	2.11	2.06	2.01
17	2.45	2.38	2.31	2.23	2.19	2.15	2.10	2.06	2.01	1.96
18	2.41	2.34	2.27	2.19	2.15	2.11	2.06	2.02	1.97	1.92
19	2.38	2.31	2.23	2.16	2.11	2.07	2.03	1.98	1.93	1.88
20	2.35	2.28	2.20	2.12	2.08	2.04	1.99	1.95	1.90	1.84
21	2.32	2.25	2.18	2.10	2.05	2.01	1.96	1.92	1.87	1.81
22	2.30	2.23	2.15	2.07	2.03	1.98	1.94	1.89	1.84	1.78
23	2.27	2.20	2.13	2.05	2.01	1.96	1.91	1.86	1.81	1.76
24	2.25	2.18	2.11	2.03	1.98	1.94	1.89	1.84	1.79	1.73
25	2.24	2.16	2.09	2.01	1.96	1.92	1.87	1.82	1.77	1.71
26	2.22	2.15	1.07	1.99	1.95	1.90	1.85	1.80	1.75	1.69
27	2.20	2.13	1.06	1.97	1.93	1.88	1.84	1.79	1.73	1.67
28	2.19	2.12	1.04	1.96	1.91	1.87	1.82	1.77	1.71	1.65
29	2.18	2.10	1.03	1.94	1.90	1.85	1.81	1.75	1.70	1.64
30	2.16	2.09	2.01	1.93	1.89	1.84	1.79	1.74	1.68	1.62
40	2.08	2.00	1.92	1.84	1.79	1.74	1.69	1.64	1.58	1.51
60	1.99	1.92	1.84	1.75	1.70	1.65	1.59	1.53	1.47	1.39
120	1.91	1.83	1.75	1.66	1.61	1.55	1.50	1.43	1.35	1.25
∞	1.83	1.75	1.67	1.57	1.52	1.46	1.39	1.32	1.22	1.00

附表 3-6 F分布表(三)

$$P\{F(n_1,n_2)>F_\alpha(n_1,n_2)\}=\alpha$$

$$\alpha=0.01$$

n_2	n_1								
	1	2	3	4	5	6	7	8	9
1	4 052	4 999.5	5 403	5 626	5764	5 859	5 928	5 982	6 062
2	98.50	99.00	99.17	99.25	99.30	99.33	99.36	99.37	99.39
3	34.12	30.82	29.46	28.71	28.24	27.91	27.67	27.49	27.35
4	21.20	18.00	16.69	15.98	15.52	15.21	14.98	14.80	14.66
5	16.26	13.27	12.06	11.39	10.97	10.67	10.46	10.29	10.16
6	13.75	10.92	9.78	9.15	8.75	8.47	8.46	8.10	7.98
7	12.25	9.55	8.45	7.85	7.46	7.19	6.99	6.84	6.72
8	11.26	8.65	7.59	7.01	6.63	6.37	6.18	6.03	5.91
9	10.56	8.02	6.99	6.42	6.06	5.80	5.61	5.47	5.35
10	10.04	7.56	6.55	5.99	5.64	5.39	5.20	5.06	4.94
11	9.65	7.21	6.22	5.67	5.32	5.07	4.49	4.74	4.63
12	9.33	6.93	5.95	5.41	5.06	4.82	4.64	4.50	4.39
13	9.07	6.70	5.74	5.21	4.86	4.62	4.44	4.30	4.19
14	8.86	6.51	5.56	5.04	4.69	4.46	4.28	4.14	4.03
15	8.68	6.36	5.42	4.89	4.56	4.32	4.14	4.00	3.89
16	8.53	6.23	5.29	4.77	4.44	4.20	4.03	3.39	3.78
17	8.40	6.11	5.18	4.67	4.34	4.10	3.93	3.79	3.68
18	8.29	6.01	5.09	4.58	4.25	4.01	3.84	3.71	3.60
19	8.18	5.93	5.01	4.50	4.17	3.94	3.77	3.63	3.52
20	8.10	5.85	4.94	4.43	4.10	3.87	3.70	3.56	3.46
21	8.02	5.78	4.87	4.37	4.04	3.81	3.64	3.51	3.40
22	7.95	5.72	4.82	4.31	3.99	3.76	3.59	3.45	3.35
23	7.88	5.66	4.76	4.26	3.94	3.71	3.54	3.41	3.30
24	7.82	5.61	4.72	4.22	3.90	3.67	3.50	3.36	3.26
25	7.77	5.57	4.68	4.18	3.85	3.63	3.46	3.32	3.22
26	7.72	5.53	4.64	4.14	3.82	3.59	3.42	3.29	3.18
27	7.68	5.49	4.60	4.11	3.78	3.56	3.39	3.26	3.15
28	7.64	5.45	4.57	4.07	3.75	3.53	3.36	3.23	3.12
29	7.60	5.42	4.54	4.04	3.73	3.50	3.33	3.20	3.09
30	7.56	5.39	4.51	4.02	3.70	3.47	3.31	3.17	3.07
40	7.31	5.18	4.31	3.83	3.51	3.29	3.12	2.99	2.89
60	7.08	4.98	4.13	3.65	3.34	3.12	3.95	2.82	2.72
120	6.85	4.79	3.95	3.48	3.17	2.96	2.79	2.96	2.56
∞	6.63	4.61	3.78	3.32	3.02	2.80	2.64	2.51	2.41

续　表

n_2	n_1									
	10	12	15	20	24	30	40	60	120	∞
1	6 056	6 106	6 157	6 209	6 235	6 261	6 287	6 313	6 339	6 366
2	99.40	99.42	99.43	99.45	99.46	99.47	99.47	99.48	99.49	99.50
3	27.33	27.05	26.87	26.69	26.60	26.50	26.41	26.32	26.22	26.13
4	14.55	14.37	14.20	14.02	13.93	13.84	13.75	13.65	13.56	13.46
5	10.05	9.29	9.72	9.55	9.47	9.38	9.29	9.20	9.11	9.02
6	7.87	7.72	7.56	7.40	7.31	7.23	7.1	7.06	6.97	6.88
7	6.62	6.47	6.31	6.16	6.07	5.99	4.01	5.82	5.74	5.65
8	5.81	5.67	5.52	5.36	5.28	5.20	5.91	5.03	4.95	4.86
9	5.26	5.11	4.96	4.81	4.73	4.65	5.12	4.48	4.40	4.31
10	4.85	4.71	4.56	4.41	4.33	4.25	4.57 4.17	4.08	4.00	3.91
11	4.54	4.40	4.25	4.10	4.02	3.95	3.86	3.78	3.69	3.60
12	4.30	4.16	4.01	3.86	3.78	3.70	3.62	3.54	3.45	3.36
13	4.10	3.96	3.82	3.66	3.59	3.51	3.43	3.34	3.25	3.17
14	3.94	3.80	3.66	3.51	3.43	3.35	4.27	3.18	3.09	3.00
15	3.80	3.67	3.52	3.37	3.29	3.21	3.13	3.05	2.96	2.87
16	3.69	3.55	3.41	3.26	3.18	3.10	3.02	2.93	2.84	2.74
17	3.59	3.46	3.31	3.16	308	3.00	2.92	2.83	2.75	2.65
18	3.51	3.37	3.23	3.08	3.00	2.92	2.84	2.75	2.66	2.57
19	3.34	3.30	3.15	3.00	2.92	2.84	2.76	2.67	2.58	2.49
20	3.37	3.23	3.09	2.94	2.86	2.78	2.69	2.61	2.52	2.42
21	3.31	3.17	3.03	2.88	2.80	2.72	2.64	2.55	2.46	2.36
22	3.26	3.12	2.98	2.83	2.75	2.67	2.58	2.50	2.40	2.31
23	3.21	3.07	2.93	2.78	2.70	2.62	2.54	2.45	2.35	2.26
24	3.17	3.03	2.89	2.74	2.66	2.58	2.49	2.40	2.31	2.21
25	3.13	2.99	2.85	2.70	2.62	2.54	2.45	2.36	2.27	2.17
26	3.09	2.96	2.81	2.66	2.58	2.50	2.42	2.33	2.23	2.13
27	3.06	2.93	2.78	2.63	2.55	2.47	2.38	2.29	2.20	2.10
28	3.03	2.90	2.75	2.60	2.52	2.44	2.35	2.26	2.17	2.06
29	3.00	2.87	2.73	2.57	2.49	2.41	2.33	2.23	2.14	2.03
30	2.98	2.84	2.70	2.55	2.47	2.39	2.30	2.21	2.11	2.01
40	2.80	2.66	2.52	2.37	2.29	2.20	2.11	2.02	1.92	1.80
60	2.63	2.50	2.35	2.20	2.12	2.03	1.94	1.84	1.78	1.60
120	2.47	2.34	2.19	2.03	1.95	1.86	1.76	1.66	1.53	1.38
∞	2.32	2.18	2.04	1.88	1.79	1.70	1.59	1.47	1.32	1.00

参考文献

[1] 贾俊平,何晓群,金勇进,等. 统计学[M]. 第7版. 北京:中国人民大学出版社,2018.
[2] 向书坚,张学毅. 统计学[M]. 第二版. 北京:中国统计出版社,2016.
[3] 张文彤,邝春伟. SPSS统计分析基础教程[M]. 第2版. 北京:高等教育出版社,2011.
[4] 茆诗松,程依明,濮晓龙. 概率论与数理统计教程[M]. 第3版. 北京:高等教育出版社,2019.
[5] 薛薇. SPSS统计分析方法及应用[M]. 第4版. 北京:电子工业出版社,2017.
[6] 张文彤,董伟. SPSS统计分析高级教程[M]. 第3版. 北京:高等教育出版社,2018.
[7] 曾五一,肖红叶. 统计学导论[M]. 第2版. 北京:科学出版社,2019.
[8] 孙文生. 统计学原理[M]. 第三版. 北京:中国农业出版社,2012.
[9] 孙文生,陈利昌. 统计学[M]. 第2版. 北京:中国农业大学出版社,2012.
[10] 袁卫,等. 统计学[M]. 第5版. 北京:高等教育出版社,2019.
[11] 魏宗舒. 概率论与数理统计教程[M]. 第三版. 北京:高等教育出版社,2020.
[12] 李心愉,袁诚. 应用经济统计学[M]. 第三版. 北京:北京大学出版社,2015.
[13] 朱胜. 统计学原理[M]. 北京:中国统计出版社,2009.
[14] 国家统计局官网. http://www.stats.gov.cn.
[15] 统计微讯.